JN246103

教養としての「不動産」大全

REAL ESTATE

Yasuhiko Nakajo

中城康彦
一級建築士
不動産鑑定士

日本実業出版社

はじめに

私たちは生まれたときから、土地と建物を住まいの場として生活しています。住まいを手に入れる代表的な方法は、売買と貸借です。その他にも相続や贈与があり、新築住宅を建築して入手する方法もあります。さらに、公営住宅、社宅、社員寮や高齢者施設に入居する方法があります。

住む場所は、「住宅」「住居」「住まい」と、さまざまな表現があります。この異同は必ずしも明確ではありません。一般に、「住まい」は居住用の建物という物的側面に加えて、そこでの生活様式、つまりは住まい方を含んでいます。この本では、生活様式には触れず、住む場所とそれを確保するために必要な権利や経済の側面を考えます。

人生100年時代を迎え、これまでとは異なる新しい人生設計や社会制度が必要となっています。代表的な社会制度である年金は先行きが楽観視できない状況です。長寿社会を安心して豊かに過ごす人生設計が重要となり、住まいをはじめとする土地や建物とのうまい付き合い方を、なるべく早期に身につけることが大切です。

私たちは、最初は親が手に入れた住まいで成長し、やがて親元を離れて自分の住まいを手にする、あるいは親の家を相続して住み続けます。そして、住まいを決定する際は、さまざまな判断や選択を伴います。

住まい方に適した立地や建物の内容（間取り、外観、構造耐力、設備など）といった物的な側面のほか、住むための権利の種類、経済的負担と家計のやりくりなどの判断と選択を相互の関係性で考えなければなりません。

一生の間に何度か住まいを住みかえることもあります。高齢期には自宅を離れ、高齢者の暮らしに適した場所を選んで過ごすことも多くなりました。それらの中には狭義の住まいには該当しないものの、高齢者の居住の場として広義に住まいといえる高齢者施設が含まれます。長寿社会の老後の安寧のためには、住む場所と住むための費用がポイントとなります。

老後の生活資金や介護資金を補う方法の1つとして、住宅（持家）の資産価値を活用する方法もあります。

例えば、リバースモーゲージという、住宅に住み続けながら住宅を担保にして生活費などを借りる方法があります。住宅を入手する際に利用する通常の住宅ローン（モーゲージ）では借入残高が徐々に減少しますが、リバースモーゲージでは借入残高が増えていくため、この名前が付いています。

銀行や信託銀行、地方銀行、信用金庫などの金融機関の一部が商品化しており、中には、自治体が福祉サービスの一環として扱うものもあります。

このように、住まいは私たちの暮らしを一生支え続けています。住まいをうまく手に入れ、うまく住みかえていくことは、幸せな人生を送ることにつながります。そして、適切な判断や選択の基盤となるのが、この本でお伝えする「不動産リテラシー」です。

詳しくは第1章で触れますが、不動産リテラシーは、「工学」「法律」「経済」「経営」の4つの側面で構成されています。

民法は「土地及びその定着物は、不動産とする。」と定義しています（民法86条）。定着物には、建物のほか、据え付けた機械、樹木、庭石、そして遊園地の遊具や工場のプラントなどの工作物が含まれますが、特に重要な不動産は土地と建物です。

この本では、不動産リテラシーの骨格となる「工学」「法律」「経済」「経営」の4つの側面を学ぶことができます。また、より良い人生設計を可能とする高い不動産リテラシーが身につきます。

各章で取り上げる主な学問は次ページのようになりますが、あくまで〝主に〟というだけで、実際はいずれの章も4つの側面が絡み合っています。不動産について理解を深めるには、4つの側面に整理したうえで組み合わせで考えることが必要不可欠です。

第1章　経済・法律・工学・経営が絡み合う不動産の世界　→　工学、法律、経済、経営
第2章　建築物としての不動産　→　工学
第3章　不動産にまつわる法律の歴史と必要性　→　法律
第4章　経済社会と不動産　→　経済
第5章　不動産の価値はどう決まるか　→　経済、経営
第6章　環境と企業価値から視る不動産　→　経営
第7章　税金の使われ方と不動産　→　経済、経営
第8章　投資としての不動産　→　工学、法律、経済、経営

住まいを手に入れる代表的な方法の「売買」と「賃借」で、4つの側面がどのように絡んでいるのか、見てみましょう。

■工学

住まいは高価な買い物で、素人には良否が判断できない部分を多く含みます。購入時に大きな損失を被らないよう依頼する有料のインスペクション（建物状況調査）も、提出された建物状況調査報告書が理解できなければ意味がありません。耐震性が不足する、省エネ性能に不安があるなどの

場合、改修可能か、改修費用はどの程度かも購入の判断材料になります。購入後、何十年か使って定年を迎えた時点でリバースモーゲージが可能な状態を保てるかも大切なポイントです。

住まいを借りるときは広さや家賃だけでなく、建物の性能が入居後の暮らしに影響します。子育て家族では、子供の声や走り回る音がクレームとなって、肩身の狭い思いをすることがあります。床や壁の防音や防振性能を理解して入居することで予防できます。環境に配慮したマンションを借りたい場合は、省エネ性能表示ラベルによって性能を判断します。

■法律

住まいを買うときは、「売買契約」を結びます。契約は合意があれば成立し、契約書を作成しなくても契約は成立します。売買契約では、買主はお金を払う義務があり、売主は売買する物を引き渡す義務があります。このような契約を双務契約といい、それぞれの義務を同時に履行することが原則です。同じ売買契約でも、住まいの売買と文房具店でノートを買う場合の売買は同じではありません。ノートの売買では同時履行は問題なく実行できますが、例えば中古住宅の売買では、売買の合意が成立した時点では、売主がまだ住んでいて引き渡しができません。広さが合意した面積より狭いなど、購入後に規模や構造の欠陥が見つかることもあります。

住まいを借りるときは、「賃貸借契約」を結びます。賃貸借契約も双務契約ですが、契約関係が長期にわたる点が売買契約と異なります。そのために、貸主が更新に応じてくれない、建て替えたいので退去してほしい、多額の賃料値上げを通告される、敷金を返してもらえないなど、借主に難儀がふりかかることもあります。逆に、家賃の支払いが滞って貸主に不利益が及ぶこともあります。
売買契約も賃貸借契約も、不動産に特有の事柄への対応について、法律知識が必要となります。

■経済

住まいを買うときのもっとも大きな関心は、価格です。購入しようとしている住宅の価格が適切か、さまざまな方法で確認したいものです。価格には、原価性・収益性・市場性の三面性があります。根拠をもって判断できれば割高なものを購入せずに済み、価格交渉力も強くなります。住宅ローンを借りることができるか、どのような条件で借りるか、借りたローンを返済できるかを判断できることはより現実的な知識です。

住まいを借りる際に支払う賃料には、家賃のように定期的に支払う「定期金」と、契約時に支払う敷金、礼金のような「一時金」があります。経済価値が同じ2つの賃貸不動産があった場合、賃料は同額となることに合理性があります。地域の慣行や貸主の事情などにより、多くの一時金を授受するのであれば、定期金は少額になることが相当です。

そもそも、「持ち家が有利か、借家が有利か」について合理的に判断できれば、確信をもって有利なほうを選択できます。

■経営

持ち家も借家も家計という名の経営体の一部です。持ち家であれば安く買って、使いながら価値を高め、高く売却できれば経営として成功です。アメリカなどではこの仕組みが定着し、幾度となく売却益（キャピタルゲイン）を得ながら住み替えますが、日本ではこれからの課題です。

また、借りた住まいで資産形成することは、現行の日本の制度ではできませんが、住宅ローンを払わなくて良いことで生まれる余剰金を、金融や不動産に投資して資産形成が可能です。不動産投資には、賃貸用アパート・マンション・オフィスなどの土地建物全体を所有して経営する方法のほか、投資用マンションの区分所有権を取得して賃貸する、J－REITに投資するなどの方法があります。相続した親の家を賃貸することも考えられます。投資に際しては、投資分析の知識が必要となります。経営は、工学、法律、経済と密接不可分です。

不動産は、開発し、投資し、流通し、融資し、管理し、経営する、多様な側面を持ち合わせています。そして、不動産は「建築家」「所有者」「投資家」「宅地建物取引業者」「金融機関」など、立場の異なるプレーヤーが協働して「商品」をつくり出し、価値を生み出しています。

不動産は、昔も今も、私たちの生活の基盤です。不動産リテラシーを高めて、より良い暮らしを手に入れる一助になれば幸いです。

２０２５年２月　中城康彦

教養としての「不動産」大全◆目次

第3章 不動産にまつわる法律の歴史と必要性

第5章 不動産の価値はどう決まるか

第6章 環境と企業価値から視る不動産

第7章 税金の使われ方と不動産

本書で主に記載されている法令名の略語及び正式名称一覧

【例】

○略語：正式名称

※一部、本文に本一覧と同様の記載があります

※略語及び正式名称が同一の法令名もあります

○空家等対策特別措置法……空家等対策の推進に関する特別措置法

○区分所有法……建物の区分所有等に関する法律

○建設業法……建設業法

○建築基準法……建築基準法

○建築士法……建築士法

○建築物省エネ法……建築物のエネルギー消費性能の向上等に関する法律

○財政健全化法……地方公共団体の財政の健全化に関する法律

○国有財産法……国有財産法

○市街地建築物法……市街地建築物法

○自然環境保全法……自然環境保全法

○自然公園法……………………自然公園法
○借地借家法…………………借地借家法
○住宅セーフティーネット法……住宅確保要配慮者に関する賃貸住宅の供給の促進に関する法律
○住宅建設計画法……………住宅建設計画法
○商法……………………………商法
○消費者契約法………………消費者契約法
○省エネ法……………………エネルギーの使用の合理化に関する法律
○森林法………………………森林法
○租税特別措置法……………租税特別措置法
○大深度地下法………………大深度地下の公共的使用に関する特別措置法
○宅建業法……………………宅地建物取引業法
○宅地造成等規制法…………宅地造成及び特定盛土等規制法
○建物保護法…………………建物保護ニ関スル法律
○地価公示法…………………地価公示法
○地方財政法…………………地方財政法
○地方自治法…………………地方自治法
○賃貸住宅管理業法…………賃貸住宅の管理業務等の適正化に関する法律
○都市（まち）の木造化推進法…脱炭素社会の実現に資する等のための建築物等における木材の利用の促進に関する法律

○都市計画法……都市計画法
○都市再開発法……都市再開発法
○土地基本法……土地基本法
○土地区画整備法……土地区画整備法
○農振法……農業振興地域の整備に関する法律
○農地法……農地法
○景品表示法……不当景品類及び不当表示防止法
○不動産登記法……不動産登記法
○補助金等適正化法……補助金等に係る予算の執行の適正化に関する法律
○マンション管理適正化法……マンション管理の適正化の推進に関する法律
○労働基準法……労働基準法

凡例

本書は、以下の方針でまとめました。

●条文を引用した場合の数字は、原文が漢数字である場合でも（条文の原文の数字はすべて漢数字です）、リーダビリティを重視し、算用数字に変換した箇所があります。

●本書に記載されている社名、ブランド名、商品名、サービス名などは各社の商標または登録商標です。本文中に©、®、ＴＭは明記していません。

●本書の内容は基本的に２０２５年１月現在の法令や情勢などに基づいています。

●本書で図表番号を取り上げる場合、リーダビリティを重視し、例えば「図表１－Ｘ」のうち「１－」の部分は省略しています。

●使用収益することができる権利を本書では「利用権」と総称しています。民法及び借地借家法が規定する「使用及び収益」を利用と表記しています。

●本書の税率やその他の数値データは、基本的に２０２５年１月31日現在のものをもとに記載しています。税率については、適用される税率を適宜確認する必要があります。

カバーデザイン：小口翔平＋村上佑佳（tobufune）
DTP：一企画

第1章

経済・法律・工学・経営が絡み合う不動産の世界

第1章◆はじめに

不動産リテラシーを高めるべく、４つの引き出しを準備します。

不動産には目に見える外形（物理的側面）、所有や利用などに関わる規制や合意（法的側面）、価格や賃料などにかかる市場（経済的側面）、ヒト・モノ・カネなどにかかるやりくり（経営的側面）の４つの側面があります。

不動産のリテラシーを高めるには、これらの側面の知識や技術を収納する４つの引き出しがポイントです。

不動産のリテラシーの構成

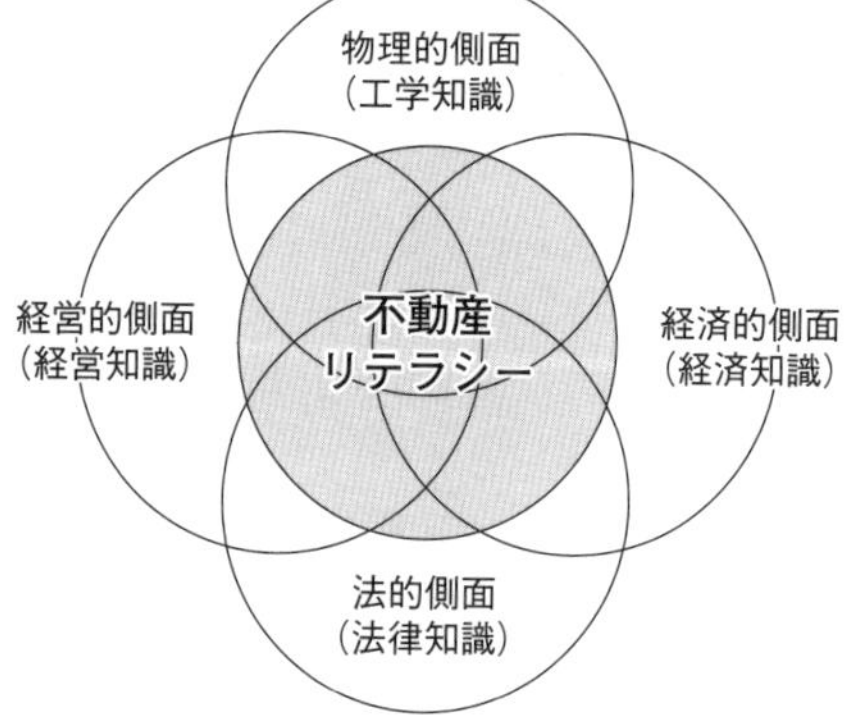

REAL ESTATE

1 不動産の所有と利用 ～法的側面～

1 不動産を利用する

国土が狭い日本の地価の上昇が顕著だった昭和時代の終盤、経済の高度成長を背景に、土地を所有することが有利な資産形成の手段となりました。また、成長する経済の一翼を担うには、人間活動の基盤である土地を所有しなければ思うにまかせないとして、土地を重視する「土地神話」が形成されました。

急激に値上がりする土地を所有することが目的化し、入手した土地を遊休地のまま放置することがさらに土地価格の上昇を招いて問題を大きくしました。

その反省に立って成立した土地基本法は、所有には利用の責務が伴うと規定しました。[*1]

昨今では空き地や空き家の問題が大きくなっており、その利用が重要となっています。土地は所有することが目的ではなく、適切に利用することがより重要とする考え方は強まり続けています。

＊1　土地基本法は土地に関する基本的な方針を示す法律として1989（平成元）年に公布されました。

また、不動産には、市場性があり取引対象となるものと、市場性がなく取引の対象とならないものがあります。市場性があって取引される不動産には商品の側面があります。中古住宅の売買などはその典型的な例で、商品性の拡大も盛んです。売ることや貸すことを目的とする流通商品の開発、不動産からの収益を目的とする投資商品の開発も一般化しています。

不動産は所有権に基づいて所有者が利用することを基本とし、民法もこの視点で所有権の調整として利用方法を規定しています。[*2]不動産の利用はこのほか行政法や私人間の契約によって制約される側面もあります。

①相隣関係からの利用の制約（民法）

民法206条が規定する、所有者の自由な利用は、近隣間の混乱を引き起こす可能性が

図表1-1　所有権に基づく利用に対する制限

法律	内容
相隣関係（民法）	•所有権と所有権の調整を図り、争いを防止して秩序を維持するために、民法で規定する。 •地域の慣習や特別の合意があれば、規定と異なる内容も認める。 •目安として尊重することが大切。
行政法（公法）	•都市計画法や建築基準法などで、利用しても良い高さや広さを制限するなど。 •使用に対する規定が多いが、農地法など収益や処分に対する規定もある。 •何人も等しく制約を受け、それを遵守することが求められる。
協定（自主ルール）	•環境を維持向上させるなどの目的のために設定する。 •行政法の根拠を持つものとそうでないものがある。 •分譲マンションの管理規約は区分所有法の規定が背景にある。 •遵守して目的を達成しようとする高い自覚が大切。
利用権設定契約（私法）	•所有者が所有権に含まれる使用権を契約によって相手側に移転する。 •権利の設定契約の内容により土地所有者は自らの使用権の全部または一部が制約される。

あることより、民法では所有権間の調整を図るために相隣関係を定めています。相隣関係の規定には次のようなものがあります。

建物を築造する際は、境界線から50㎝以上の距離を保たなければなりません（民法234条1項）。規定に違反して建築をしようとする者に対して、隣地の所有者は、建築の中止や変更をさせることができます（民法234条2項）。

また、境界線から1m未満の位置に他人の宅地を見通すことができる窓、縁側やベランダを設ける場合は、目隠しを付けなければなりません（民法235条）。

もっとも、地域にこれらと異なる慣習がある場合はそれに従います（民法236条）。雪国で中途半端に間隔を空けると、かえって不都合が生じるなどを考慮したものです。[*3]

工事に際して、土地の所有者は、境界やその付近で障壁や建物の築造や修繕のために必要な範囲内で、隣地の使用を請求することができます（民法209条）。

相隣関係の規定は社会の安寧や秩序を維持するための目安を示すもので、地域の慣習や相互の合意があればこれと異なる取り決めなども有効です。しかし、目安にすぎないからといって、独善的

＊2　相隣関係。民法209条以下。

＊3　建築時に境界線から50㎝以上離す必要があることは広く知られています。一方で、建築基準法は一定の場合、境界線に接して壁を設けることを認めます（建築基準法63条）。この場合、特別法である建築基準法が優先しますので、50㎝未満で建築することすなわち違法ということにはなりません。この場合でも相隣関係を重視する見地から、50㎝以上離すように「依頼」することは可能ですが、「違法」と断定して工事の中止を「強要」することは適切ではありません。隣地が50㎝未満の距離に建築する理由と根拠を確認することが先決といえます。

にこれを破ることは民法の趣旨を逸脱し、ひいては地域の混乱の原因ともなるため、厳に慎むべきです。

②利用に対する法令上の制限（公法）

所有者による利用は、法令上の制限内において認められます（民法２０６条）。法令上の制限は行政法や公法上の制限といわれることもあり、都市計画法や建築基準法はその代表的なものです。

都市計画区域内では、①建築物の用途が制限され（用途制限）、②建築物の容積率・建蔽率・高さ・配置などが制限され（形態制限）、③建築物の敷地と道路の関係が制限される（接道義務）など、土地や建物の利用に制限が加えられます。[*4] 公法上の制限は、誰に対しても等しく制約がかけられ、土地や建物の利用に際しては何人もこれを守ることが基本です。

③利用に対する自主的なルール（協定）

地域の特性を維持向上させる、複数で所有する不動産の秩序を守るなどのために団体のルールをつくることがあり、それが所有権に基づく土地や建物の利用の制約につながることがあります。地域の特性の維持向上を目指す例として建築協定や緑化協定があります。これらは法的根拠を持つ協定です。このほか、特段の法的根拠を持たない協定を結ぶこともあり、一般に紳士協定といわれます。

協定の多くは、不動産の利用を整えることで良い環境を創出し、維持しようとするものです。利用に対する制約というよりは、価値を高めるための自主規制の側面が強く、それゆえに全員で遵守する高い自覚を伴うものです。

④利用権設定契約による制限（私法）

所有者が所有権に含まれる使用権、収益権、処分権のうち、使用権の全部または一部を他人が行使することを認める契約を結ぶと、利用権が契約の相手側に移り、所有者は利用権の全部又は一部をみずからは行使できなくなります。賃借権、地上権は利用権の全部が、地役権、区分地上権は一部が相手側に移ることが基本です。

2 土地と建物の所有と利用を類型化する

土地と建物を同じ者が所有する場合は権利関係にかかる私法上の問題は少ないのですが、それだけで国土の有効活用は進まないことも事実です。所有者以外でも、利用する意思と能力のある人が利用できる仕組みが機能する社会をつくることがポイントです。

＊4　法令上の制限については、第3章5節国土利用計画法と行政法ほか参照。

■土地と建物の権利関係の表示

無権利の者が勝手に他人の土地を利用することはできません。不動産の制度や事業を幅広くとらえて理解する、さらには複数人の権利をうまく組み合わせて独創的な不動産事業を構築するためには、土地と建物の所有と利用にかかる権利関係について、一定のルールにしたがって表示することが重要となります。権利関係の表示のルールを共有することで、相互に正しく権利関係や事業手法を伝えることができます。

土地に建物を建てて利用する場合[*5]の権利関係は、一般に、①土地の所有、②土地の利用、③建物の所有、④建物の利用の4つに区分できます。

各権利者の表示を図表2のとおり整理し、それぞれの権利者を表示する位置をルール化します。[*6]

■土地と建物の所有と利用の4類型

第1類型は、土地所有者Aが自ら土地を利用して土地上の建物を建設する、購入するなどして所有し、利用します。

図表1-2　土地と建物の権利者の表示のルール

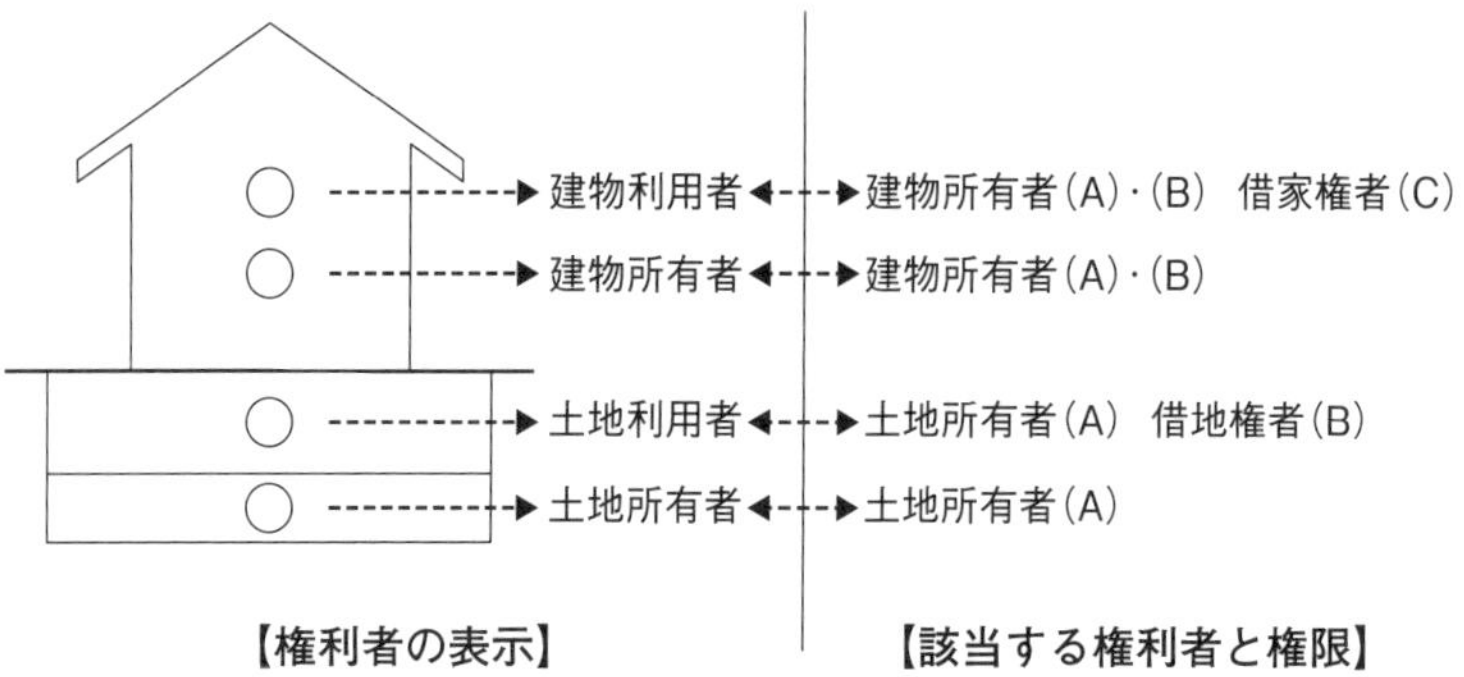

土地と建物の所有と利用が一致するので、私法上の権利関係は安定します。これは、不動産利用の基本となるパターンで、一般的な持家はこの類型に該当します。

第2類型は、土地所有者Aから土地を借りたBが、土地を利用して土地上の建物を所有し、利用します。土地を利用する権利（敷地利用権）は、借地借家法が規定する借地権のことが一般的です。[*7] 土地について所有者（A）と利用者（B：借地権者）が分離します。土地の費用を抑えられることがメリットの借地権付き戸建て住宅はこの類型に該当します。

第3類型は、土地所有者Aから土地を借りた土地利用者Bが土地上に所有する建物を建物利用者Cが借り

図表1-3　土地と建物の所有と利用

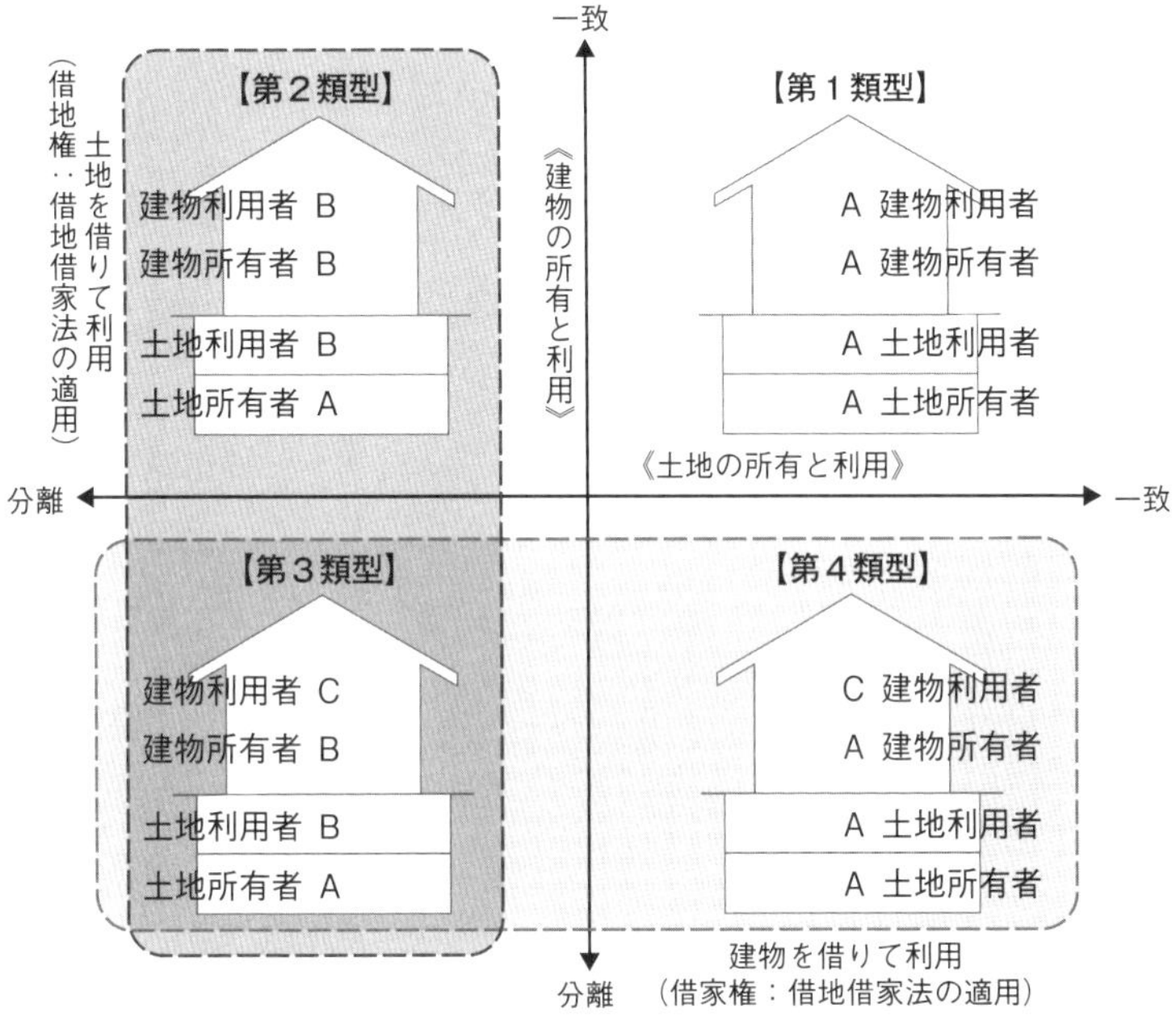

て利用します。

土地は所有者（A）と利用者（B：借地権者）、建物は所有者（B）と利用者（C：借家権者）にそれぞれ所有と利用が分離します。第2類型の借地権と第4類型の借家権が同時に発生します。

第4類型は、土地所有者Aが自ら土地を利用して土地上に建物を建設する、購入するなどして所有する建物を建物利用者Cが借りて利用します。この際の建物を利用する権利は、借地借家法が規定する借家権のことが一般的です。[*8] 建物について所有者（A）と利用者（C：借家権者）が分離します。

＊5　建物を建てずに土地を利用することもありますが、ここでは建物を建てて利用するケースを考えます。
＊6　常に4区分して各権利者を明示することが望ましいですが、土地所有者と土地利用者が同じ場合は土地利用者を表示しない、建物所有者と建物利用者が同じ場合は建物利用者を表示しない、建物利用者が特に問題とならない場合は建物利用者を表示しないこともあります。土地所有者をA、借地権者をB、借家権者をCと表記することが基本ですが、必要に応じてX、Y、Zなどと表記することもあります。
＊7　使用借権のこともありますが、図表3では借地権の場合を示しています。
＊8　使用借権のこともありますが、図表3では借家権の場合を示しています。

REAL ESTATE 2

民法で視る不動産 ～法的側面～

不動産は法律でどのように規定されているのでしょうか。動産と不動産はどのような点に差異があるのでしょうか。民法の規定を中心に整理します。

民法は、人と人[*9]の間の権利や義務の関係などを幅広く示す法律で、基本的な法律として私法の一般法[*10]に位置づけられます。

その民法は、土地及びその定着物を不動産とし、不動産以外の物はすべて動産と規定しています(民法86条)。土地の定着物には建物、建物以外の工作物[*11]、据え付けた機械、樹木、庭石などがあります。

＊9　生きている人間(自然人)と法律上の人格を認められる人(法人)を含みます。

＊10　市民(法人を含む)間の権利義務関係を規律する法律を私法といい、公と個人の関係を規律する法律を公法といいます。一般的に適用される法律を一般法といい、一般法に対して特定の分野や事項に適用される法律を特別法といいます。一般法と特別法の両方で異なる内容が定められている場合は、特別法が優先します。一般法には民法のほか、憲法、刑法などがあります。

＊11　屋根のない競技場の観覧席、遊園地の遊具、工場のプラント、鉄塔など。

1 動産と不動産

民法が動産と不動産を区別する背景には、不動産には動かない物理的側面、資産価値をもつ経済的側面、多面的な利用が可能な法律的側面などがあり、両者を区別して規定することが社会の安定につながると考えるからです。動産と不動産を区別して規定しているものを例示すると図表4のとおりです。

■不動産の所有者

不動産の所有者は、不動産に従として付合した物[*12]の所有権を取得するので[*13]、土地の所有者は土地に定着して付合した工作物の所有権を取得します。ただし、建物と一定の樹木[*14]は、土地とは独立した不動産として単独で所有や取引の対象となります。

図表1-4　民法が規定する動産と不動産の相違点

主な側面	項目	動産	不動産
物理的	物権変動の対抗要件	引渡し（178条）	登記（177条）
	無主物の帰属	所有の意思をもって占有を開始した人が原始取得（239条）	所有者のない不動産は国庫に帰属（239条）
経済的	抵当権設定	設定できない	設定できる（369条）
	質権の対抗要件	占有（352条）	登記（177条）
	買戻	成立しない	成立する（579条）
法律的	即時取得	適用あり（192条）	適用なし
	用益物権の設定	設定できない	設定できる

■建物と工作物

建物は工作物に含まれます。

建築基準法では、建築物[*15]を、「土地に定着する工作物のうち、屋根及び柱若しくは壁を有するもの」などと規定して建築基準法を適用します。建築物は内部で人が生活したり、長時間過ごしたりすることから、建築基準法を建築物に適用して生命、健康、財産の保護を図っています。

樹木は、一般に土地の付加一体物として、例外的に立木としての不動産ですが、伐採されると動産になります。また、林檎の実など、樹木につながっている果実は樹木の一部として土地の付加一体物ですが、収穫すれば動産として取引することが可能となります。[*16]

2 不動産を所有する

不動産を所有すると、どのようなことが可能となるのでしょうか。また、どのような制約がある

＊12 付加一体物といいます。

＊13 不動産の付合（民法242条）。

＊14 樹木は原則として土地の定着物で、独立した物とはみなされませんが、立木ニ関スル法律2条にもとづいて所有者が所有権保存の登記をしたものは、立木として独立した不動産となります。

＊15 建物という用語が多く用いられますが、建築基準法は、建築物と表記します。一般論として両者は同じと理解しても支障がないといえます。

＊16 大審院大正5年9月20日判決。

のでしょうか。土地と建物が独立した不動産とする日本の制度で注意するべき点を整理します。

■土地の所有権

所有とは、自己の持ち物として支配することで、民法は、所有者は、法令の制限内において、自由にその所有物を使用、収益、及び処分をする権利を有する（民法206条）と規定しています。

所有権は、図表5の「使用権」「収益権」「処分権」を包含する大きな権利です[*17]。土地の所有権は、法令の制限内[*18]において、その土地の上下に及ぶと規定されます（民法207条）。

民法上は、地球の中心から成層圏までも土地所有権の範囲ということになりますが、実質的には利用可能な範囲に限られると考えられています[*19]。一般に、所有地上を航空機が飛行することは排除できません。また、大深度地下の公共的使用に関する特別措置法[*20]は、通常の所有者が利用しない大深度地下を公共的目的に利用する事業を行う場合、所有者に対価を支払うことなく、無償で行うことを認めています。

このように、土地所有は広く自由が認められる一方、公共の福祉とも関わります。大深度地下法が近年制定されたように、所有権と公共の福祉との関係は恒常的に見直しと調整が行われています。

図表1-5　所有権の内容

区分	権利の内容
使用権	自分で利用する権利。事業用に利用して利益を得ることを含む。
収益権	他人に使用収益させて、利益を得る権利。この場合、自分で利用することは制約される。
処分権	他人に売却する、解体するなどの権利。売却により対価を得ることを含む。

■日本と英米の土地と建物の所有権の関係

日本では土地と建物にそれぞれ所有権を認めます。

これに対して英米法では建物に単独の所有権はなく、土地所有権に含まれます（図表6）。

不動産の所有権には一般に経済価値があり、その経済価値が価格として認識されます。

日本の制度では土地価格と建物価格があり、両者の合計が不動産価格となります。一方、英米法の国では建物価格は土地価格に含まれ、土地価格＝不動産価格となります。

Landは土地ではなく不動産、Land Valueは土地価格ではなく土

＊17　3つの権利は常に一体というわけではなく、一部を切り離して他人に委ねることができます。例えば賃貸借契約によって使用権を賃借人に与え、対価として賃料を得ることができます。

＊18　法令上の制限については、第3章5節国土利用計画法と行政法ほか参照。

＊19　日本の航空法では最低安全高度をもっとも高い障害物（建物等）の上端から300mの高度とし、それ以上の高さを飛行する場合、直下部分の土地所有者の承諾は不要としていることがひとつの目安となります。国際的には高度100km以上の空間は宇宙として各国の主権（所有権）は及ばないとされています。

＊20　2000（平成12）年公布。以下略称として、大深度地下法を用います。

図表1-6　不動産の所有権の比較

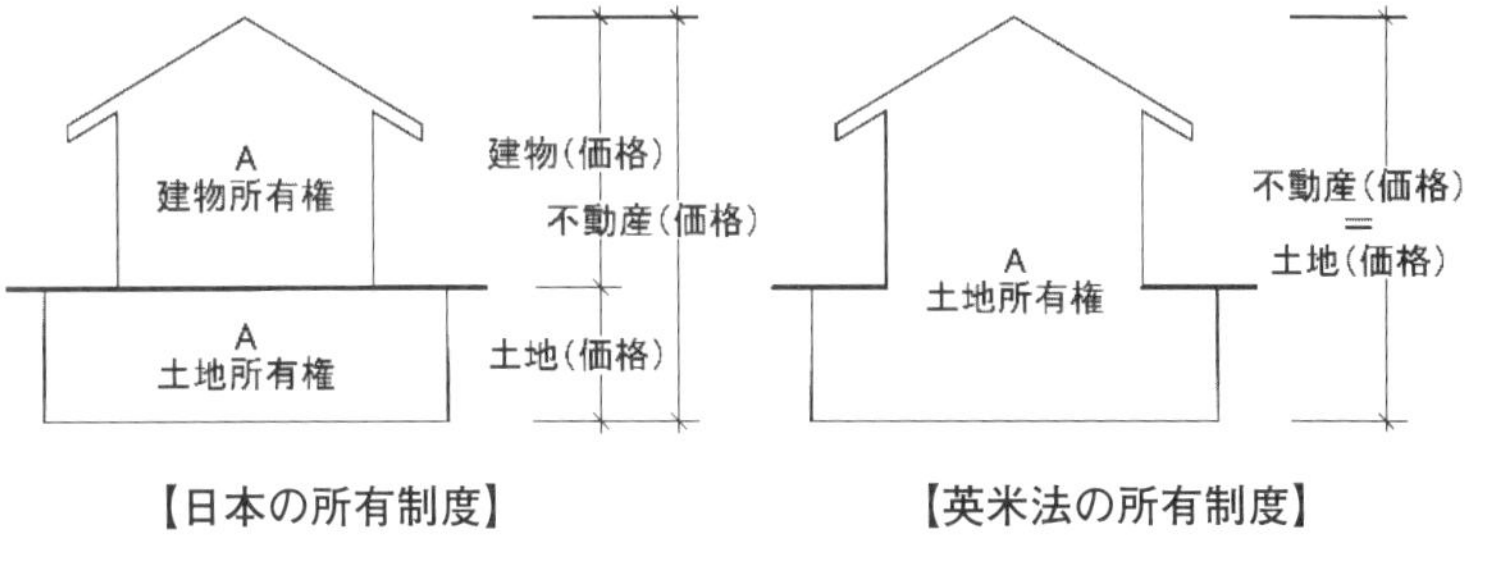

地建物価格、または、不動産価格と訳さないと情報を正しく伝えたことにならず、誤解につながりかねないことに注意が必要です。

■敷地利用権

建物は土地に定着しています。

土地と建物が別々の不動産としてそれぞれ単独で所有の対象となる日本の制度では、建物を所有するための敷地利用権が存在する必要があります。

敷地利用権は、建物所有者が建物を土地に定着させるために土地を利用する権利の総称です。

土地所有者と建物所有者が同一者の場合、土地所有権には使用権が含まれることから、敷地利用権は問題となりません。これに対して、土地所有者と建物所有者が異なる場合は注意が必要です。

無権利の者が、ほかの人の土地を利用して建物を所有することは違法です。

例えば、土地所有者をA、建物所有者をBと表示すると、無権利のBが勝手に土地を利用している不法状態、つまり不当な土地利用の可能性があるのか、それとも合意に基づく敷地利用権が存在

図表1-7　土地と建物の所有権の関係

タイプ	タイプ1	タイプ2
概念図	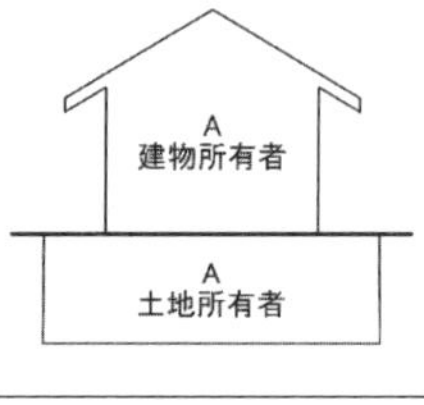	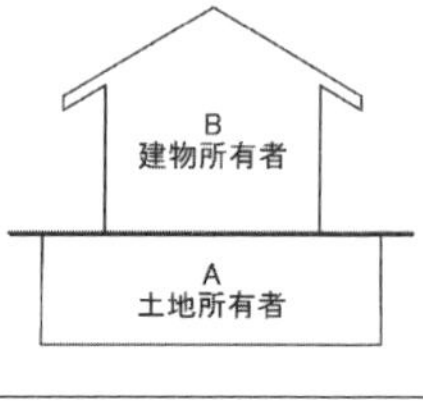
特徴	建物所有者Aは自分が所有する土地所有権に含まれる使用権に基づいて土地を利用。基本のパターン。	日本の制度で認められるパターンであるが、Bが土地利用することに当事者の合意がない場合は不法占拠となる。
敷地利用権	土地所有権	借地権、使用借権など[*21]

するのかがわからなくなります。

そのため、権利の存否や財産価値を正確にすることが求められる不動産や金融の分野では、両者を判然と区別することが重要です。図表8左図のような不完全な表記はすべきではありません。[*22]

3 不動産を共有する

複数人で1つの所有権を持つこともあります。そのうち、代表的な方法は共有です。共有にはどのようなメリットとデメリットがあるのでしょうか。

■土地を共有する

所有権を共有する場合は、共有持分割合（持分）を当事者で決め

図表1-8　敷地利用権を明示する

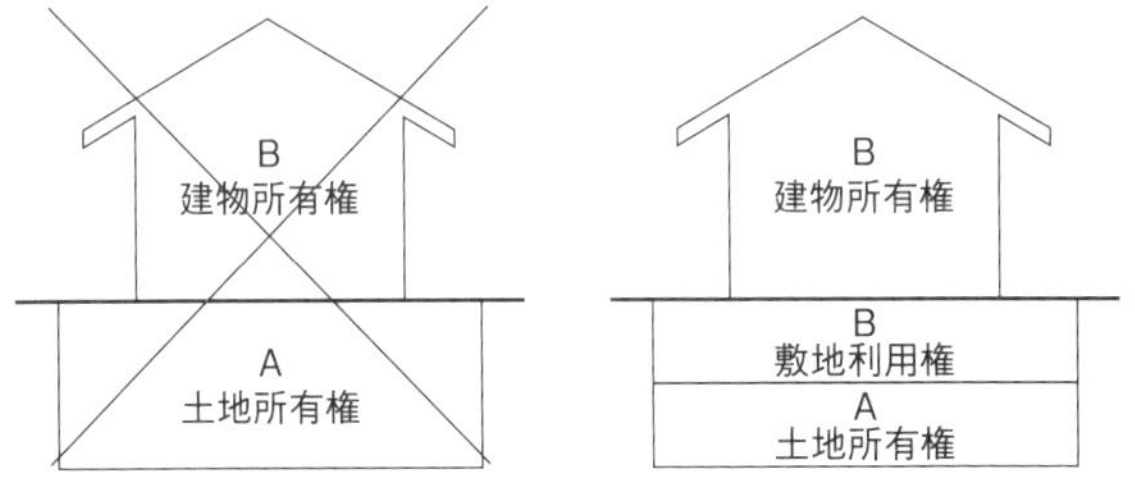

＊21　この場合の敷地利用権は一般に借地権です。無償で貸借する使用貸借のこともありますが、借地権と比べると権利の安定性が低くなります。建物所有者が土地を利用するための権利ですので、借地権者は建物所有者に同じです。借地権がある場合は、借地権に価格が発生し土地所有権の売買が困難になる、価格が安くなる、土地所有者はその土地を使うことはできないなど、不動産の利用や価格に大きな影響があります。

＊22　以下、このような状況を、本書では〝あってはならない状態〟といいます。

ます。[23] 共有者は、共有物の全部について、持分に応じた使用をすることができる[24]一方、持分に応じて管理費用を支払うなど、共有物に関する負担を負います。[25] 共有者は共有物の全体に権利をもち、義務を負うことが特徴です。共有物の管理や処分に関する民法の定めは以下のとおりです。

各共有者は、ほかの共有者の同意を得なければ、共有物に変更を加えることができません[26]が、管理に関する事項は、各共有者の持分の価格の過半数で決めることができます。[27]

民法は共有関係の解消についても規定しています。

各共有者は、いつでも共有物の分割を請求することができます。[28] この規定によれば、共有者のだれからでも、また、いつでも分割請求できるため、共有関係の継続が保証されないことになります。

このため、5年を超えない期間内は分割をしないという契約が可能で、契約は更新することもできます。また、共有物の分割について共有者間で協議が整わないときは、裁判所に分割を請求することができます。[29]

図表1-9　共有と共有物の分割

概念図	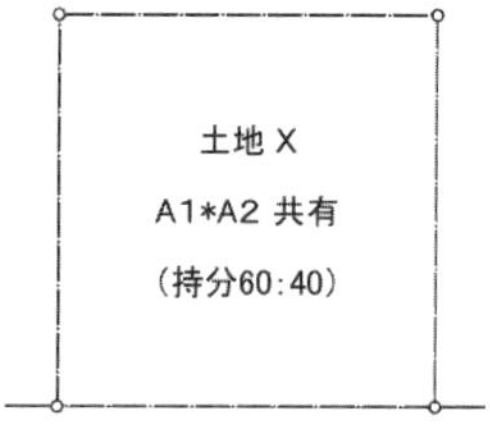 共有の状態	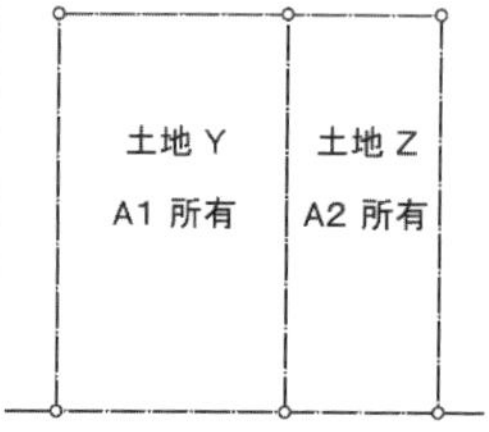 分割後の状態
特徴	土地Xの所有権を２人で共有。A1、A2とも共有地の全体を利用できる。持分は任意に決めることができる。	分割後の価値が分割前の持分と同じとなるように分割してそれぞれを単独で所有。自分の土地だけを利用する。

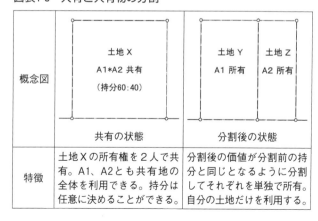

共有物を分割することができないケースや、分割によって価格が著しく減少するケースもあります。この場合、裁判所は競売によって金銭に換価することを命ずることができ、共有者は持分に応じた配分額を受け取ります。

複数人で1つの所有権を持つ共有は、価格や費用の上昇や下落などの利益や不利益を平等に分担するので、長期的に見て、公平な制度です。また、不動産を細分することなく大きく使うことから効率的な側面もあります。

一方で、売却処分や維持管理を決定するための要件を満たせないために適切な対応ができず、共有者間の不信感や共有物の価値の低下につながる危険性もあります。このため民法は、いつでも共有物の分割請求ができるなど、共有を解消することを意識した規定を設けています（図表9）。

＊23　当事者が定めない場合は、持分は等しいものと推定されます。つまり、3人で共有する場合の各共有者の持分は3分の1となります。

＊24　共有物の使用（民法249条）。

＊25　共有物に関する負担（民法253条）。

＊26　共有物の変更（民法251条）。変更には全員の賛成が必要となります。

＊27　共有物の管理（民法252条）。ただし、共有物の現状を維持する行為、例えば、修繕などの保存行為は各共有者が単独で行うことができます。

＊28　共有物の分割請求（民法256条）。

＊29　裁判による共有物の分割（民法258条）。

■土地と建物を共有する

土地と建物の所有権をそれぞれ共有することもできます。土地と建物には別々の所有権があることから、共有持分もそれぞれ定めます。建物を所有するためには土地を利用する敷地利用権が必要という原則を共有に当てはめると、建物の共有持分割合と土地の共有持分は等しくなければなりません（図表10タイプ1）。しかし、このことを理解しないまま共有することも少なくありません（図表10のタイプ2、3、4）。

持分は共有者が決めることができ、その割合で不動産登記も可能です。一方で、建物の持分は土地を利用する割合を示すことより、土地の持分が建物の持分より少ないと、その差分だけ利用する権利を有しないで土地を利用していることになります。これを避けるため、差分について土地を利用することを当事者に合意があることが必要となります。このことを理解してい

図表1-10　土地と建物の共有の仕方

	タイプ1	タイプ2	タイプ3	タイプ4
概念図	A1*A2 (60:40) A1*A2 (60:40)	A1*A2 (30:70) A1*A2 (60:40)	A1 A1*A2 (60:40)	A1*A2 (60:40) A2
特徴	土地と建物を共有し、土地の持分と建物の持分が一致。建物の所有と土地の利用の権限が一致し安定している。基本形。	土地と建物を共有し、土地の持分と建物の持分が不一致。持分の差分について土地を利用するための合意が必要。	土地を共有し建物を単独所有。建物所有者の土地を利用する権限が不足する。不足分について土地を利用するための合意が必要。	土地を単独所有し建物を共有する。建物所有者の一部は土地を利用する権限がなく、土地を利用するための合意が必要。

注）A1*A2はA1とA2が共有することを示します。（　）内は持分。上段が建物で下段が土地を示します。

て差分を解消するような借地権を設定して地代の支払いをする場合もある一方、住宅など、事業用以外の不動産ではそのような措置の必要性に気づかないこともあります。このような場合は一般に、無償の貸借である使用貸借をしているものと推定できれば違法の状態は回避できます。*30

4 等価交換事業

複数の権利者が1つのプロジェクトに参加する不動産事業の権利関係を理解します。等価交換事業は、土地所有者とディベロッパーが協力して行う不動産事業の手法です。土地所有者が土地の一部をディベロッパーに売り、その代金でディベロッパーが建てた建物の一部を購入します。土地と建物の関係でどのような注意が必要か整理します。

■出資する資産と資金

土地所有者が4億円の土地を提供し、ディベロッパーが6億円の建設費などを提供して、総事業費10億円の等価交換事業を行うと想定します。

等価交換事業は土地所有者が所有する土地を提供するとともにディベロッパーが建築費を負担して建物を完成させる事業です（図表11）。

*30　使用貸借が成立していると判断できない場合（違法の占有）もあります。

この事業について、土地所有者が所有する土地の一部を売却し、そのお金で建物の一部を購入する事業手法[*31]と説明されることがあります。この説明によれば、等価交換事業完成後の土地と建物を土地所有者とディベロッパーがどのように取得するか（権利変換）は、多様な選択肢があり、双方の合意があればどのようにも実現できることになります。

次ページの図表12（左図）は、土地所有者は2億円分の土地を売り、同額で建物を買うケースです。完成後は土地2億円と建物2億円の合計4億円を取得します。土地と建物を等価で交換したうえに出資額と同額を取得するので問題なさそうです。

図表12（右図）は土地所有者は3億円の土地を売り、同額で建物を買うケースです。完成後は土地1億円と建物3億円の合計4億円を取得します。土地と建物を等価で交換したうえに出資額と同額を取得するのでこちらも問題なさそうです。

■取得する資産

全員が過不足なく敷地利用権をもつためには、複数で所有する場合において、土地と建物の権利価格の割合が同じことが求

図表1-11　等価交換事業の費用負担（出資）

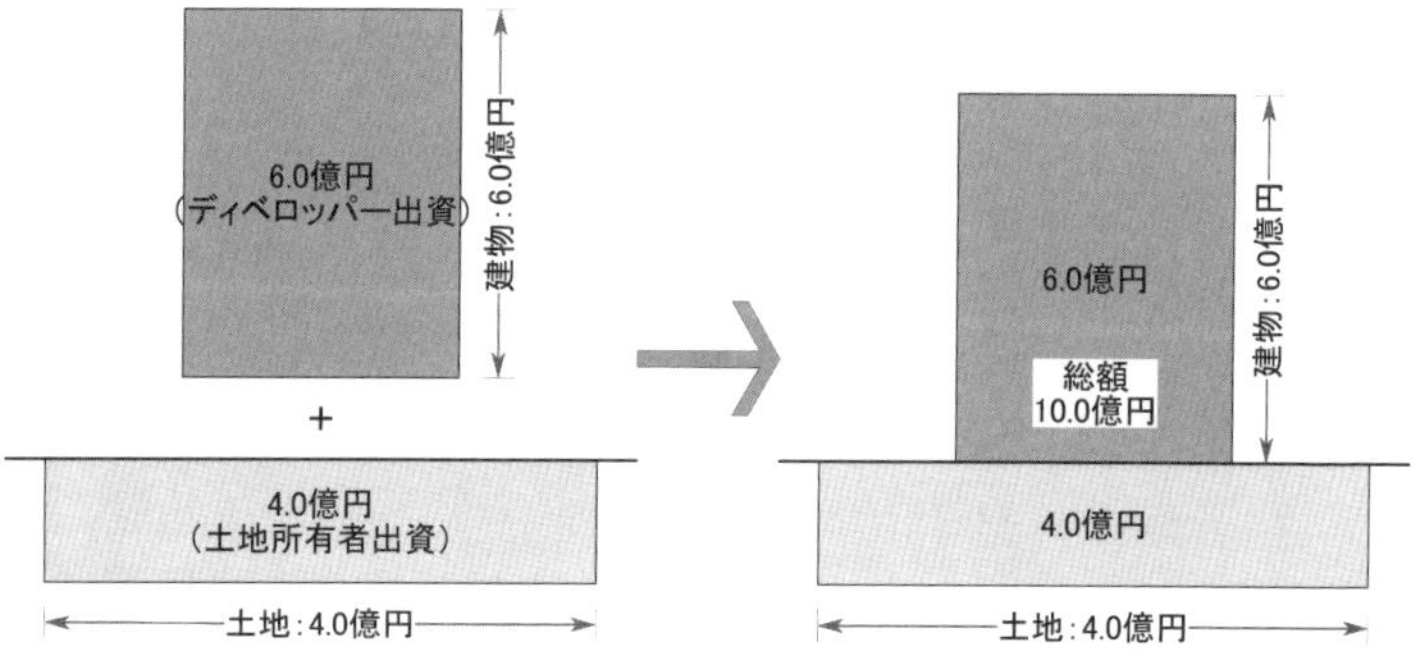

められます。

図表12（左図）は土地の所有割合は50：50である一方、建物の所有割合は33：67になっています。また、図表12（右図）では土地の価格割合25：75に対して建物の所有割合は50：50になっています。いずれも敷地利用権の原則に合致しません。

複数権利者が共同して行う事業では、まず、権利割合を決めることが重要です。

その後、その割合に応じて権利と義務を決定していきます。権利変換によって資産を取得することは事業参加者の権利ですから、権利割合に応じて土地と建物を取得します。本件では図表13が唯一の正しい権利変換です。

図表1-12　等価交換事業の権利変換を考える

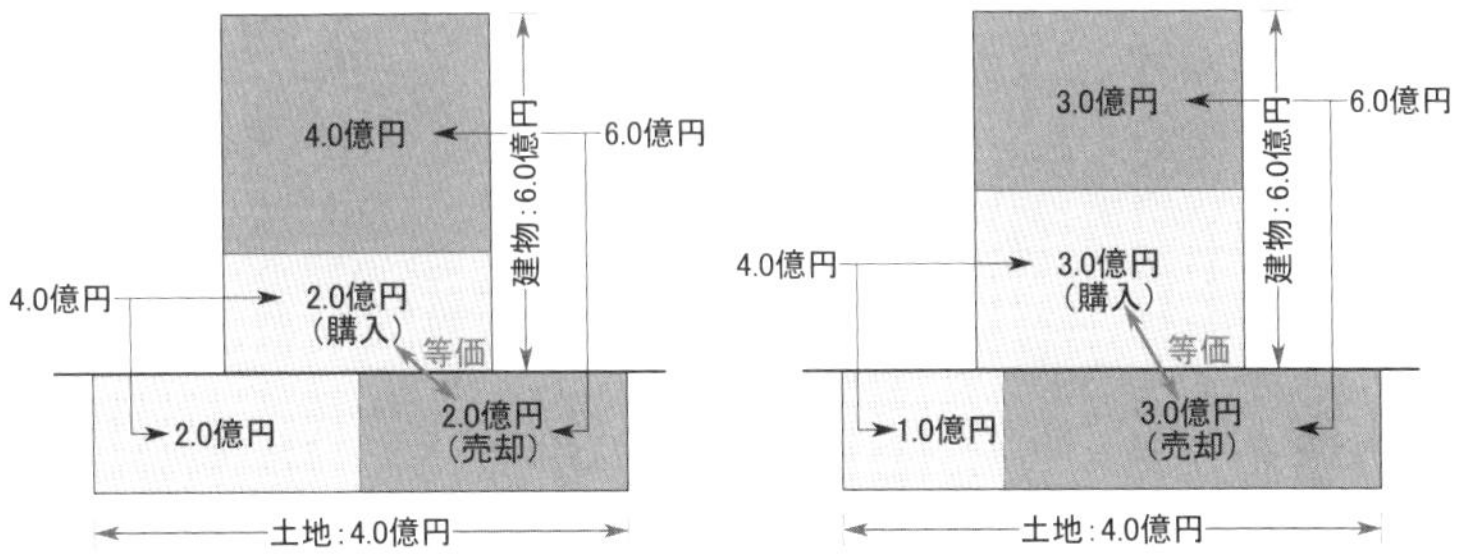

図表1-13　等価交換事業の正しい権利変換

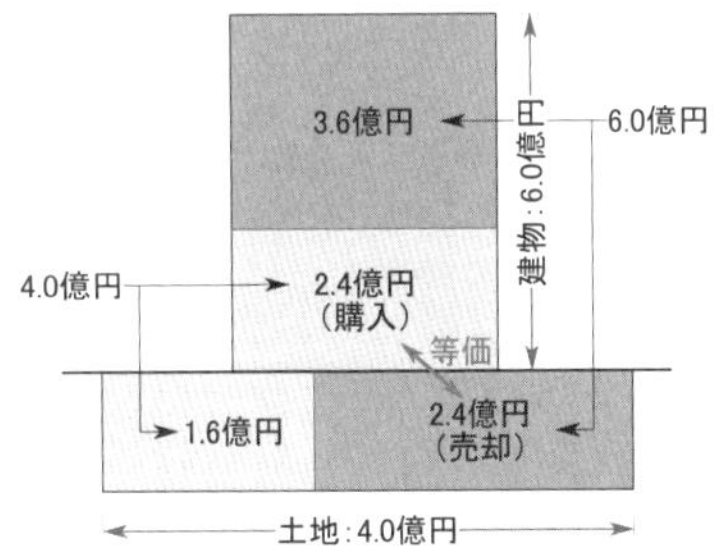

	土地出資（元地主）	建物出資（ディベロッパー）	合計
土地（割合）	1.6億円（40％）	2.4億円（60％）	4.0億円（100％）
建物（割合）	2.4億円（40％）	3.6億円（60％）	6.0億円（100％）
合計（割合）	4.0億円（40％）	6.0億円（60％）	10.0億円（100％）

等価

土地所有者（元地主）は4億円、ディベロッパーは6億円を出資するので、権利割合は40％：60％です。この権利割合で土地と建物を取得するので、土地所有者は土地（4億円）の40％（1・6億円）と建物（6億円）の40％（2・4億円）を取得します。取得する金額は4億円で出資額と同額です。

一方、ディベロッパーは土地（4億円）の60％（2・4億円）と建物（6億円）の60％（3・6億円）を取得します。取得する金額は6億円で出資額と同額です。

この結果、土地所有者（元地主）は2・4億円の土地を売って、2・4億円で建物を買ったことになります。これが唯一の正しい権利変換[*32]です。

木を見て森を見ずということわざがありますが、不動産事業でも同じことがいえます。図表12のような発想では見かけ上の正解の一方で大きな誤りを犯してしまいます。複数が関与する不動産事業で森とは権利割合のことを指します。

＊31　部分譲渡方式。実務では全部譲渡方式が用いられることも少なくありません。なお、土地（の一部）を売却する際、譲渡益があれば所得税（法人の場合は法人税）が課税されることから、売却代金の全額を建物購入に充てることができないことが原則ですが、等価交換事業は租税特別措置法が認める課税の繰り延べ制度を利用して行います。また、法律が規定する「交換」は同種同等のものに適用される概念です。等価交換事業では土地と建物を交換するため、「交換」には該当せず、便宜的に「等価交換」と命名しています。この用語は法律に規定された用語ではなく、いわば商品名です。

＊32　ここでは権利価格の大きさをわかりやすく示すための図面を作成しています。実際には建物を区分所有することが多くなります。

REAL ESTATE 3

不動産の購入を4つの不動産リテラシーで考える

1 マイホーム購入に備える

マイホームを持つことは、多くの人にとって実現したい夢の1つかもしれません。

すでに入手された方はその際の体験を4つの引き出しをもとに整理して、うまく不動産と付き合うことにつなげてください。これから入手しようとする方は、空の引き出しを用意して、いつでも知識と技能を収納できるようにしましょう。

■物的側面を理解し判断する力

マイホームは高価で、かつ、長期に利用しますので、土地、建物が期待に沿う性能を持っているか、物的な側面を

図表1-14　マイホーム購入の関係者

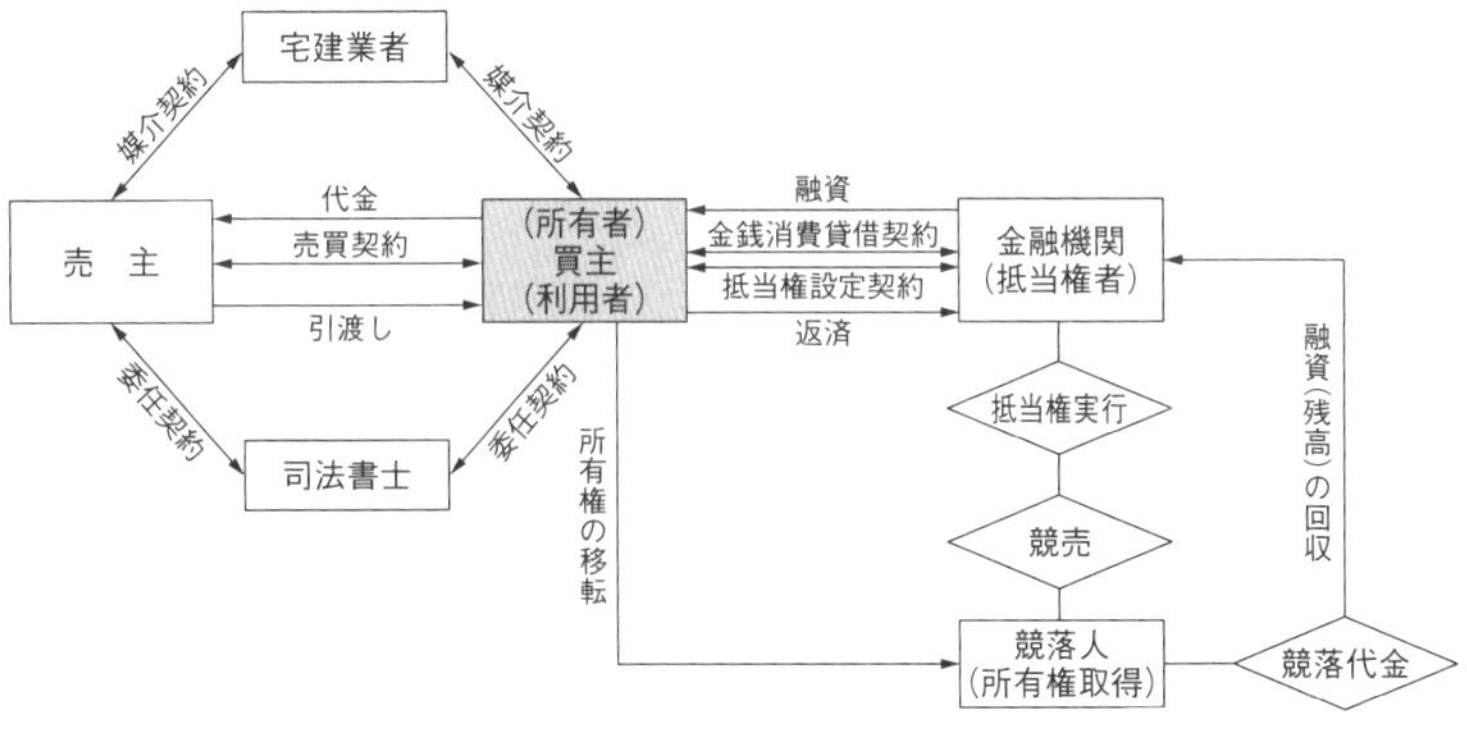

理解して判断する力が不可欠です。土地について、洪水、土砂崩れや地盤沈下がない安全な土地か、建物を支える十分な耐力があるかなどを見極めます。

建物について、技量のある設計士や施工会社が建てたものか、耐震性能、省エネ性能や耐久性能は十分か、将来売りやすい建物かなどを把握します。既往の学問分野では、土地や建物に関する工学知識、特に、建築、都市、土木の知識が該当します。

■法的側面

完成している住宅を購入する主要な手続きは、次の5つがあります。

①売買契約

売主と買主間で売買契約を結びます。売買契約については民法に規定があるほか、同じものが二つとない、契約成立時と引渡し時が異なる、ローンを組まない場合に代金が支払えなくなるなど、不動産特有の性質を加味して、どのような特約を付けるかなどの知識が必要です。

②媒介契約

宅地建物取引業者に適切な不動産の紹介や契約締結に向けてのサポートを依頼する契約を結びます。民法の規定にはない契約の種類で、宅地建物取引業法が規定します。相手側（売主）も同じ宅地建物取引業者に依頼すると、見かけ上、「双方代理」[*33]のような関係になるので、信頼できる業者を選ぶことが重要です。

③委託契約

不動産登記簿の所有権の名義人を売主から買主に移転するための不動産登記手続きを司法書士に依頼する契約を結びます。委任状を書いて、登記手続きの代理権を付与します。

相手側（売主）も同じ司法書士に依頼することが一般的で、これも「双方代理」のような関係になります。双方代理は代理人の判断が本人の利益を損ねることにつながる可能性があることから、双方代理による法律行為は原則として禁止されます。司法書士に登記の手続きを依頼することは、定められた手続きを事務的に代行する事務手続きであることから、双方代理の禁止に該当しないと解されています。

④金銭消費貸借契約

金融機関から融資を受ける際に金銭消費貸借契約を結びます。

借入金額、返済利息、返済期間、返済方法などを取り決めます。住宅購入時の金銭消費貸借契約は住宅ローンといわれます。金融機関の審査があり、融資が受けられないケースや返済条件の変更を求められることもあります。

＊33 民法では、双方代理は原則として禁止されています（民法１０８条）。契約当事者の双方から代理を依頼されていることを奇貨として、契約当事者の利益ではなく、代理人の利益を優先した行動をとる可能性が否定できないからです。

⑤抵当権設定契約

金融機関が貸付金の返済を担保するために抵当権設定契約を結ぶことを要求します。

■経済的側面を理解し判断する力

住宅の流通市場には多くの供給者（売主）と需要者（買主）が参加して、市場を形成し、価格ほかを交渉したうえで契約を締結します。

流通市場の現状と動向を把握し、購入しようとする土地と建物の価格の適正さを判断する知識が必要です。購入に付随する各種の税金の知識のほか、購入する不動産の将来の資産価値の程度を予測することも求められます。

■経営的側面を理解し判断する力

マイホームを購入する際は、購入した住宅に住み続けることを前提として、借入金は全額完済することを想定することが一般的です。*34

将来期待できる現実的な収入と、借入金額、返済期間、金利などの融資の条件を比較検討して、家計をマネジメントします。

長寿社会で長期となる老後の生活の場所と費用の確保が課題となります。マイホームの資産価値を利用して老後生活の安寧を図ることも重要な人生設計です。購入時だけでなく、将来の資産価値や売却のしやすさも重要なポイントです。

2 抵当権の法と経済

住宅の購入には多額の資金が必要です。そのため、手元の資金でまかなえるケースは少なく、ほとんどの場合、銀行などの金融機関から資金を借り入れます。

そして、資金を融資した金融機関は抵当権を設定します。

抵当権とは、返済が滞った場合に強制的に売却する権利で、金融機関は売却代金から融資した金銭を回収します。抵当権を設定する際、金融機関は建築費のための融資であっても、また、土地の価格より少ない融資額であっても、土地と建物の両方に抵当権を設定することを求めます。

図表15はすでに所有している2000万円の価値のある土地に、2000万円の費用をかけて建物を新築するケースです。このとき、建築工事費のうち自己資金で足りない500万円の融資を銀行に依頼したとします。

*34 投資用不動産では一定期間保有の後、完済前に売却することを念頭に購入することもあります。

図表1-15　土地と建物に抵当権を設定する

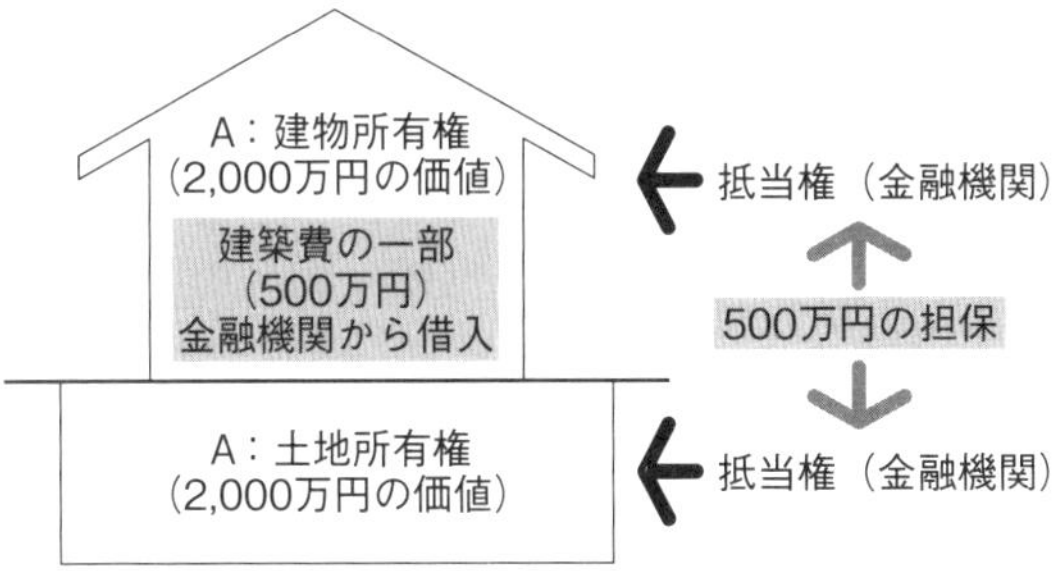

このケースでは、建築費の一部として500万円を借り入れて完成した建物と土地の両方に抵当権を設定しています。つまり金融機関は、500万円の融資金のために、2000万円の価値のある建物だけでなく、2000万円の価値のある土地にも抵当権を設定しているのです。

この金融機関の行為は理不尽にも思えますが、建築費のための借入金でも土地にも抵当権を設定する必要がある「土地建物抵当の原則」として合理的なものです。

図表16のようにAが所有する土地と建物のうち、土地だけに抵当権を設定する場合、土地の抵当権は、原則として建物に及ばず、抵当権を持つ金融機関は土地だけしか競売できません。競売によって、土地所有権は競落人が取得します。

建物所有権は守られる一方、土地所有者X（競落人）、建物所有者Aという関係になります。

図表8で示したとおり、これは〝あってはならない状態〟です。

■借地権が発生する

土地と建物の所有者が異なる場合、敷地利用権として借地権が必要になる[*35]ので、この場合は法律

図表1-16　土地だけの抵当権の実行

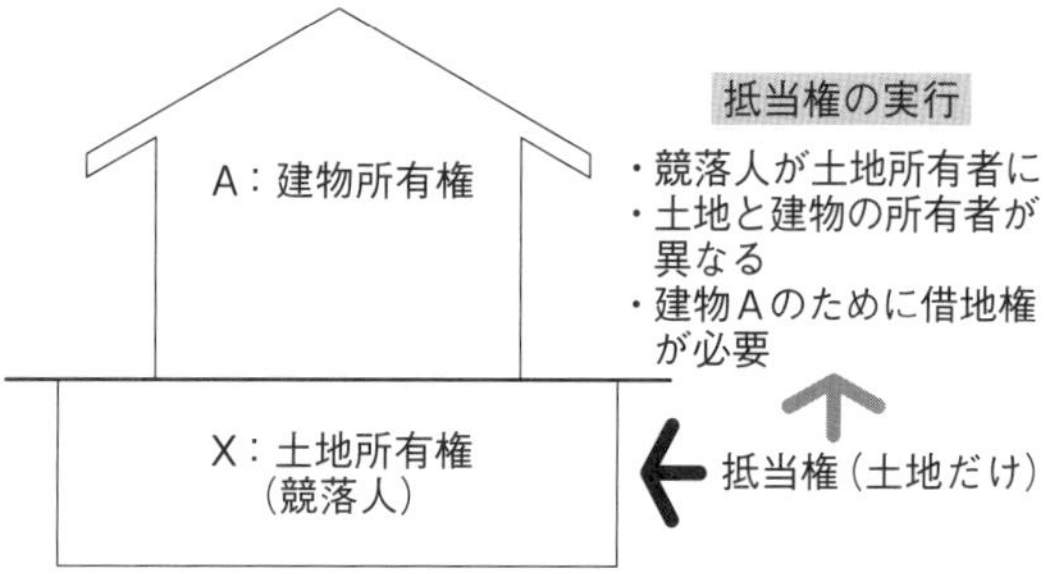

によって借地権を発生させます（図表17）。

借地権は、建物所有目的のための地上権及び土地賃借権です。地上権も土地賃借権も借地権として借地借家法で保護されますが、比較すると地上権による借地権のほうが強く、自由度があります。借地権が強くなることを少しでも防ぎたい地主の意向もあり、一般に土地賃借権による借地権が多く用いられます。この場合は、法定地上権という地上権による借地権を発生させます。

結果として、建物所有権は競落されることなく守られ、建物所有者は敷地利用権として地上権による借地権を得ることになります。法定地上権は抵当権に関連する事項ですが、実質的には借地権の問題です。

図表1-17　競売で借地権が発生

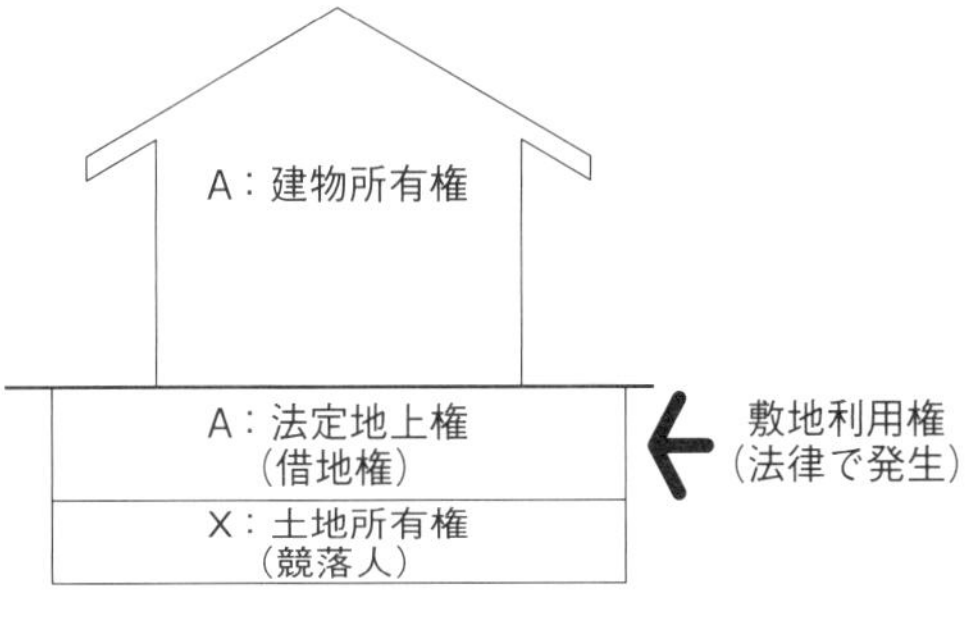

■競落額

競落額の問題もあります。借地権は借地借家法で保護された強い権利で、特に、地上権による借

＊35　使用借権のこともあります。使用借権は、無償で使用、収益をすることができる権利です（民法593条）。一般に入手するための費用が高額で、利用が長期に及ぶことも少なくない不動産を無償で利用させる使用貸借が使われることは多いとはいえませんが、親族間などで利用することがあります。相続できない、借地借家法の適用がないなど、権利の継続性や安定性が高いとはいえません。

地権は地主の承諾なしに売買できるなど、財産価値があります。借地権に財産価値がある分、土地所有権の財産価値は下落します。先ほどの図表15の状態で、通常にAが利用している場合の土地価格を10とした場合、図表17の状態では借地権（法定地上権）の価格は、6となります。[36]この場合、土地所有権価格は4となりそうに思えますが、実際にはそれほど高く評価されることは稀で、競落人Xの競落価格が1であっても驚くに値しません。

金融機関としては10の価値があると評価して融資をしたにもかかわらず、競売せざるを得ない状態になって競売にかけると1でしか売却できず、融資残高を回収できない可能性が高くなります。このような状態を避けるため、金融機関は法定地上権が発生しないよう、土地と建物の両方に抵当権をつけて、両方を競売できる状態にしておくことになります。[37・38]

コラム　中国の不動産市場

中国の都市部の土地はすべて国有ですが、1982（昭和57）年の憲法修正で、法律に則って土地の使用権を譲渡できることになりました（都市部は国家所有、農村部は集団所有）。また1995（平成7）年、中華人民共和国都市不動産管理法で、市と県政府（地方政府）に、国有の建設用地の使用権原が与えられ、政府に納めていた土地使用権の対価を、地方政府の財源として利用できるようになりました。土地使用権が独占的に供給可能になった地方政府は、工業用地を相対的に低廉な価格で提供し、企業誘致する一方、住宅や商業用地は旺盛な需要を背景に継続的に供給しました。「土地使用権払下収入」は、貴重な自主財源であると同時に、払下げが経済成長につながる循環が生まれました。

不動産市場の急速で広範な成長の背景には、①マンションの完成前に販売代金の一部を開発業者が受け取る「期房制度」が開発業者の資金繰りを助け早期に新規プロジェクトに取り掛かれること、②結婚前に新居を購入する習慣、③住宅以外に運用先が少ない投資環境、④賃貸市場が未成熟など、新規分譲マンションに需要が集中する要素の重なりがあります。

＊36　借地権の価格は場所、用途、契約内容などで異なります。

＊37　土地の抵当権は建物に及ばないことが基本ですが、例外もあります。建物所有権の登記と抵当権の登記の順番が図表16とは逆に、先に土地に抵当権がつけられ、その後建物を建てて登記した場合、土地の抵当権は建物に及ばない原則に対する例外として、土地の抵当権で建物も売却できます（一括競売）。この場合は土地についても10の価格で売却できる可能性が高まりますから、金融機関としては安心です。もっとも、建物の売却代金は所有者に戻す必要があります。このように登記の順番は重要です。

＊38　法定地上権は新たに借地権を発生させるケースですが、借地権の終了時でも同質の問題が起きます。借地権は一般に契約期間が更新され（普通借地権）、更新時に定めた契約期間で継続して借地できますが、状況によっては更新されず、借地権が消滅することもあります。この際、借地権は期間の満了と同時に消滅しますが、物的な存在である建物がその瞬間に消えてなくなるわけではありません。このため土地所有者A、建物所有者Bという状況が発生します。既述のとおりこれは〝あってはならない状態〟です。これを解決する方法として、①建物を解体する方法と、②借地権者が所有する建物を土地所有者が購入する方法があります（普通借地権では建物買取請求権が規定されています）。契約期間の更新がない定期借地権では期間満了時に同様のことが必ず起きます。不動産事業では意図的に借地権を用いることもありますが、借地権の出口について理解することが不可欠となります。

REAL ESTATE 4

不動産の賃貸を4つの不動産リテラシーで考える

街で目にする賃貸アパートは、見るからにアパートとわかるものが少なくありません。街並みや景観の美学、さらには安心居住の点では改善すべき点もありますが、背景にはさまざまな要素が絡み合っています。

賃貸アパートを整理して語ることは、不動産リテラシーを高める第一歩といえます。

■賃貸アパートを俯瞰する

賃貸事業の事業主は、土地を入手して建物を建築し、完成した建物を賃貸して事業経営をします。その間に必要となる主な行為を俯瞰すると、図表18のようになります。

賃貸アパートの事業主は、①宅地建物取引業者に土地の媒介を依頼して（媒介契約（売買））、②土地を購入し（売買契約）、④建築設計事務所に建築設計監理を依頼します（委託契約）。そして、建築設計事務所で完成した図面に基づいて、⑤建設業者に新築工事を依頼します（請負契約）。

この間、土地購入費や建築費の支払いのために、③金融機関から資金を借り入れ（金銭消費貸借契約）、金融機関は担保を徴求します（抵当権設定契約）。

完成した建物について、⑥宅地建物取引業者に賃貸の媒介を依頼して（媒介契約（賃貸））、⑦建物

図表1-18　賃貸アパートの構成

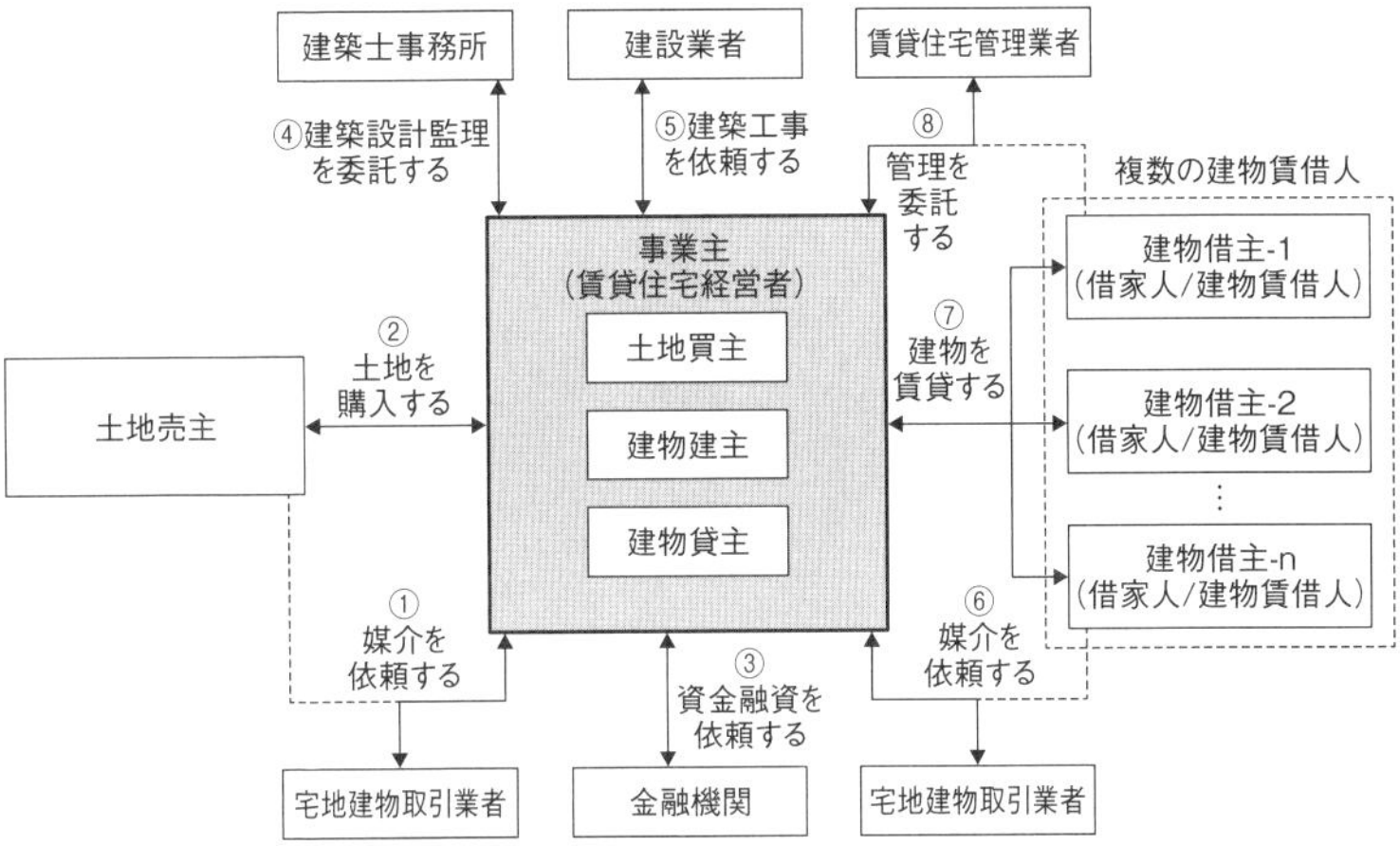

図表1-19　各段階で必要となる四つの引き出し

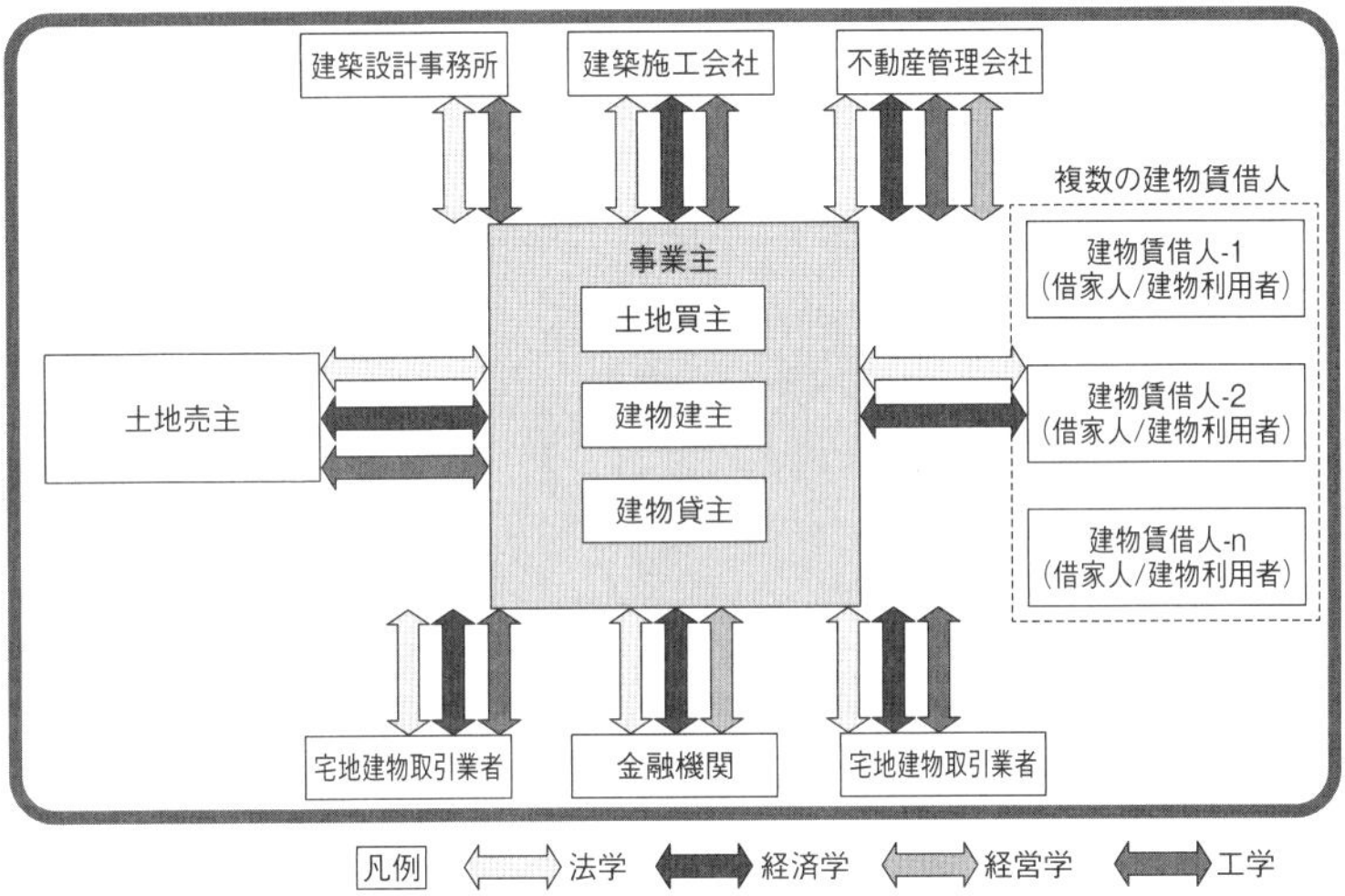

を賃貸するとともに（建物賃貸借契約）、⑧賃貸住宅管理業者に管理委託（委託契約）します。[*39]

その後、事業主は建物管理、契約管理、会計管理をしながら賃貸経営を続けます。

各段階の意思決定においては、合理的で健全な賃貸経営の全体像を考量し、物理的側面、法的側面、経済的側面、経営的側面を相互検証する必要があり、不動産リテラシーを構成する４つの引き出しを総動員することになります。

例えば、土地を購入する売買契約の際は、土地の売買契約にかかる法律知識が求められることはもちろんですが、想定する建物が建てられる土地かどうかを見極める工学知識、購入しようとする土地価格や賃貸しようとする賃料にかかる不動産市場と対象不動産の関係を見極める経済知識、さらには、賃貸経営にかかる収入と費用の推定や将来的な事業の健全性にかかる経営知識も併せて重要となります。

＊39　事業主にすれば一連のこれらの行為が、不動産業では流通業、開発業、金融業、管理業、賃貸業等に区分されています。

REAL ESTATE

5 商品としての不動産　～開発と投資～

1 商品性の判断

文房具店で1本100円の鉛筆を買うとき、「鉛筆の性能」と「100円の価格」が見合っているか、必要以上に神経を使うことはありません。これは、鉛筆としての機能はいうに及ばず、工業製品で品質が均一なことに信頼感があるからです。

これに対して建物は、「現場生産をしている」「同じものは二つとない」「中古の場合はどのような維持管理をしているかわからない」など、商品としての性能を判断することが難しい側面があります。

■事前の品質調査

商品性を確認する方法として、事前の調査があります。

図表20は米国カリフォルニア州の住宅取引の仕組みを示したものです。[*40] 売主と買主はそれぞれ代理人を立てて代理人同士に交渉を委ねるエージェント制を採用することが一般的ですが、それとは

図表1-20　カリフォルニア州の住宅取引の仕組み

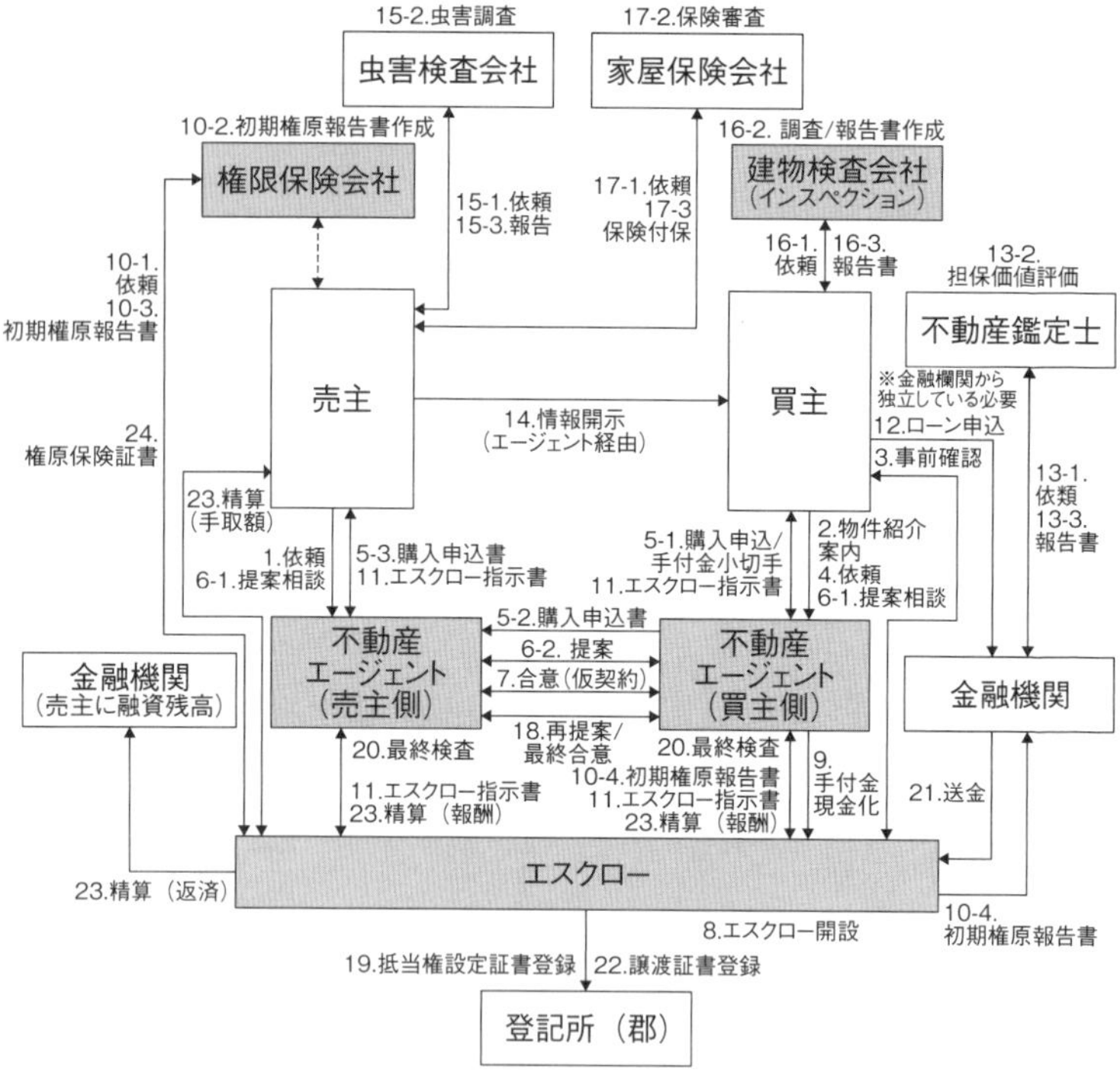

別途、買主は建築の専門家を雇用して購入しようとする不動産の状況を検査してもらいます。インスペクションといわれるこの制度は、売買仮契約(Purchase Agreement)を結んでいることが前提となりますが、売主はインスペクターが調査に入ることを拒否できません。[*41]

インスペクションの結果、売買仮契約時に想定されていた性能がない[*42]ことが判明すると、売主が欠陥を修補することを条件とする、売買価格を減額する、本契約を締結しないなど、商品性に応じた意思決定をします。[*43] 近年、日本でも中古住宅売買の際に、インスペクションに相当する建物状況調査の制度が導入されましたが[*44]、普及は今後の課題です。[*45]

コラム カリフォルニア州の取引制度

カリフォルニア州の住宅取引は2段階に分けることができます。第1段階は、売主と買主がそれぞれ依頼する不動産エージェント（以下、エージェント）を介して交渉し、その時点で得られた情報を前提とした合意（仮契約）に至るプロセスです。第2段階は仮契約にもとづいてエスクローを開

＊40 齊藤広子・中城康彦・小川清一郎「米国の中古住宅取引における契約内容の確定と履行―インスペクションとエスクローを中心に―」日本建築学会大会梗概集2011

＊41 インスペクションは売買仮契約（Purchase Agreement）から一定期間内に行います。この期間内、売主は別の購入希望者と交渉することも認められません。

＊42 劣化が進んでいる、欠陥がある、法律に違反しているなど。

＊43 特段の欠陥等がなければ、仮契約の内容で本契約を結ぶことになります。

＊44 2018（平成30）年の宅地建物取引業法の改正。

＊45 「買主注意せよ」の法理のもと、買主の自己責任として事前の調査が定着している米国などに対し、日本の民法が規定してきた「売主の瑕疵担保責任」制度（2020（令和2）年の民法改正後は「契約不適合責任」）のもとで、事後的に見つかった瑕疵であっても買主は売主に責任を問えることから、事前の調査が普及してこなかった側面があります。日本でも事後的に責任を問うことでは仕組みが成立しない不動産証券化では、インスペクションよりさらに本格的なデューディリジェンスが行われています。

設し、より詳細な情報の収集と確認を行って契約を確定し、契約の履行を確実に行うプロセス（本契約）です。カリフォルニア州の不動産取引では次のような専門家や会社が関与します。

■エージェント[*46]

エージェントは依頼者の代理人として契約内容が依頼者の希望や意思に合致するよう、相手方のエージェントと交渉を重ねます。合意にもとづいてカリフォルニア州リアルター協会が規定する大部の書式をチェックする方法で契約書の作成を支援します。[*47]売主のエージェントは売主の情報開示義務に協力する必要があり、不十分な場合は責任を問われます。報酬は売主が支払い、双方のエージェントの合計で6％程度です。

■エスクロー会社

中立の第三者機関として、契約の確実な履行を担います。資金と書類の管理、取引に関連する金銭の授受と精算、取引決算にかかる事務を担い、登記を行います。仮契約を受けてエスクローを開設し、エスクローオフィサーが中心となって関連機関からの書類の収集とチェックを行います。エスクローオフィサーは行政法の知識が必要ですが資格要件はなく、会社と不動産業の登録があれば業務を行うことができます。報酬は取引価格の1％程度で、売主と買主で折半して負担します。

■権原保険会社

人的編纂で調査に専門性が必要な米国の不動産登記制度を補完するため、契約通りの権利移転が行われなかった場合の損失を保険によってカバーします。権原保険会社は仮契約後、エスクローからの依頼により、売主の権利の内容や他者の権利の存否や内容を調査して初期報告書を提出します。報告書の内容により売買当事者は必要に応じて再交渉します。特段の修正点がなければ仮契約の内容で契約が成立します。*48

■**建物検査会社**

買主はエスクロー開設後、建物検査会社に依頼してインスペクターを雇用し、インスペクションを行います。インスペクションは目視および接触が可能な住宅部位の状態に関する客観的な検査で、最終合意前の買主に、大きな欠点や不十分な設備系統がないか判断するための情報を提供します。調査は目視が中心で、検査時間は2〜3時間です。検査終了後、依頼者に対して報告書が作成・提出されます。売主は買主のインスペクションに協力する義務があります。

＊46 エージェントとなって働くセールスパーソン（有資格者）はブローカー（不動産業者）に所属しています。

＊47 法律の専門家ではありませんが、不動産業界団体が作成した多様性を反映することのできる契約書原票を利用し、かつ、立場の異なる代理人同士がチェックしあうことで、不動産業者が契約書を作成することについて社会的認知を得ています。

＊48 エスクロー期間中、売主は仮契約を結んだ買主以外の買主と交渉することが禁じられています。このため、仮契約を結んだ買主は安心してインスペクションや権原調査をする（いずれも専門家に依頼）ことができます。

■流通商品の開発

完成した不動産を商品として売買する[*49]ことを目的として商品開発する事業が行われています。

マンション分譲事業が典型的な例です。分譲とは開発区域や開発建物を分割して譲渡するところから生じた実務用語で、土地を分譲する土地分譲、建物を建設して分譲する建物分譲があります。後者はさらに、戸建て住宅を建てて売却する建売分譲と、マンション分譲に代表される1棟の建物を分割して売却するものがあります。以下では、マンション分譲を想定して説明します。

賃貸事業と分譲事業では事業目的が異なる、立地が異なる、建物の意匠が異なるなど、相違点は多くありますが、プロジェクトを進める手順のうち、商品の開発段階である、土地の購入から建物の工事の間は、賃貸型プロジェクト（図表18）と同様です。

建築工事が完成した後は、流通段階です。開発した建物の購入を希望する買主に土地と建物の売買契

図表1-21　分譲事業の仕組み

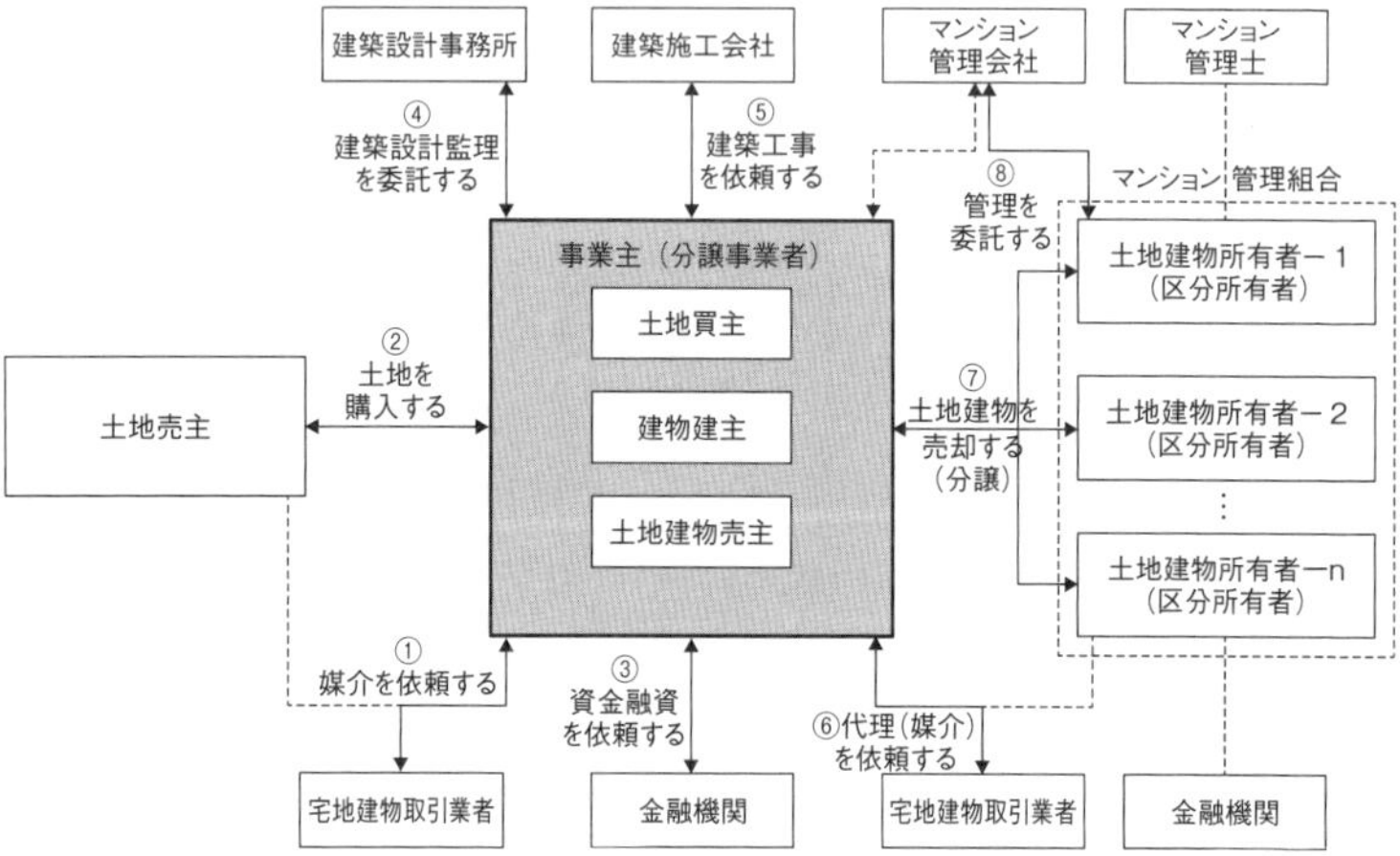

約を結んで売却します。[*50]

分譲事業者としては売れ残りをなくすために、法律で認められる範囲で、早い時期から売買契約を締結することが一般的です。まだ完成していない建物を売買しますので一般に「青田売り」といわれます。

売却することによって分譲事業者は分譲事業が完結します。一方、区分所有権を購入した区分所有者は、建物の区分所有等に関する法律（区分所有法）に基づいて管理組合を組成し、区分所有者の総意によって建物を管理します。適切な管理によって資産価値を高め、将来中古マンションとして売却する可能性を視野に商品性を保ちます。

■建物新築時の品質管理

マンション分譲事業では、開発事業者が新築した建物を購入者が購入します。その際、新築工事において建物の品質管理がしっかりなされていることが重要です。

建物を建てる場合の基本的な構図は、図表22の左図のとおりです。

建築主は間取りや外観の設計を建築士に依頼します。設計だけ依頼することもありますが、併せ

＊49 流通には大きく売買による流通と賃貸借による流通がありますが、ここでは売買による流通を取り上げます。売買は、当事者の一方がある財産権を相手方に移転することを約し、相手方がこれに対して代金を支払うことを約することによって、効力を生じます（民法５５５条）。

＊50 売買する建物の所有権は、区分所有法の適用を受ける、１棟の建物内の専有部分の所有権です。このような建物の所有権を区分所有権といいます。

て工事中の品質管理を依頼することが原則です。契約の種類は建築設計監理委託契約で、民法の委任の規定が準用されます。[*51]

委任は民法では無償が原則ですが、契約によって有償とすることもできます。建築士に仕事を依頼する際は有償のことが一般的です。

建築設計図が完成すると建築主は、建築施工会社との間で、その図面に基づいて建物を完成させる契約を結びます。契約の種類は請負契約[*52]です。

民法では請負代金の支払いは完成した仕事の引渡し時です。建物の場合は建物が完成した後になりますが、それまでの間に必要となる建築材料の費用や職人の賃金を立替えなければならないとすると、建設会社には大きな負担となります。

そこで、実務では着工時に3分の1、上棟時[*53]に3分の1、そして竣工時に残りの3分の1を支払うなどと、契約を結ぶことが一般的です。

建築工事中、建設会社が社内でしっかりと品質管理することに加え、建築主も契約当事者として、

図表1-22　新築建物供給の仕組みの比較

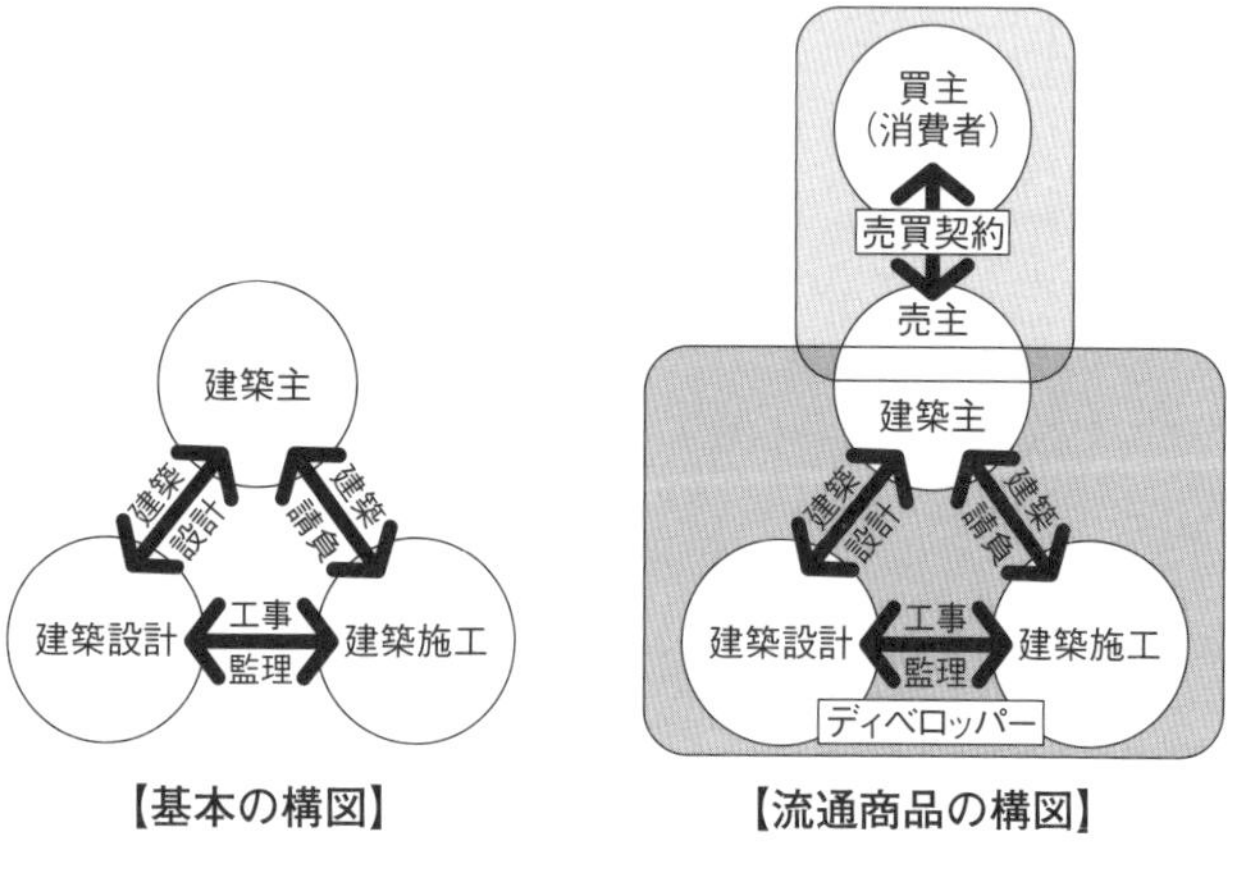

建設会社が契約を遵守し図面どおりに手抜きなく、また、スケジュールどおりに適切に工事しているか確認する責務があります。とはいえ、素人の建築主にはそれができないことから、建築士に依頼して工事監理を行ってもらいます。建設会社以外の専門家が品質管理することで、建物の品質が確保されるのです。

このように、建築工事の品質管理の基本は、建築主、建築設計、建築施工の3つの機能が相互に補完し、かつ、一定の緊張関係を保つことです[*54]。

新築して行う分譲事業では、この3つの機能を1つの会社が担うほか、建築主が完成した建物の売主になる点に特殊性があります（図表22の右図）。

売買契約には建物の引渡し時期を定めることが一般的ですので、売主は債務不履行を免れるために、なんとしても所定の時期までに建物を完成させる必要があります。この結果、工期を厳守することが売主として重要な目標となります。

＊51 民法では準委任に該当し、委任の規定が準用されます（民法656条）。

＊52 請負は、当事者の一方がある仕事を完成することを約し、相手方がその仕事の結果に対して報酬を支払うことを約することによって、効力を生じます（民法632条）。画家に絵をかいてもらう、陶芸家に壺を焼いてもらう、音楽家に作曲してもらうなどの契約が該当します。

＊53 建物の骨組みが完成して全体の形ができた時。木造であればもっとも高い位置に横たわる棟木があがった時、鉄筋コンクリート造であれば屋上の床のコンクリートを打設した時で、上棟式を行うこともあります。

＊54 間取りを考える機能と建物を建てる機能の両方を一人でこなす大工の文化がある日本では、建築設計と建築施工を同じ会社で行う設計施工一貫方式も定着しています。建築主には便宜な半面、品質管理がおろそかになる危険性が否定できません。品質管理の体制がしっかりしているか否かの確認が重要です。

建築主として建物の品質を確保するという利害・関心と、売主として引渡し時期を厳守するという利害・関心が相克することになります。建設・不動産に従事する者はだれ一人として品質をおろそかにしてもよいと考える人はいないはずですが、この相克を暗黙裡に天秤にかけ、後者が優先してしまう雰囲気が生まれてしまうことも考えられなくはありません。

加えて、工事監理を第三者に依頼しないこともあります。工事監理は、建築に素人の建築主が建築の専門家に委託して自分の代わりに建物の品質を確保してもらう仕組みです。これに対して図22の右図に示す建築主は、次々と建築を建てて販売しており、十分に建築の専門家でもあります。

このため、わざわざ費用をかけて第三者に委託するまでもなく、自ら工事監理する能力があり、また、そうすること（自社監理）に一定の合理性があります。自社監理が適切に機能すれば問題ありませんが、そうでない場合は、名目上の監理者を置いたに過ぎなくなります。

事業主は、建築主として建物をなるだけ安く建築し、売主としてなるだけ高く売りたいという2つの立場を持つことになるため[*55]、しっかりとした品質管理の下で商品化されていることが大切です。

コラム　会計上の減価償却と税務上の減価償却

建物などの償却資産を購入して利用する場合、取得費用は取得時に一括して支払いますが、利用期間はその後長期にわたり、使用期間を通じて収益を生みます。減価償却は、取得に要した金額を将来の収益を得るための費用の一括前払いと捉え、使用や時間の経過に応じて徐々に費用化する仕組みで、企業会計や税額を計算する過程で利用します。建物や付属設備は定額法で償却しますが償却資産の種類に応じて適用する方法が規定されています（図表23）。定額法では期間を通じて同額を償却しますが、定率法では初期に大きく償却し次第に逓減します（図表24）。

財務会計の主な目的は、会社の経営成績や財務状態を把握することにあり、実態をベースにした利益を把握します。収益から実際に支出した費用（経費）を引いた金額が利益となります。[*56]

税務会計の主な目的は、税金を計算することであり、公平に課税することを重視します。実際に支出した費用のうち、税法上損金算入が認められている項目を益金から引いて利益を求めます。[*57]

会計上の減価償却は、企業がその償却資産を何年使うつもりで取得したか、利用頻度や経営環境などに応じて、ある程度自由に耐用年数を決めて費用計上します。

一方、税務上もそのような取扱いをすると、同じ償却資産を保有していても計上する減価償却費に違いが生じて損金額が異なってしまいます。税額に差が生じて課税の公平が保てません。税務上

＊55　2005（平成17）年に社会問題化したマンション構造偽装問題では、必要な鉄筋量を省き、柱や梁が小さく「広々として使いやすい」違法のマンションが販売されていることが判明しました。裁判では構造設計を担当した建築士の責任とされましたが、背景には品質管理が充分行われないまま商品開発される危険性をはらむ構図があると指摘できます。

＊56　会計上の利益＝収益－費用。

＊57　税務上の利益＝益金－損金。

は、償却資産の種類や用途に応じて償却期間があらかじめ決められています。これを法定耐用年数といい、税務上の減価償却費は、法定耐用年数に基づいて計算します。

制度上、税務会計上の法定耐用年数と財務会計上の実態に即した使用年数との間に差異が生じることが想定されているわけですが、不動産（建物）の取引価格が税務会計上の法定耐用年数に拘束される理由はなく、どちらかといえば財務会計と同様の発想で評価します。

図表1-23　減価償却の方法

償却資産	減価償却の方法
建物、建物附属設備、構築物	定額法
船舶、航空機、車両運搬具、機械装置、工具、器具備品	定額法or定率法
鉱業用減価償却資産 ①　建物、建物附属設備、構築物 ②　①以外のもの	①定額法or生産高比例法 ②定率法or生産高比例法
無形固定資産、生物	定額法
鉱業権	定額法or生産高比例法

図表1-24　定額法と定率法による減価償却

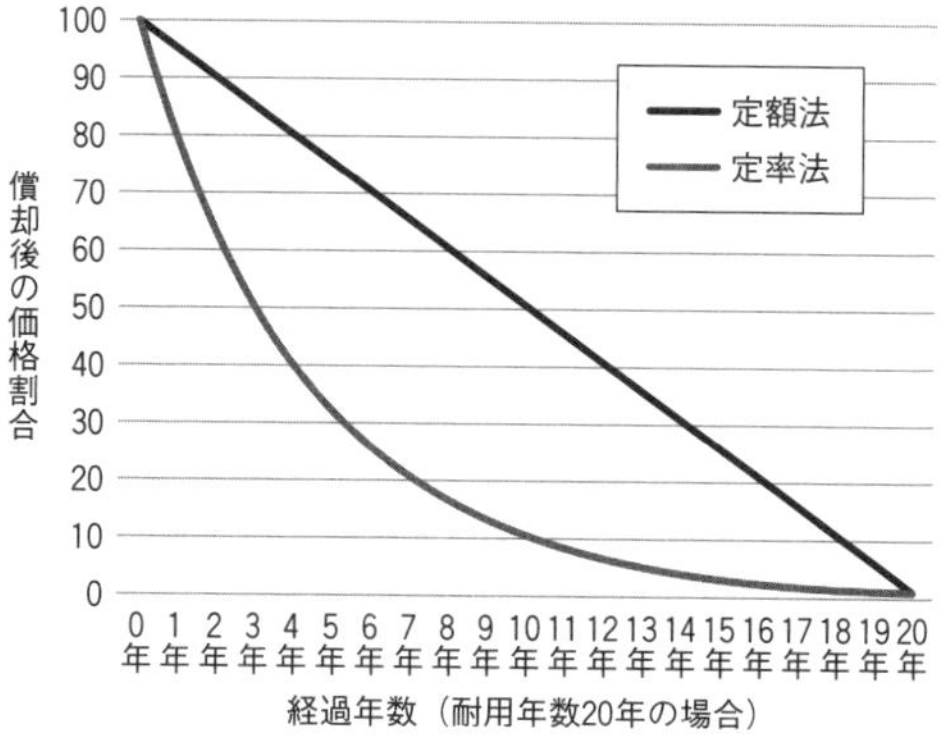

第2章　建築物としての不動産

第2章◆はじめに

世界の多くの国々と同様、日本も木材を多用し、建築技術を進化させてきました。
過度の木材利用によって森林を枯渇させた国や地方もある中、日本は森林資源に恵まれ続け、木造は今でも主要な構造となっています。これまで木造は、住宅等の小規模建築物が主でしたが、学校や事務所ビルなど大規模建築物も木造でつくる動きがあるなど、新しい局面も見られます。他方、国内に恵まれた森林資源がありながらその利用コストが高いことから、海外から木材を輸入するなど、課題もあります。

ここでは、縄文時代から現在に至るまでの鉄筋コンクリート造なども含む日本の建物の変遷と、建築物の基礎について紹介していきます。そして、海外の建築物も例に挙げた超高層の規制緩和や作品としての建築物についても触れています。

REAL ESTATE

1 構法の変化

1 木造建築物

■構法の変遷

縄文時代[*1]になると、人々は定住して狩猟採集生活を営むようになりました。

残された遺跡から、竪穴住居で暮らしていたと考えられています（図表1）。地面を数十cm掘り下げて床とし、その中に木の掘立柱[*2]を立てて骨組みをつくり、土や葦などで屋根を葺いた建物です。竪穴住居は弥生時代[*3]にも引

＊1　紀元前1万4000年～紀元前1000年頃の約1万年間。ただし、異なる考え方もあります。

＊2　ほったてばしら。地面に穴を掘り、その穴に柱を入れて土や石ですき間を埋めて固定する方法。掘立柱を立てず、周囲の壁で屋根を支える方式のものもありました。

＊3　通説では紀元前300年から紀元300年。記注＊1のように、始期を紀元前1000年とする考え方もあります。水田耕作は紀元前10世紀後半に九州北部で始まり、約800年かけて日本列島に広がったと考えられています。

図表2-1　竪穴住居

写真提供：ピクスタ

き続き利用されましたが、稲作が南方から伝わると高床倉庫（図表2）に米を蓄えるようになりました。

高床倉庫は、ネズミ返しを用いて害獣の侵入を防ぐ、床下の風通しが穀物の腐敗やカビの発生を防ぐ、洪水から収穫物を守る、など、日本の多湿な気候に適応した建築様式で、収穫物の適切な保管と管理に役立ち、農耕社会の重要な貯蔵設備として機能しました。

高床倉庫は高床住居のほか、権威者の住まいや儀式用の建物などに用いられるようになります。高床の建築方式は、神社建築に反映されたほか、平安時代の寝殿造、鎌倉時代の書院造などに引き継がれました。建築基準法は、木造建築物の床は地面から45㎝以上離さなければならない（建築基準法施行令22条）と規定し、高床式は今日の日本の建築様式の基本となっています。*4

図表2-2　高床倉庫

写真提供：ピクスタ

■柱の立て方

①掘立柱

稲作が伝わると神を崇めるしきたりが生まれ、神をまつる神宮の建築様式が発達しました。

伊勢神宮はその1つで、美しい様式美をそなえています。[*5] 柱のつくり方は、地面に穴を掘って柱を立てる掘立柱です。掘立柱は、地面に直接柱を立てるため、湿気等で腐りやすい難点があります。そのため20年で神殿を造り替える式年遷宮が行われます。[*6]

②石場建て（礎石の上に柱を立てる）

掘立柱が腐りやすいことから、柱が直接地面に接することを避け、地面に置いた石の上に木造の躯体を載せる方法が採用されるようになりました。

石のことを礎石といい、その上に柱[*7]を立てて躯体とします。現在でもお寺や神社などで見ることができます。

図表2-3　礎石の上に柱を立てる（宮地嶽神社）

写真提供：ピクスタ

＊4　木造建築物の床下の換気を確保して腐食しないようにする考え方は、高床倉庫や高床住居と軌を一にします。吉田兼好は『徒然草』（14世紀中葉）で、「家の作りやうは、夏をむねとすべし。冬は、いかなる所にも住まる。暑き比わろき住居は、堪へ難き事なり」と窓が多く開放的な住宅が日本にはふさわしいと述べています。

＊5　唯一神明造といわれます。

＊6　立派なヒノキを使っているために、より長期に利用できますが、しきたりとして定着しています。

＊7　柱と柱の間にあって1階の床を支える短い柱を束といい、束は束石の上に立てます。礎石と束石は同じ役割を果たしています。

礎石や束石は、やがてコンクリートに代わることが多くなりましたが、地震時に柱や束が束石からずれ落ちて、建物が倒壊するなどの欠点がありました。今日では、基礎の上に土台を載せ、その上に柱を立てる方法が用いられます。

■寝殿造・書院造・数寄屋造

飛鳥時代に仏教建築が伝来して、法隆寺や薬師寺が建立され、奈良時代に入ると東大寺大仏殿が造営されました。奈良時代末期には、海外伝来の建築様式を日本風にアレンジした和様の形式を持つ唐招提寺金堂が建立され、平安時代、鎌倉時代を通じて、建築史に残る寺院建築が建築されました。住宅では、平安時代に格式化された寝殿造[*8]（京都御所清涼殿など）が鎌倉時代には簡素化され、室町時代の書院造（円城寺光浄院客殿など）、安土桃山時代の数寄屋造の系譜となって今日に至ります。

図表2-4　唐招提寺金堂

写真提供：ピクスタ

図表2-5　寝殿造（京都御所清涼殿）

写真提供：ピクスタ

図表2-6　数寄屋造（桂離宮中書院）

写真提供：ピクスタ

＊8　上流階級が住んでいた屋敷の様式です。奈良時代に重視された重厚さとは異なり、自然との調和を意識した上品さや繊細さが特徴です。中央の寝殿の両側にコの字型に屋敷を配置して、長い廊下でつながっていました。風雅を重んじた上流階級の美意識が生んだ様式といえます。

2 住宅の構法

■軸組工法（木造在来工法）

伝統的な日本の木造建築の構法は、住宅の在来工法に引き継がれています。

木造在来工法は、建物に加わる力を梁《はり》や柱などの線形の材料で支える構法です。細長い材料を垂直方向及び水平方向に組んだ骨組みで支えるもので、軸組工法といわれます。[*9] 開口部が大きく確保できる、間仕切の配置や変更が自由などの特徴があります。[*10]

図表2-7　木造軸組工法

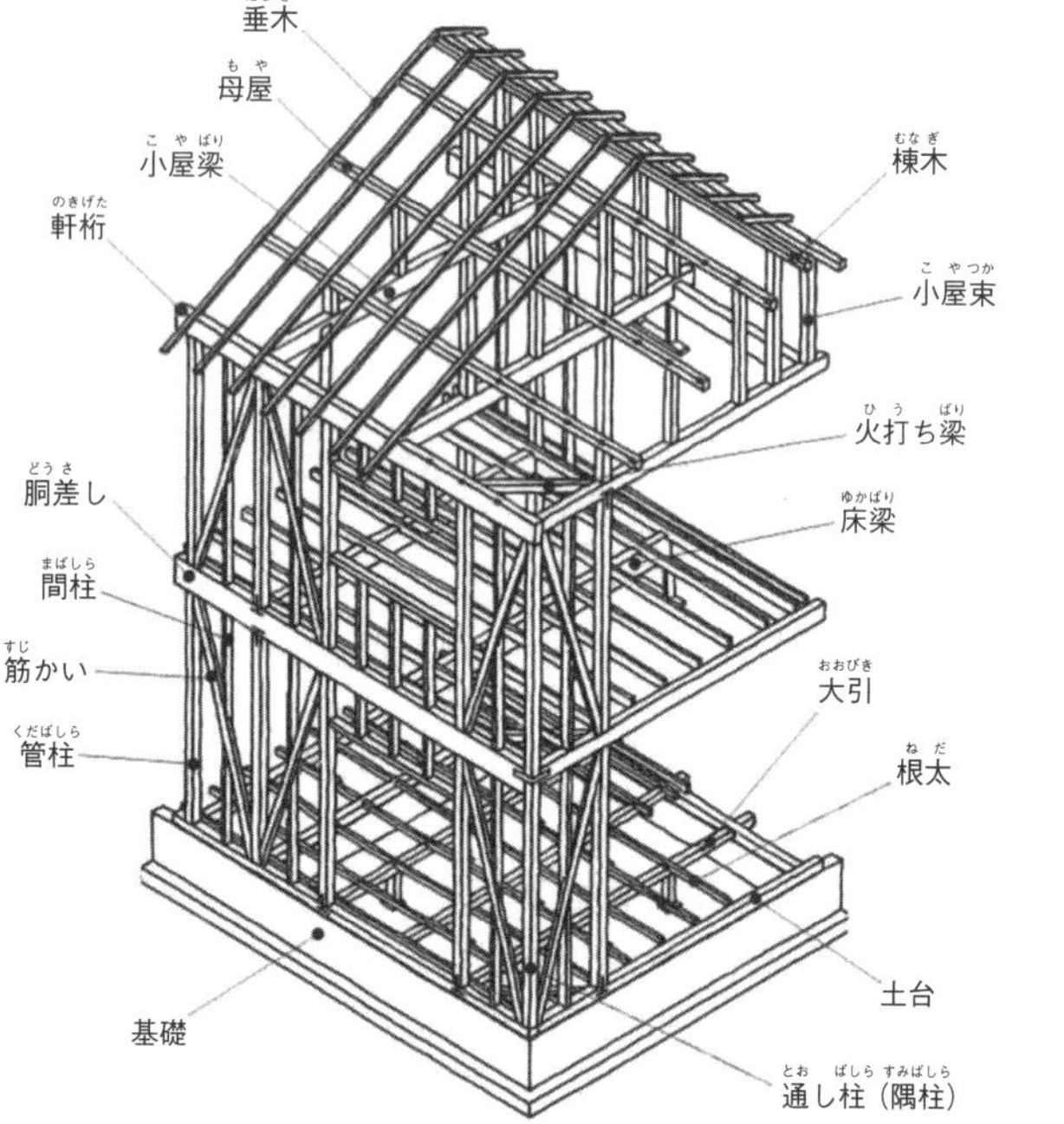

出所：今村仁美・田中美都 著『図説 やさしい建築一般構造』（学芸出版社、2009）より抜粋

木造在来工法では、基礎の上に土台を乗せ、柱を立てます。1階の柱（管柱）の上部を梁でつないで2階の床を支えます。2階建ての場合は、さらに柱を立てて上部を軒桁などの梁（横架材）で

つなぎます。軒桁と棟木の間に勾配のある垂木《たるき》を乗せて母屋で支え、垂木の上に板（野地板）を敷き、必要な防水層と仕上げ材で屋根をつくります。

■枠組壁工法（ツーバイフォー工法）

ツーバイフォー工法は枠組壁工法とも呼ばれ、建物に加わる力を壁面や床面全体で支えます。2インチ×4インチの木材を組み合わせた枠組みに構造用面材を打ちつけた版をつくり、これを組み立てて壁などをつくることを基本とする方法で、北米から導入されました。

壁全体が構造体のため、開口部の大きさが制約を受ける、壁を撤去する形での間取りの変更に制約があるなどの特徴があります。[*11] 半面、構造用面材でつくった版は変形しにくく、耐震性を確保することが相対的に容易といえます。

ツーバイフォー工法は1974（昭和49）年の建築基準法の技術基準の告示で位置づけられました。

＊9　軸組木構造ともいわれます。

＊10　大きな開口部で通風を確保するなど、南方系の建築様式です。

＊11　北方系の建築様式といえます。断熱性を高めるためには窓は小さいほうが良い（窓の断熱性は壁面の断熱性より劣る）など、寒さ対策が重要な寒冷地の住宅では大きな開口部を避けることが合理的です。

図表2-8　枠組壁工法

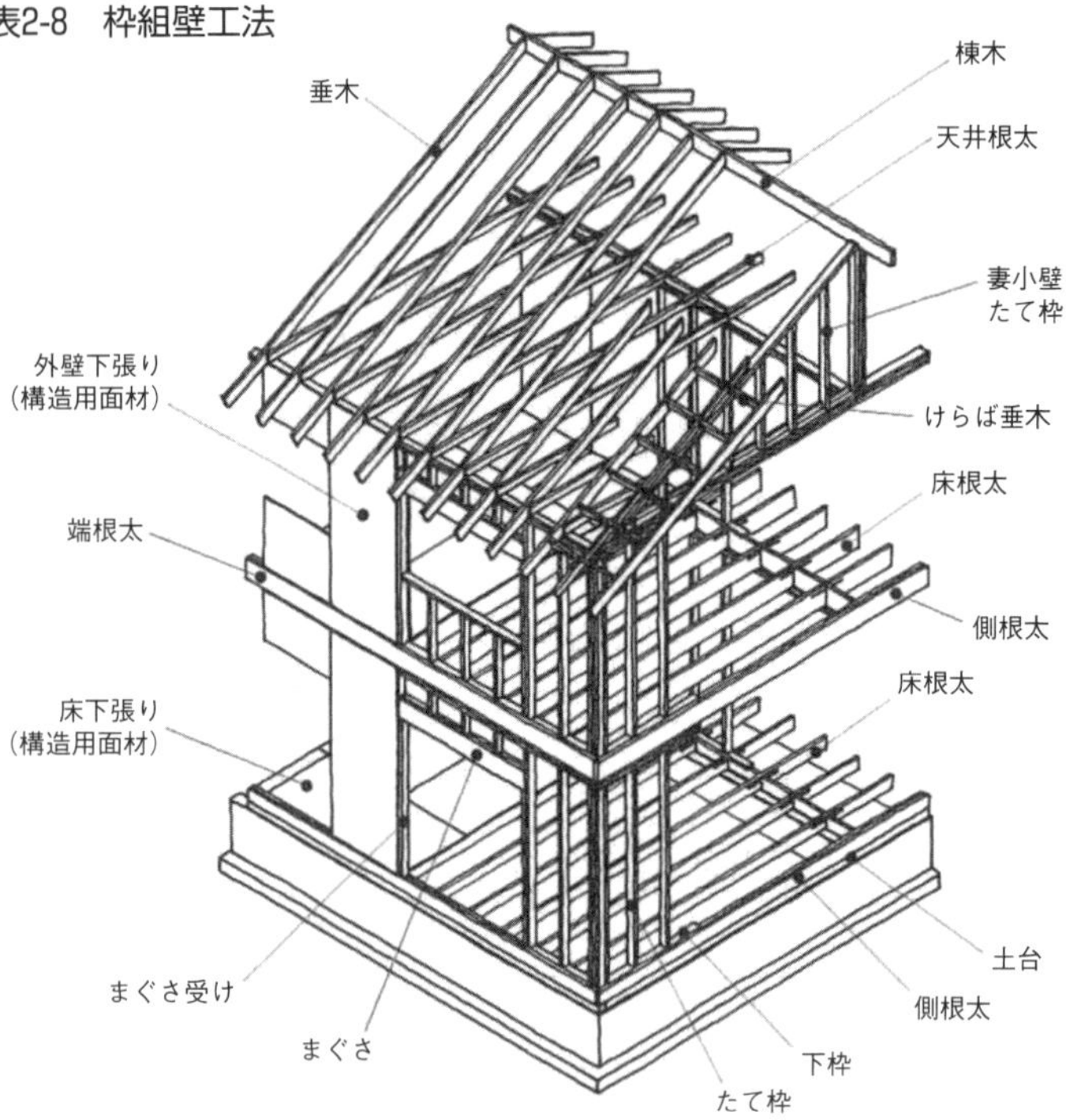

出所：今村仁美・田中美都 著『図説 やさしい建築一般構造』（学芸出版社、2009）より抜粋

図表2-9　建物を支える工法のイメージ

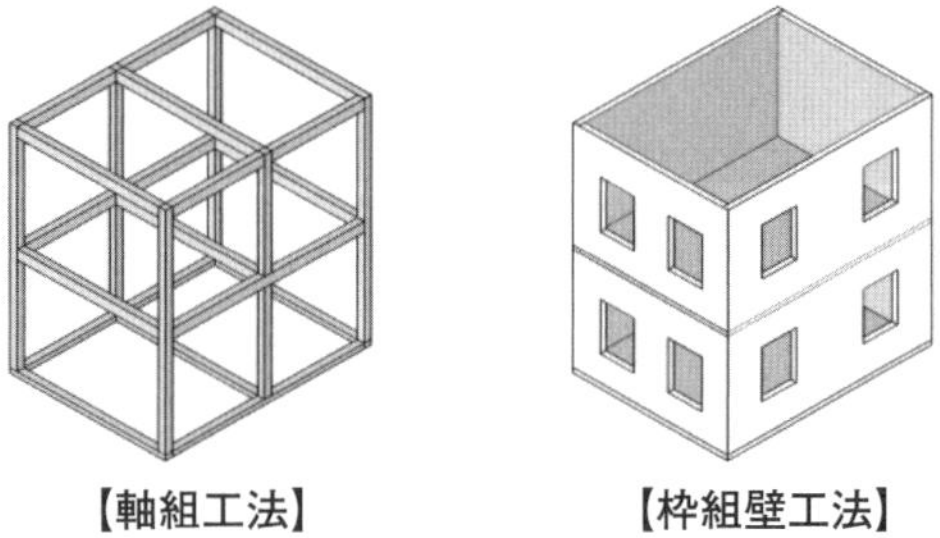

■プレハブ工法

建物を完成させる過程を建築生産といいます。

日本では戸建て住宅のプレハブ工法が進化しています。伝統的な生産方法が建設現場に必要な材料を搬入して加工し、多様な職種が協力してつくる「現場生産」を基本とすることに対し、プレハブ工法では建材の合理的な購入と利用、品質の均一化、現場の手間の削減と工期の短縮などのために、あらかじめ部材を工場で生産・加工し、建築現場で組み立て中心の作業を行って完成させます。

プレハブ住宅は、大量供給が求められた1960年代から導入され、木造、軽量鉄骨造の住宅で多く用いられています。

木造在来工法で建築する場合でも、機械化と電子化が進んだ工場で、柱や梁を正確、かつ効率的に加工して現場に持ち込み、建築生産の効率化を図るプレカット加工の導入が進んでいます。

REAL ESTATE 2

耐震性

1 耐震基準

日本は地震が多く、建物の耐震性が重要となります。

震災で発生する大規模な被害で耐震基準の不十分な点が明らかになる側面があり、それを補う形で建築基準が見直されてきました。現在は1981（昭和56）年改正の耐震基準（新耐震基準）に準拠しています。それ以前の耐震基準（旧耐震基準）の建物は震度6を超えると損壊する可能性が高いと考えられており、耐震診断や耐震補強で住まいの安全を確認し確保することが望まれます。

新耐震基準は、①建物の供用期間中に数回起こる可能性のある中規模の地震（一般に震度5程度）に対しては多少亀裂が生じても使用上支障をきたさない、②建物の供用期間中に一度起こるか起こらないかの大地震（一般に震度6強から震度7程度）に対しては崩壊や転倒を起こさないように設計して人命の安全を確保します。

2 建物に加わる力

建築物には、建築物自体の重さ（自重）のほか、利用に際して建築物に載る人間や家具などの重さ（積載荷重）、雪の重さ（積雪荷重）が加わります。

さらに、風圧や地震時の振動や衝撃の力も加わります。建築物の構造体はこれらを安全に支えることが求められます。

今日の構法では、建築物に加わる力は梁や柱を通じて最終的に地盤に伝えられますが、基礎と土台は建物に働く力を地盤に伝える部分で重要な役割を果たします。

図表2-10　建物に加わる力と力の伝え方

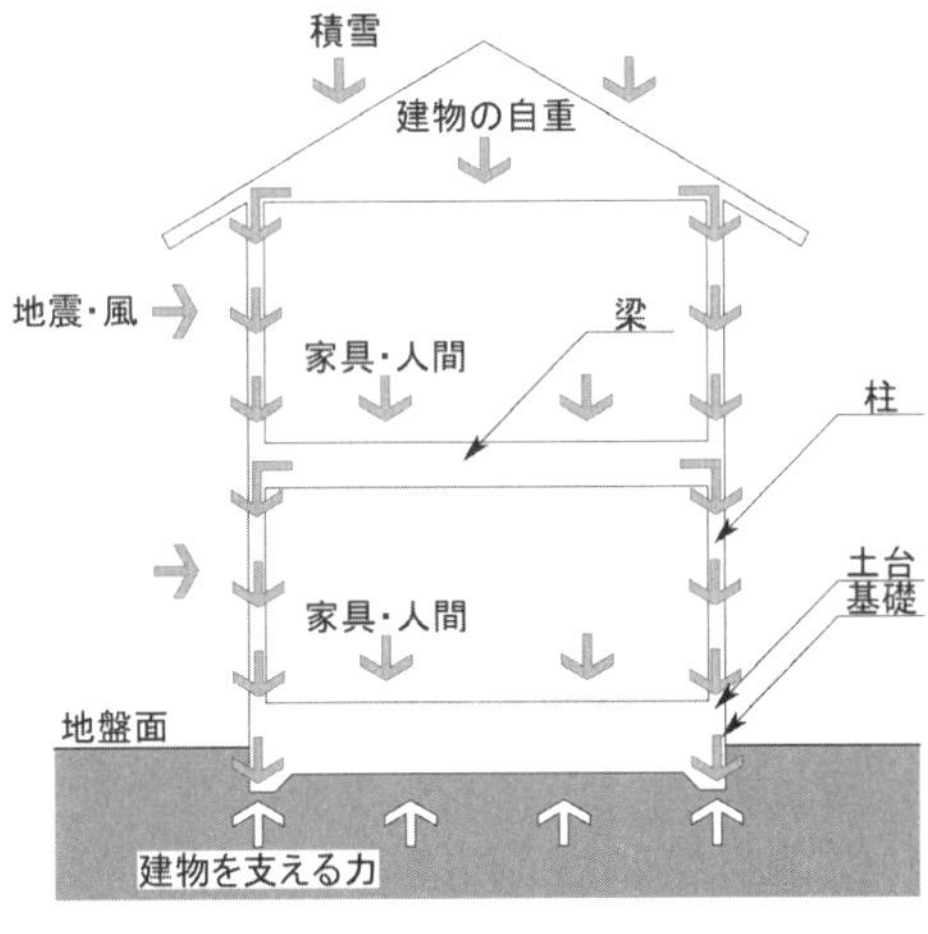

3 基礎の耐震性

建物に加わる力を最終的に地盤に伝える部分を基礎といいます。

建物の最下部にあって建物を地盤に定着させるとともに、地盤の力を利用して建物を支える役割を果たす部分で、地震時には地盤の振動や変形の力を受ける部分です。

　このような外力からの安全を確保するために、今日では鉄筋コンクリートで堅固につくることが一般的です。[*12] 木造戸建て住宅の基礎は、①独立基礎、②布基礎、③べた基礎に大別できます。

①独立基礎

　独立基礎は主だった柱ごとに独立した基礎をもつものです。基礎の工事量は少なく、工事費も安くすることができますが、建物の荷重をいわば「点」で支えるもので、安定性や耐震性に課題があります。[*13]

　独立基礎でつくられた住宅は床下を見通すことができます。かつては多く用いられていましたが、今日では全面的に用いることは少なく、用いる場合でも補完的な役割にとどまることが一般的です。

図表2-11　３種類の基礎と接地面積

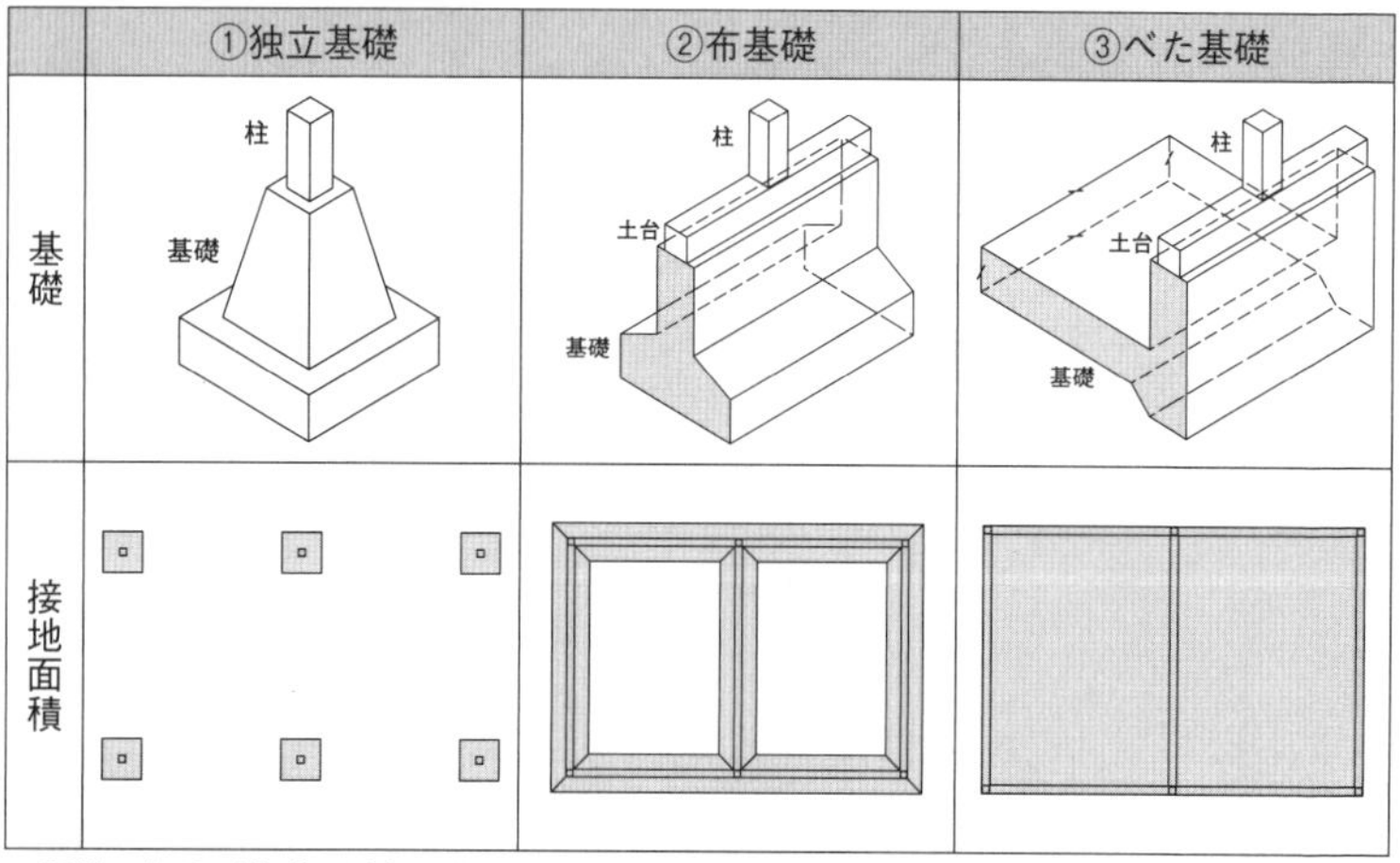

※網掛け部分が基礎と地盤が接する面積を示す

②布基礎

布基礎は独立基礎が連続したもので、建物の主だった壁の下に、連続的な基礎が存在します。建物の荷重をいわば「線」で支えるもので、独立基礎に比べて安定性や耐震性が高くなります。布基礎の場合は、コンクリートの立上《たちあが》り部分が建物の外周を囲むので、床下の換気を確保する方法に工夫が必要です。

地面から上がってくる湿気が床下にとどまって木材を腐朽させないよう、適切な間隔と大きさで床下換気口を設けます。[*14]

床下の防湿を確実なものとするために、床下に防湿のためのビニールシートを敷いたり、防湿コンクリートを打つこともあります。これにより、地面から床下に湿気が上がることを防ぎます。[*15]

図表2-12　布基礎とべた基礎の相違

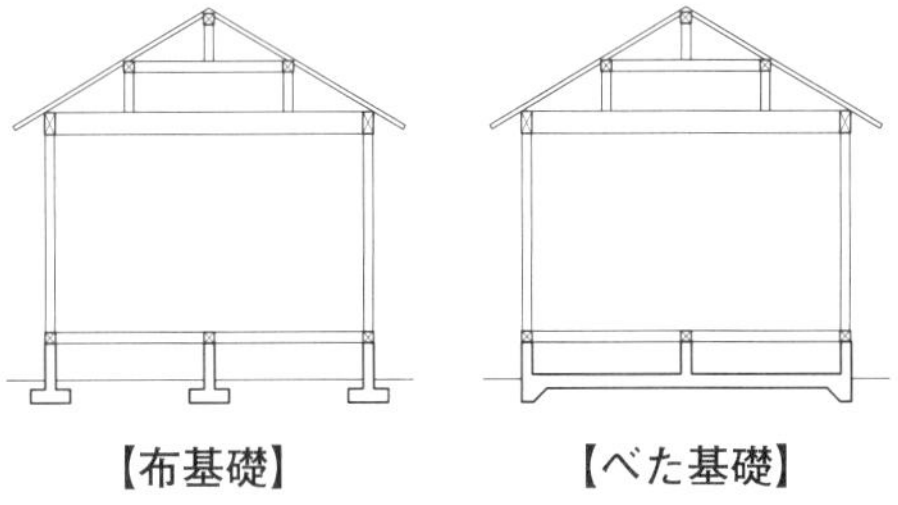

＊12 厳密には、コンクリートの下の地業を含みます。図表13は地盤の上に直に基礎をおいて建物を支えることができる直接基礎の場合で、割栗地業です（固めた地盤の上に栗石を並べて力を地面に伝える）。地盤に十分な耐力がない場合は、杭を打って支える杭地業を採用します。軟弱地盤で地盤改良することもありますが、地業とは別物です。

＊13 礎石と独立基礎の違いは、接地部分を広くしたフーチングをもつことです。このような形状は鉄筋コンクリート製とすることで可能となります。

＊14 基礎の立上り部分の一部をカットして換気口とすると、地震時の振動でその部分で基礎が破壊されてしまう問題があります。近時は土台と土台の間に隙間を確報する方法で換気することが多くなっています（猫土台）。

＊15 防湿コンクリートは建物を支えるためのものではないため、コンクリート強度は基礎部分より低いものを用いることが一般的です。見た目には次に述べるべた基礎と区別がつきにくくなります。

③べた基礎

べた基礎は建物の下一面を基礎とするものです。建物の荷重をいわば「面」で支えるため、布基礎よりさらに安定性が高くなります。

建物の荷重は、最終的に基礎の底版が地面に伝えます。そのため、底版の面積が広いほど建物を安定的に支えることが可能で、より安定した構造を目指して、独立基礎→布基礎→べた基礎に変化しています。[*16]

べた基礎の場合は、基礎が防湿コンクリートの役割も果たすため、地面からの防湿は問題となりませんが、床下の換気は必要です。[*17]

土台は基礎の上に横たえる材[*18]（横架材）で、アンカーボルトで基礎と緊結します。地表面に近く腐りやすい位置にあるので、ひのき・べいひ・ひば・べいひば・こうやまき・くり・けやきなどの腐りにくい木材を使用する、断面を大きくする（120㎜×120㎜以上[*19]）、防腐剤を塗るなどで対応します。

また、建物の荷重は柱から土台に伝わり、さらに基礎をとおして地盤に伝えられます。

平時は柱には下方向に力がかかっていますが、台風や地震などの際は、横にずれようとする力や上方に引き抜きの力が働くこともありますので、柱が土台から外れないよう柱の下端に「ほぞ」を

図表2-13　基礎と土台

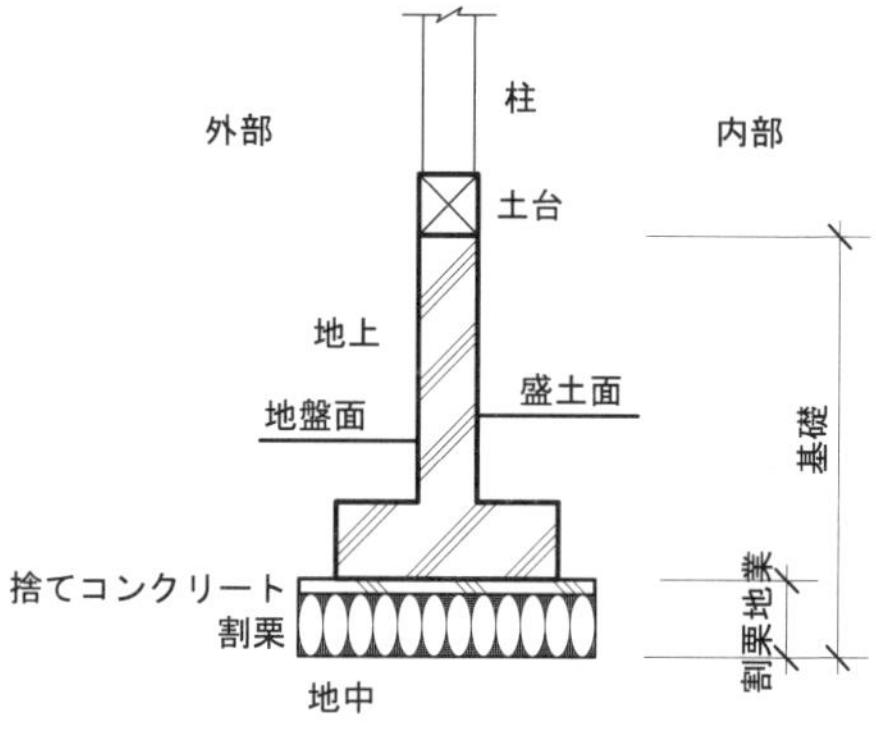

つくって土台にあけた「ほぞ穴」に刺してつなぐほか、金具を用いて抜けないように補強します。

4 躯体の耐震性

■壁の耐震性

地震時には地面の揺れによって建物に水平力がかかり、柱、梁と土台がつくる架構が変形します。耐力壁によってこの変形を一定範囲内に留めて建物の倒壊を防ぎます。耐力壁は2つの方法でつくります。

筋かいによる方法は、木造在来工法や鉄骨造で多く用いられます。地震時には、建物に加わる水

＊16 べた基礎は一般論として構造安定性に富みますが、重くなる性質があるため、軟弱な地盤では不向きとなる場合もあります。

＊17 べた基礎の床下換気は猫土台を用います。基礎と土台の間に基礎パッキンを挟んで、土台を基礎から浮かせ、両者の隙間から換気します。猫土台は、土台が基礎に直接ふれないため土台が腐りにくい、基礎に床下換気口のための切り欠き（1箇所につき300㎠以上）が不要で耐震性が高まる、床下全体で換気が図れるなどの長所があります。

＊18 浮かせた状態といってもパッキン部分では、アンカーボルトで両者を緊結します。基礎の上に加工が容易な土台（木材）があることで、柱や間柱、筋かいなどの工作が容易となります。また、柱から伝えられた力を柱の真下だけでなく広範囲の基礎に分散して伝えることができ、その分建物の長期安定性が向上します。筋かいや構造用合板を金具で緊結することも容易となります。基礎と土台は日常用語としては同義に用いられることも多いですが、建築用語として用いる場合は異なる部位と機能を指します。

＊19 通常の柱の断面の寸法は105㎜×105㎜が一般的です。

平力によって柱と梁や土台で構成される長方形の対角線の長さが変化します。

平時は同じ長さの対角線a-a'とb-b'が変形によりa-a'はa-a"に伸びようとする一方、b-b'はb-b"に収縮しようとします。a-a'の位置にある筋かいには引張力が、b-b'の位置にある筋かいには圧縮力が働きますが、変形を止めるのは主に前者です。[*20]地震時の大きな引張力でも抜けることがないよう、筋かいは柱、梁、土台と金物で緊結します。

柱、梁、土台に構造用合板を打ち付けて耐力壁とする方法もあります。この方法では合板の4周を構造体に堅固に取り付けることができます。

■木造ラーメン構造

鉄筋コンクリート造でも軸組構法が多く用いられますが、木造在来工法とは柱と梁など、部材と部材の接合部に違いがあります。鉄筋コンクリート造は柱や梁の寸法が大きく、同じ材料で同時につくるため、柱と梁の接合部は一体化しています。

図表2-14　耐力壁のつくり方

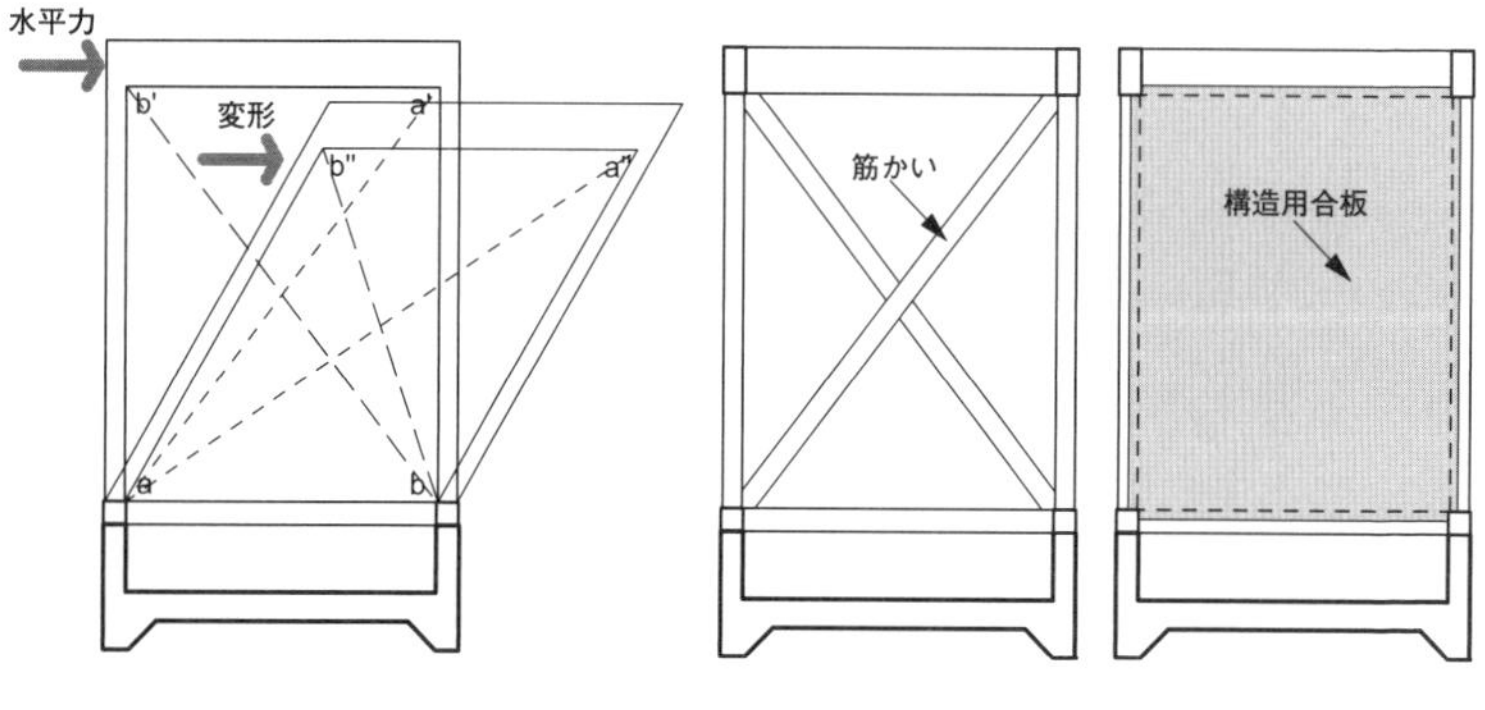

これを剛接合といい、変形しにくい特徴があります。剛接合の軸組構法をラーメン構造といいます。

これに対して木造在来工法の接合部は、さほど大きくない別々の部材をつなぎ合わせています。この接合をピン接合といい、変形しやすい特徴があります。

このため、図表15右図のように、柱と梁でつくる長方形の対角線の位置に筋かいを設け、対角線の長さが変わらないようにする役割を持たせて変形を抑え、倒壊を防ぎます。

集成材の技術が進歩して大きな部材が作成しやすくなった近年、木造のラーメン構造が普及し始めています。[*21]

■耐震性を確保する3つの方法

地震時は建築物に対して、平時と異なる力が働きます。まず、水平方向から大きな力が働きます。次に、地震が収まるまで続く地面

＊20 一般的に用いられる筋かいの厚さは柱の半分から3分の1程度です。このような厚さしかない木材が圧縮力を受けると、圧縮力を支える役割を果たすことなく、たわんでしまいます。一方、このような厚さでも引張力には対抗できます。柱と同じ厚さの筋かいを用いれば、状況は変わります。

＊21 柱や梁の寸法を大きくしたうえで、接合部に金具やボルトを用いて剛接合にします。木造ラーメン構造では柱のない大空間を設けることができる、間取りを自由に設定できるなどの特徴があります。

図表2-15　接合の仕方と変形の違い

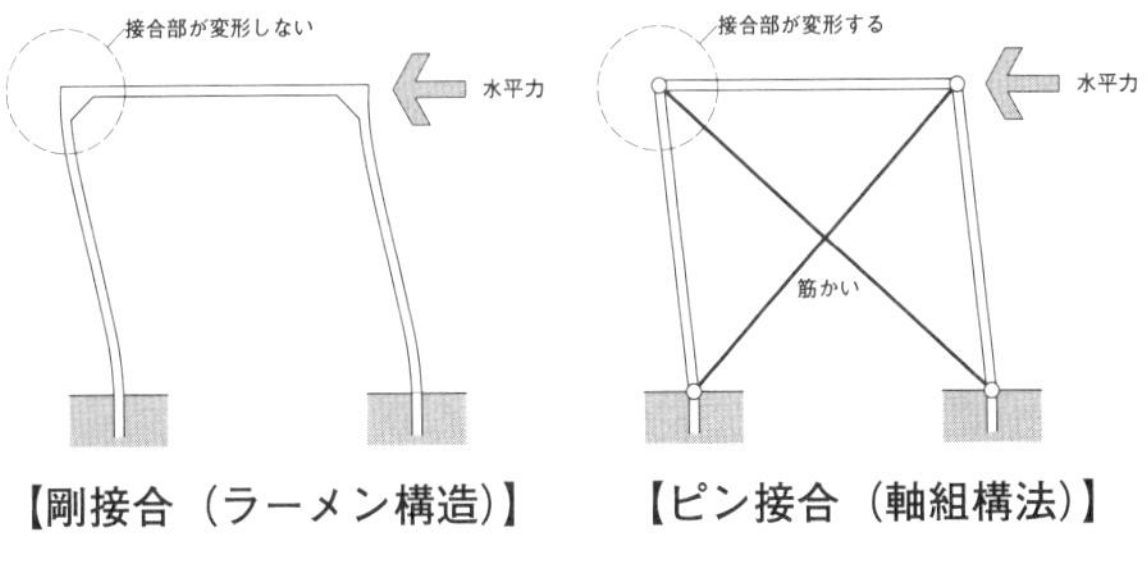

の変形によって繰り返して力が加わります。直下型地震の場合はさらに、垂直（上下）方向にも大きな力が加わります。多くの場合は前2者が問題となります。

木造在来軸組工法で地震時に建物に働く水平力による変形を抑え、損傷や倒壊を防ぐためには筋かいが有用です。耐震構造は筋かいを入れた耐力壁を適切な位置に配置して、建物の変形を抑えます。地震の力が建物に伝わるため、建物の揺れは地震の大きさに応じたものとなります。また、一度大地震にあったのち、再度大地震に見舞われた際、所期の性能を発揮できない可能性[*22]もあります。

免震構造は建物に伝わる地震力を抑制して建物の破壊を防ぎます。水平方向に変形可能な免震装置を設置し、建物が地盤の動きに追随しないようにします。免震装置には金属板とゴムを交互に重ねた積層ゴムやスライドレールで滑らかに動くものがあります。免震構造は地震動による損傷が少

図表2-16　耐震性を高める

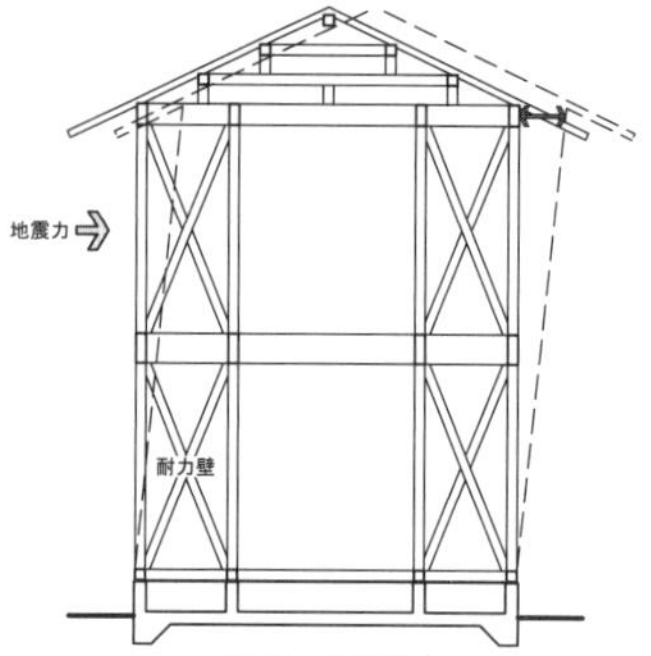

【耐震構造】

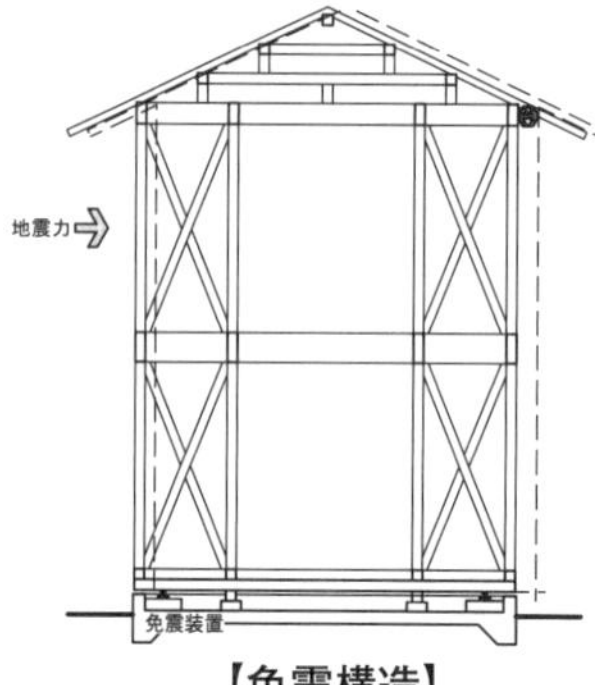

【免震構造】

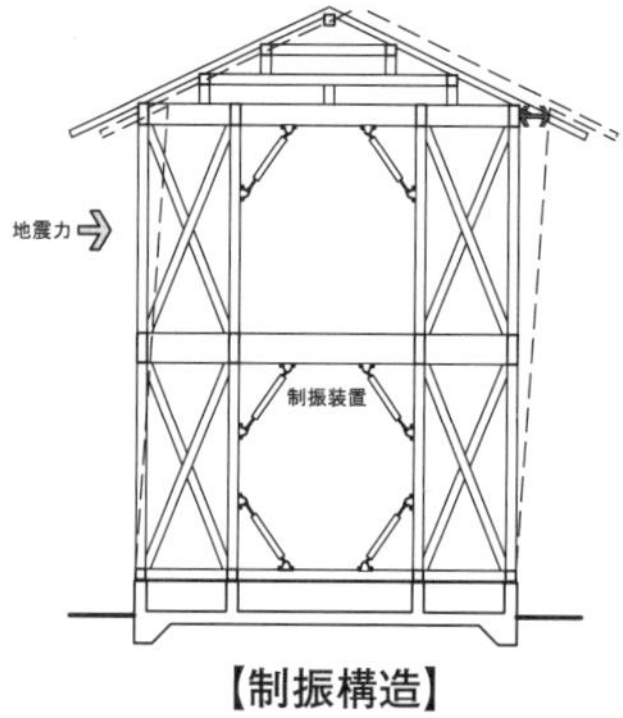

【制振構造】

なく、繰り返し地震が起きても同じ性能を発揮することが期待できます。

制振構造は建物に伝わった地震力を、建物に組み込んだエネルギー吸収機構（制振装置）で減衰させて振動を低減させます。元々は、風等による振動全般を制御する方法を指します（制振）が、地震動の制御が大切な日本では、「制震」と表記することも多くなっています。大規模な建築物に利用されてきましたが、近年は住宅用のコンパクトな部材が開発されています。

■耐震改修の考え方と方法

耐震改修では、横揺れによる建物の変形を抑える、浮き上がる力を抑える、建物を軽くするなどの方法を用います。これらの方法を組み合わせるほか、劣化した部材の取替えや補強をします。

横揺れに対する変形は筋かいを増設することが基本となりますが、合板を柱、梁や土台に打ち付けて耐力壁にする方法（図表17）、制振構造の考え方を採用して制振装置を付設する方法や耐震フレームで補強する方法も用いられます。建物を土台の部分でい

図表2-17　合板を使った耐力壁

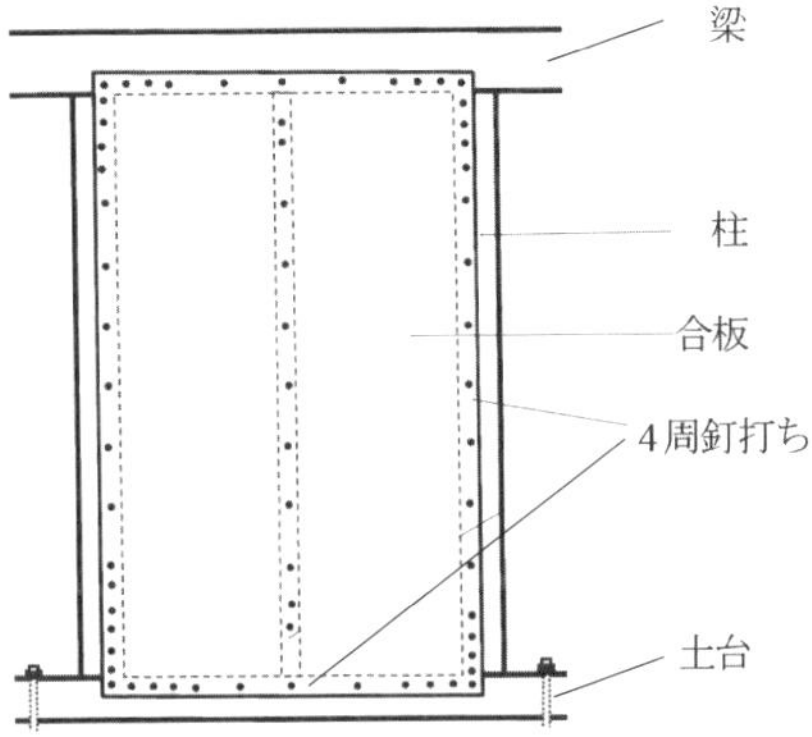

出所：「既存木造住宅の耐震改修工事・施工マニュアル（平成21年版－第2刷）横浜市建築局」をもとに著者作成

＊22　最初の大地震で耐震性を発揮する部材等がダメージを受けている可能性があります。

ったんカットしてジャッキアップし、免震装置を付設して免震構造にすることもあります。

地震時に揺れる過程で建物には浮き上がる力が働きます。建物が浮き上がると倒壊や転倒に直結し、被害が甚大となりやすいことから、浮き上がり防止の改修をします。浮き上がる力に対しては、基礎と土台、土台と柱を緊結します。緊結にはホールダウン金具などを使います（図表18）。

横揺れや浮き上がる動きにより、平時は密着している結合部が変形して緩み、振動が大きい場合は結合が外れてしまいます。これを防ぐために、部材間を金具でつないで緊結します。金具は使用する位置によって多くの種類があります。

建物を軽くして耐震性を向上させる例として、瓦の屋根を金属製の屋根に変える、上階の床を抜いて面積を減少させる方法があります。地盤面に近い土台は湿った状態になることが多く早く劣化します。また、基礎はコンクリートの中性化や鉄筋の腐食により耐力が不足する状態になる可能性があります。既存住宅の土台を取替える、基礎をカーボン繊維等で補強する、外側に増設するなどの方法で基礎と土台の耐震性を向上させる方法を検討します。

図表2-18　浮き上がりを防ぐ

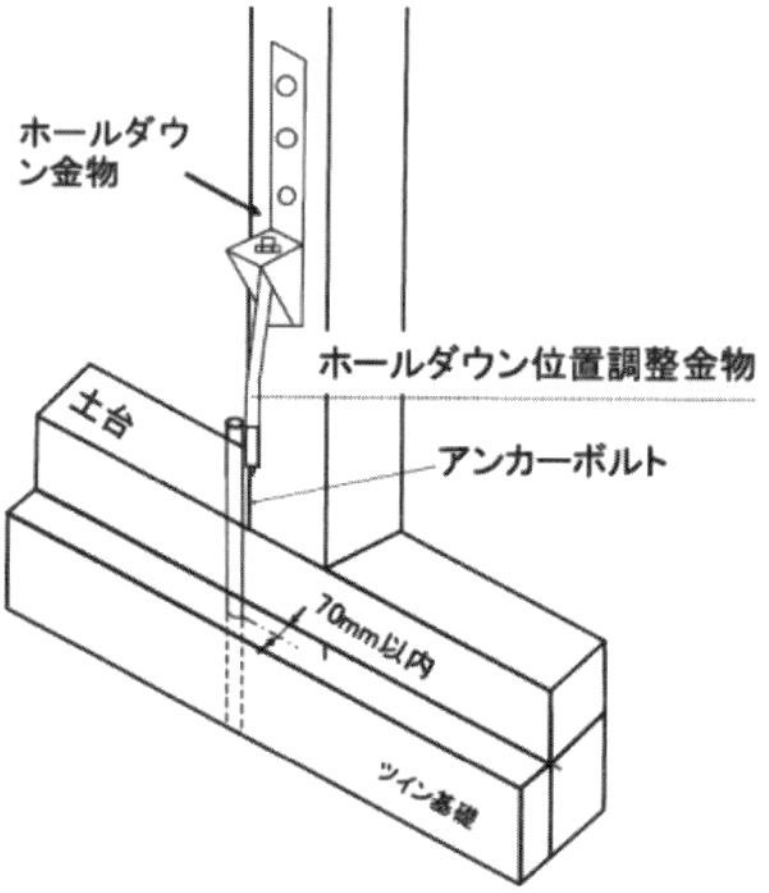

出所：「既存木造住宅の耐震改修工事・施工マニュアル（平成21年版－第２刷）横浜市建築局」をもとに著者作成

コラム

償却資産の耐用年数

取得する資産のうち、使用や時間の経過によって性能が低下する資産を償却資産といい、一般に建物、付属設備、生産機械などが該当します。[*23] 償却資産が何年使えるかが、取得後の利用計画や事業計画に影響します。取得時に予想した期間と実際に使用できる期間は異なります。償却資産は耐用年数が異なるさまざまなパーツの組み合わせでできていることから、適時適切な維持修繕でパーツを取り換えることにより資産全体の耐用年数を長期化することも重要です。

耐用年数が長期のものは長い時間利用できて毎年の減価額は少なく、短期のものは早期に減価します。持ち家など取得後の資産価値が高いことが望ましい資産や新築に必要となる資源や発生するCO2を抑制して地球環境に貢献したい場合は、耐用年数が長いことが良いといえます。他方、償却資産の償却額を多くして節税効果を高めたい、技術革新が速いことに対応するため早期に償却して性能が向上した新しい機材の導入に備えたいなどの場合は、耐用年数を短くするほうが合目的的となることもあります。

＊23 英国では工業用建物などを除き建物は償却しません。建物は古くなれば減価する償却資産とは考えず、絵画や骨董品と同様、増価する資産との認識と市場の実態があります。

REAL ESTATE 3

大規模木造建築物

古い温泉街などでは木造の3階建てを見ることもありましたが、一般の住宅地に立つ木造住宅は2階までがほとんどでした。

しかし、近年では大都市の市街地を中心に、木造3階建ての住宅が増え、学校も木造で建てられています。さらに、都心部に高層の木造建築物が出現するようになりました。

建築基準法は逐次改正されますが、木造建築物の可能性を大きく高めた改正は、1998（平成10）年の建築基準の性能規定化です。[*24]

さらに、木造建築物の普及に弾みをつけたのが、脱炭素社会の実現に資する等ための建築物等における木材の利用の促進に関する法律[*25]（2021（令和3）年）です。

1 木造建築物に対する規制の推移

■建築基準法の制定

1923（大正12）年の関東大震災では約10・5万人の死者等のうち約9・2万人（88%）が火災で亡くなり、第二次世界大戦（1945（昭和20）年終戦）でも火災で多くの方が亡くなりました。

その後、1950（昭和25）年制定の建築基準法では、次の3つを制限しています。

①大規模建築物
②特殊建築物
③（防火・準防火地域の観点から）耐火性能に課題がある木造建築物

法制定時は、高さ13m超、軒高9m超、または延べ面積3000㎡超の木造建築物は、①に該当し不可[*26]、耐火構造とする必要がある3階建ての共同住宅[*27]は②に該当し、防火地域内の延べ面積100㎡超の建築物は③に該当するため、いずれも木造とすることができませんでした[*28]。

■簡易耐火建築物の規定

1959（昭和34）年に「簡易耐火建築物」の規定によって、木造でも、②と③の一部が可能となりました。さらに、1987（昭和62）年には、大断面集成材を利用することで、①についても、大架構の木造建築物の途を開きました。

＊24　性能規定化は、1950（昭和25）年制定以来50年ぶりの大改正といわれています。
＊25　通称「都市（まち）の木造化推進法」
＊26　主要構造部を木造とすることはできませんが、それ以外の部分に木材を使うことはできます。
＊27　共同住宅は不特定多数が利用する特殊建築物に該当します。他方、事務所ビルは該当しません。
＊28　当時、耐火構造はRC造かS造に限定されていました。

■準耐火構造

木材を石膏ボード等で被覆した部材を新設の「準耐火構造」と認めたことで、1993（平成5）年には、③の建築可能な地域が拡大しました。[*29]

さらに、2000（平成12）年には、①についても木造3階建ての共同住宅（木3共）が可能となりました。[*30] この2000（平成12）年の改正では、建築基準の考え方が大きく変更になり、それまでの仕様規定[*31]（告示仕様）に加えて、性能規定[*32]（大臣認定）によることも可能となりました。性能規定化によって、①②のような木造建築物が広く建築可能となり、③の耐火建築物も可能となりました。

■公共建築物等における木材の利用の促進に関する法律

2010（平成22）年の公共建築物等における木材の利用の促進に関する法律は、低層の公共建築物については原則としてすべて木造化するとともに、低層、高層にかかわらず内装等の木質化を

*29　この頃から、準防火地域内に木造3階建ての住宅が多く建てられるようになりました。
*30　この時点では、木3共が建築可能な場所は防火地域・準防火地域外に限られていましたが、2020（令和2）年にはこの制限も撤廃されました。なお、類似の基準として2015（平成27）年には木造3階建ての学校（木3学）も可能となりました。
*31　仕様規定は、建築物の各部分について、使用する材料や寸法などを具体的に規定し、構造や部材等の安全性等を確保するものです。規定された材料を規定されたとおりに使用するため、画一的なつくり方になります。
*32　例えば耐火性能について「建築物が通常の火災時における加熱に火災が終了するまで耐えること」を規定するとともに、その検証方法を定めます。所定の検証に合格して必要な性能を有することが確認されればどのようなものも使用可能となることから、設計の自由度を高め、技術開発を誘発する効果を持っています。

図表2-19　木造建築物に対する規制の変遷

<table>
<tr><th>施行年</th><th>耐火構造の合理化（※１）</th><th>準耐火構造の合理化（※２）</th></tr>
<tr><td>1959（昭和34）年</td><td colspan="2">簡易耐火構造を規定（準耐火構造の前身）
木造に一定の耐火性を認めて建築可能範囲が拡大</td></tr>
<tr><td>1987（昭和62）年</td><td colspan="2">燃えしろ設計による木造建築物が可能（大断面集成材）</td></tr>
<tr><td>1993（平成５）年</td><td></td><td>準耐火構造を規定（主に階数２以下）〔旧簡易耐火構造〕
防火地域・準防火地域外で木造３階建て共同住宅が可能</td></tr>
<tr><td rowspan="2">2000（平成12）年</td><td colspan="2">建築基準の性能規定化
・必要な性能を有していれば、木質系耐火構造も可能・階数に応じた一律の耐火時間の合理化</td></tr>
<tr><td></td><td>準防火地域で
木造３階建て共同住宅が可能</td></tr>
<tr><td>2010（平成22）年</td><td colspan="2">公共建築物等における木材の利用の促進に関する法律</td></tr>
<tr><td rowspan="2">2015（平成27）年</td><td></td><td>木造３階建て学校等が可能
（耐火構造であることの例外）</td></tr>
<tr><td></td><td>3,000㎡超の木造建築物が
建てやすく
（耐火構造等であることの例外）</td></tr>
<tr><td>2019（平成31）年
（令和元年）</td><td></td><td>階数４以上の建築物を
準耐火構造に追加（3,000㎡以下）
・４階建て事務所以外は大臣認定
・中層の木造建築物を「あらわし」で建築可能</td></tr>
<tr><td>2020（令和２）年</td><td></td><td>階数４以上の建築物を大臣認定によらず準耐火構造とすることが
可能（検証法追加）</td></tr>
<tr><td>2021（令和３）年</td><td colspan="2">脱炭素社会の実現に資する等のための建築物等における木材の利用の促進に関する法律（都市（まち）の木造化推進法）
・2000（平成12）年公共建築物等における木材の利用の促進に関する法律を改正、名称変更</td></tr>
<tr><td>2023（令和５）年</td><td>階数５以上９以下の中層建築物の
低層階を被覆の薄い耐火構造で
可能に（120分→90分）</td><td></td></tr>
<tr><td>2024（令和６）年</td><td>耐火構造の建築物の一部を
「あらわし」で建築可能</td><td>3,000㎡超の建築物を
準耐火構造の対象に追加</td></tr>
</table>

※１：木造でも耐火構造が可能に。石膏ボード等で被覆する方法から「あらわし」（木材露出）も可能に

※２：木造の準耐火構造の建築物（準耐火建築物）が可能に。対象となる準耐火構造の範囲が拡大

促進し、耐火構造が必要なものについても、木質耐火部材（図表20）やCLT[*33]などの新たな木質部材を積極的に活用して木造化を図るとしました。

その後、木造3階建ての学校等が可能となり、3000㎡超の木造建築物（準耐火構造）が建てやすくなりました（建築基準法改正2015（平成27）年）。

2019（令和元）年に、階数4以上の建築物が準耐火構造の木造で建築可能となり[*34]、翌年の2020（令和2）年には、大臣認定によらずに準耐火建築物と判定することも可能となりました。

さらに、2021（令和3）年、公共建築物等における木材の利用の促進に関する法律が改正され、法律名が、脱炭素社会の実現に資する等のための建築物等における木材の利用の促進に関する法律（都市（まち）の木造化推進法）に変わるとともに、対象を公共建築物から建築物一般に拡大しました。

図表2-20　木質耐火部材の主な形式

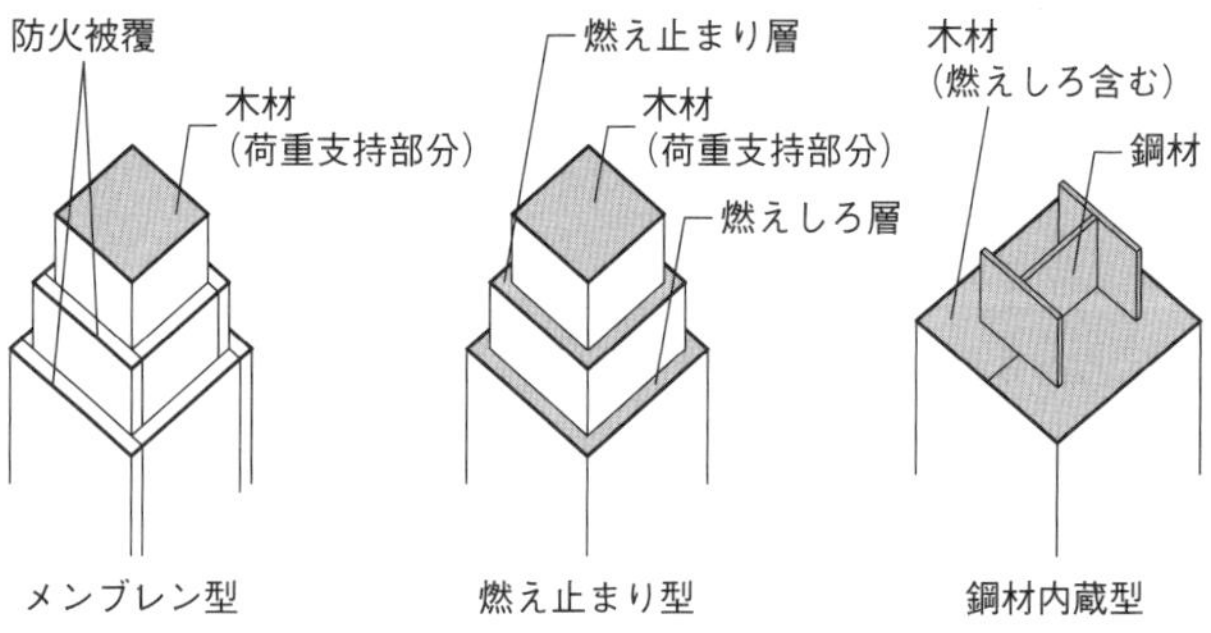

それまで、階数に応じて一律の耐火時間が要求されていましたが、予測される火災の内容に応じて必要な耐火時間を計算する検証方法を導入し、階数5以上9以下の中層建築物の低層階を被覆の薄い耐火構造で可能とし（建築基準法2023（令和5）年）、構造用の木材が見える「あらわし」で

使っても耐火構造と認めました。その後、3000㎡超の建築物を準耐火構造でも良いとし、建築できる建築物の範囲と木材の使い方の両面で、木材利用の可能性が広まりました。

木造や木質化が注目される背景には、戦後植林され伐採期を迎えた豊富な国内森林資源の利用、空気中の二酸化炭素を吸収して育った木材がもつ炭素の貯蔵機能などがあります。その他、建材をつくる段階から建物をつくる段階まで、他の材料よりも二酸化炭素排出量が少ない、2050年カーボンニュートラル達成に資することから、SDGsやESG投資の考えに合致する、木質空間がもつ癒しや快適性、減価償却期間が短い（短期に費用化可能）などのメリットがあります。

図表2-21　高層純木造耐火建築物

「Port Plus」（設計・施工：大林組）

＊33　Cross Laminated Timber（直交集成板）で、ひき板（ラミナ）を並べた後、繊維方向が直交するように何層にも重ねて接着した木質系材料です。厚みのある大きな版で、建築の構造材のほか、土木用材、家具などにも使用されます。繊維方向が直交することで、木材の欠点であるそりやひずみなどを防ぐことができ、何層にも重ねることで大きな部材が確保できにくい欠点も補うことができます。

＊34　この時点では4階建ての事務所以外は大臣認定が必要でした。改正により中層の木造建築物の躯体をそのまま見せる「あらわし」で建築できるようになりました。

REAL ESTATE 4

事務所ビルと住宅

1 住宅

■居住の形態

戸建て住宅は、1つの敷地に1つの住宅用建物が存在し、[*35]土地と建物を利用する権利[*36]を持つ者が排他的[*37]に使います。

これに対して共同住宅は、1つの敷地に複数の住戸が存在します。共同住宅の住戸を利用する権利[*38]を有する者はその住戸を排他的に利用する一方、住戸にいたるためのエントランスホール、階段、エレベーター、廊下などは、ほかの居住者と共同で利用します。

居住者が共同で利用する部分を共用部分といいます。戸建て住宅との比較では、建物内に複数住戸があることと共用部分があることが大きな違いです。

長屋は複数住戸が建物内にある一方、共用部分を通過することなく直

図表2-22　居住の形態

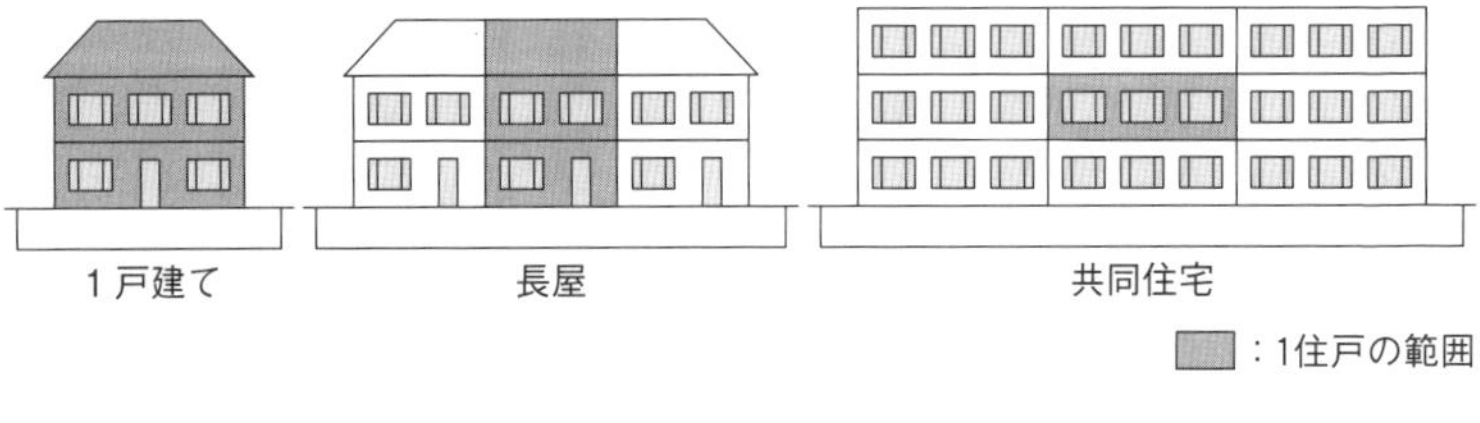

接住戸に入ることができる建築様式です。複数住戸がある点で共同住宅と類似点があり、[*39] 2階建て以上の場合は住戸内に専用階段を設ける、複数住戸が上下に重ならないなどの点で戸建て住宅と類似点があります。[*40]

■共同住宅のアクセスタイプ

共同住宅の住戸に到達するための階段や廊下のつくり方をアクセスタイプといい、いくつかの類型があります。アクセスタイプは時代背景のほか供給者の考え方が表れ、入居者のくらしにも影響します。

階段室型は2住戸で1の階段を共用します。初期の団地開発で多く用いられました。

＊35 「1敷地1建築物の原則」（建築基準法施行令1条）。容積率、建蔽率、高さや接道規定などの建築制限について、敷地ごとに適用する原則です。

＊36 建物を利用する権利は一般に、建物の所有権か建物の賃借権です（使用借権もあります）。土地を利用する権利は一般に、土地の所有権か借地権です（使用借権もあります）。建物の賃借人は建物を利用する範囲内で土地を利用することができます。

＊37 日常用語としてはネガティブな印象がある表現ですが、法律の概念としては、同じ内容の権利が二つとはないこと、つまり、その人だけに認められることを示します。

＊38 一般に、建物の区分所有権か当該住戸部分の建物の賃借権です。

＊39 1棟の建物内に複数の住戸がある共同住宅と長屋を総称して集合住宅といいます。

＊40 1階と2階に別々の住戸が重層し、2階住戸のための階段（専用階段）が1階に通じているタイプの「重層長屋」もあります。重層長屋では、2階の住戸は1階に入口があり、階段を昇降して出入りします。江戸時代の江戸では長屋形式の1つの住戸に複数世帯が居住するなどにより、高密居住を実現していました。

エレベーターがなく、5階建て程度までが一般的です。共用廊下がなく、住戸のプライバシーが高く、眺望が確保できる利点があります。14階程度でエレベーター付きのものもありますが、エレベーターの維持管理費を少数の住戸で負担することより管理費が高くなる問題があり、民間が供給する住宅で採用されることは稀です。

片廊下型は1基のエレベーターを多数の住戸で共用する、階段の数が少ないなど、階段やエレベーターなどの共用部分を効率的に利用できます。半面、住戸の前に共用廊下があり、プライバシーに課題があります。[*41] 片廊下型の廊下は、屋外廊下を用いることが多くなります。[*42] 非常用エレベーターや特別避難階段を設置しなくても良い14階程度までのものが多く供給されてきましたが、近年はそれ以上の階数のものも供給されるようになっています。

中廊下型は、共用廊下の両側に住戸を配置します。エレベーターや廊下の利用効率は片廊下型よりも高

図表2-23　共同住宅のアクセスタイプ

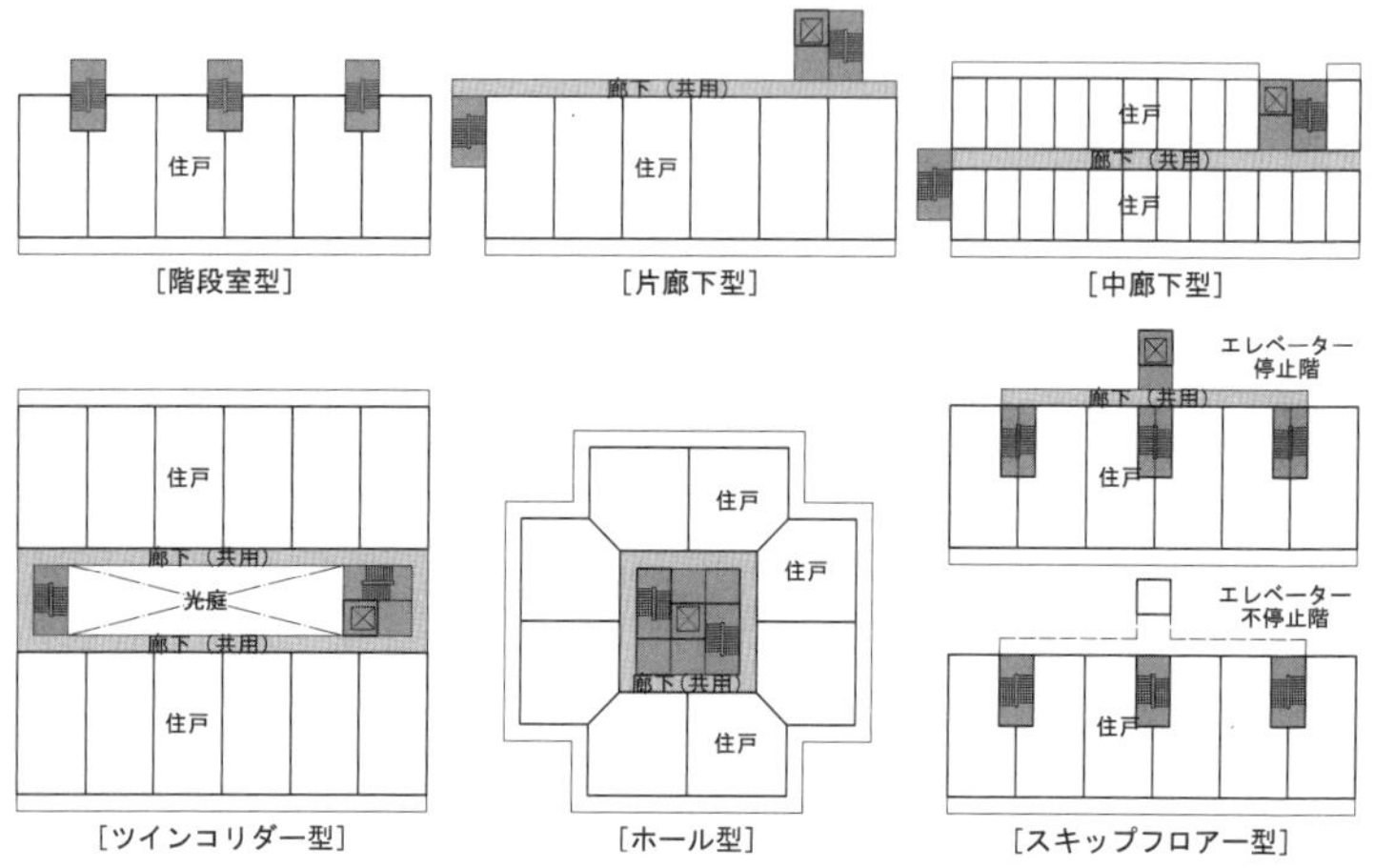

くなりますが、中廊下が暗くなります。ベランダ側の窓で採光規定をクリアーできる小規模住戸の場合に採用することが一般的です。日照など向きによる住環境の格差を少なくするため、住棟を南北軸に配置する[*43]ことが多くなります。

ツインコリダー型は、採光を確保するための中庭（光庭）を挟んで片廊下型の住棟を2つ並べた形式です。住戸密度を高くすることができ、住宅不足が深刻だった高度経済成長期に採用されました。エレベーターや階段の利用効率が高い点や住棟を南北軸にする点は、中廊下型と同様です。超高層住宅が普及した近時では新設されることは少なくなっています。

ホール型は、エレベーター、共用階段や廊下の回りを取り囲むように住戸を配置します。向きに関係なく需要がある都心部や超高層住宅で採用されます。

スキップフロアー型は、エレベーターを3階ごとに停止させます。不停止階の住戸には停止階でエレベーターを降りて共用廊下を歩き、1階分の階段を昇降して住戸にアクセスします。片廊下型と階段室型の良さがありますが、バリアフリーでない階での高齢者居住が困難なことなどから、近時、新設されることは少なくなっています。

＊41　冷暖房の屋外機の設置も課題となります。

＊42　容積率に含まれない、廊下に面した居室の採光を確保する必要があるなどが理由です。

＊43　住戸は東向きと西向きになります。東西軸型にすると南向きと北向きで住環境の格差が大きくなり、家賃や入居率に差が出てしまいますが、南北軸型ではこの問題がほぼ解決します。北向きがあまり問題とならない都心部の小規模住戸では東西軸型とすることもあります。

■居室の採光を確保する

住宅の居室には床面積の7分の1以上の採光に有効な開口部を設けなければなりません（採光規定、建築基準法28条）。

この場合の居室は、居住、執務、作業、その他これらに類する目的のために継続的に使用する室をいい、住宅ではリビング、ダイニング、寝室などが該当します。子供室、客間、書斎など、部屋の名称にかかわらず常時生活する部屋であれば居室に該当し、トイレ、浴室、洗面所、専用のキッチンなどは該当しません。一般的な3LDKでは、3つの寝室とリビングダイニングの4室に採光が必要となります。

採光は「明かり」がとれることで、「日照」、つまり「太陽が当たる」ことではありません。他方、窓

図表2-24　採光規定による3LDKの間取りの類型

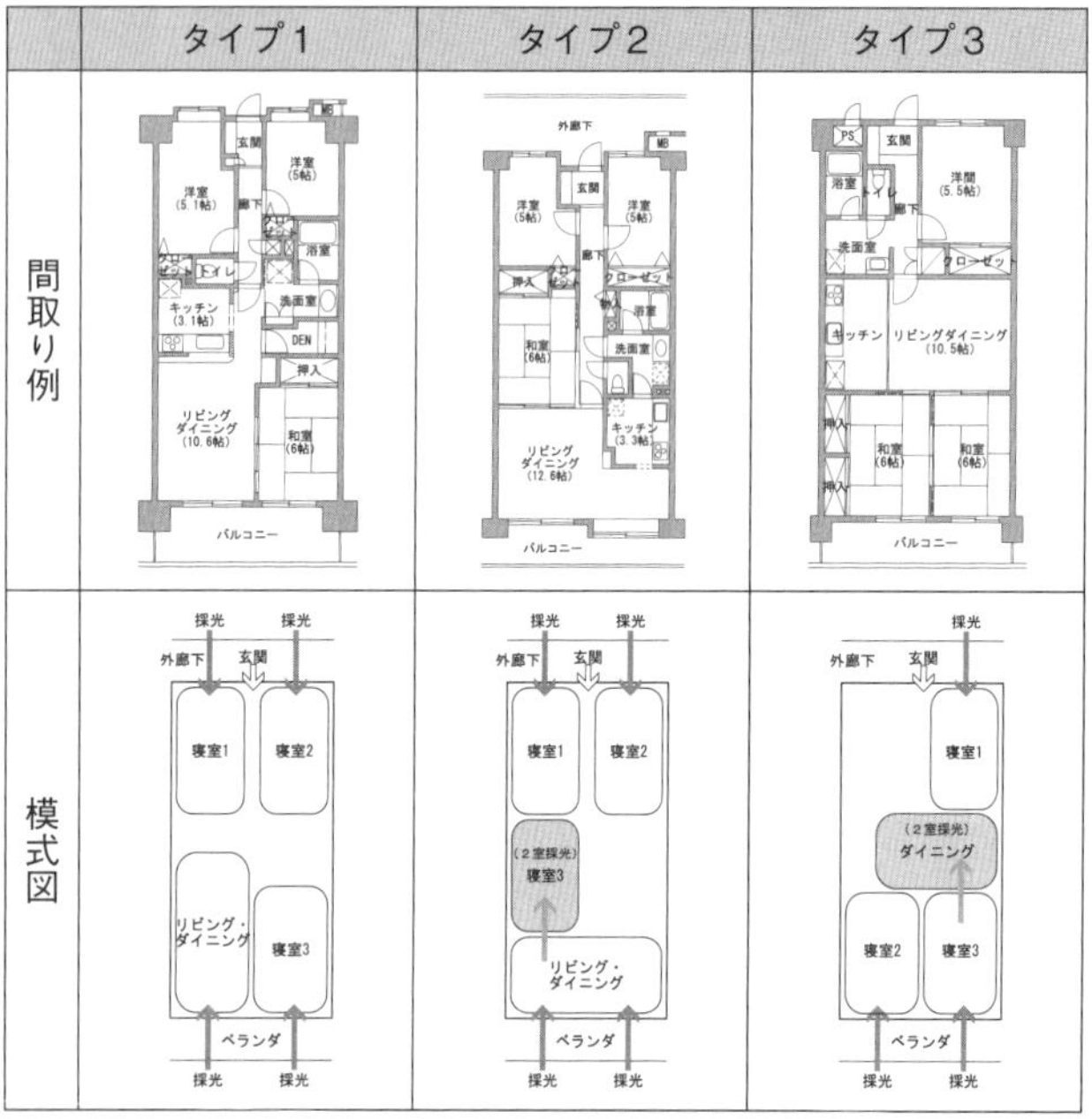

を付ければ良いということでもなく、窓の前に天空からの明かりが届いている必要があります。採光に有効な開口部は向きとは関係なく、中庭に面していてもかまいません。[*44] 不動産広告では「居室」の条件を満たさない無採光の部屋は、居室と誤認されないように表示することになっています。[*45]

3LDKの採光の方法は3タイプに整理できます[*46]（図表24）。

4部屋とも窓が取れる位置にあるタイプ1が一般的です。タイプ2はリビングダイニングの快適性を重視するもので、近年、台頭しています。このタイプは寝室3に2室採光の例外規定を利用しており、リビングダイニングとの間仕切はふすま、障子その他随時開放できる建具にすることが基本です。[*47] タイプ3は南面2室タイプで、ダイニングを2室採光に合致させる必要があります。3タイプの中では「古いタイプ」の間取りです。[*48]

＊44　戸建て住宅などで天窓（トップライト）を付けることがあります。天窓は採光の効率が良いことから、壁に付ける窓の3倍の明るさが確保できるとして採光面積を計算します。

＊45　納戸、サービスルームなどと表示されます。

＊46　片廊下型（外廊下）を想定しています。

＊47　居室の採光は部屋ごとに確保することが基本ですが、その例外として2室採光の規定があります。建具を開放することで窓がない部屋にも明かりが届くと考え、2室分の広さに対応する大きさを持つ採光に有効な窓を設けます。

＊48　日本は高温多湿ですが、畳の上に布団を敷いて就寝する習慣が共同住宅にも持ち込まれていました。畳に及んだ就寝時の汗や日常生活での水分がダニなどを発生させないよう、太陽の紫外線で部屋を消毒することが有用とされ、寝室をベランダ側に配置することが行われました（南面室）。

■共同住宅の住戸

第二次世界大戦後の420万戸の住宅不足や、その後の人口増加による住宅需要の増大に対して、公共住宅が大きな役割を果たしました。

公営住宅法（1951（昭和26）年）により開発された51C型は、食寝室分離のDK（ダイニングキッチン）、寝室の独立性のための各室の押入《おしいれ》、寝室間を隔離する壁、行水ができる場所等に特徴のある2DKでした（図表25）。

1955（昭和30）年創設の日本住宅公団は大規模に団地建設を行いました。当初は浴室のある2LDKが大量に供給され（図表26）、1967（昭和42）年には3LDKを標準設計に加えました（図表27）。

住戸規模は次第に拡大しましたが、居室はもとより、浴室、便所などの水回りも自然採光と自然換気のために、各室を壁側に配置する必要があり、南面3室となっていました。

その後、ガス給湯器、ユニットバスの開発、機械換気の進歩などの技術革新によって、水回りを住戸の中心に配置できるようになり、再び南面2室型を採用するようになりました（フロンテージセーブ型）（図表28）。

一戸建ての住宅の形状は一般に東西方向が長く、南北方向が短い長方形となります。南に面して部屋をなるだけ多く並べ、住宅の快適性を高めようとするからです[*49]（図表29左）。これに対して共同

＊49　緯度が低く、太陽高度が高い日本では、日照の恩恵が大きいことから南向きを重宝しますが、海外をみれば必ずしもそうではありません。

図表2-27　公団住宅3LDK型-1

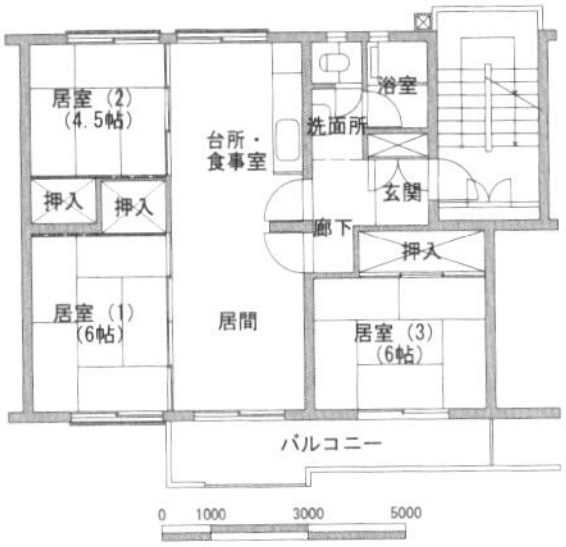

（昭和43年3L・DK）

図表2-25　公営住宅標準設計51C型

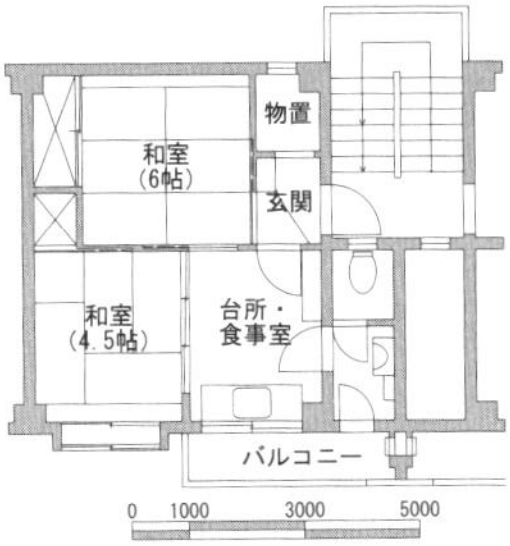

（昭和26年2DK40.2㎡）

図表2-28　公団住宅3LDK型-21

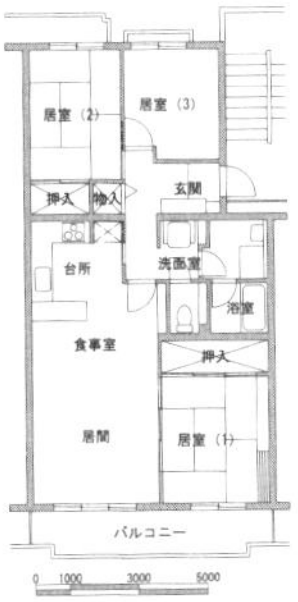

（3LDK　88汎用プラン）

図表2-26　公団住宅2DK型

（昭和30年2DK52.9㎡）

図表2-29　住戸間口と住戸形状

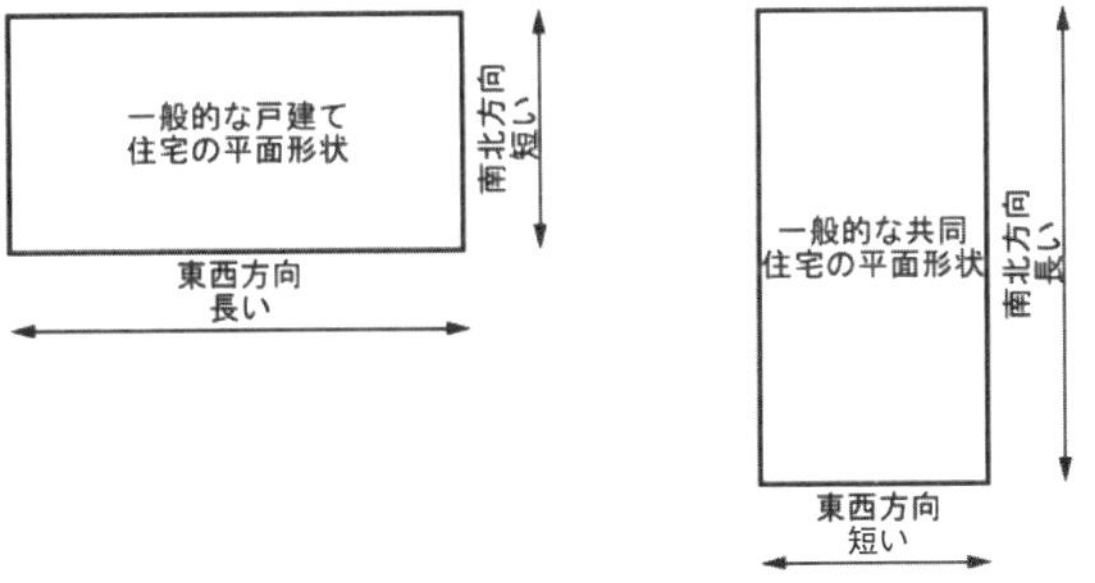

住宅の住戸形状は、南北方向が長く、東西方向が短い、〝ウナギの寝床〟型が一般化しています。

1Kの住戸はおおよそ8畳大×2の大きさで、もっとも一般的な3LDKは6畳大×7＋廊下・押入で模式化できます。いずれも間口1：奥行き2の割合になっています[*50]（図表30）。

住戸間口を狭くすることで、収容できる住戸数を多くすることが可能となります。間口が広く快適性が高い住宅は販売価格や賃料は高くなりますが、2倍まで高くすることはできません（後述②参照）。この結果、間口の狭い住戸を多く収容して事業の効率を図ることになります。図表30の住戸プランは、住戸の間口を狭くして住

図表2-30　1：2の共同住宅の住戸形状

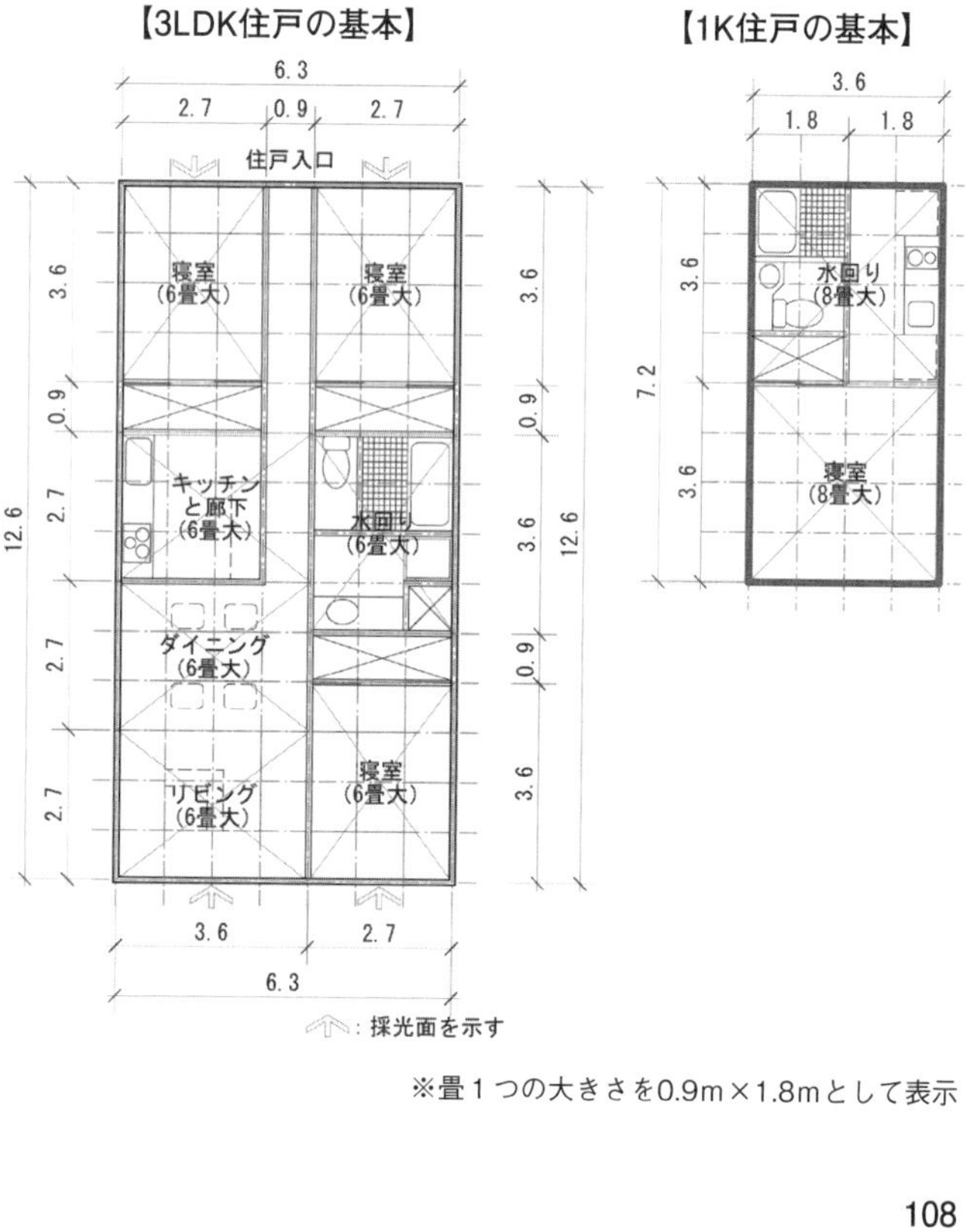

※畳１つの大きさを0.9m×1.8mとして表示

戸密度を高めることに社会的、経済的な合理性がある時代背景をもとに出現したものです。

人口世帯が減少し、空き家の問題も大きくなっています。購入した住宅の将来の売却可能性も気になるところです。住戸の間口と奥行きの関係について3つの例をもとに、もう少し考えてみます。

①一般的な3LDK〜南面2室型〜

もっとも一般的な3LDKの間取りは、人口増加、住宅不足を背景とした過去の市場を色濃く残しています。限られた敷地の中に多くの住戸を確保するために、住戸の形状は間口を短く、奥行きを長くとる〝ウナギの寝床〟型をしています。

現実に供給される間取りはさまざまですが、6畳（基本寸法を0・9mとして2・7m×3・6m）の広さの部屋を並べて住戸の形状と寸法を見ると図表31の①のとおりです（図表30も同じ）。

住戸入口付近に0・9mの廊下を挟んで6畳の部屋を2つとると住戸間口は6・3mとなります。奥行き方向に、0・9mの押入、6畳の水回り、0・9mの押入と6畳の寝室を並べると、奥行きは12・6mとなります（右側寸法）。

左半分は、0・9mの押入と6畳のキッチンと廊下（キッチンだけを見ると4・5畳）、6畳のダイニングとリビングを並べると、やはり12・6mとなります（左側寸法）。

以上より、一般的な3LDKは、6・3m×12・6m＝79・38㎡が原形です。間口と奥行きの比

＊50　中間の広さの1DKや2DKなどもおおよそ同じプロポーションをしています。

率は1：2です。居室の採光はベランダ側から2室、住戸入口側から2室確保します。ベランダ側を南側とすると、北側に2寝室を配置することになります（南面2室型）。北側の2つの寝室は日照がない、共用廊下に面してプライバシーが低いなど、居住の快適性の面では課題があります。

②戸建て風の3LDK～南面4室型～

図表31中の②は①から間口と奥行きを逆転した同じ広さの住戸について、6畳の部屋を配置して3LDKを構成したものです。採光は全て南側から確保することができます（南面4室型）。

また、寝室の押入が0・9m×0・9m広く確保できています。

敷地に余裕のある戸建て住宅はこのように部屋を配置します。すべての居室に日照が確保でき快適性は高まります。一方で、住戸の間口が2倍になるために、敷地内に確保できる住戸数は半分になります。[*51]

③超高層タイプの3LDK～南面3室型～

図表31中の③は、南側に3居室、北側に1居室を配置したものです。

間口と奥行きの関係はおおよそ1：1で正方形に近くなります。①、②と比べ住戸面積は0・9m×0・9m狭いにもかかわらず、リビングは2畳広い8畳が確保できています。快適性は①と②

＊51　ここでは、外廊下による片廊下型を想定しています。中廊下型で北側にも住戸を配置することも可能ですが、この場合は4居室すべてが北側向きとなって市場性が大幅に低下するため、現実的には採用しがたいといえます。

図表2-31　3LDK住戸の構成バリエーション

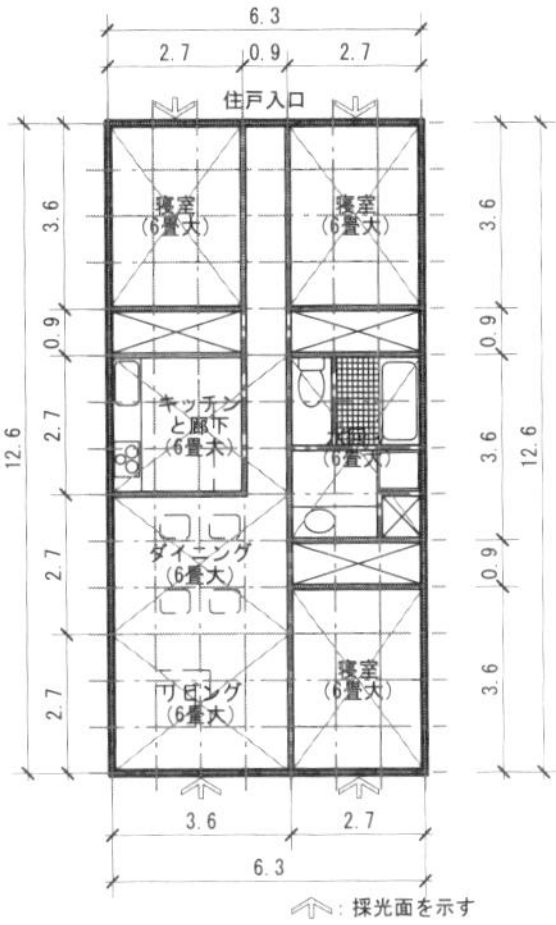

【①　南面２室】

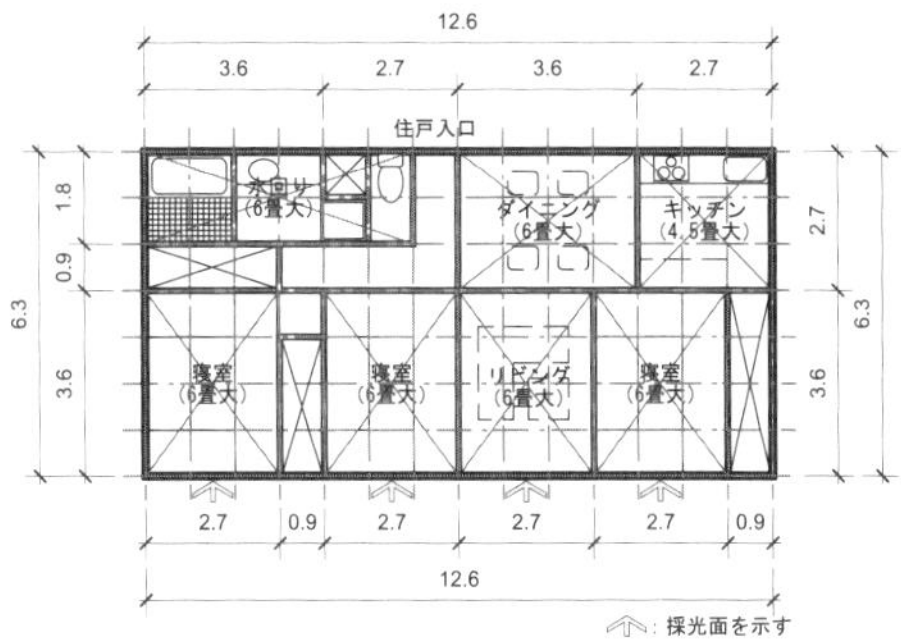

【②　南面４室】

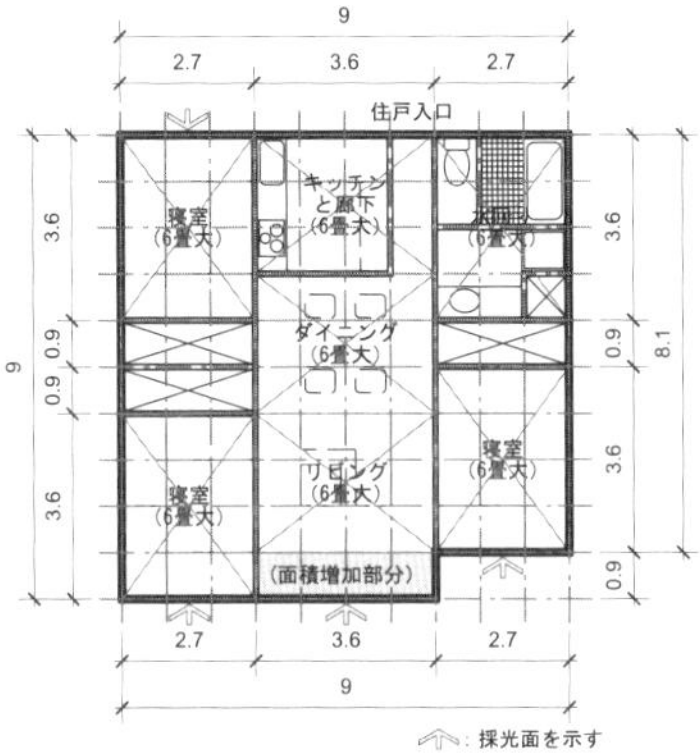

【③　南面３室】

の中間ですが、間取りの合理性、土地利用の効率性などを考えると近未来の3LDKはこのタイプに移行する可能性もあります。

2 超高層マンションの普及

大都市を中心に超高層マンションが一般化しました。背景には鉄筋コンクリート造の技術的な進歩[*52]もありますが、建築基準法の改正によって、快適性は優れるものの実際に供給することは困難であった、超高層マンションの隘路《あいろ》が解消されました。

■採光規定の合理化

住宅の居室は採光を確保する必要があります。採光規定が現行の規定になったのは2000(平成12)年です。

現行法では境界線等から一定の距離を確保したうえで建築する場合、採光規定が実質上の問題とならなくなりました。[*53]改正前は通称、「採光斜線制限」があって、高い建物の下層階で採光を確保するのは容易でなく、超高層マンションが建てられるのは、四方路地[*54]など、条件の整った土地に限定されていました。現行法では制限が厳しい住居系用途地域でも隣地境界線から7m後退して建物を配置すれば、超高層建物の1階でも法律上の採光が確保できるようになりました。[*55]このため、道路条件によらず、一定の広さがある土地であれば超高層マンションが建築可能になりました。

■容積率に算入される床面積の合理化

超高層マンションはエレベーターの台数が多い、特別避難階段[*56]を設ける必要がある、屋内の共用廊下部分が多いなど、延べ面積に対する分譲や賃貸可能な収益部分の床面積の割合（有効率）が低くなります。このため、分譲単価や賃料単価が高くても、事業全体で見ると、外廊下型の高層マンションよりも収益性が低くなる傾向がありました。

１９９７（平成9）年の改正で、共同住宅の共用廊下等の容積率不算入措置が導入され、この点が改善されました。さらに２０１４（平成26）年にはエレベーターの昇降路も容積率に算入しないこととなりましたので、台数が多い超高層に相対的に有利に作用します。

■天空率による高さの制限の合理化

２００２（平成14）年の改正で、道路斜線制限、隣地斜線制限による建物と、計画建物の天空率[*57]

＊52　鉄筋コンクリート造は自重が重く、超高層には不向きです。このため、超高層事務所ビルは自重が軽い鉄骨造で建設されます。他方、鉄骨造は風で揺れやすいという特徴があります。鉄筋やコンクリートの強度の向上を背景に振動が少なく居住の快適性が高い鉄筋コンクリート造で超高層マンションを建築できるようになりました。

＊53　実質的には緩和ですが公的には「合理化」と表現します。

＊54　四方が道路に接している（囲まれている）土地。

＊55　窓の大きさと居室の面積の関係があるため、無条件というわけではありませんが、通常広さの居室であれば実質上、採光規定を満たすことができます。

＊56　一般の避難階段と比較して、排煙機能をもつ附室を設ける必要があるなど、より広い面積とより多くの費用がかかります。

をチェックして、後者の天空率が大きければ、斜線制限による高さ制限を受けないことになったことで、超高層建築物の建築が容易になりました。

■超高層マンションのアクセスタイプ

①初期の超高層マンションタイプ（ホール型）

共同住宅のアクセスタイプで区分すると、超高層マンションはほぼ例外なく、ホール型でした。

建物の中心部にエレベーター、エレベーターホール、階段、共用廊下などを設け、周りに住戸を配置します。共用廊下は屋内で、絨毯仕上げも可能です。採光はベランダ側からとるほかありませんので、居室は外周に並べます。[*58]

②増加傾向にある超高層マンションタイプ（ボイド型）

近年は建物の中心部に外部吹き抜けを設け、その周りに外部廊下を回して住戸を配置するものが多くなっています。この際、吹き抜け側からも採光を確保します。[*59]

半面、共用廊下は雨風にさらされます。このタイプは外部吹き抜けを大きくすれば、1フロアーの戸数を多くすることができます。[*60] 中心部に外部吹き抜けを設け、共用廊下側から採光を確保して住戸密度を高くする点で、ツインコリダー型の変形ということもできます。

ホール型とボイド型の両者の優劣は一概にはいえませんが、1フロアー当たりの住戸数があまりに多いと、高級感が失われる可能性が否定できません。

図表2-32　ホール型の超高層マンション

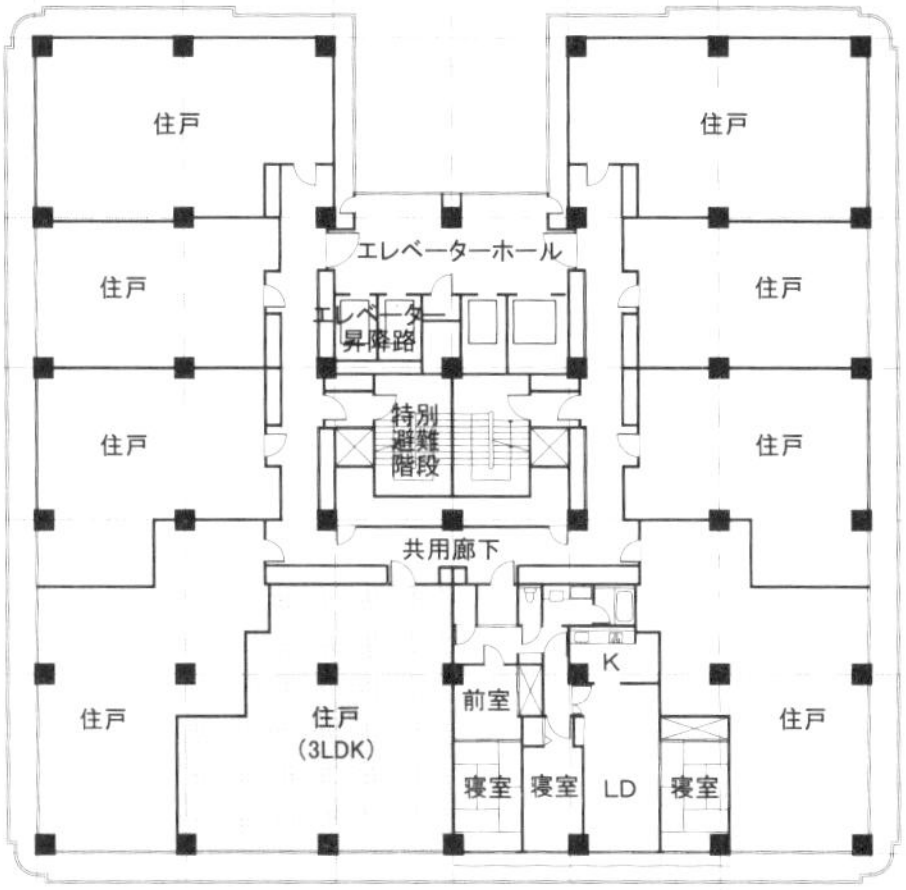

図表2-33　外部吹き抜けのある超高層マンション

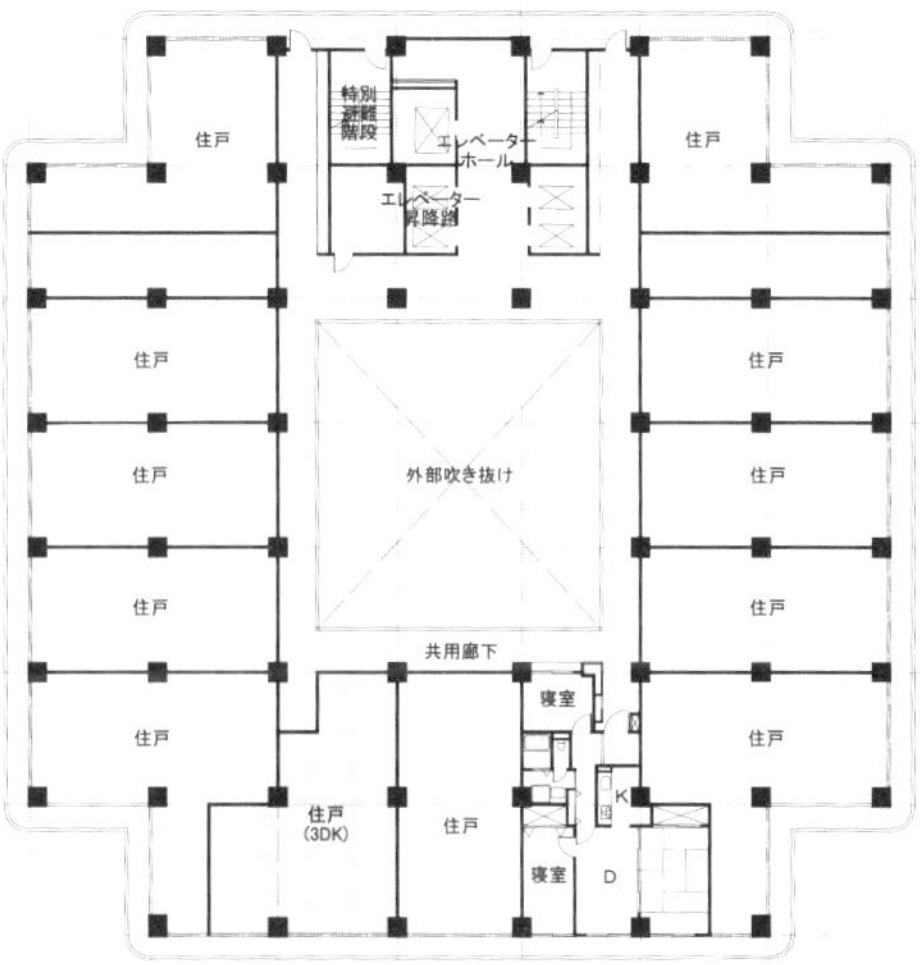

＊57　斜線制限を守って建てた建物より空が見える割合が高く、採光、通風を確保できれば、斜線制限による高さ制限を適用しない制度です。制限が緩和されたことによって、超高層ビルが建築しやすくなり、さらに従来よりも建築デザインが自由になりました。

＊58　図表32で間取りを示した3LDKの住戸ではLDと3寝室がベランダ側に配置されています。

＊59　図表33で間取りを示した3DKの住戸では、居室4室のうち、3室はベランダ側から1室は共用廊下側（外部吹き抜け）から採光を確保しています。

＊60　ホール型が細くて高い外観になることに対し、ボイド型は太くて高い外観になります。

3 事務所

■コアタイプ

事務所建築はコアタイプで分類することができます（図表34）。コア部分には階段、エレベーター、トイレ、機械室などの機能が納められます。細分化された諸室が集合するため、壁の量が多くなり、一部の壁を耐力壁とすることも行われます。機能的、構造的に核となる部分であることからコアと表現します。

建物の所有者が自ら利用する自用の建物では所有者の使い方に応じて個性的な平面計画となる一方、さまざまな入居者が利用する賃貸用の建物では、利用の汎用性を確保するために事務室部分をまとめて確保する必要性があり、結果としてコアタイプがより明確になる傾向があります。

賃貸事務所は賃貸借契約の対象となる貸室部分（専用部分）、入居者が共用で利用する共用部分、及び、ビルの所有者や管理者が管理運営のために利用する管理部分に大別できます。コア部分には共用部分と管理部分が含まれることが一般的です。[*61]

自社ビルや庁舎建築ではツインコア、分散コア、分離コアが採用されることもありますが、賃貸ビルや自社ビルであっても自社使用する部分以外を賃貸するビルでは、利用の効率性や汎用性を優先します。

貸室部分の奥行きは、事務室内の執務環境を確保する面でも、事務室内に柱を配置せずに建築可

図表2-34　事務所ビルのコアタイプ

コアタイプ	概念図	特徴
片寄せコア	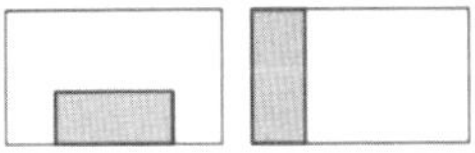	•一般的に小・中規模の場合に採用される •建物の重心と剛心がずれる（偏心する）ため、構造上の工夫が必要 •二方向避難を確保する工夫が必要
センターコア	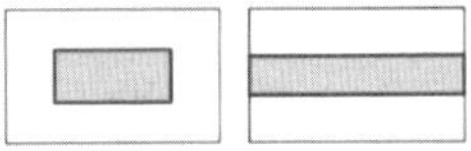	•床面積が大きい場合に適する •事務所が連続しフレキシビリティの高い執務室が確保できる •建物の偏心がなく、構造計画上望ましい •共用部分の集約化が図りやすい •高層の建物にも適する •採光が確保しやすい
ツインコア	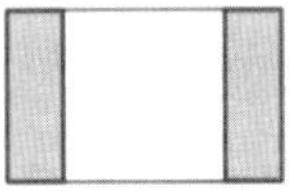	•１つの大空間が確保できる •両面採光がとれる執務空間が実現できる •フロアーを分割利用する場合は廊下が必要となり、有効率が低減 •両側に階段が設置でき、二方向避難が確保しやすい •構造計画、設備計画が容易
分散コア	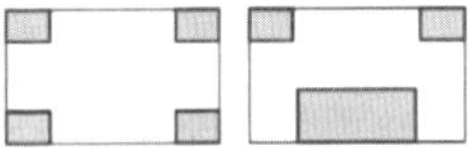	•各コアを柱とみなして耐力をもたせ、大空間を実現できる（左図） •片寄せコアの発展形で、避難施設や設備シャフトでサブコアとする（右図） •建物の偏心がなく、構造計画上望ましい
分離コア	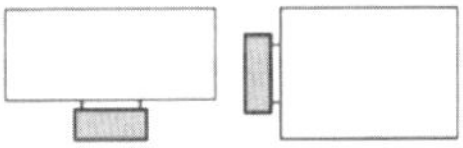	•コアを必要な形で計画でき、意匠に優れた設計が可能 •独立性の高い執務室を確保できる •動線が長くなる •二方向避難が確保しにくい •構造上の工夫が必要

能な構造面でも、20m程度が目安です。敷地規模に制約がある中小ビルでは各階平面図の片方にコアをつくり、残りの部分を事務室にする片寄せコアタイプとなることが多く、敷地規模にゆとりがある大規模ビルは、各階平面図の中央にコアを設けて、その周辺に事務室を配置するセンターコアタイプが多くなります。

近年の都市再生では、細分化された既往の土地利用を集約して大規模化するとともに、都市の魅力づくりのために、多様な用途を内包した、大型の多用途建築物も増えています。[*62]

これに伴って超高層ビルのコアタイプにも変化が見られます。また、窓を設けられる位置に共用部分を配置し、眺望を確保して、リフレッシュ効果を高める、長期利用で必要となる設備更新を容易にする設備バルコニーを設置するなどが近年の特徴です。

超高層ビルに代表されるセンターコアタイプは、敷地が広く、各階の床面積も広いため、建物のグレードも高くして本社ビルの場合は宣伝効果を、賃貸ビルの場合は高い家賃でも入居可能な優良テナント向けとすることが一般的です。このため、不動産市場ではセンターコアタイプといえば高級ビルと同義語のように受け取られます。

図表2-35　超高層ビルの基準階平面図

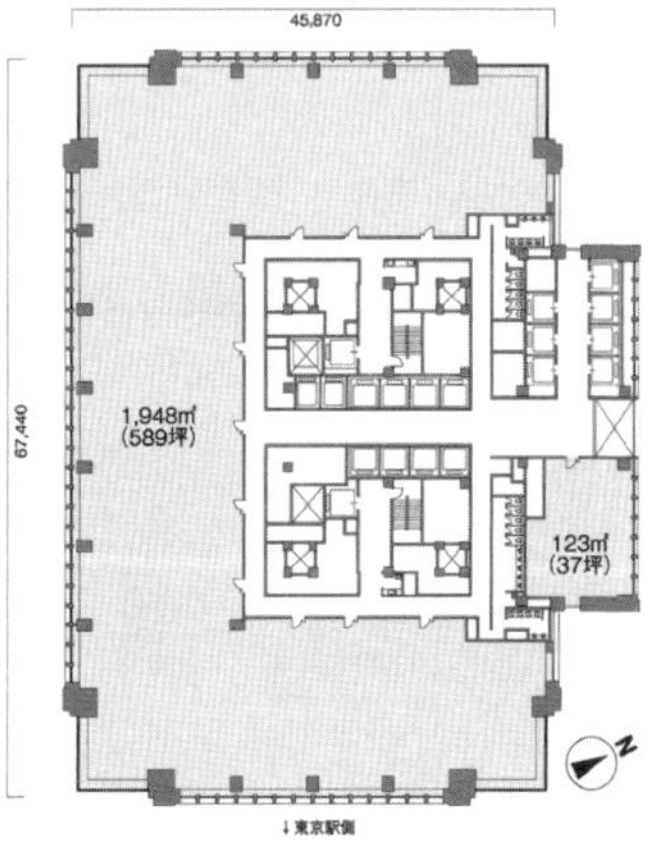

【丸の内ビルディング（2002年　3,110㎡）】

■柱の間隔と梁の寸法（階高）

建築士になるための設計製図試験では、合理的・合法的な設計図を速く・確実に仕上げることが求められます。鉄筋コンクリート造の課題が出されると、まず、柱を6mグリッド（格子状）に配置して、間取りはそれに合わせて考えることが合格への定石とされます。柱を6m間隔とすると、その半分の3m×6mで、階段、エレベーターとエレベーターホール、駐車場、トイレ（男子もしくは女子）が間違いなく収容できることが、試験のテクニックとして重視される理由です。

一方、実用上の理由としては、鉄筋コンクリート造の柱の間隔（スパン）は6m～8m程度がもっとも合理的とされています。構造的に見て、この数値が経済的に建物を建設できる範囲と考えられるからです。柱を多くすると、その分、鉄筋やコンクリートの材料費や人件費がかさみます。一方で、柱を少なくすると、柱や梁が大きくなり、かえって不経済になります。また、梁の高さ（梁《はり》成《せい》）が大きくなると、建物の高さが高くなり、外壁や内壁の工事の量が増えて、工事費が高くなってしまいます。

鉄筋コンクリート造において、柱（正方形を想定）の寸法はスパンの10分の1、梁成も同じく10分の1が目安となります。6mスパンであれば柱は60㎝角、梁成は60㎝ですので、設計製図の試験では、これを前提に平面図や断面図を描けば良いことになります。

＊61　区分は法律で規定されているわけではありません。コア部分の一部を契約面積に含めることもあります。
＊62　多用途化に伴って、エレベーターの台数が多くなる傾向があります。エレベーター昇降路の容積率不算入措置によって超高層建築物の建築が相対的に有利になった側面があります。

ところで、実際の事務所ビルで基本のとおり柱を配置すると、ビルの効用が低下してしまうことがあります。図表36は、片寄コアの賃貸事務所ビルの平面図です。柱はおおよそ６ｍを基本として配置していますが、事務室の中央部分の柱を省略し、無柱空間を実現しています。スパンを〝飛ばして〟12ｍとしていますが、構造的にはやや〝無理〟をすることになります（建築コストが割高になります）が、ここに柱を配置した場合と比較して不動産賃貸市場における評価は、明らかに無柱のほうが高くなります。

近年の事務所ビルでは、梁を見せることなく、梁下に天井を張ることが一般的となっているので、階高[*63]は以下のとおりとなります。

階高＝天井高＋梁成＋天井仕上（仕上及び下地等）

図表36のビルの断面図である図表37では、天井高は２７００㎜としています。床をフリーアクセスフロアー[*64]として１００㎜高くすると、実質の天井高は２６００㎜です。梁成は図表36から単純に推定すると１２００㎜ですが、梁幅を広くする、鉄筋の本数を多くする、鉄やコンクリートの強度を高めるなどの工夫で、１０００㎜とすることを想定しています（構造的にさらに〝無理〟をすることになります）。天井仕上（仕上及び下地等）を１００㎜とすると、階高は３８００㎜となります。

建築基準法の高さ制限（斜線制限）が原則どおり運用されていた時代には、階高を３・３～３・５ｍに抑え、９階建てを31ｍの範囲で建設することも行われていましたので、古いビルと比較する

図表2-36　片寄コアの事務室平面図

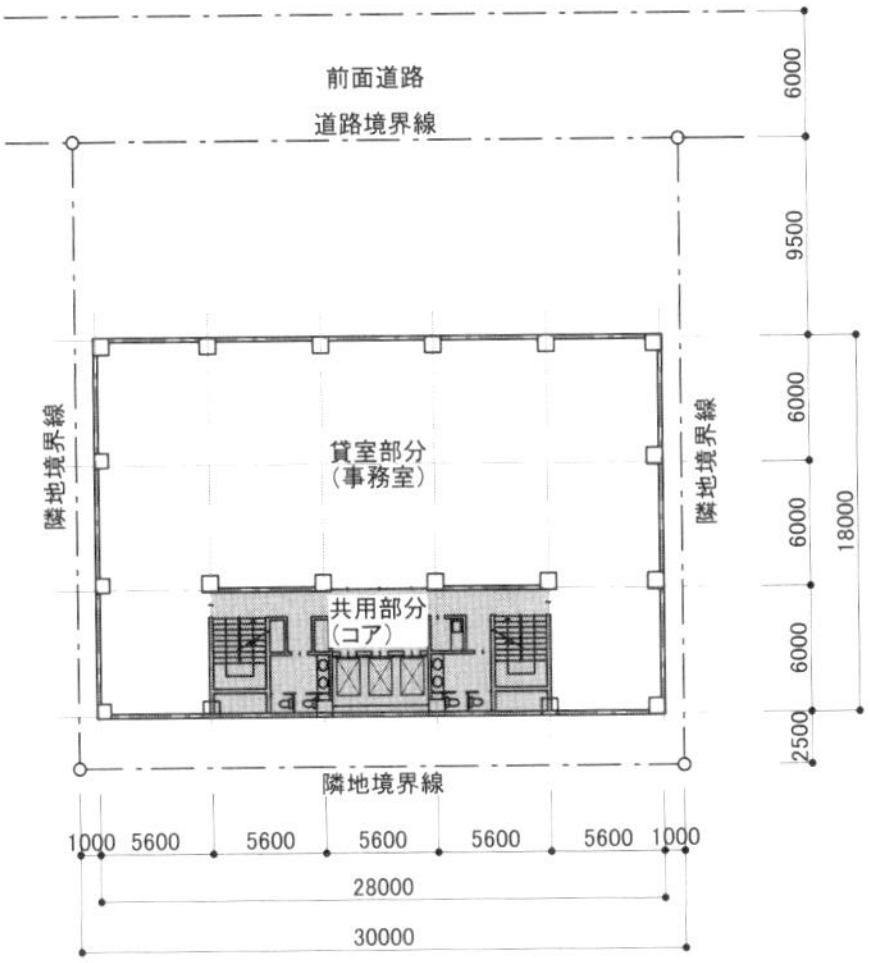

図表2-37　基準階断面図

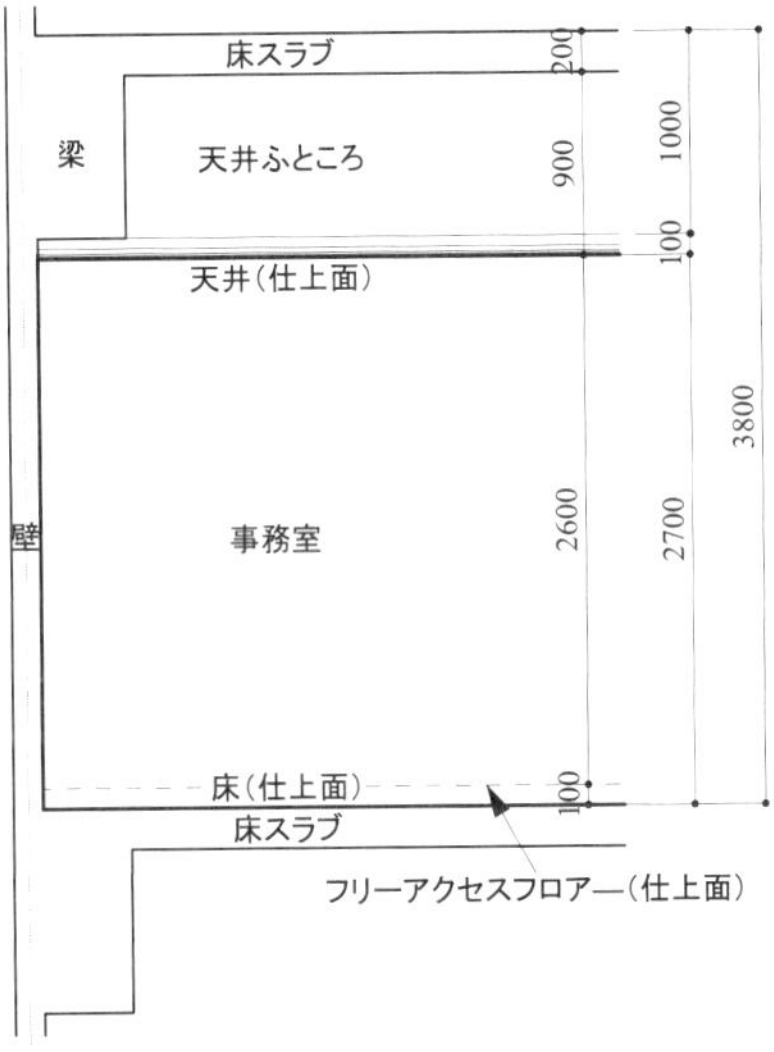

＊63　建物1階分の高さ。

＊64　躯体の床（スラブ）から10～50㎝高くした位置に床を設けて、事務所の任意の部分に電気、電話や通信用の配線などを提供する方法。コンピュータビルなどでは空調機能をもたせることもあります。

と階高が1割近く高くなります。さらにグレードの高いビルでは、スパン20m程度、天井高3000㎜程度の無柱空間を実現するものも多くなっています。梁成を1200㎜程度に収めたとしても、天井裏には設備のための余裕が必要で、結果的に階高は4500㎜程度になり、以前と比較すると階高は1m高くなります。

建物内の利用用途が異なるため、単純に比較することはできませんが、1978（昭和53）年に竣工した「サンシャイン60」（東京都豊島区）は最高高さ239・7mで1階あたり4mですが、2014（平成26）年竣工の「あべのハルカス」（大阪市阿倍野区）は同じ地上60階ながら高さは300mで、1階あたりは5mとなります。

■中小ビルの整わない外観（二方向避難）

事務所ビルでは事務室側の外観（ファサード）は建物の顔として整えたいものです。図表38は繁華街に建つ事務所ビルで、仕上げ材料は高級なものを使っています。右側の建物はデザイン性の高い事務所ビルです。建物の品等を高める工夫は見られますが、両者は共通して道路側に階段が露出しています。

一般に品等が高い事務所ビルでは道路側など人目につく部分は意匠に注意して設計し、階段を露出させることは避けるのが常道です。これに対して、中小規模の事務所ビルの設計では人目につく道路側に階段を露出させる方法が多用されます。ビルを設計する建築士は美的感覚に優れ、トレーニングも受けているはずですが、なぜファサードが整わないビルが多いのでしょうか。

火災などの際、1つの階段が使えなくなる可能性もあることから、建築物には2以上の直通階段を設けて「二方向避難」を確保しておくことが原則です。他方、すべての建物にこれを求めると、中小規模の建物が使いにくくなってしまいます。

そこで建築基準法では2以上の直通階段を設ける必要がある建物を規模、用途、階数などにより規定しています（建築基準法施行令121条）。

事務所ビルは、6階以上を事務所として使う場合は、2以上の直通階段を設けなければならない建物に該当します。他方、6階以上を事務所として使う場合でも、その階の事務室の床面積が200㎡を超えず、[*65]かつ、避難上有効なバルコニーと屋外避難階段を設ける場合は2以上の直通階段を設置しなくても良いことになっています（建築基準法施行令121条1項6号）。この例外規定を受け、中小規模の敷地に建つ事務所ビルでは、6階建て以上の建物でも階段は屋外避難階段を1箇所しか配置しない方法が多用されます。その理由は次の5つのようなものです。

図表2-38　中小ビルのビル外観

写真：著者撮影

＊65　主要構造部が準耐火構造など一定の条件を満たす場合。条件を満たさない場合は100㎡まで。

①屋内避難階段であれば2箇所必要なところ避難用バルコニーを併設すれば屋外避難階段1箇所で良い
②屋外避難階段も避難用バルコニーも床面積に入らないため、その分だけ専用面積を多くとることができる
③屋内避難階段では内法《うちのり》1・2m必要なところ、屋外避難階段は0・9mでよく、狭いスペースに設置できる
④小さいことに加えて壁がないなど、工事費が安価である
⑤鉄骨階段とする場合は工場生産が可能で工期が短縮できる

半面、屋外避難階段は、「風雨にさらされて快適性が劣り、床仕上も制約を受ける」「ゴミが舞い込む」「足音が伝わりやすい」「冷暖房を使うことができない」「立面のデザインが整いにくい」など短所もあります。

このため、屋内避難階段と比較すると一般にビルのグレードが低くなります。写真の建物はともに、屋外避難階段と避難用バルコニーが付いています。それぞれ相応の工夫はされているものの、ファサードのデザインにはもどかしさが残ります。

屋外避難階段は事務室の床面積が200㎡を超えるなどにより、2以上の直通階段の設置が避けられない場合でも用いられます。1箇所を屋内避難階段としてビルのグレードを保ちつつ、1箇所

を屋外避難階段として賃貸有効率の向上を試みる方法がその例です。

図表39と図表40は、間口17ｍ、奥行き20ｍ、面積３４０㎡の敷地に事務所ビルを建てる場合の建築計画を示しています。図表39では屋内避難階段を２つ設けて二方向避難を確保しています。道路側もすっきりとしたファサードが整いそうです。屋内階段ですので、階段は雨に濡れず、絨毯で仕上げることも可能です。

図表40は屋内避難階段１つと避難用のバルコニーを設けて二方向避難を確保するものです。バルコニーは雨曝しで、道路側のファサードを整えることは極めて困難です。利用の快適さや安全性はもとより、建物の品等の面でも、都市の街並みの面でも図表39が優位です。他方、賃貸事務所としての採算性の観点から賃貸有効率を見ると、図表39の有効率69％に対して、図表40は78％で９％の違いがあります。家賃収入総額は、家賃や入居率とも関係し、これらはビルのグレードに影響します。一般にビルのグレードと賃貸有効率は相反する関係にあることから、高すぎる賃貸有効率には注意する必要があります。

図表2-39　屋内階段による二方向避難

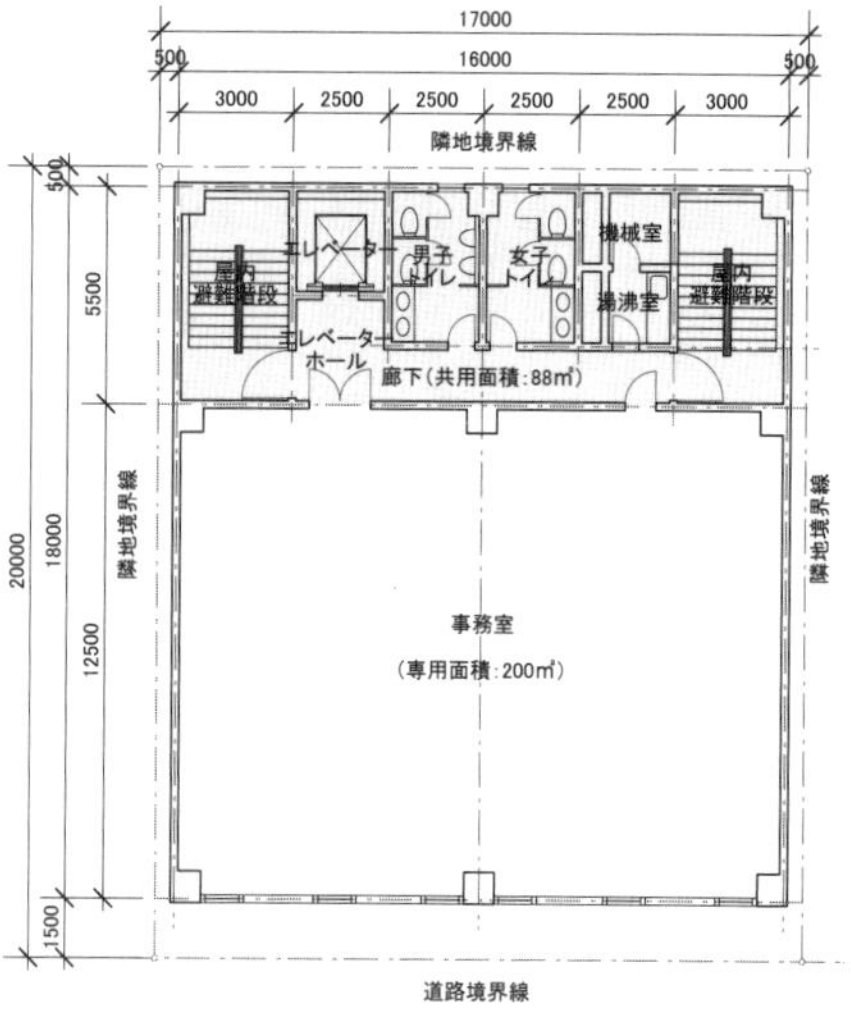

図表2-40　屋外階段とバルコニーによる二方向避難

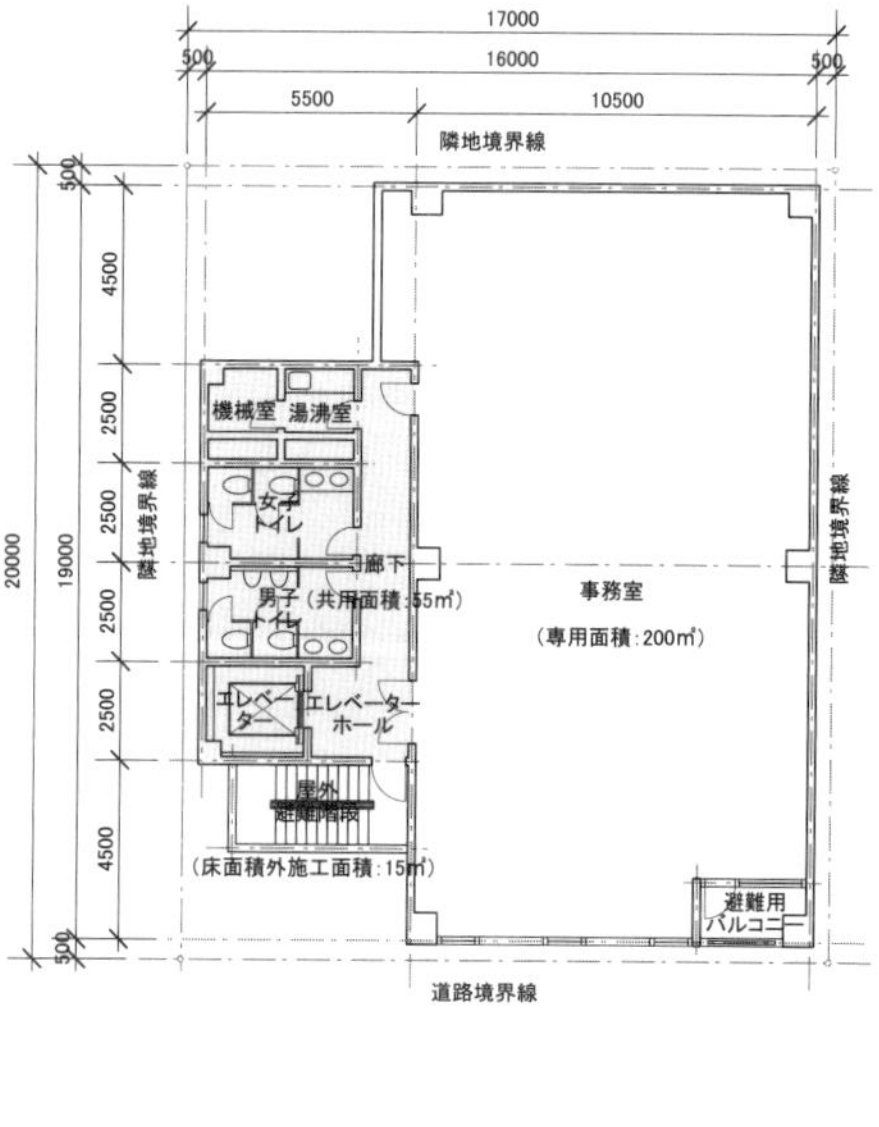

REAL ESTATE

5 用途転用の問題点

1 大規模修繕・模様替えの建築確認

■建築基準法が規定する建築確認

建築主は、建築する前に建築確認の申請をして、確認済証の交付を受けた後でなければ工事に着手することができません（建築基準法6条）。

建築には新築だけでなく、増改築移転や大規模の修繕模様替えを含みます。

既存の建築物について大規模修繕や大規模模様替え[*66]をする場合は、用途の変更の有無にかかわらず、建築確認が必要となります。必要な建築確認を行わずに工事をした建築物は違反建築物となります。

新築時には適法だった建築物がその後の法律改正によって改正後の法律に適合しなくなることがあります。このような建築物を既存不適格建築物といいます。既存不適格建築物は違反建築物には

＊66　建築物の過半について修繕や模様替えをすることを指します。

該当せず、不適格の状態で利用することが認められますが、建築確認が必要な増改築、大規模修繕や模様替えを行う場合は、既存不適格になっている部分も含めて、適法にする必要があります。既存不適格の例として、旧耐震設計基準で設計され、現行の新耐震基準には合致しない建築物があります。この建物について大規模模様替えをする場合は、耐震改修も併せて行うことが必要となります。[*67]

大規模修繕等の確認申請をする場合は、建物を新築した際の確認済証や検査済証が必要となります。これらを紛失している場合や確認済証は取得したものの検査済証を取得することなく利用している場合もあります。[*68]このような場合は、既存建築物が合法であることを示す法適合状況調査を行うなどが必要となります。

既存建築物の大規模修繕等の建築確認については、その必要性に対する認識が十分でない、既存不適格部分を改修する〝連れ工事〟が必要となることがある、建築確認を申請する際に必要となる新築時の検査済証がないなど、さまざまなハードルがあります。必要性の認識の有無にかかわらず、建築確認申請をすることなく工事してしまう可能性が否定できません。また、大規模修繕等の工事を行わず、用途だけを変更する場合でも建築確認が必要な場合もあります。[*69]

2 用途転用を伴う場合の遵法性

■事務所ビルを住宅に転用する

事務室を住宅に転用する場合の留意点の1つは居室の採光です。事務所ビルの事務室も住宅のリビングや寝室もともに居室ですが、事務室には採光規定が適用されない一方、住宅の居室は採光が確保できるものでなければなりません。

図表41は事務所ビルとして建築され、前面道路側にも反対側の隣地境界線側にも広い窓があって開放的です。2ＬＤＫの住宅に転用する場合の間取りも図面上はバランスよくまとまっています。

しかし、前面道路側のリビングと和室は採光が確保されている一方、「主寝室」は窓があって実質上、十分明るいにもかかわらず、建築基準法の採光が確保できません。[*70] このため、この部屋を「主

*67 この規定を原則どおり適用すると、大規模修繕や大規模改修を行って既存建築物を長期利用する動きを阻害する側面があることから、さまざまな合理化（実質上の緩和）が行われています。

*68 検査済証は建築工事完了後、使用開始前に行う完了検査に問題がない場合に交布されます。一旦利用開始すると完了検査が受けられなくなり、使用開始前に検査済証の交付を受けなければならないという規定に違反した状態になります。かつて、検査済証がなくても金融機関から融資が受けられるなど、実質上の支障がないことから検査済証の交付を受けることなく利用することも少なからずありましたが、近時は新築時の検査済証は確実に取得する傾向にあります。

*69 用途によって建築基準が異なるために、基準が緩やかな用途から厳しい用途に転用する場合は、厳しい基準に合致しているか確認する必要があります。

図表2-41　事務室を住宅に転用

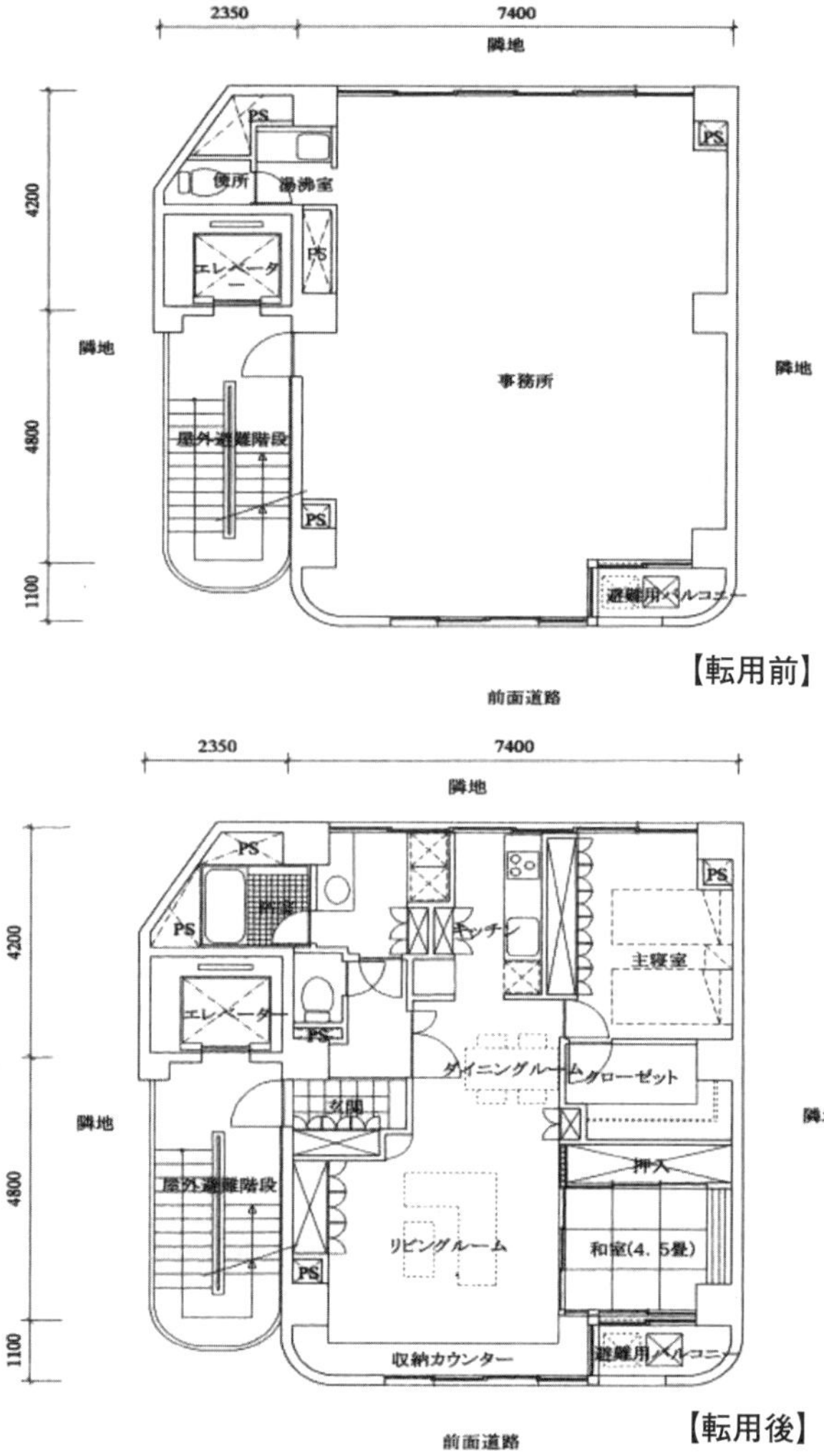

寝室」（居室）と表示することも利用することもできません。

このように異なる用途に転用する場合は、用途によって建築基準が異なることに留意する必要があります。採光以外の例として、用途地域によって建築可能な建物用途が異なる（用途制限）、廊下の幅や階段の設置基準が異なる（避難規定）、容積率の計算方法が異なる（容積率制限）、積載可能な荷重が異なる（積載荷重）、耐火建築物にする要件が異なる（防火規定）、消火設備の要件が異なる、などがあります。

■用途転用と不動産取引

用途転用に伴う工事の問題もあります。建物全体を一度に行うとは限らず、〝居ながら工事〟による騒音や建物の一部を転用した場合の用途混在についても検討が必要です。賃貸借中の建物について賃貸借契約を解除して用途転用等の工事を行う場合は、借家人の立退きについて合意や正当事由が必要となります。[*71]

用途転用工事を行った建物の売買や賃貸借に際しては、民法のほか不動産流通に関連する法制度に従います。改修工事を行った中古建物を売却する場合は、重要な事項の説明や契約どおりの性能を有しない契約不適合が生じない工夫などについて、新築以上の慎重さが必要となります。

＊70　窓の前方の敷地内に一定の後退距離を確保し、陽光が降り注いでいなければ、窓を設けても採光に有効な開口とは認められません。本件建物は隣地境界線から１ｍ弱しか後退しておらず、採光に有効な開口に該当しません。

＊71　契約解除に合意が成立する場合は特段の問題はありませんが、継続利用を希望する借家人に対する賃貸人からの契約解除や更新拒絶については、借地借家法の規定に従う必要があります。

REAL ESTATE 6

超高層の規制緩和は何をもたらすか

近代建築の三大巨匠のひとり、ル・コルビュジエは、中層の建物が密集する都市に人口集積が進んで環境が悪化する近代都市の課題を「300万人の現代都市」（1922年）や「輝く都市」（1930年）の考え方で解消することを提案しました。

広大なオープンスペースに囲まれた超高層建築物群を配置し、高速自動車道、幹線道路や鉄道などの交通システムを足元にめぐらすもので、都市の中心部の混雑を除去すること、都市の密度を高めること、移動のための手段を増やすこと、公園やオープンスペースを増やすことを同時に達成しようとするものです。

フランス・マルセイユのユニテ・ダビタシオン（1952年）は、その考えに基づいて設計された集合住宅です。建物の高層化は高層化することが目的ではな

図表2-42　ユニテ・ダビタシオン

写真提供：ピクスタ

く、太陽の光や緑を享受するためのスペースを確保して環境悪化をもたらさない空間をつくることにありました。

アメリカでは19世紀末から超高層建築が建てられていました。１８７１年、大火災が起きたシカゴ市が建築材料として石や鉄の使用を推奨したことから高層ビルが建つようになり、１８８９年には１００ｍ超のビルも出現しました。

図表2-43　シーグラム・ビルディング

写真提供：ピクスタ

ニューヨークでも同時期に高層ビルが建築されるようになり、１８９０年に１００ｍ超のビルが出現しました。近代建築の三大巨匠のミース・ファン・デル・ローエは鉄とガラス[*72]で構成された名作を多く残しましたが、ニューヨークでは超高層のシーグラム・ビルディング（１５６・97ｍ）を完成させました（１９５８年[*73]）。

ニューヨークでは、建物のブロック単位の平均容積率が１５００％に迫るまで高度利用が図られ

＊72　建築材料として鉄やガラスが使用しやすくなり、構造的な自由度が低いそれまでの石造の制約から解放され、開放的な建築が可能となりました。

＊73　鉄とガラスが特徴的な建築は、モダニズム様式に位置付けられます。それまでの超高層ビルは、ネオ・バロック様式やアール・デコ様式のものが主流でした。

ています。一方、日本では、都市計画法により上限が1000％に制限されていました。この状況は、国際競争力を保ち高めるうえで制約になるとして、2002（平成14）年に、都市計画法の指定容積率に1100％、1200％、1300％が追加されました。

東京都では都市計画法の改正を受けて、大手町、丸の内地区など、センター・コア再生ゾーンと位置づける場所を中心に容積率の指定を見直しました。これらの地区内の大規模敷地では特定街区や総合設計制度など容積率の割増し制度を利用することも多く、ニューヨーク並みの1500％の容積率を持つ建物を建てることも可能になり、東京都心部などで超高層ビルが多く立地するようになりました。

図表2-44　ニューヨークの容積率

出所：『都市のチカラ超高層化が生活を豊かにする』森ビル都市再生プロジェクトチーム（幻冬舎）をもとに著者作成

超高層ビルの集積は、高度な機能をもつ都市を実現するうえで有用で、人や情報が集まる、集積の利益を生み、国際競争力の向上、投資エリアとしての魅力をもたらす一方で、持続可能な開発目標に即していることが求められます。

容積率制限は、地域で行われる社会経済活動の総量を誘導することにより、建築物と道路等の公共施設とのバランスを確保することを目的としています。

容積率が緩和されて大規模ビルが集積すると、道路、鉄道、上下水道など、既存の都市インフラの容量が不足し、過密化の解消のための鉄道新駅の開設、駅とビルの直結や歩行者通路の新設が必要となることもあり、その費用負担も課題です。

また、環境の負荷に関しては、省エネによって建物自体の単位面積当たりの消費エネルギーを低下させますが、大規模建築物が集積することで消費するエネルギーの総量は増大します。壁面の輻射熱や昼間躯体に蓄積された熱が夜間に放出される量も増大します。建物単体に加えて地域での取り組みが必要となります。ビル風や上昇気流による微気候の発生に配慮する、電波障害を予防するなども課題となります。

さらに、災害時の避難も課題の1つです。超高層ビルは長周期地震動と共振して大きく揺れることがあり、室内の家具や什器が転倒したり移動したりするほか、エレベーターが故障するなど遠隔地の地震にも影響を受けることがあります。特別避難階段が設定され、通常の避難階段よりも安全なつくりですが、自力で避難階まで避難できないケースも考えられます[*74]。超高層ビルが密集して立っている地域では帰宅困難者が多く発生する懸念もあるため、そのような場合に備えた一時滞在場所や食料等の備蓄も求められます。

超高層ビルはヒューマンスケールを超える側面があります。

＊74　非常用エレベーターも設けられていますが、万が一の災害時に消防隊が消火作業や救出活動に使用するためのものです。

人間性を維持するための仕組みも大切な課題です。個々のビル内にそのような仕掛けを設けると同時に、エリアマネジメントの活動として各種のイベントを行うこともあります。

コラム　タウンマネジメント

ブリテン島の中央部は、鉄で栄えた人口40万人程度の都市が散在しています。英国の主産業が金融などの第三次産業に代わる、生産性で新興国に及ばないなどの背景が重なって、これらの都市の中心部は寂れてしまいました。

都市が閑散とすることを防ぐためにタウンマネジメントが導入されました。中心部の街路から車を排除して歩行者専用空間にする等の方法で、都心部ににぎわいを取り戻すことに競うように挑戦しました。タウンマネジメントの要諦は、常に変化する状況に適時適切に対応し続けることであり、それを指揮する優れたマネージャーがいることです。都市再生に力量を発揮したタウンマネージャーは、他の都市から高額でスカウトされることも少なくありません。

REAL ESTATE 7

作品としての建築と投資対象としての建築

企業の本社ビルや自社使用するビルは対外的に企業イメージの向上、対内的には帰属意識の向上などの効果を狙って著名な建築家に依頼し、優れたデザインの建築物が建築されます。

商業用のビルでも同様に入居店舗や来客の満足度を高めるうえでビルのデザインがすぐれていることは重要です。他方、一度建築された建築物は、社会経済の変容による企業の盛衰や業態の変更、さらにＩｏＴなどの進展やビルに求められる性能の変化によって、継続利用が困難になることや、機能的に陳腐化した建物になることがあります。

世界的にも著名な建築家の丹下健三が設計した赤坂プリンスホテル新館、村野藤吾が設計した日本興業銀行本店、磯崎新が設計した西日本シティ銀行本店、芦原義信が設計したソニービルなど、名建築であるにもかかわらず、解体される建築物は枚挙にいとまがありません。老朽化や機能的陳腐化など、理由はさまざまですが、建築物の物的側面からは改修工事によって改善できるとしても、多くの場合、より高度利用して資産価値を高めることを目的として建て替えられます。名建築物と評価の高い建築作品を慈しんで残すことより、資産価値を高める投資の側面が優先されます。背景には、建築物を解体することも新築することも自由な日本の法制度があります。投資を誘引するには便宜な一方、文化や伝統にも通ずる建築美を承継するには心もとない社会です。

図表2-45　赤坂プリンスホテル新館

丹下健三設計
1982年建築　2011年解体

写真提供：ピクスタ

図表2-46　日本興業銀行本店

村野藤吾設計
1974年建築　2016年解体

写真提供：ピクスタ

図表2-47　ソニービル

芦原義信設計
1966年建築　2017年解体

写真提供：ピクスタ

図表2-48　西日本シティ銀行本店

磯崎新設計
1971年建築　2020年解体

写真提供：ピクスタ

建築美の承継と不動産投資を両立させる仕組みが求められます。社寺建築は日本の建築美や様式を伝えますが、建物の維持や建替えに多大な費用が必要で、承継が危ぶまれることが少なくありません。

図表49は境内地の一部に定期借地権を設定するとともに低層神社の未利用容積率を定期借地権を設定した土地に移転した例です。定期借地権者の不動産投資法人は総合設計制度を利用して超高層ビルを建築しています。神社は容積率移転によってより大規模な建築物を所有することとなる定期借地権者から長期にわたって、より多額の地代を得ることができます。[*75] 伝統文化と不動産投資はおよそ正反対の位置にありますが、両者を組み合わせることで共存が可能となります。

図表2-49　虎ノ門琴平タワー

＊75　定期借地権を設定する土地の範囲を利用するのは借地権者ですが、ここでは神社（隣の土地）のために、表通りから社殿に至る参道を設けています。参道が長期に安定的に確保できるよう、別途権利を設定する必要があります。

コラム　コンバージョンフラット

英国では住宅のタイプを、①デタッチハウス（Detached House）、②セミデタッチハウス（Semidetached House）、③テラスハウス（Terraced House）、④ミューズハウス（Mews House）、⑤フラット（Flat）などに区分します。ハウスは土地部分と建物部分が直接的に連続しているタイプのものです。フラットは土地に直接連続せず、建物部分のワンフロアーに住戸があるもので、日本の分譲マンションや賃貸住宅のほとんどはこれに該当します。また、英国の住宅の類型には、パーパスビルドフラット（Purpose Built Flat）とコンバージョンフラット（Conversion Flat）の2種類があります。このうちコンバージョンフラットは、例えば2層建てのセミデタッチハウスを2つの住宅に分割して、それぞれの住宅が1つのフロアーで完結するフラットにするといったケースです。

ロンドン都心部などで見る5～6層のテラスハウスは、土地部分とその上の5～6層で1つの住宅を構成しますが、豪邸の需要が少なく使い勝手が悪いため、コンバージョンフラットに転用されているものも少なくありません。世帯の小規模化に対して建物を建て替えて対応するのではなく、建物の利用区分を変更して対応し、街並みを保持することで歴史ある都市としての重厚さを保ち、不動産投資の対象や観光資源となっています。他方、テラスハウスのまま維持しているものは豪邸として残っていて稀少価値があります。世界で最も美しい集合住宅といわれるロイヤルクレセントは、テラスハウスの形式で建てられています。

第3章　不動産にまつわる法律の歴史と必要性

第3章◆はじめに

不動産は、民法をはじめ、建築基準法、不動産登記法、借地借家法、区分所有法、建設業法、宅地建物取引業法、などさまざまな法律が関係しています。

このような多様な法律が生まれたことには、歴史や時代背景が色濃く関係しています。時代と連動しているからこそ、毎年のように法律の改正がなされている事実もあります。

法律は、教養として不動産を身につけるための基礎知識ともなります。どうして、不動産を扱うために法律が必要なのか、歴史とともにご紹介します。

REAL ESTATE 1

民法と不動産

1 法の分類

不動産が関わる代表的な法律は「民法」です。
日本の「民法」は、法律の分類によると、「実定法」、「成文法」の「国内法」であり、「私法」の「実体法」に該当します。

■自然法と実定法

法は自然法と実定法に大別できます。
自然法は自然や人間の存在から見て基本的、普遍的で、明文化するまでもない規範です。[*1]
実定法は、社会慣習や立法で定める決まりで、時代や地域で異な

*1 例えば、人を殺してはいけないなどです。

図表3-1 法の種類

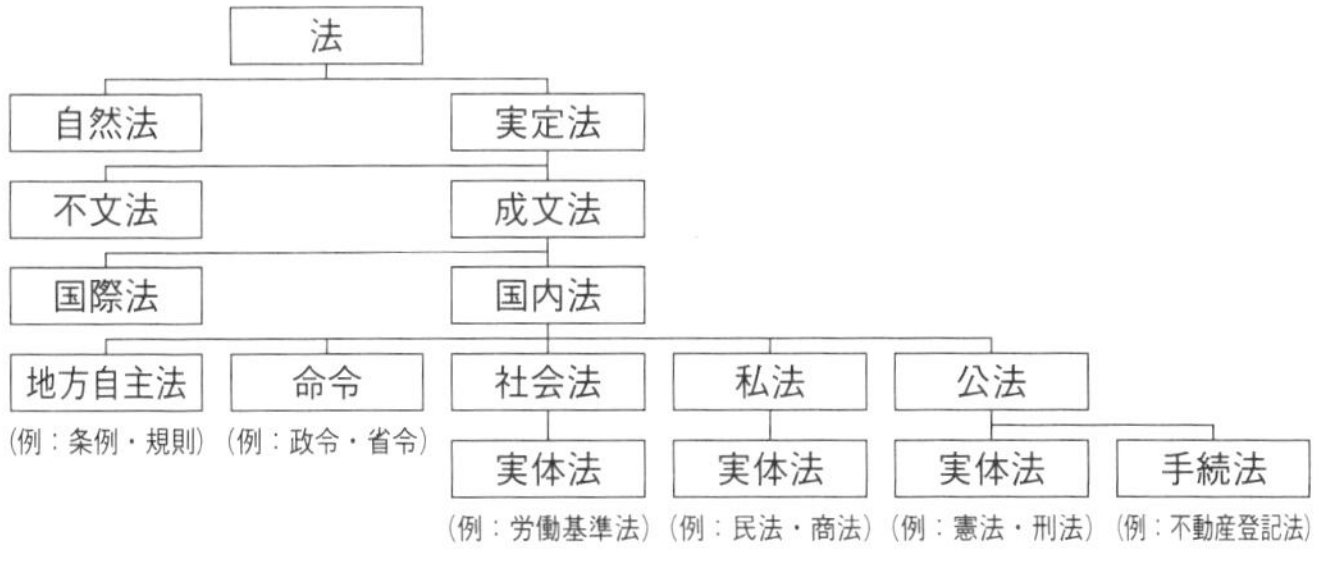

ることもあります。憲法・民法などの法律のほか、慣習で守られている慣習法も実定法に含まれます。

■不文法と成文法

実定法は、不文法と成文法に区分できます。

不文法は、明文化されていないものの、人を拘束する規律で、慣習法[*2]、判例法、条理法が該当します。判例法は、争いを解決するために裁判所が類似の判決を繰り返し、その規範が法と同様の効果を持つようになったものです。

成文法はもとより、不文法の判例法、慣習法にも適用すべき規範がない場合、社会通念を基準として判決します。この際の社会通念が条理法です。

■国内法と国際法

成文法は、所定の形式と手続きで制定され、文章で表記される法で[*3]、国内法と国際法に区分できます。

国内法は、1つの国の中で通用する法で、国際法は、複数の国の関係を規定する法や条約のことです。

また、国内法は、公法、私法、社会法、命令、地方自主法に分類できます。

公法は、国や地方公共団体と国民や市民の関係を示す法で、私法は、個人と個人の関係を示す法です。日本国憲法や刑法は公法に、民法や商法は私法に分類されます。[*4]

■実体法と手続法

法は実体法と手続法に区分することもできます。

実体法は、権利や義務の発生や消滅などの事象の生じる要件などを定める法律で、手続法は、必要な手続きやその方法を定める法律です。[*5]

1896（明治29）年公布の現在の民法は、[*6]不動産を「土地及びその定着物」と定義（民法86条）したうえで、不動産に関わる権利として、所有権のほか、使用や収益を目的とする権利（用益物権）

*2　慣習法は、社会生活を維持する社会規範として、長期にわたって人々に支持されてきた慣習が法として意識されるようになり、実際に法的効力を有するようになったものです。なお、刑法では、慣習法による処罰は禁じられています。

*3　制定法といわれることもあります。

*4　社会法は公法と私法の中間的な役割を持つ法です。例えば企業と個人の関係を示す、労働基準法が該当します。命令は、政令や省令などです。政令は、内閣が制定する命令で、省令は各省庁の大臣が発する命令です。地方自主法は、地方自治体が制定する条例や規則などの総称です。

*5　不動産を売買すると所有権が売主から買主に移転します。民法（実体法）は売買契約の成立について規定しますが、その事実を第三者に広く公示するためには、不動産登記法（手続法）に従って登記する必要があります。

*6　民法典の編纂は明治初期から検討されていました。1890（明治23）年に太政官布告により旧民法が公布されましたが、法学者の一部が施行に反対して論争が起き、施行が延期されていました。

として、地上権、永小作権、地役権、担保を目的とする権利（担保物権）として、先取特権、質権、抵当権を定めました。

また、賃借権を債権と位置づけました。

2 不動産を所有する

土地は、「位置が固定している」「周辺の土地と関係しながら存在している」などの物理的特性があります。ある土地の利用が周囲に影響を与えることから、利用にも一定のルールが必要となります。

土地の工作物のうち、もっとも重要なものは建物です。都市部の土地利用は多くの場合、建物で具体的に実現しますが[*7]、地域の秩序のためには、建物の建て方や利用についてもルールが必要です。

土地の所有権は、法令の制限内[*8]において、その土地の上下に及びます（民法２０７条）。

地球の中心から成層圏まで所有権の範囲とも読めますが、実質上は利用可能な範囲に限られると考えられており、一般に所有地上を航空機が飛行することは排除できません。地下については、その地域の一般的な土地利用の方法では利用されることのない深さ[*9]の地下を公共目的で利用することを規定する、大深度地下法によって、公共的な目的であれば大深度地下を無償で利用することが認められています[*10]。

■建物の所有権

代表的な土地の定着物である建物は独立の不動産として所有権の対象となります。後述の区分所有建物に該当しない限り、どのように大きな建物でも所有権は1つです。

日本では、土地と建物は各々所有権の対象となります。建物に独立した所有権がなく、土地所有権に含まれる英米法とは対比的です。日本の制度のもとでは土地所有者と建物所有者が同じことも、異なることも認められます。

建物は土地に定着していることから、建物所有者は、建物を土地に定着させるための権利（敷地利用権）をもっている必要があります。敷地利用権でもっとも一般的なものは土地所有権です。この場合、土地所有者と建物所有者は同一者となります。

■借地権

他人の土地を借りて、その上に建物を所有することも可能です。

＊7　農地や林地のほか、資材置き場、屋外駐車場なども土地利用の1つですが、ここでは建物を建てて土地を利用する場合を念頭においています。

＊8　第3章5節国土利用計画法と行政法ほかを参照。

＊9　高層ビルを建築するために地下に杭を打つ場合の杭の深さなどを含みます。高層ビルを建築することが一般的な地域と戸建て住宅が一般的な地域では大深度地下法が適用される深さが異なります。

＊10　大深度地下に該当しない地下部分を所有者以外の者が利用する場合は、利用内容について土地所有者と利用者の合意（契約）が必要となります。

建物を建てても良いという条件で土地を借りる権利を借地権といいます（借地借家法2条[*11]）。

借地権は借地借家法が規定する権利概念で、民法の地上権と土地の賃借権を借地権としています。

前者は物権、後者は債権で民法上の位置づけは異なりますが、土地所有者と建物所有者が異なる場合の敷地利用権として借地権を規定しています。借地権がなくなると借地上の建物は敷地を利用する権限を失い、解体するなどを余儀なくされることから借地権を保護しています。

借地権が設定されると、その土地を利用するのは借地権者になります。土地所有者は自分の土地を自分では使えない状態になるため、所有権の価格が低下する、売買しようとしても買主が見つかりにくいなど、制約のある所有権となります。

借地権は地上権による場合でも賃借権による場合でも、有償のことが一般的です[*12]。

これに対して無償で他人の土地を借りて建物を建てることも可能です。無償で借りる契約を使用貸借といい、使用借権を敷地利用権として建物を所有することもあります。使用借権には借地借家法の適用はなく、借地権と比較すると不安定な権利となります。

■建物の共有

複数人で1つの所有権を持つこともあり、これを「共有」といいます。

共有する場合は、各人の共有持分割合を決めますが、当事者が定めなかった場合は、持分は等しいものと推定されます。

共有者は、共有物の全部について、その持分に応じた使用をすることができます（民法249条）。

一方、持分に応じ、管理の費用を支払うなど、共有物に関する負担を負います（民法253条）。共有者は共有物の全体に権利と義務を負うことが特徴です。

各共有者は、ほかの共有者の同意を得なければ、共有物に変更を加えることができず（民法251条）、共有物の管理に関する事項は、各共有者の持分の価格の過半数で決します（民法252条）。もっとも、保存行為[*13]は、各共有者がすることができます。また、各共有者は、いつでも共有物の分割を請求することができます。ただし、5年を超えない期間内は分割をしない旨の契約が可能で（民法256条）、この契約は更新することができます。

共有物の分割について共有者間に協議が整わないときは、裁判所に分割を請求することができます（民法258条）。共有物の現物を分割することができないとき、又は分割によって価格が著しく減少するおそれがあるときは、裁判所は、競売を命ずることができます。競売によって換金し、持分に応じて配分します。

共有は土地や建物を細分化することなく、複数人で1つの所有権を保有する方法で、都市や建築物の経済価値を保持する観点から長所があります。

一方、大規模改修や売却など、共有物の変更は全員賛成が必要となり、適時適切な対応ができな

＊11　借地権については別途説明します。
＊12　賃借権は賃料を払うことが要件です。地上権は無償でも成立しますが、建物の敷地とするために地上権を設定する場合は、地代を払うことが一般的です。
＊13　保存行為とは、共有物の現状を維持する行為で、修繕などが該当します。

くなる可能性があります。このため、民法ではいつでも共有物の分割請求ができるなど、共有を解消することを意識した規定を設けています。

3 不動産を利用する

所有者は、法令の制限内において、自由にその所有物の使用、収益及び処分をする権利を有します（民法206条）。

自由とはいっても公序良俗はもとより、他人との取り決め（私法上の制約）や行政上の規律（公法上の制約）を破らない範囲に限定されることに注意が必要です。

所有者以外であっても合理的、合法的な裏づけがあれば不動産を利用できます。例えば民法は地上権、地役権や賃借権など、他人の土地を使用し、収益することができる権利（用益権）を規定しています。これらの権利は民法などの規律を参考にしながら、契約当事者が契約でその内容を定めることができます。[*14]

■利用に対する相隣関係からの制約（民法）

民法206条が規定する、所有者の自由な利用は一方で、近隣間の混乱を引き起こす可能性があることから、同法は所有権間の調整を図るために相隣関係を定めています。

相隣関係の規定には、①建物を築造するには、境界線から50㎝以上の距離を保たなければならない（民法234条1項）、②境界線から1m未満の位置に他人の宅地を見通すことができる窓、縁側やベランダを設ける者は、目隠しを付けなければならない（民法235条）、があります。

また、①の規定に違反して建築をしようとする者がいるときは、隣地の所有者は、建築の中止や変更をさせることができ（民法234条2項）、工事に際して、土地の所有者は、境界やその付近で障壁や建物の築造や修繕のため必要な範囲内で、隣地の使用を請求することができます（民法209条）。

相隣関係の規定は社会の安寧秩序を保つための目安を示しています。地域の慣習や相互の合意があれば、これと異なる取り決めなども有効です。

しかし、目安にすぎないからといって独善的に破ることは法の趣旨を逸脱するものです。地域を混乱させる原因にもなりますので、厳に慎むべきです。

■地役権で利用する

地役権は、図表2のように、A地（要役地）のためにB地（承役地）を利用し、そこを通行したり、電線を埋設したりする権利です。地役権はさまざまな目的で設定することができます。温泉地でお湯が出ている井戸（泉源）からホテルまでお湯を引くための引湯地役権、景勝地で景観を確保するための眺望地役権、日照を確保するための日照地役権などがあります。また、高圧送電

＊14 土地や建物の貸借等については借地借家法が適用されることがあります。同法が規定する強行規定は当事者間で合意があっても、自由に取り決めることができません。

線を通すために、その下の土地に地役権を設定することもあります。

地上権や賃貸借では利用する権限は完全に地上権者や賃借人（広義に借りた人）のものとなることに対し、地役権は要役地と承役地の利用を調整し、共同利用を実現きる点が相違します（共同使用権）。

図表2において、B地に含まれるC部分に通行地役権を設定すると、A地への通行のために、A地所有者はC部分を利用することができると同時に、B地所有者もA地への通行を妨げない範囲で利用することが可能です。

図表3-2　通行地役権による土地利用

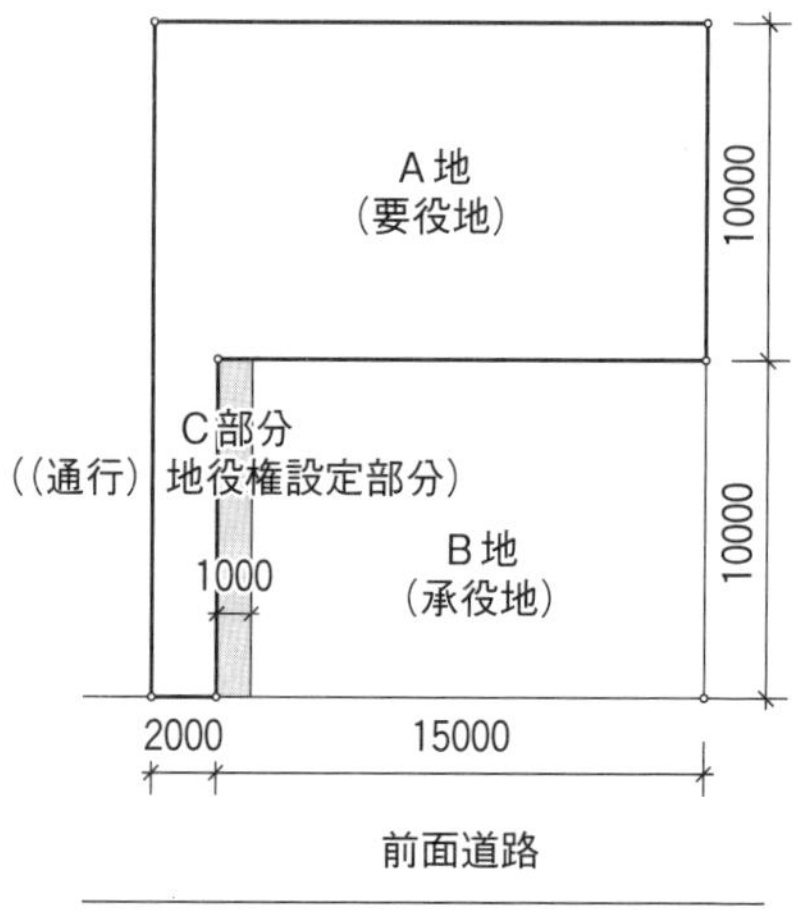

使用借権は、無償で使用、収益をすることができる権利（民法593条）で、敷地利用権とすることも可能です。一般に入手するための費用が高額で、利用が長期に及ぶことも少なくない建物敷地として無償の使用貸借とすることが多いとはいえませんが、親族間などで利用することがあります。相続できない、借地借家法の適用がないなど、権利の継続性や安定性が高いとはいえない点に注意が必要です。

4 不動産を担保にする

金融機関は、融資した元金に利息を加えた元利金の返済を受けて利益を得ることで経営が成立します。金銭消費貸借契約は長期にわたる契約で、期間中に想定外の事象が起きて、元利金の返済が滞る可能性が否定できません。このような場合でも金融機関が破綻しないよう、担保を設定します。

担保には人的担保と物的担保があります。人的担保には保証人[*15]を立てる方法が、物的担保には質権や抵当権を設定する方法があります。

人的担保と物的担保の両方を求められることもあり、担保が不十分な場合は信用保証協会の保証付き融資とすることがあります。土地と建物に抵当権を設定したうえで建物に火災保険を掛け、保険証書に質権を設定する方法もあります。

図表3-3　借入金を担保する方法

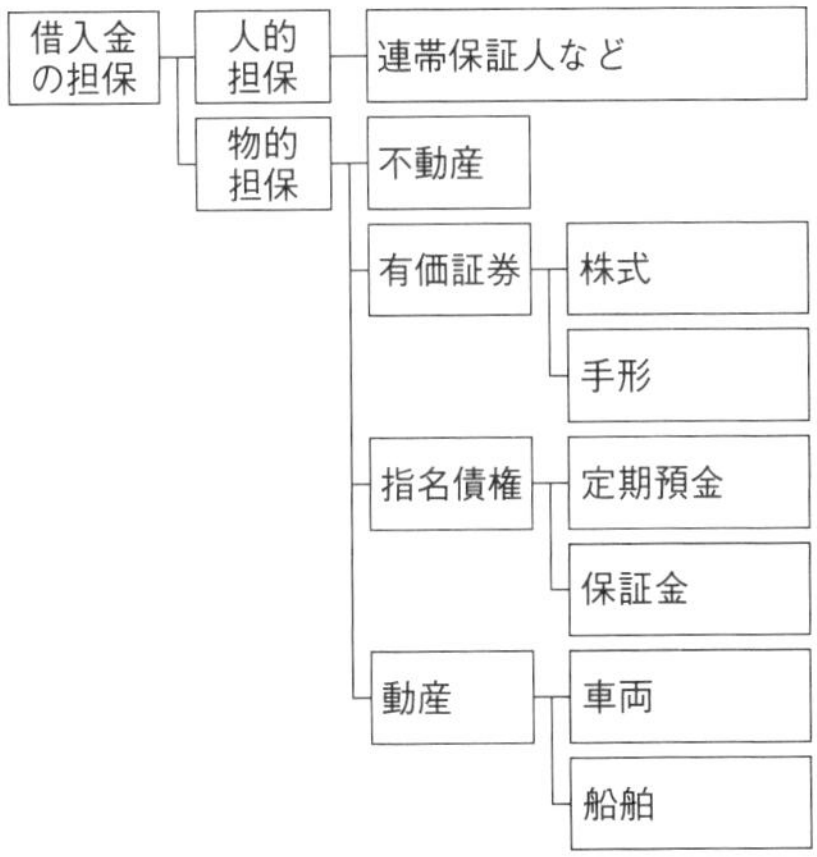

＊15　連帯保証人による保証を求められることが一般的です。なお、2020（令和2）年の民法改正で保証の規定が変更になりました。

■抵当権の仕組み

土地や建物の分野では金融機関が融資した貸付金を担保する方法として抵当権が多く用いられます。

抵当権は、債務者又は第三者が占有を移転しないで債務の担保に供した不動産について、ほかの債権者に先立って自己の債権の弁済を受ける権利です（民法369条）。

①抵当権の設定

融資をした金融機関等は貸付金の返済を受ける権利をもつ債権者です。債権を確保するため、抵当権設定者（通常は融資を返済する義務のある債務者）の不動産に抵当権を設定し、抵当権者となります。

抵当権は、第三者対抗力を持たせるために、不動産登記簿に登記することが通常です。第三者対抗力とは、第三者と争って負けない力のことで、登記をすることで備わります。

②抵当権の実行

債務者が貸付金の返済ができないなど、債務不履行に陥った場

図表3-4　抵当権の仕組み

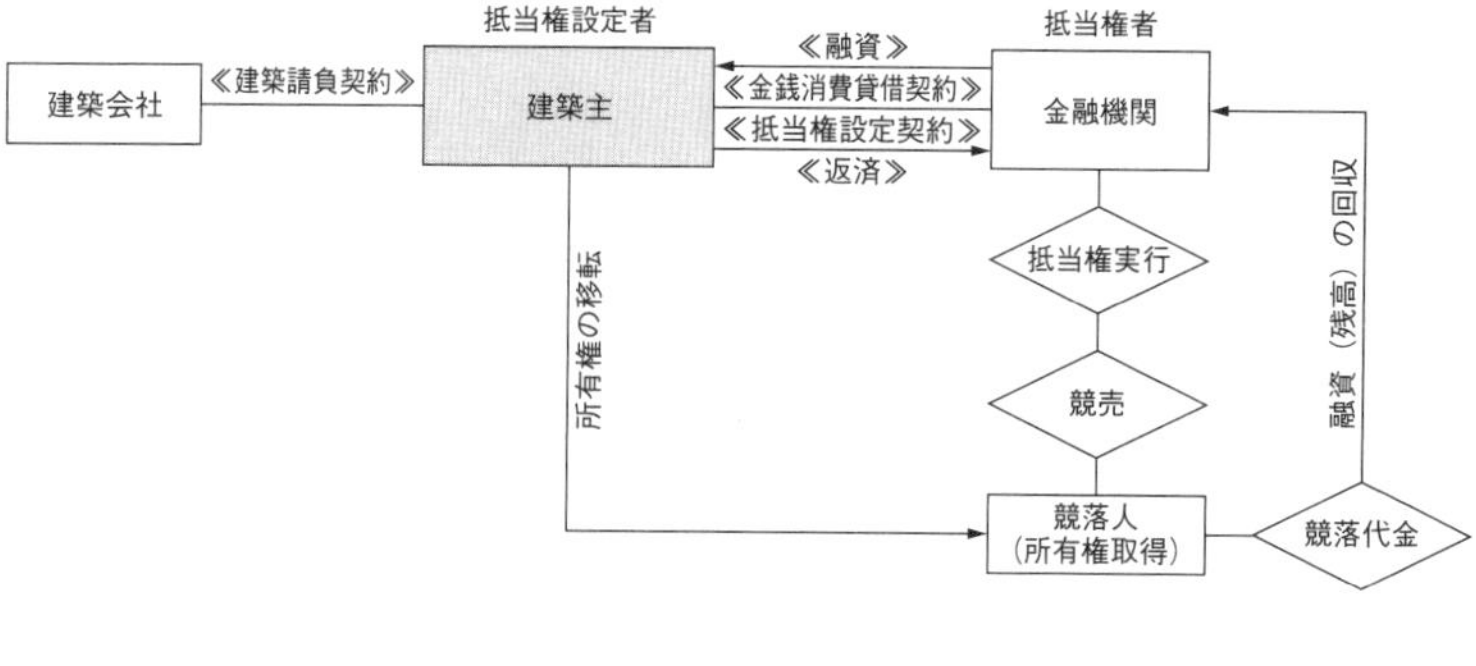

合、抵当権者は抵当権を実行します。抵当権の実行により抵当不動産は競売に供され、抵当権者は競落人が支払う競落代金から優先的に弁済を受け、債権の回収を図ります。

③抵当権の特徴

抵当権の特徴は、抵当権が設定された抵当不動産を抵当権者に引き渡す必要がない点にあります。債務者は引き続き使用収益することが可能で、有効活用することで得られる収入等を借入金の返済にあてることができます。抵当権が付いている状態で土地や建物を売買することも可能です。しかし、購入者は売主が借りたお金を担保するための抵当権が付いた不安定な状態[*16]で所有権を取得することになります。このため、売買時に売買代金で未返済額を返済して抵当権を抹消し、抵当権がない状態で引渡しを受けるなどの方法を採用します。

■質権を設定して弁済を受ける

質権は抵当権同様、法定担保物権の1つですが、質権の目的物を債権者に引き渡す点が異なります。質権者は、その債権の担保として債務者又は第三者から受け取った物を占有し、かつ、その物についてほかの債権者に先立って自己の債権の弁済を受ける権利を有します（民法342条）。質権は、債権者にその目的物を引き渡すことによって、効力を生じる（民法344条）ので、不動産の所有

＊16　前所有者が借入金を返済しないと競売されることになります。自己の責めによらない事由でいつ競売にかけられるかわからない状態となります。

者は自分では利用することができません。他方、質権者はその不動産を管理する必要があります。このため、土地や建物の分野で質権が用いられることは多いとはいえません。

■先取特権で弁済を受ける

先取特権者は、民法その他の法律の規定に従い、債務者の財産について、他の債権者に先立って自己の債権の弁済を受ける権利を有します（民法303条）。不動産と関係が深い先取特権の1つは、不動産賃貸の先取特権です。

不動産賃貸の先取特権は、その不動産の賃料その他の賃貸借関係から生じた賃借人の債務に関し、賃借人の動産について存在します（民法312条）。

そのほか、①不動産の保存、②不動産の工事、③不動産の売買の先取特権もあります。これらの行為を原因として生じた債権を有する者は、債務者の特定の不動産について先取特権を有します（民法325条）。

不動産保存の先取特権の効力を保存するためには、保存行為が完了した後、ただちに登記をしなければならず（民法337条）、不動産工事の先取特権の効力を保存するためには、工事を始める前にその費用の予算額を登記しなければなりません（民法338条）。登記をした不動産保存又は不動産工事の先取特権は、抵当権に先立って行使することができ（民法339条）、一般に競売によって先取特権を行使して弁済を受けます。

コラム　英国では、登記簿に公信力があり取引価格を記載する

日本の登記簿は、記載されている内容を信じて取引等をした者の権利を保護する力（公信力）はなく、記載された者が権利者らしい、もしくは権利と関係しているらしいことを示す力（公示力）を持つにとどまります。

英国では登記簿に公信力があり、登記簿の記載内容に誤りがあり、誤った内容を信じたことによって不利益を被った者に対して国が補償します。登記簿に公信力があることによって、不動産の取引や金融の迅速と安定を確保することができます。

英国の登記簿には取引価格を記載します。不動産の価格は、一定の割合で上昇し続けることが好ましいと考える政府が、市場の状況に迅速に対応するために、価格の登記を義務づけて価格変動をウォッチしています。

REAL ESTATE 2

借地借家法の歴史

1 1896（明治29）年民法施行までの主な制度と借地権・借家権を保護する背景

江戸時代、江戸は政治と商業の中心として発展し人口が増加しましたが、多くの土地は武家や寺社が占め、庶民は狭い土地に密集して暮らしていました。[*17]

江戸には江戸開府以来の草分地主、寛永の頃からの古町地主、町内に居住する居附地主と町内に居住しない不在地主などの地主が存在していました。

庶民が暮らす町屋敷には富裕層の商人などの地主が長屋を保有して賃貸し、賃貸の管理を大家[*18]が行っていました。

農村部では領主が農地を統治していました。

農民は与えられた土地を耕作し、広さに応じて年貢を納めていました。田畑永代売買禁止令や分地制限令で田畑の売買や利用方法は制限され、土地の流動性は極めて低いものでした。このような背景から、土地を所有する概念は一般的ではありませんでした。

明治時代になると、欧米列強によるアジアの植民地獲得競争に対抗するために、近代国家の建設が急務となりました。代表的な取り組みは地租改正です。地租改正は土地制度・租税制度の改革で明治政府の財政基盤を確立するために実施されました。

地租は、土地所有者に対し地券[*19]を交付して一律に課税する方式で、農地では収穫高の40～50％を米で納める年貢から、土地の値段の3％を貨幣で納める金納に変更し、江戸時代に年貢を免除されていた武家地や町人地なども課税の対象となりました。[*20] 地租改正事業は、1873（明治6）年の地租改正法の公布、1875（明治8）年の地租改正事務局の設置を経て、1881（明治14）年に

---

*17　8代将軍徳川吉宗の享保年間（1716～1736）の頃には、武家、寺社と町人を合わせて人口100万人（町人人口：約50万人）を超えました。江戸市街の大半を焼いた明暦の大火（1657年）が契機となり、幕府は江戸の町を防災都市へと転換させ、主に武士が居住する武家地、町人が住む町人地の区切りをはっきりさせました。この時代の江戸市街の土地の占有率は、60％が武家の屋敷地で、20％が町家、15％が寺、5％が神社でした。明暦大火後の都市改造によって江戸は膨張し、人口の急激な増加と町人地の拡大が進みました。町人地の人口密度は非常に高く、1㎢あたり5万人もの人が住んでいました（2024（令和6）年の東京23区の人口密度は1㎢あたり1万6000人）。

*18　大家のほか、家主《いえぬし》・家守《やもり》・大屋《おおや》ともいいます。所有者ではなく管理を代行して請け負う差配人です。大家の仕事は不動産業の始まりといわれています。

*19　地名・地番・地種・地積・地価・租税額・土地所有者を記載。地券は、1872（明治5）年の壬申地券から始まり、翌年に改正地券が全国に発行されました。1889（明治22）年、土地台帳規則の制定により、地券制度は廃止されました。

*20　土地の値段の3％をお金で納める金納に変更されたことによって負担が軽減されたわけでもなく、凶作や災害、米価変動によらず納税する必要があるために、負担に耐えかねて農地を売却する者も出現しました。一方で、広大な土地を持った大地主が誕生し、宅地を手放して所有権者から借地権者になる者も出るようになりました。なお、3％の率は、後に2・5％に低減されました。

ほぼ完了しました。地租改正によって土地の所有権が公認されました。

日本の不動産制度の特徴の1つは土地と建物に別々の所有権が所在することで、土地所有者と建物所有者が異なる場合に敷地利用権として借地権が必要となります。また、建物を借りて利用する場合は借家権が必要となります。土地と建物の所有と利用を4区分すると、3区分は借地と借家が関係します。

借地や借家は住宅に限るものではありませんが、日本住宅公団（1955（昭和30）年）、日本住宅金融公庫（1950（昭和25）年）など、持ち家政策が軌道に乗る昭和30年代以前は、都市部を中心に借地や借家による居住形態も一般的なものでした。[*21]

1941（昭和16）年に借地法（当時）に正当事由制度が導入される（後述します）までは、相対的に賃貸人が有利だったことに加えて、土地価格に対する地代収入の利回りが高かったことから借

図表3-5　土地と建物の所有と利用

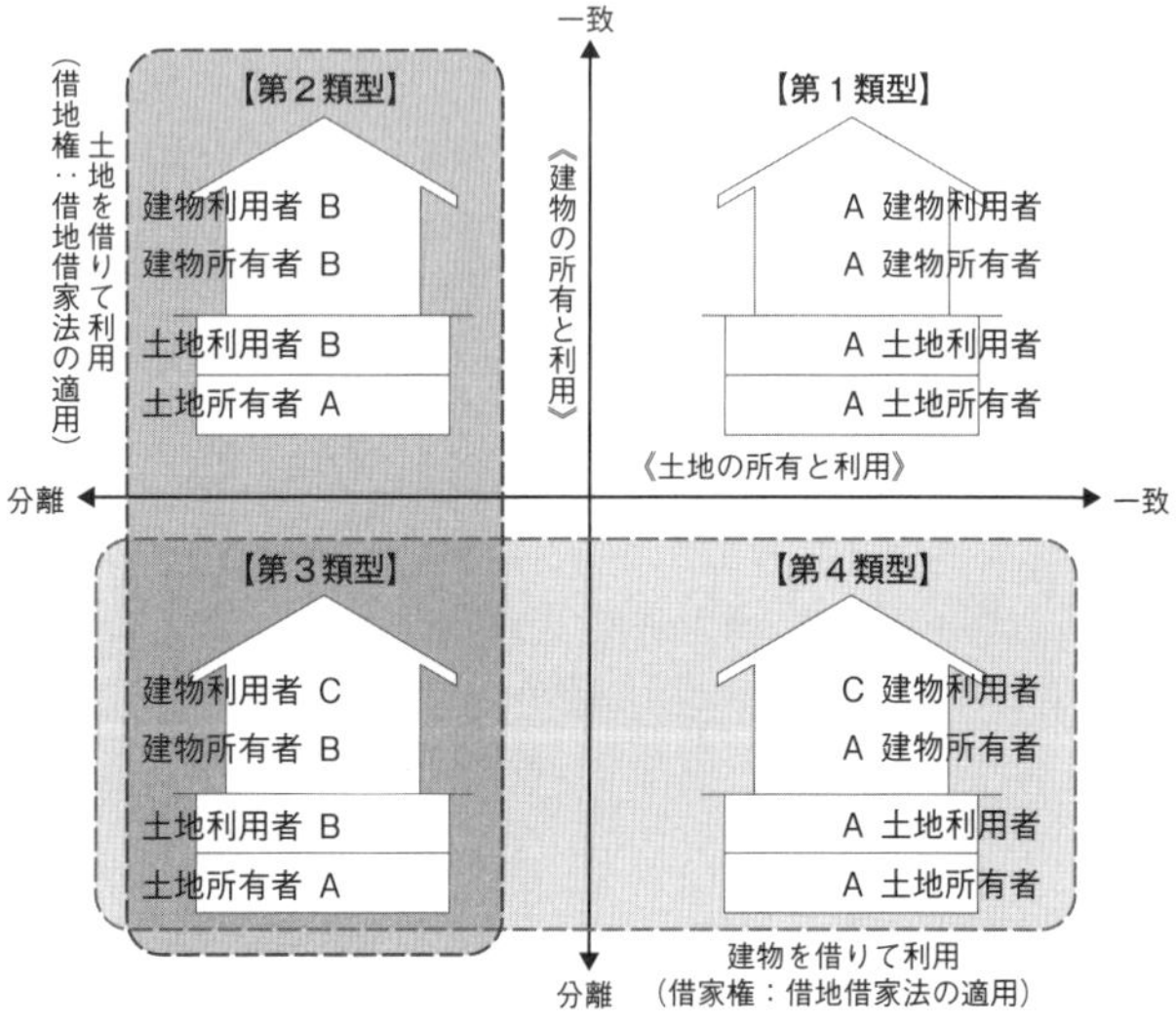

地による土地供給も行われていました。[*22]

明治中盤から第二次世界大戦までの50年程の間に、日本の1人あたりGDPは約2・6倍、人口は約1・8倍になりました。

都市には産業や資本が集積し、人口も流入しました。しかし、当時の都市は大土地所有制であったことに加え、庶民には土地と建物を所有して住宅を確保するほどの資力もなく、また、それを支援する社会制度も不備でした。住宅取得のための公的、私的な住宅金融制度が不備で、土地購入資金の準備が容易ではありませんでした。[*23]

2 1896（明治29）年 民法制定

他人の土地に建物を所有するために必要な敷地利用権は、物権である地上権と債権である賃借権

＊21 借家は現在でも主要な居住形態ですが、今日はアパートやマンションなど共同住宅形式が主要な建物形態となっています。これに対して、当時は戸建ての借家も多く存在しました。関東大震災や太平洋戦争による戦災からの復興時に借地や借家の需要が高まった経緯もあります。

＊22 地代の上昇を抑えて借地人の保護を図るための第二次地代家賃統制令（１９４０（昭和15）年）でも、国債利回りと同等の４％程度に統制するものでした。

＊23 住宅金融公庫が設立されたのは戦後の１９５０（昭和25）年で、民間金融機関が住宅金融に力を入れるようになったのは１９６０年代後半に入ってからです。明治末頃から東京や大阪では郊外の住宅地開発が行われるようになりましたが、交通機関は未発達で、地価の安い郊外に土地（所有権）を持つことは難しい状態でした。

の2種類があり、いずれかを選択します。

民法の起草者は、建物を所有する場合は地上権により、耕作のための小作は賃借権によることを想定したといわれます。

しかし、地主にとっては地上権よりも賃借権のほうが有利[*24]なことから、実際には建物を所有するための敷地利用権（借地権[*25]）も、賃借権を用いることが多くなりました。

民法は、所有権や地上権など不動産に関する物権の得喪及び変更は、登記に関する法律の定めるところに従い、その登記をしなければ、第三者に対抗することができないと規定し、登記を不動産物権変動の第三者対抗要件（対抗要件）としました。

図表3-6　借地権の対抗力（原則型）

概念図

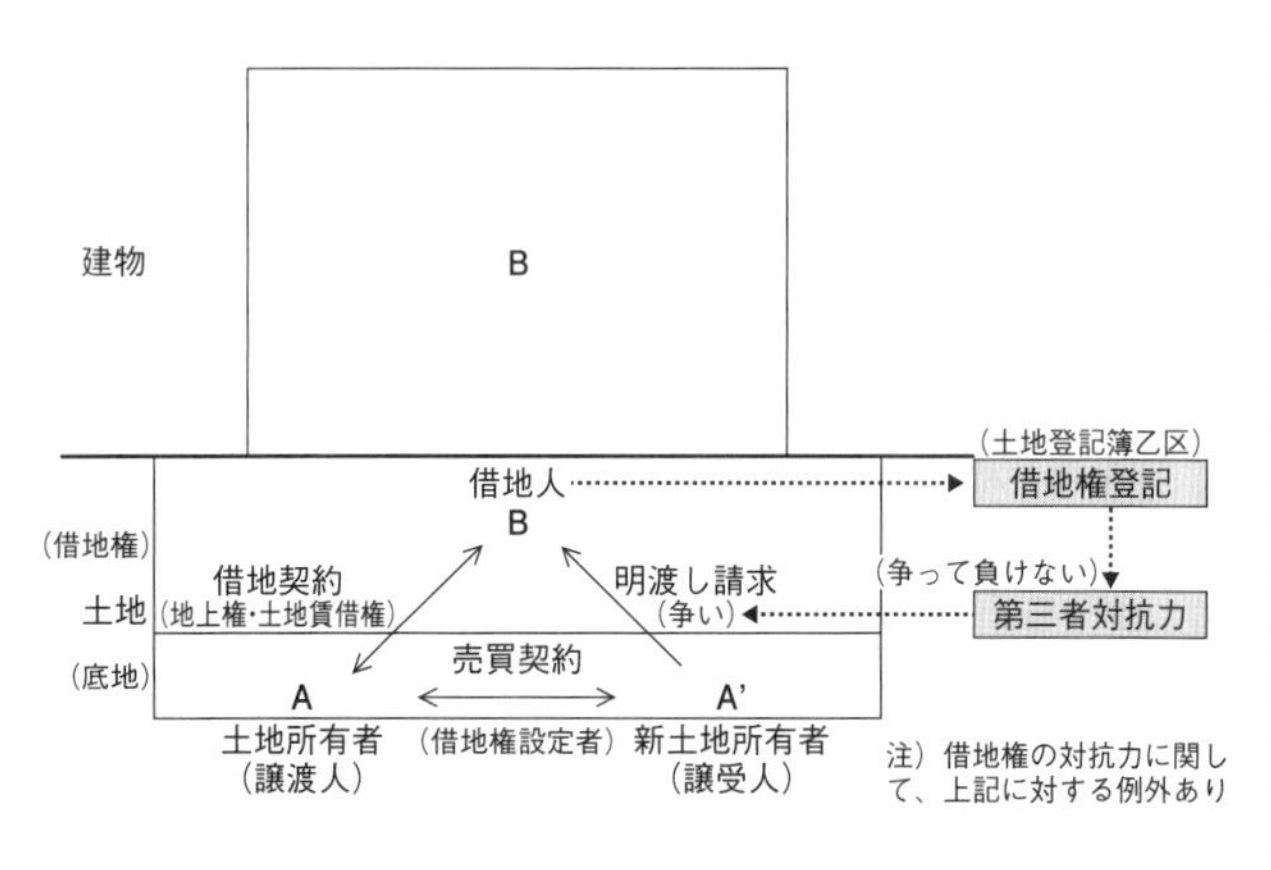

1	借地人Bと借地契約を締結していた土地所有者Aは売買契約を締結し、所有土地をA'に譲渡した。
2	譲受人A'は、土地所有者として自らこの土地を利用したいと考え、借地人Bにこの土地を明け渡すよう要求し、これを拒否する借地人と争いとなった。
3	この際、借地権の登記があれば第三者対抗力が認められ、借地人Bは土地所有権の譲受人A'との争いに負けない。

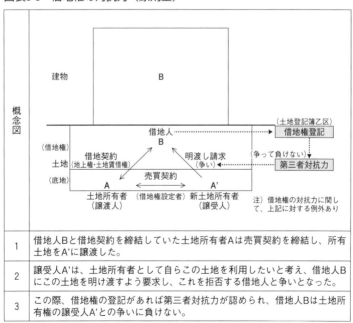

また、不動産の賃貸借は、これを登記したときは、その後その不動産について物権を取得した者に対しても、その効力を生ずると規定し、不動産賃借権についても登記を対抗要件としました。土地賃借権の登記には賃貸人（地主）の協力が必要ですが、登記によって賃借人の権利が強化されることを地主が好まないなどの理由から登記は進まず、不動産賃借権が対抗力を持たない点で課題が残りました。図表6でこの様子を示します[*26]。

民法の原則は、「売買は賃貸借を破る」です。対抗力がない賃借人は新地主（図ではA'）の要求に従い、土地の明け渡しを余儀なくされます。日清戦争、日露戦争による戦時需要などで産業が集積し、都市に人が集中すると、対抗力のない土地賃借権の問題が大きくなります。高騰する地価を背景に、横暴な地主が見られるようになり、地主同士で形式的な売買契約を結んで借地人を追い出す、「地震売買[*27]」が起きました。

＊24　地上権は自由に譲渡できる一方、賃借権の譲渡には賃貸人の承諾が必要です。
＊25　借地権が法律で規律されるのは借地法（1921（大正10）年）です。ここでは便宜的にそれ以前についても借地権という表現を用います。借地、借地人も同様です。
＊26　地上権でも土地賃借権でも登記が対抗力を備えるための要件である点は同じです。地上権は物権であり地上権者が自身で登記できますが、賃借権の登記には賃貸人の協力が必要となるところ、この協力を得られない場合は登記できないことになり、結果として対抗力を備えることができなくなります。
＊27　震災時のように一気に多数の建物の存続があやうくなることから、このようにいわれます。

3 1909（明治42）年　建物保護ニ関スル法律

建物保護ニ関スル法律（建物保護法）は、「建物ノ所有ヲ目的トスル地上権又ハ土地ノ賃借権ニ因リ地上権者又ハ土地ノ賃借人ガ其ノ土地ノ上ニ登記シタル建物ヲ有スルトキハ地上権又ハ土地ノ賃貸借ハ其ノ登記ナキモ之ヲ以テ第三者ニ対抗スルコトヲ得」と規定しました。

これにより、地主が協力してくれない賃借権のほか、借地権を登記していない地上権でも、借地人が借地上に所有する自分の建物の登記をすれば、土地の権利である借地権に対抗力が認められるようになりました。この例外規定により、立ち退きを求める新地主の要求に従わざるを得ない状況はなくなりました。

4 1921（大正10）年　借地法・借家法制定[*28]

借地法では、借地権を建物所有を目的とする地上権及び土地の賃借権と規定し、借地権に法的根拠を与えました。

賃借権では20年が最長であった借地権の存続期間について、地上権による借地権か賃借権による借地権かに関わらず、堅固建物所有を目的とする場合は60年、その他の建物所有を目的とする場合は30年[*29]とすると規定しました。さらに、建物の朽廃、滅失を明記し、建物の朽廃で借地権は消滅する一方、建物の滅失では借地権は消滅せず、原則として再築が可能と規定しました。

また、建物買取請求権が規定されました。借地人が契約更新を希望する一方、地主が更新を拒絶して争った結果、地主の主張が認められて借地契約が更新できないこととなった借地人に、地主に対して建物を買い取るよう請求する権利が与えられました。地主は買取を拒否できない仕組みで、両者の衡平を図ります。

売買、増改築、建替時には、地主の承諾を得ることを規定し、借地期間が長期化したことに対応して、地代または借賃[*30]が土地に対する租税その他の公課の増減や価格の変動により類似の場所の地代や借賃に比べて不相当になったときは、地代や借賃の増減を請求できることとしました。

借家法によって建物の賃借権を借家権と規定しました。[*31]

土地賃借権に基づく借地権同様、建物賃借権は賃貸人の協力があれば登記が可能で、対抗力を備

＊28 両法律の制定には、日清、日露戦争を経て高められた国力が生み出した、大正デモクラシーといわれる時代背景がありました。両法律は弱い立場の借主の法的地位を安定させる趣旨で制定されました。
＊29 記述は存続期間を定めなかった場合の期間。契約により、堅固建物の場合は30年以上、非堅固建物の場合は20年以上の期間を定めることができるよう規定しました。いずれも賃借権の期間は20年を超えられないとする民法の例外規定です。
＊30 地上権（物権）の場合は地代、賃借権（債権）の場合は借賃が正式な表現です。ここは規律を引用して別表示にしていますが、本書のほかの部分では併せて地代を表記することを原則としています。
＊31 無償で建物を借りて利用する使用借権も広義には借家権と捉えることができますが、使用借権には借家法は適用されません。借地権、借家権ともに民法ではなく、特別法で規定されています。

えることができますが、借主の権利が強化されることを好まない貸主が登記に協力することは少なく、家主が変わった場合などにおいて借家人が立ち退かざるを得ないことになります。この様子が図表7です。そこで借家法では、建物の賃借権の登記がなくても引渡しがあれば借家権（建物の賃借権）に対抗力を認める規定を設けました。引渡しは借家の鍵を受け取るなどして利用している状態です。借家人は役所に届け出るなどの特段の手続きをしなくても、対抗力を備えることが可能となりました[*32]。

　期間の定めのない借家契約では、賃貸人の解約申入れは、6か月前にしなければならないとしました[*33]。さらに、借地法と同様、借賃の増減請求権を認めました。

図表3-7　借家権の対抗力（原則型）

概念図

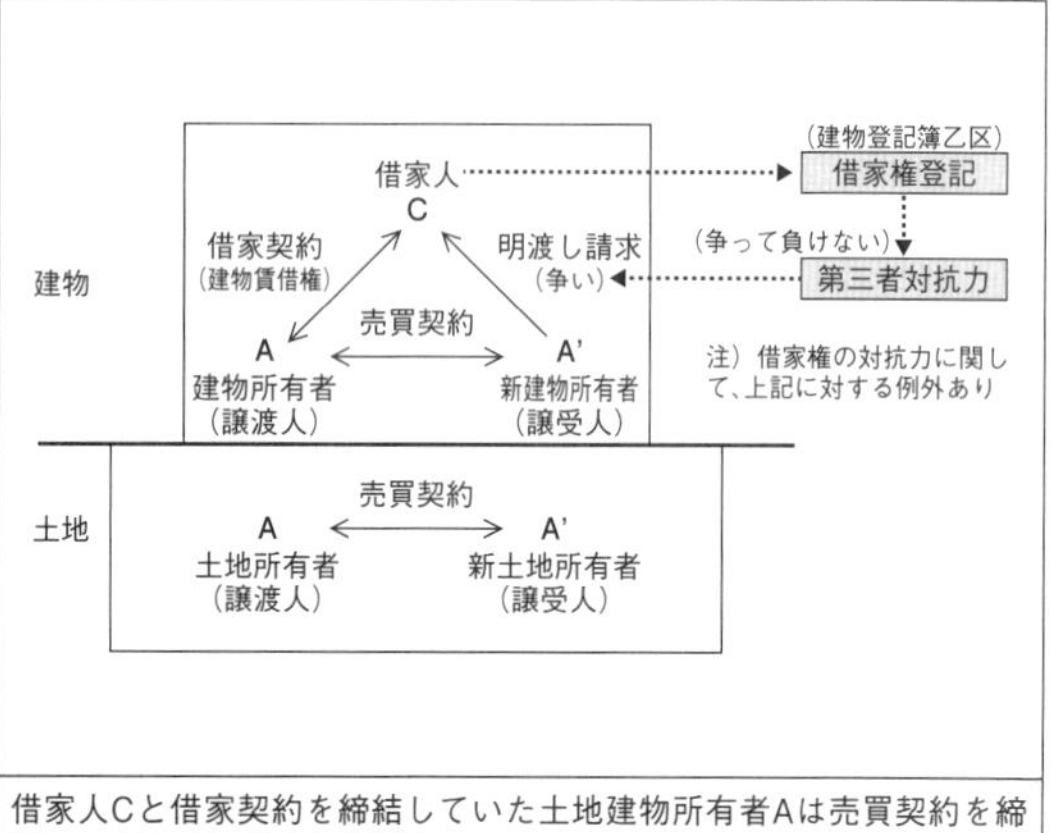

1	借家人Cと借家契約を締結していた土地建物所有者Aは売買契約を締結し、所有土地建物をA'に譲渡した。
2	譲受人A'は、土地建物所有者として自らこの土地建物を利用したいと考え、借家人Cにこの土地建物を明け渡すよう要求し、これを拒否する借家人と争いとなった。
3	この際、借家権の登記があれば第三者対抗力が認められ、借家人Cは土地建物所有権の譲受人A'との争いに負けない。

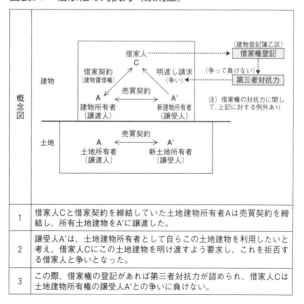

5 1924（大正13）年 借地借家臨時処理法

1923（大正12）年に発生した関東大震災からの円滑な復興のために制定されました。被災者が応急的に設置していたバラック建築に借地権を認めるもので、関東地方で借地が急増することにつながりました。

6 1939（昭和14）年 地代家賃統制令

しだいに戦時体制が強化される中、国家総動員法に基づく勅令として地代家賃統制令が発行され、地代家賃の統制が行われました。多くの財が戦争のために使われ、生活必需品の価格が上昇し、国民生活が脅かされるようになったことが背景です。地代家賃統制令で、地代や家賃に上限が設けられましたが、土地を借りる際に支払う敷金や礼金などの契約一時金は統制の対象外でした。

そのため、高騰した地価との関係で相対的に地代が低額になったと考える地主が、契約の更新を拒否して借地契約を終了させたうえで、借地契約を結び直し、統制外の権利金や礼金などを取って実質的に地代を増額する、借地契約を終了させた土地を売却するなどの方法をとるようになりまし

＊32 債権にすぎない賃借権にも物権のような第三者対抗力が付与されることになりました。
＊33 それまでは期間の定めのない借家は3か月前の通知で解約されていました。

た。売却された土地では、あたかも地震で多くの建物が倒壊するかのように借地上の建物が一気に解体され（地震売買）、そのような土地取引が社会問題化しました。

借地権と同様、地代家賃統制令によって家賃が統制されるようになりました。

7 1941（昭和16）年 借地法・借家法の改正

更新拒否して借地人を追い出すという問題の社会化に加え、太平洋戦争突入という社会背景を受けて借地法が改正[*34]され、正当事由、法定更新制度が導入されました。

地主が契約の更新を拒絶する場合や解約の申し入れをする場合は正当事由[*35]が必要となり、借地人は契約期間が満了したことだけを理由に借地を明け渡さなくて良いこととなりました。正当事由の当否の判断は裁判所に委ねられますが、借地上に建物が存在する場合は借地権の更新が認められる（正当事由は成立しない）ことが一般化しました。借地人の保護が強固になり、借地人が正当事由の規定を知る限り、地主による更新拒絶は困難となりました。[*36]この結果、借地法が適用される「土地は一度貸したら返ってこない」ことになりました。[*37]

借家法の改正では、借主を保護するための正当事由制度が導入されました。借地権の改正に併せたもので、それまで借家では借地以上に、賃貸借の期間の満了時に家主が契約の更新を拒絶したり解約することが多く行われていました。さらに、統制令違反の家賃値上げを家主が借家人に通告し、更新を拒絶されて立ち退かざるを得なくなることを恐れる借家人がやむなく値上げに応じる統制令違反の闇値上げ問題もありました。[38]

対策のために法を改正し、建物の賃貸人は、自ら使用することを必要とするなどの正当事由がなければ賃貸借の更新を拒むことや解約の申し入れをすることができないと規定しました。

正当事由の当否について裁判所は当初、賃貸人の事由で判断していましたが、戦争によって増大する住宅難を背景に、賃貸人と賃借人の双方の事由を考慮して判断するようになりました。これによって借家人の保護が一段と進み、借家人が住み続けたいと希望する限り、契約が更新されることが一般化しました。

8 1966（昭和41）年 借地法の改正

賃借権に基づく借地権を譲渡、転貸する場合、賃貸人（地主）の承諾が必要で、借地上の建物の増改築や建替えにも地主の承諾が必要でしたが、これらを承諾しない地主と借地人との間でトラブ

＊34 背景には戦争に邁進していた社会情勢がありました。成年男子を徴兵し戦地などに送りましたが、家族を支える成年男子が留守の間に、さらには戦死した後に立ち退かされることがないように、国策で借主の権利を保護しました。

＊35 自ら土地を使用することを必要とする場合その他正当の事由。

＊36 借地人がその土地を利用し続けたいと考える限り使い続けることができる「半永久的」な権利となりました。

＊37 出征する兵士が留守の間の居住の安定を守ることを念頭においた戦時の緊急立法でしたが、戦後も廃止されずに残りました。国家総動員法によって賃料も公定されていました。

＊38 賃貸市場に出回る借家の数が少なかったことも背景です。

ルが発生するようになっていました。そこで、裁判所が地主の承諾に代わる許可を出す、借地非訟事件手続きが導入されました。これにより、借地人が借地権の譲渡などを行うために地主に承諾を求めて拒否されたとしても、裁判所が許可の決定を出せば、借地権の譲渡等が可能となりました。借地非訟事件手続きで裁判所は許可の決定を出すことが多く、借地人の保護はより強固になりました。譲渡の代表的なものは売買ですので、借地権は売買可能な権利として資産性を持つようになりました。[*39]半面、借地権の権利保護の強化により、地主が土地を貸したがらない「土地の貸し渋り」が新たな問題を生むことになりました。

9 1991（平成3）年　借地借家法と定期借家制度の創設

借地法がしだいに借主の保護を強化し、借地権が強い権利[*40]となる一方、「土地は一度貸したら返ってこない」ことから、借地の供給が減少しました。

加えて、1980年代後半から1990年代初頭まで続いたバブル景気のもと、「土地[*41]は持っているだけでも含みを生む（値上がりする）有利な資産」でした。遊休地であっても地主は土地を手放さない傾向が強まって、土地の供給不足が顕著となり、これが地価高騰に拍車をかけていました。

そこで、借地法、借家法、建物保護法を廃止し、新たに借地借家法を規律しました。

借地権については、期間満了によって契約が終了する定期借地権を創設し、必ず地主に土地が返ってくる定期借地による土地供給を目指しました。

土地の需要者にとっても高騰した土地所有権を取得する方法と比較すると安価に土地を利用できる借地権がニーズに合致すると考えました。また、土地の売買を伴わない借地による土地利用は、値上がりする土地価格を顕在化させないことも利点とされました。

２００７（平成19）年には借地借家法が改正され、事業用借地権の存続期間が10年以上20年以下から10年以上50年未満とされ、併せて事業用定期借地権と名称を改めました。

借家権については、１９９９（平成11）年改正により、契約更新のない定期建物賃貸借（定期借家制度（定期借家権）が設けられました。

借家人が継続利用を希望する限り、契約が更新されることが実態となっている借家権[*42]だけでは時代のニーズに対応できないことが背景にあります。転勤中に使わない自宅を賃貸し、転勤が終る時点では賃貸借契約が満了して借家人が退去する場合などに利用することが想定されました[*43]。

定期借家制度が創設された理由の1つは、日本に不動産証券化を導入するため[*44]には伝統的な日本の借家権では不十分で、約定どおり実践される借家制度が必要だったことがあります。

このため、定期借家制度では、中途解約禁止、家賃増減請求権の不適用などによって、契約書どおりの賃料収入が期待できる制度になっています。

＊39　債権である土地賃借権が譲渡可能な権利として実質的に物権化しました（債権の物権化）。
＊40　契約期間の法定更新、地主の承諾に代わる許可の裁判（譲渡、増改築、借地条件変更ほか）など。
＊41　借地権等を設定していない土地で、土地所有者が自由に使用収益処分できる土地。
＊42　定期借地権と対比するために更新がある借家権を便宜的に普通借家権ということがあります。
＊43　制度の趣旨に照らせば、退去に際して立退料等の支払いは不要です。

図表3-8　借地借家法による借地権の種類

借地権		存続期間	利用目的	契約方法	借地関係の終了	契約終了時の建物
定期借地権	一般定期借地権[*45] （22条）	50年以上	用途制限なし	公約証書等の書面で行う ①契約の更新をしない ②存続期間の延長をしない ③建物の買取請求をしない	期間満了による	原則として借地人は、建物を取り壊して土地を返還する
	事業用定期借地権 （23条）	10年以上50年未満	事業用建物に限る（居住用は不可）	公正証書で設定契約する ①契約の更新をしない ②存続期間の延長をしない ③建物の買取請求をしない	期間満了による	原則として借地人は建物を取り壊して土地を返還する
	建物譲渡特約付借地権 （24条）	30年以上	用途制限なし	・30年以上経過した時点で、建物を相当の対価で地主に譲渡することを制約定められる ・口頭でも可	建物譲渡による	①建物は地主が買い取る ②建物は収去せず土地を返還 ③借地人または借家人は、継続して借家人として住まう等できる
普通借地権		30年以上	用途制限なし	・制約なし ・口頭でも可	①法定更新される ②更新拒否に正当事由が必要	①建物買取請求権あり ②建物買取請求権を行使した借地人は借家人として住まう等できる

コラム リースホールドと借地権の異同

英国では土地と建物一体の不動産制度を採用し、建物は土地の一部と認識します。不動産を保有し利用する権利には、期限の定めのないフリーホールド（自由保有権）と期限の定めのあるリースホールド（賃借保有権）があります。リースホールドのうち期間が21年超のものは設定や売買の登記が必要となり、権利の保護が強化されます。リースホールドのうち、リースホールダーが建物を建築する義務を負う建築リース（Building Lease）は長期の期間を設定し、建物建設費はリースホールダーが出捐《しゅつえん》することから、経済的にはリースホールダーの所有といえますが、建物独自の所有権がないことから、期間が満了したリースホールダーは、法的に土地所有権に含まれる建物をフリーホールダーに無償返還することが原則となります。建築リースは19世紀後半からみられる方式で、当初99年のものが多く用いられました。しかし、残存期間が50年を切る頃から購入者に融資がつき

＊44 地価バブルの崩壊で塩漬けとなった抵当不動産の処分が進まず、銀行等の金融機関は健全な不動産プロジェクトにも融資が困難な状態になりました。これを解消するために銀行等による不動産融資（間接金融）のほかに投資家が不動産プロジェクトに直接投資する直接金融が必要とされました。直接金融では投資家に対して不動産プロジェクトの収益の配分を受ける権利を示した証券を渡すことから不動産証券化といわれます。

＊45 借地借家法には一般定期借地権、普通借地権という表記はありません。一般定期借地権は法には定期借地権と表記されていますが、他の定期借地権と区別するため、便宜的に一般定期借地権と表記しています。普通借地権は、法には借地権と表記されていますが、定期借地権と区別するため、便宜的に普通借地権と表記しています。

にくく取引が成立しにくい、成立しても取引価格が安くなるなど、資産性を失うことが認識され、125年、250年、999年など、より長期のものが用いられるようになりました。

「借地権」と訳されることもあるリースホールドが多く用いられる英国は「借地の国」ともいわれますが、日本の借地権とは性格が異なります。日本では、土地と建物が別の不動産制度のもとで、土地と建物の所有者が異なる場合に、建物が他人の土地に建つことを認める合意が不可欠です。[*46]そこで借地借家法が、建物所有のための地上権および土地賃借権を借地権と定義しています。借地権は、土地所有者と建物所有者が異なる場合にそれが違法とならないための調整機能といえます。

建物は必ず土地所有者が所有している英国では、このような調整機能としての借地権は必要ないことから、リースホールドを借地権ということは適切ではありません。[*47]リースホールドは永久の保有権であるフリーホールドのうちの一部期間を保有する権利で、長期のものは譲渡可能で融資を受けることもできます。リースホールダーも譲渡によってキャピタルゲインを得ることも可能です。

コラム 賃借人が賃貸期間中に死亡したらどうなる?

建物賃貸借期間中に賃借人が死亡した場合、借家権は相続人が相続し、相続人が複数の場合は準共有[*48]します。遺産分割協議など、相続の手続きにより借家権の相続について決めます。[*49]

居住用の建物の賃借人が相続人なしに死亡した場合、その当時婚姻や縁組の届出をしていないものの、建物の賃借人と事実上夫婦や養親子と同様の関係にあった同居者は、建物の賃借人の権利義務を承継します（借地借家法36条）[*50]。民法が規定する法定相続人以外が相続する例外の規定です。

入居者の孤独死の発見が遅くなった場合などにおいて、建物の原状回復に通常以上の時間と費用を要することがあります[*51]、次の入居者の募集や賃貸条件に影響を及ぼす懸念もあることから、高齢者が入居を拒絶されるなどの課題があります。また、人が亡くなった建物等を確証がないままに「事故物件」などとしてインターネットに掲示するなどの弊害も目立つようになりました。国土交通省は2021（令和3）年「宅地建物取引業者による人の死の告知に関するガイドライン」を策定し、宅地建物取引業者が果たすべき調査や説明の範囲を示しました。これによって人の死が生じた居住用建物の流通の適正化と高齢者等の入居の円滑化が進むことが期待されています。

＊46　合意がなければ、勝手に他人の土地を使う違法の状態となります。

＊47　借り主が建物建設費を出しているという点では、借地権とリースホールド（建築リース）は類似します。

＊48　所有権以外の財産権を共同で保有することを準共有といいます。

＊49　家賃支払い債務も相続することから、契約解除する場合は、相続人の間で早期に意思決定することが望ましいといえます。

＊50　ただし、相続人なしに死亡したことを知った後一月以内に建物の賃貸人に反対の意思を表示したときは、この限りでありません。

＊51　借家権を相続すべき相続人が相続を放棄すると賃貸借契約の片方当事者が不在の状況となり、賃貸借契約関係を解消するために所定の手続きが必要となることも、賃貸人には負担となります。

REAL ESTATE

3 区分所有法ができたワケ

1 建物を区分所有する（区分所有にかかる現行法の規定）

1つの所有権を複数で持つ方法として共有があります。共有は、共有物の部分を特定せず、各共有者がそれぞれ共有物の全体を利用する権利です。これに対し、1棟の建物の部分を定めて、それぞれの部分を別々の所有権の対象とする方法があります。

この方法は、建物の所有権は1つとする日本の不動産所有制度の例外で、建物の区分所有等に関する法律（区分所有法）がその内容を定めています。

■区分所有法

区分所有法は分譲マンションに適用される法律です。他方、区分所有法1条は、1棟の建物に構造上区分された数個の部分で独立して住居、店舗、事務所又は倉庫その他建物としての用途に供することができるとき、各部分はそれぞれ所有権の目的とすることができると規定しており、用途にかかわらず建物を区分所有することが可能です。

■区分所有権と専有部分

区分所有する権利を区分所有権といい、区分所有する部分を専有部分といいます。

専有部分として認められるためには、構造上独立していることと、単独で任意の用途に利用できることの2つの要件を備える必要があります(区分所有法1条)。

構造上独立とは、柱、壁、建具等で囲われていることで、これらを伴わない、想定上の線で区切った専有部分は認められません。[*52] 独立して用途に利用できるという要件は、用途によって必要な機能が異なるため、その都度判断します。

*52 店舗などで大空間はほしい一方で、細かい専有部分に分割して所有したい場合は、シャッターを設けて構造上の独立性を確保しつつ、それを開放することで大空間を実現するなどの工夫が必要となります。

図表3-9　区分所有の仕組み

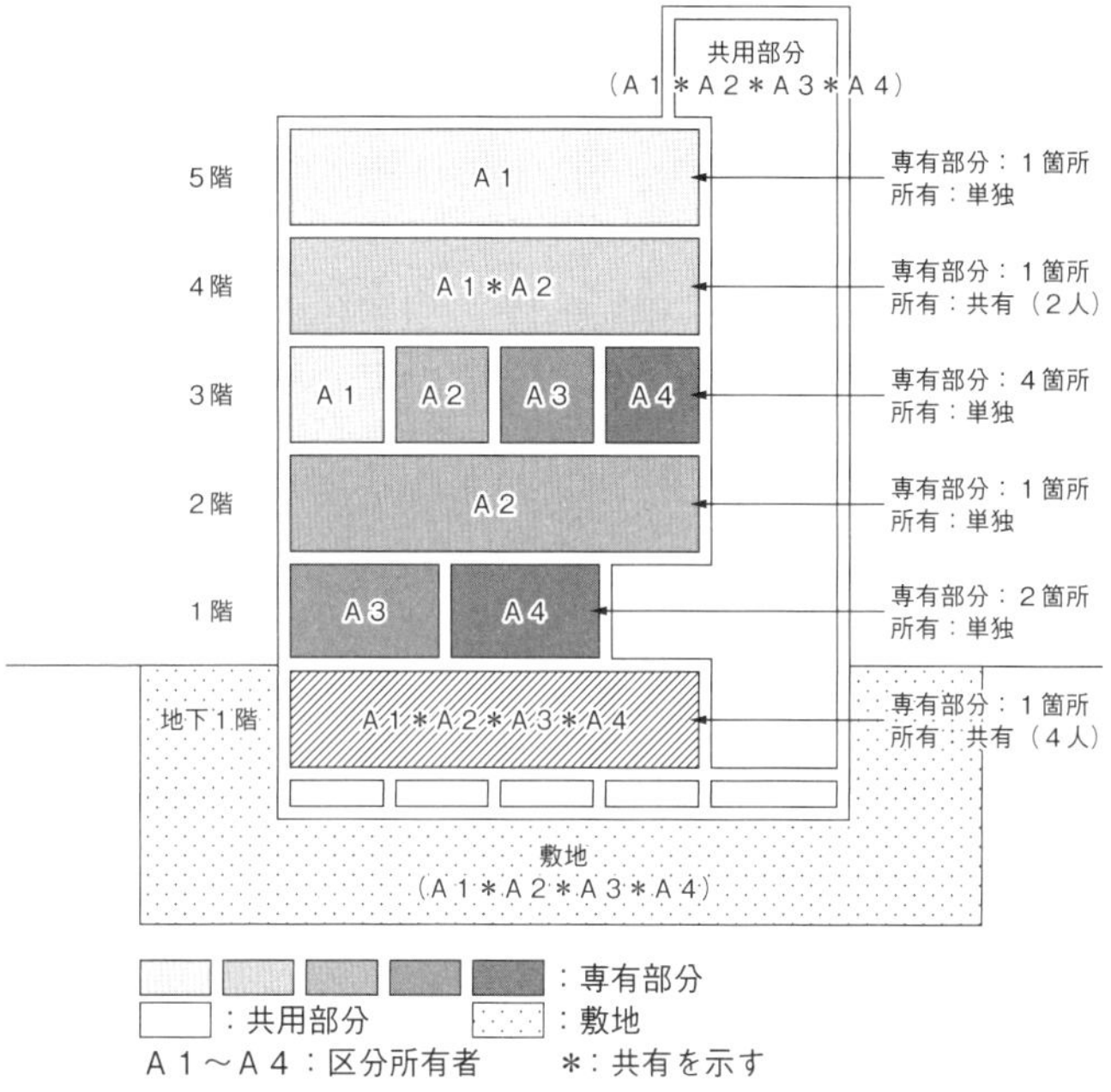

例えば、住宅であれば居住に必要な機能が揃っていることが求められます。用途に必要な機能は建築設計上の比較的軽微な工夫で具備することが可能な一方、共用廊下と離れた位置にあるために、ほかの専有部分を通過しないと入れないなどの場合は、独立して利用できるとはいえず、建築設計を見直すことが必要となります。[*53]

専有部分は区分所有権によって排他的に利用できますが、専有部分に到達するためには共用部分を利用する必要があります。また、区分所有権によって建物を所有するためには、土地を利用する敷地利用権[*54]が必要です。

■共用部分

分譲マンションなどでは1つのフロアーに複数の専有部分があることが一般的ですが、1つのフロアーを1つの専有部分とすることも可能で、1つの区分所有権を共有することも可能です。

区分所有法では共用部分について、共有者の持分は専有部分の処分に従うと規定し、共用部分の持分と専有部分を分離して処分することはできません（区分所有法15条）。また、区分所有者は、専有部分と敷地利用権を分離して処分できません（区分所有法22条）。

つまり、専有部分の区分所有権をAからBに譲渡する場合、共用部分の共有持分も敷地利用権の持分もBに譲渡しなければなりません。[*55]

区分所有の仕組みは専有部分と共用部分及び敷地部分が一体となっている点や土地は、一般の土地のように独立の財産ではなく区分所有権の取引に伴って移転する点で日本の不動産制度の例外です。[*56]

■分譲マンションの専有部分と共用部分

共同住宅のうち、賃貸住宅は一般に1人の所有者が建物全体を所有するため、住戸部分と共用部分の所有が問題となることはありません。また、賃借人は住戸の賃貸借契約のなかで共用部分の利用を認められているため、利用の権限が問題となることもほとんどありません。

これに対して分譲マンションは専有部分の区分所有権を所有する複数の所有者が存在し、当該複数人で共用部分を共有して共用します。区分所有法は専有部分以外の部分は共用部分と規定しています。階ごとの平面図で見ると、共用部分には廊下、階段、エレベーターのほか、1階にはエントランスホール、管理人室、ゴミ置き場、駐車場、駐輪場、貯水槽室、備蓄倉庫などがあります。これらの部分には、建替え推進や整備の誘導などのために、容積率に含まれない部分があります。共

＊53　同じ理由で区分所有することを想定せずに建てられている建物を後日、区分所有建物にする場合も注意が必要です。

＊54　区分所有権は建物の所有方法を規定したもので、区分所有法には敷地利用権について詳細な規定はありません。区分所有者の敷地利用権の基本は土地所有権の共有で、借地権の準共有のこともあります。土地を区分所有するわけではないことに注意します。

＊55　戸建て住宅の場合は土地と建物を別の人に売却することは可能です。もっとも、そのような売買をすると土地と建物の所有者が異なることから建物の敷地利用権が必要となり、建物について借地権付建物の売買、土地について借地権がついている土地所有権（底地）の売買となります。

＊56　土地には単独で抵当権を設定することはできません。

図表3-10　専有部分と共用部分（平面図）

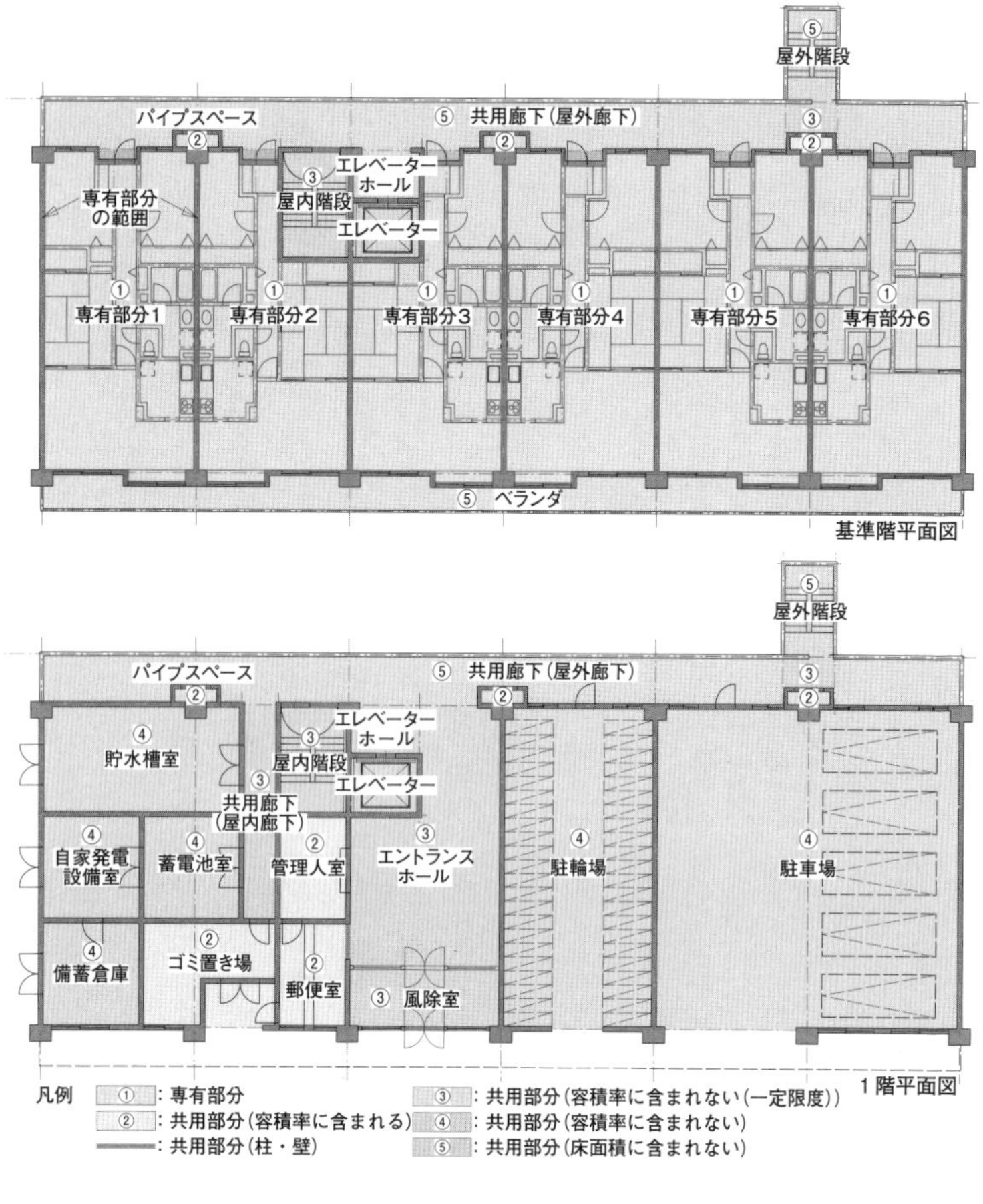

図表3-11　専有部分と共用部分（住棟断面図）

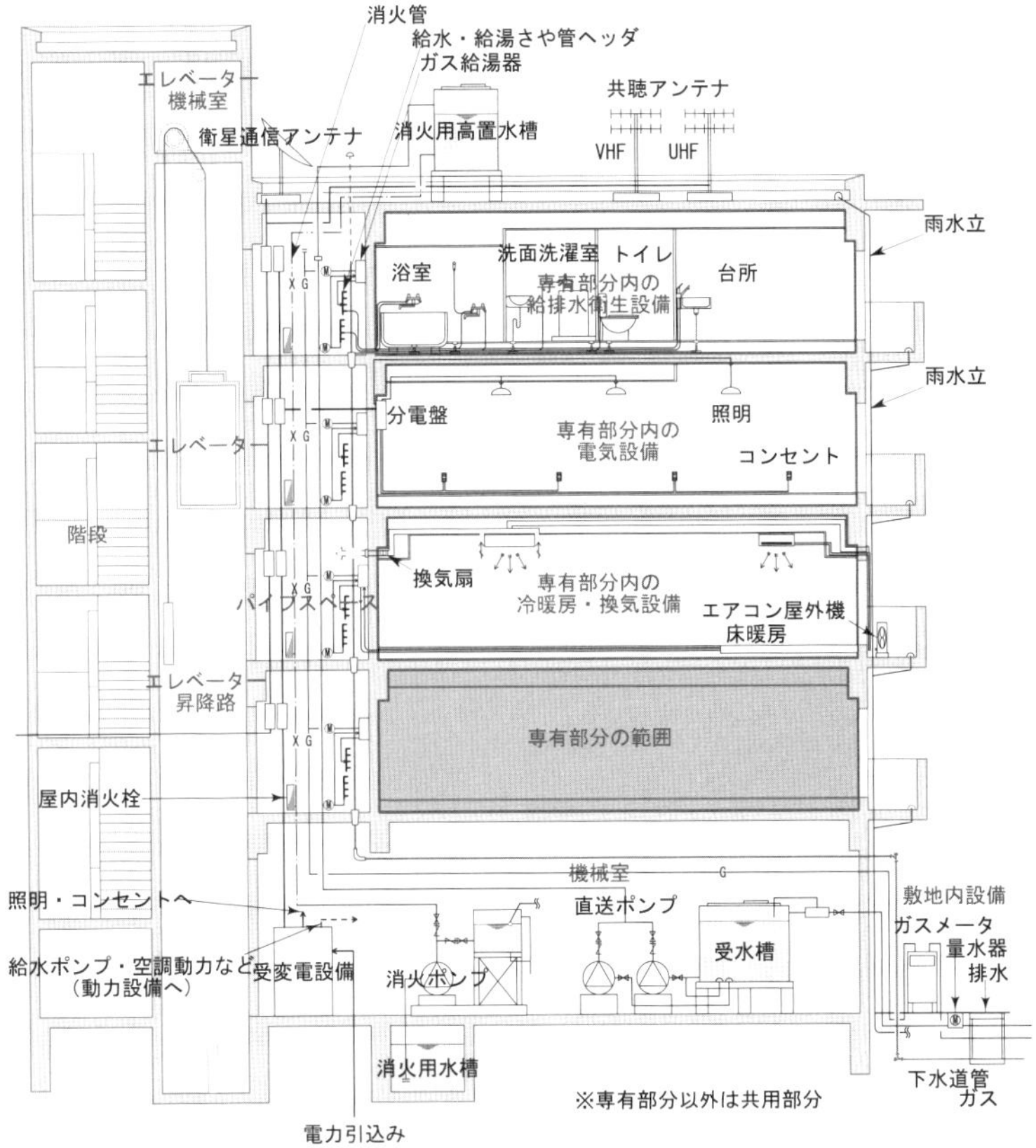

同住宅では容積率に含まれない部分が多いことが特徴です。[*57]

共用部分には水槽、ポンプ、配管配線などが設置されます。専用使用権に基づいて共用部分に区分所有者に帰属する空調屋外機などを置くこともあります。

住戸ごとの専有部分と共用部分の関係を平面図で示すと図表12のとおりです。専有部分は柱や壁で囲われた範囲で、面積は内法寸法で求めます。階段、廊下、エレベーター、エレベーターホールやパイプスペースは共用部分で、ベランダも共用部分です。

建築基準法では床面積を心々寸法[*58]で求めます。専有部分の面積を心々寸法で計算して表示し、利用することもありますが、柱はもとより、住戸間の戸境壁や外壁等は共用部分です。外壁などの開口部についている建具も共用部分に含まれます。

図表3-12　専有部分の範囲（住戸平面図）

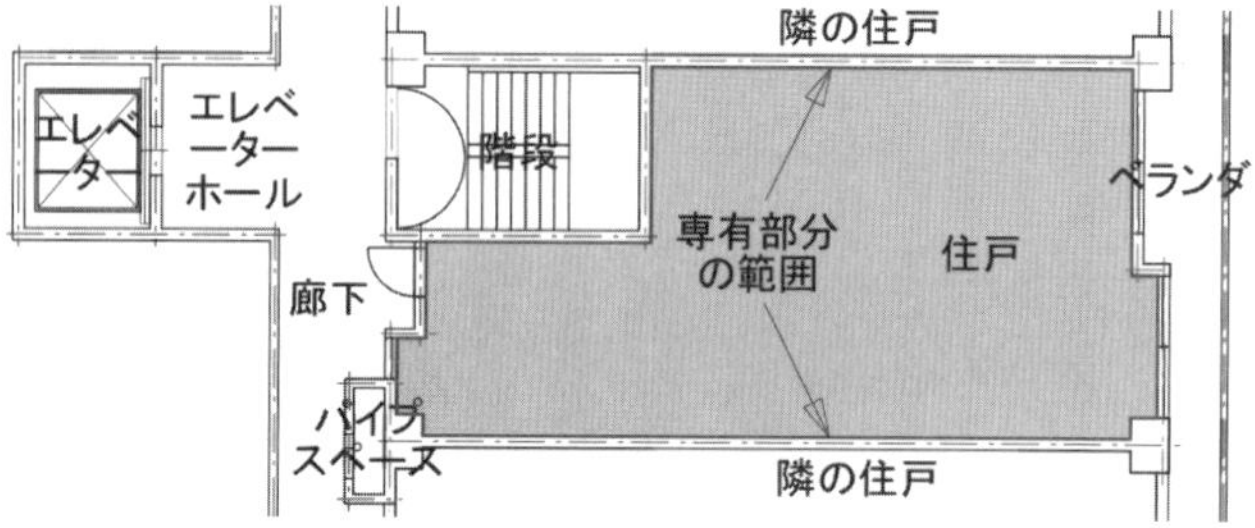

図表3-13　専有部分の範囲（住戸断面図）

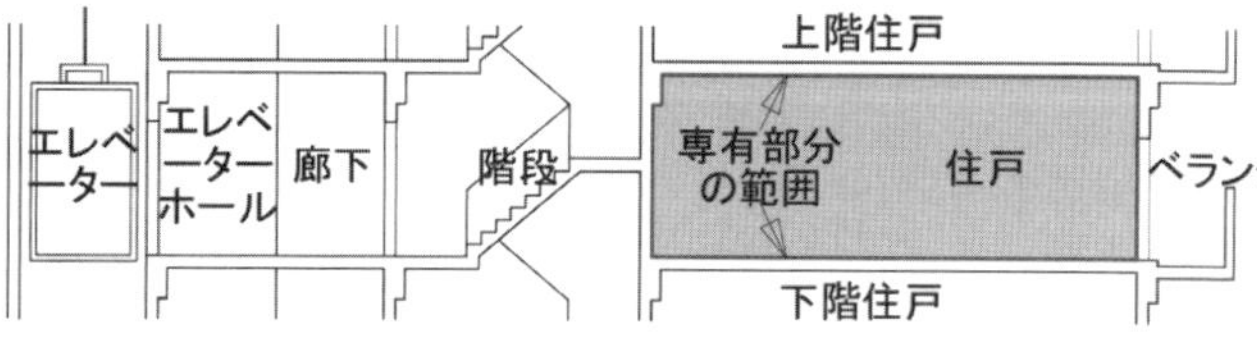

専有部分と共用部分の関係を断面図で示すと図表13のとおりです。梁のほか上下の階を区切る床版（スラブ）は共用部分です。

ベランダは共用部分ですが、それに接する専有部分の区分所有者に専用使用権を認め、専用使用することが一般的です。[*59]

■分譲マンションのリフォーム

分譲マンションでは共用部分の利用、維持管理や修繕の方針を決めて実行するなどのために、管理組合を組織します（区分所有法3条）。

分譲マンションの専有部分をリフォームする場合は、区分所有法のほか、そのマンションの管理

＊57　ベランダや外廊下は床はありますが、床面積の定義（周りを柱や壁で囲まれていること）に該当しないため、容積率とは関係しません。駐車場・駐輪場は全体の5分の1までは容積率に算入されないほか（全用途共通）、共用廊下等が容積率に算入されません。東日本大震災後に、貯水槽室、備蓄倉庫、自家発電設備室、蓄電池室などが容積率の計算から除外されることになり（全用途共通）、その後の改正ではエレベーター昇降路も除外されることになりました（全用途共通）。共同住宅の共用廊下等の容積率不算入措置（1997（平成9）年）によって、容積率の計算から除外されることになったエントランスホールが充実した分譲マンションが多く供給されるようになりました。

＊58　壁や柱の中心線を想定し、中心線間の距離（心々寸法）で面積を計算します。これに対し、不動産登記法では専有部分の面積を壁や柱の内側間の距離（内法寸法）で面積を計算します。後者は壁や柱の分だけ狭くなります。

＊59　専用使用権の使用料は管理規約で定めます。ベランダの専用使用料は一般に無償ですが、ルーフバルコニーなど、特定の区分所有者が利益を受ける場合は、有償とすることもあります。

規約を遵守する必要があります。留意点を例示すれば以下のとおりです。

①共同生活に配慮する

間取りや設備を変更する工事は、ほかの居住者に影響を与えます。ほかの居住者の生活を守るために、専有部分のリフォームの内容、仕様や手続きが決められています。どんなリフォームが可能か、使用できる資材の性能、近隣住戸の承諾、管理組合に届け出て理事会の承認を受けるなどです。

②建築構造に配慮する

建物を支える柱、梁や床は共用部分です。ラーメン構造の戸境壁は耐震性を確保する耐力壁になっている場合もあります。隣戸を買い増し、一体化するために戸境壁にドアを設けることは、共用部分の変更に該当するだけでなく建築物の構造安全性の確認や手続きが必要となることもあります。

壁式鉄筋コンクリート構造では、耐力壁が住戸内に配置されることも多いため、専有部分内の壁についても同様の注意が必要となります。

③建築設備を更新する

システムキッチンや浴槽など、専有部分内の設備機器の改修は、一般的な留意点を守って区分所有者が行います。ただし、専有部分内の設備配管や配線は更新できますが、パイプスペース内の配管や配線は共用部分のため、区分所有者が勝手に変更することはできません。接合部分の工事方法については確認が必要となります。

空調機の屋外機を外壁や上階ベランダのスラブから吊り下げて固定する場合は、共用部分の躯体にボルトを挿入する行為を伴います。工事の可否や方法の取り決めについて確認します。

■マンションの専用使用部分

ベランダは区分所有法によって共用部分と定められており、区分所有者が所有する専有部分ではありません。他方、ベランダに直結する専有部分の区分有者の専用使用を認める（専用使用権）ことが通常で、ベランダは区分所有者の専用部分となります。

共用部分はその用法に従って使用することができます（区分所有法13条）が、ベランダをサンルームにすることは通常の用法ではありません。非常時の避難経路として使用するベランダに棚を置いて通行できなくすることも不適切です。

専用使用権の内容は規約で規定します。防犯目的であっても専用使用している玄関ドアを勝手に改修することはできません。窓ガラスも同様に共用部分を専用使用しており、窓枠、ガラスともに勝手に変更できません。他方、これらの部分を不注意で破損した場合には、区分所有者の責任で復旧します。

図表3-14　標準管理規約における専用使用権の設定例

専用使用部分	位置	専用使用権者
ベランダ	各住戸に接するベランダ	当該専有部分の区分所有者
玄関扉・窓枠・窓ガラス	各住戸で利用する玄関扉、窓枠、窓ガラス	当該専有部分の区分所有者

窓枠、窓ガラス、玄関扉、開口部について、防犯、防音、断熱などを目的とする改修工事を行う場合は、ほかの共用部分と同様、管理組合が取り組みます。

2 区分所有の歴史

日本初の分譲マンションは1953（昭和28）年に東京都が分譲した宮益坂ビルディングで、民間では1956（昭和31）年の四谷コーポラスが最初といわれています。*60 民法は旧208条*61で、1棟の建物内部がいくつかに区切られて、それが独立性を有し、所有権が成立する場合には共用部分は区分所有者の共有に属すると推定し（民法・旧208条1項）、修繕費等の負担は各自の所有部分の価格に応じて分担する（民法・旧208条2項）と規定していました。

この規定は、主として長屋を想定してつくられたもので、戸境の区切り壁を共有するなどを規定していました。これに対して分譲マンションでは、所有権の対象となる住戸が垂直方向と水平方向に連なる構成となり、建物の維持管理ほかについてより細かなルールが必要でした。

■建物の区分所有等に関する法律の制定（1962（昭和37）年）

民法208条を削除し、代わって区分所有法を制定し、新しい居住形態に対応することになりました。

1962（昭和37）年制定当初の区分所有法は37箇条の構成でした。

要点は、①一棟の建物を専有部分と共用部分とに分け、前者を区分所有権で所有し、後者を区分所有者で共有する。②区分所有者は、建物の保存に有害な行為、建物の管理や使用について区分所有者の共同の利益に反する行為をしてはならない。③共用部分の変更は区分所有者全員、管理は共有者の持分の過半数の決議で行う。④区分所有者の決議で管理者を置くことができる。⑤建物や敷地などの管理・使用に関する規約をつくることができ、規約の設定・変更・廃止は、区分所有者全員の書面による合意による。⑥集会の議決権は、持分の割合[*62]による。⑦管理者または区分所有者の4分の1以上で議決権の4分の1以上を有する者は、集会を召集することができる、などでした。

■区分所有法の改正①（1983（昭和58）年の改正）

都市的な居住形態の分譲マンションは急速に普及しました。1962（昭和37）年当時に5000戸程度だった住戸数が、1983（昭和58）年には約130万戸に達し、法律の不十分な点も顕在化しました。

例えば、①分譲マンションの敷地は複数の筆にわたることも多く、また建物内には複数の区分所有権が存在する一方、登記簿の編纂は土地は一筆ごと、建物は一棟ごとにすることから登記簿が膨大で煩雑になって支障が生じる。②共用部分の変更には区分所有者全員の同意が必要なほか、規約

＊60 日本ではじめて1億円を超えた〝億ション〟は1965（昭和40）年のコープオリンピアといわれています。
＊61 区分所有法の制定に伴ない、現在は削除されています。
＊62 共用部分の持分の割合です。共用部分の持分は専有部分の床面積の割合によって決まります（原則）。

の設定・変更には全員の書面による同意が必要なことが、適時適切な意思決定を困難にする。③管理組合の性格が不明瞭で運営や権限などをめぐるトラブルが生じる。④共同の利益に反する、規約に違反するなどに対する措置が不十分で秩序が保てない側面がある、などです。

1983（昭和58）年に行われた大幅改正の主な内容は以下のとおりです。

①区分所有建物と敷地の一体的な管理と区分所有建物の登記の合理化を図るため、専有部分と敷地利用権とは原則として分離して処分することができない。②共用部分の変更、規約の設定・変更・廃止は、集会の特別決議[*63]による。③区分所有者全員で区分所有建物等の管理のための団体を構成することを明らかにし、区分所有者の数が30人以上のときは法人とすることができる。④区分所有者が共同の利益に反する行為をした場合や行為をするおそれがあるときは、ほかの区分所有者の全員または管理組合法人は、集会の決議に基づいて訴え、行為の差止めを請求できる。また、特別決議に基づく訴えで、その者の専有部分の使用の禁止や区分所有権と敷地利用権の競売を請求できる。⑤区分所有者及び議決権の各5分の4以上の多数による集会の決議に基づいて建替えができるようにするための措置を講ずる。⑥専有部分と敷地利用権を分離して処分できない場合、専有部分の登記に敷地利用権を登記する。

■区分所有法の改正②（2002（平成14年）の改正）

伝統的な居住用マンションに加え、ワンルームマンション、リゾートマンションや超高層マンションなどさまざまな形態が登場したことや築30年を超えるマンションが増加したこと、さらには1

995（平成7）年の阪神・淡路大震災でマンションの再生をめぐる問題が顕在化したことも背景となりました。定期修繕などの管理が容易に行えるようにすることと建替えの要件が主な内容です。

管理に関係する主な見直しは以下のとおりです。①共用部分の変更について形状または効用の著しい変更を伴わないものは集会の決議[*64]で行えます。改正後、大規模修繕のほとんどがこの決議によることができるようになりました。②管理者や管理組合法人に、共用部分などで生じた損害賠償金・不当利得返還金の請求・受領の代理権が与えられました。改正後、共用部分の瑕疵の争いなどにつき、管理者が売主等と交渉することや損害賠償金の受領ができるようになりました。③管理組合が法人格を取得する際の区分所有者30人以上という要件が撤廃されました。④大規模滅失に対する復旧決議が成立した場合、決議に賛成しない区分所有者の買取請求の相手方となる買受指定者の制度を設けました。

建替えに関する規定の主な見直しは以下のとおりです。

①集会で区分所有者及び議決権の各5分の4以上の多数決のみで建替え決議ができる。改正前に規定されていた費用過分性、敷地同一性、使用目的の同一性などの要件を削除し、併せて説明会開催の手続きなどを充実した。②一団地のなかに数棟の建物がある場合の建替えが容易にできるようにする規定を設けた。

＊63　区分所有者及び議決権の各4分の3以上の多数による決議。
＊64　区分所有者及び議決権の過半数の賛成。

REAL ESTATE 4

不動産登記の仕組みと効力

1 登記の目的

土地や建物は持ち運びができないうえに、誰が所有権等の権利を持っているか、現地で明示することも困難です。土地や建物の権利者や権利の内容を文書に記載して公示する制度が不動産登記です。

不動産に関する物権[*65]の得喪及び変更は、不動産登記法ほかの定めに従って登記をしなければ、第三者に対抗することができません（民法177条）。

対抗力とは、不動産の権利について第三者と争いがあった場合に、自らの権利

図表3-15　第三者対抗力（土地の売買のケース）

概念図	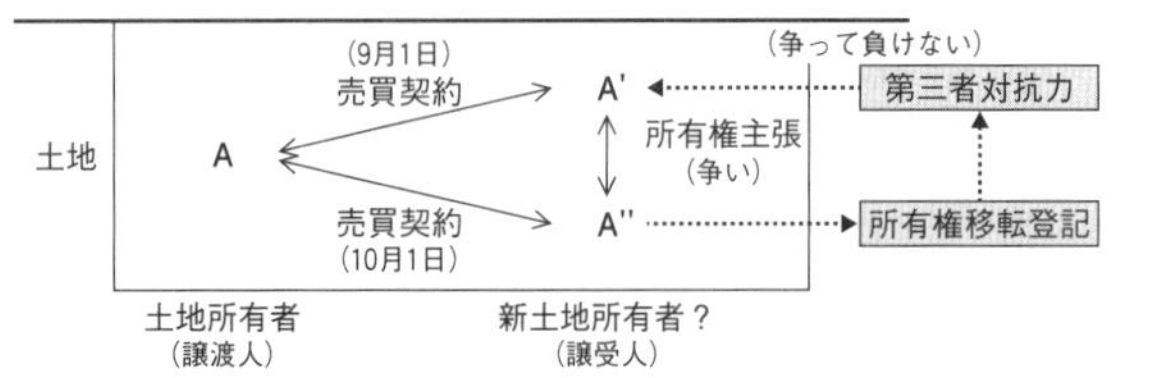
1	・土地所有者Aは売買契約を締結し、所有土地をA'に売却した（9月1日） ・当該売買に関し、所有権移転登記をしないままでいた
2	・Aは同一土地についてA"とも売買契約を締結し売却した（10月1日） （Aはすでに A'に売却して所有権がないことがわかっている場合もあれば、わかっていない場合もありえる） ・AからA"への所有権移転登記を完了させた（11月1日）
3	・土地の買主A'とA"との間で、所有権に関する争いが起きる ・登記によって第三者対抗力を備えたA"に対してA'は対抗できない（A"が所有権を取得する）
4	・以上は対抗力に関する例示であり、もとより、二重売買は認められるわけではない ・AA'間で契約どおり土地を引き渡す義務について債務不履行の問題が発生する ・一般に、A'はAとの契約を解除（債務不履行）して代金を返してもらうとともに損害賠償を請求するであろう

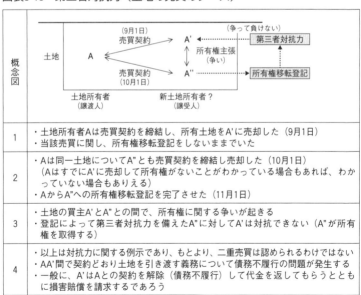

を主張して負けない力のことで、これを備えるためには登記簿に権利の登記をすることが必要となります。

不動産登記法は民法177条を受けた手続法の性格を持っています。所有権の移転や抵当権の設定などは、当事者の意思の一致があれば効力を生じますが、第三者に対して効力を主張するためには登記によって対抗力を備える必要があります。登記制度には、売買等の契約の前後にかかわらず、登記によって第三者対抗力が備わる、すべての登記に対抗力があるわけではない、登記がなくとも対抗力が認められる場合があるなどの特徴や例外があります。*66

図表3-16　表示の登記の内容

土地	地番、地積、地目、原因
建物	所在、家屋番号、種類、構造、階数、床面積

2 表示の登記と権利の登記

不動産の登記には表示の登記と権利の登記があります。表示の登記は、表題部に不動産の物理的状況を公示します。申請義務がある一方、登録免許税は非課税です。ただし、表示登記だけでは第三者対抗力はありません。

建物を新築した場合は、当該建物の物的状況を示すために表示の登記が必要となり、土地につい

＊65　物権は物につく権利で、法律によって権利の種類（所有権、地上権、地役権、入会権、質権、抵当権）とその内容が定められています（物権法定主義）。

＊66　借地権（土地賃借権）について借地上の建物登記、借家権について引渡しなど。

ては数筆に分割する場合などで表示の登記が必要となります。一度登記した土地や建物の物理的状況を変えることなく売買等をする場合は、表題部の変更はなく、改めて表示の登記をする必要はありません。

　権利の登記は、権利関係を公示するもので、登録免許税が課税されます。権利部は甲区と乙区に分かれ、甲区には所有権に関する事項を、乙区には所有権以外の権利を登記します。権利の登記には第三者対効力があります。

図表3-17　不動産登記簿の種類と編纂

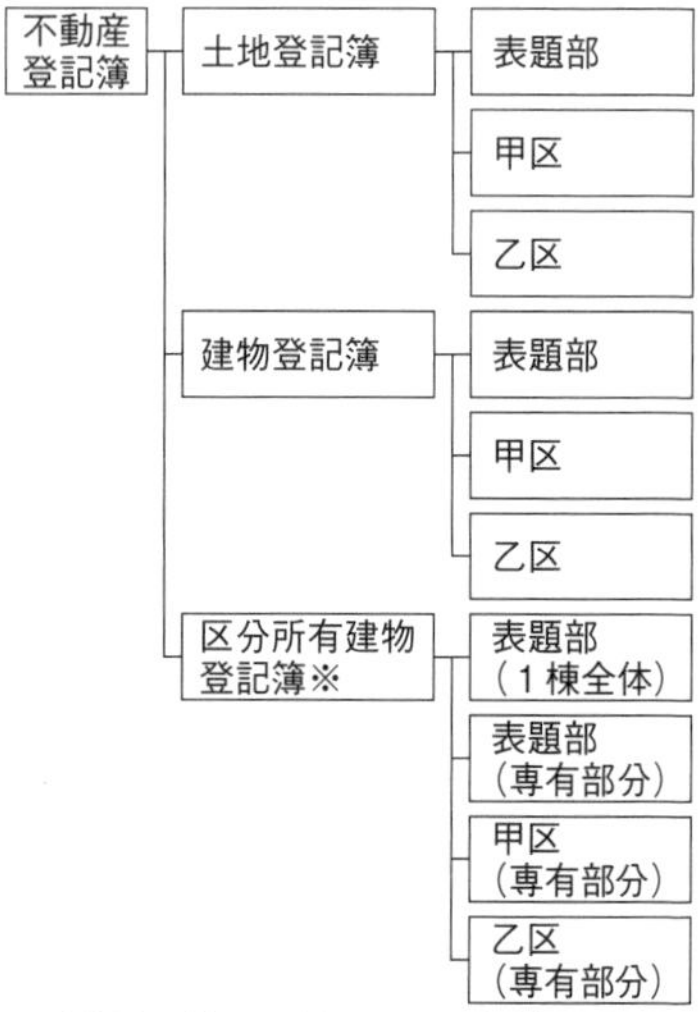

※建物登記簿の1種であるが編纂が異なるため比較のため併記した

3 土地登記簿と建物登記簿

　登記簿には土地登記簿と建物登記簿があります。建物登記簿の一種である区分所有建物の登記簿は1棟全体の表題部と専有部分の表題部があるなど、登記簿の編纂が一般の建物登記簿とは異なっています。

　表示の登記を依頼する場合は土地家屋調査士に、権利の登記を依頼する場合は司法書士に依頼します。

4 登記の効果と限界

日本の登記制度には以下のような特徴があります。

権利の登記は対抗力を備えるために行うもので、登記が義務づけられているわけではありません。このため登記内容と真実の権利者が異なる場合があります。

日本の登記制度は、登記簿の記載が真実の権利関係に合致している蓋然性が高いことを示す公示力はあるものの、登記簿上の権利者を真実の権利者として信じて取引した者が、権利を取得することを法律上保護する公信力はありません。[*67] このため、登記簿の記載内容を鵜呑みにすることはできないことに注意が必要です。

5 登記できる権利と登記できない権利

登記できる権利は所有権、地上権、永小作権、地役権、先取特権、質権、抵当権、賃借権、採石権及び買戻です。登記できない権利としては占有権、使用借権、留置権、入会権があります。また、

*67 例えば英国の登記制度には公信力があります。登記簿の記載内容に誤りがあり、登記簿を信じて取引した者が被害を被った場合は、国が補償します。

賃借権は登記できる権利ですが登記のためには賃貸人の承諾が必要となります。図表18は、権利を登記する場合の掲載場所を整理したものです。登記簿の甲区には所有権に関する事項として、所有権保存、所有権移転、滅失のほか、差押、買戻などが登記され、乙区には所有権以外の権利として、地上権、地役権、賃借権など、他人の土地を利用する権利（用益権）や、抵当権、質権など、債権を担保するための権利（担保権）を登記します。抵当権の欄には、債権額や貸付条件などが記載されます。

図表3-18　権利の登記の内容

甲区	所有権に関する事項	所有権保存、所有権移転、滅失、差押、買戻、所有権移転仮登記など
乙区	所有権以外の権利に関する事項	地上権、地役権、賃借権、抵当権、質権など

6 登記簿の沿革

現在の不動産登記制度は、権利の表示にかかる制度と課税のための制度を一体化してできあがっています。権利に関する登記は、１８８７（明治20）年、登記法（明治19年）の施行に始まりました。登記法は、民法制定前に施行された、日本初の法律でした。当時の登記簿は地所登記簿と建物登記簿があり、申請に基づいて所有権取得等を登記しました。その後、民法の施行（１８９８（明治31）年）に伴い、１８９９（明治32）年不動産登記法が施行されました。

不動産登記法の登記簿は、同法施行後の所有権移転等に登記の申請があった不動産について、従前の登記簿から、現に効力を有する登記事項を移記しました。現在登記所に保管されている登記簿[*68]

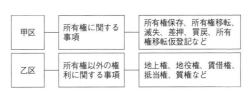

には、登記法施行後130年余の間の物権変動の過程が記載されています。

表示に関する登記は、1960（昭和35）年、不動産登記法の改正で創設されました。土地の表示に関する登記は、明治時代の地租改正事業、全国地押調査事業等を踏まえて、土地の課税台帳として1889（明治22）年制定の土地台帳規則に基づいて調製された土地台帳を移記して編纂しました。建物の表示に関する登記は、1940（昭和15）年に国税としての家屋税法の制定に基づき、家屋の課税台帳として調製された家屋台帳を移記して編纂しました。

このように現在の不動産登記法は異なる背景をもつ2つの制度を一体化したものです。表示の登記は土地家屋調査士、権利の登記は司法書士と異なる専門家が関係するのもこのためです。

コラム　土地所有権のない中国の不動産

中華人民共和国土地管理法[*69]により土地は、用途によって、建設用地、農業用地、未利用地に区分します。土地の所有については、都市地域と農村地域に区分し、都市地域は国家が所有し、農村地域は農民が集団所有します。建設用地は、住宅、工場や公共施設などの建物や構築物の敷地として利用します。個人が住宅などの敷地として利用する場合は建設用地について、土地使用権の払下げ

＊68　閉鎖登記簿を含みます。
＊69　中国の土地に関する基本的な法律（1986年採択、1998年修正）

を受けます。土地使用権は、憲法改正[*70]によって、土地使用権をはじめとする財産権を人民の憲法上の権利とすると規定したことを受けて、広く利用されるようになりました。

土地使用権の払下期間は、居住用地は70年です。居住用地の土地使用権の期間が満了した場合、物権法[*71]の規定により、自動的に継続しますので、住宅用建物が存続する場合は、継続使用することができます。[*72]

■土地使用権

土地使用権は書面によって契約し、登記をしたときに成立します。譲渡、交換、担保設定はできますが、これらの場合も書面契約と登記が成立の要件となります。

土地使用権は土地に係る権利です。実際には土地使用権にもとづいてその土地上に建っている建物を利用し、そのことに経済価値が生じます。この経済価値が譲渡（売買）代金となります。土地使用権と建物は一体となって社会的な効用を持つことから、両者を別々に譲渡することはできません。土地使用権が賃貸、譲渡、担保設定等により処分される場合は、その土地上の建物も土地に従います。[*73]

土地使用権は、改革・解放政策[*74]の実施に際し、土地私有制によらず経済活動を活性化させる方法として導入され、民法通則[*75]や土地管理法による位

図表3-19　中国の土地の所有と利用

<table>
<tr><td>地域</td><td colspan="2">都市地域</td><td colspan="2">農村地域</td></tr>
<tr><td>所有者</td><td colspan="2">国家所有</td><td colspan="2">農民集団所有</td></tr>
<tr><td>用途</td><td colspan="2">建設用地</td><td>未利用地</td><td>農業用地</td></tr>
<tr><td>土地使用権</td><td>払下</td><td>割当</td><td colspan="2" rowspan="2">土地使用権は
認めない</td></tr>
<tr><td>土地使用期間</td><td>有期限</td><td>無期限</td></tr>
</table>

置づけ、憲法改正などによって見直されてきました。制度的には国王の土地を借りて使うことを根幹とする英国のリースホールド（Leasehold）に通ずるものがあります。[*76]

払下げによって取得した土地使用権に地代は発生しません。土地を所有しているわけでもありませんので、原則として固定資産税も課税されません。他方、土地使用税がかかります。また、建物には日本の固定資産税に相当する房産税が課税されます。[*77]

図表3-20　土地使用権の期間（建設用地・払下）

種別	期間	更新
居住用地	70年	自動更新※
工業用地	50年	申請により更新可能
商業用地	40年	
教育等の用地	50年	

※物権法149条規定。具体的内容は今後

＊70　２００４年。
＊71　２００７年制定。
＊72　更新料の要否など、期間満了時の取り扱いの詳細は今後示されるものと考えられます。
＊73　建物には所有権はありますが土地と分離して建物だけを処分したり担保設定することはできません。この点で独立した不動産ということはできません。
＊74　１９７８年。
＊75　１９８６年。中国民法典（２０２０年）制定までは、婚姻法、相続法、民法通則などに分かれていました。
＊76　英国が香港を統治していたことも関係していると思われます。
＊77　個人が所有する住宅用建物に課税する地方自治体は限定的です。

REAL ESTATE 5

国土利用計画と行政法

1 土地基本法

基本法は、政策の基本理念や施策の基本方針を示す法律で、基本法を受けて個別の法で具体的施策を定めて遂行します。1989（平成元）年に成立した土地基本法は、以下を基本的な考え方として、投機的取引の抑制のほか国、地方公共団体、事業者、国民の責務などについて明文化しました。

①土地の所有には利用の責務が伴う
②土地の利用にあたっては公共の福祉が優先する
③土地の利用は計画的に行わなければならない
④開発利益はその一部を社会に還元し、社会的公平を確保すべき
⑤土地の利用と受益に応じて社会的な負担は公平に負うべき

経済社会の状況の変化を受けた2020（令和2）年の改正では、①土地は適正に管理されなければならない、②土地は円滑に取引されること、③土地所有者等には土地に係る基本理念にのっとって行動する責務があること、などが追加されました。

2 国土利用計画法

国土利用計画法は、計画的かつ総合的な国土の利用を図ることを目的として、1974（昭和49）年に制定されました。

国土利用計画法の規定は大別して、利用に係る部分と土地取引に係る部分に分かれます。[*78]

国土利用計画は、国土利用計画法の理念をもとに、

*78 土地取引に係る規制は地価高騰が顕著だった昭和50年代には大きな役割を果たしましたが、地価が沈静化している昨今では役割は相対的に低下しています。本書では解説を省略します。

図表3-21　国土利用計画法の規定と関連する法律

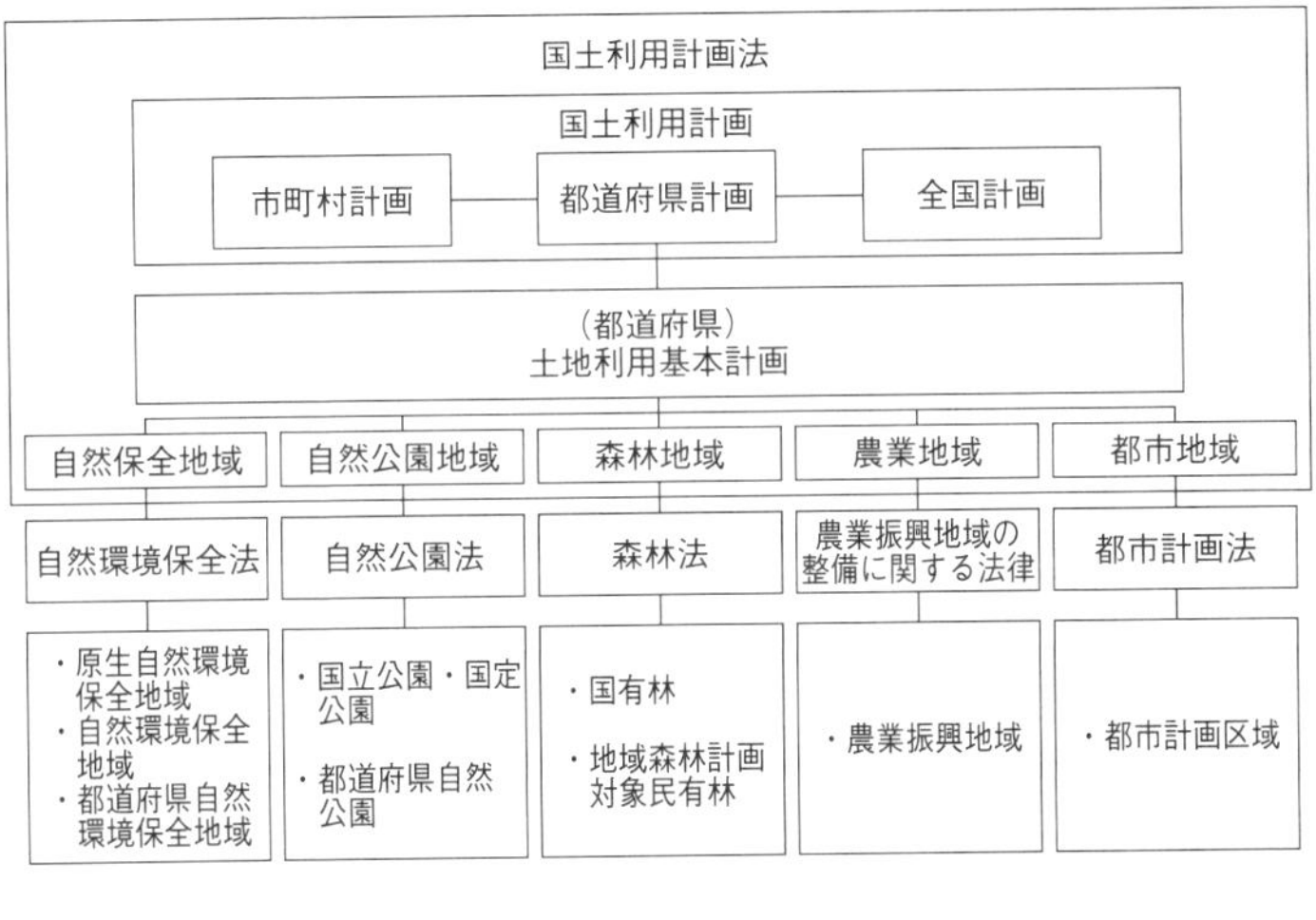

総合的かつ計画的に国土の利用を実現するための国土の望ましい利用のあり方についての目標を示した計画で、計画事項は、次の3つです。

①国土の利用に関する基本方針
②国土の利用目的区分ごとの規模の目標及び地域別の概要
③目標を達成するために必要な事項

国土利用計画は、国土の利用の方向性を示したガイドラインで、具体的に土地利用を地図に落とし込んだものではありません。国土利用計画には、全国計画[*79]、都道府県計画[*80]、市町村計画[*81]があります。

土地利用基本計画は国土利用計画の全国計画及び都道府県計画を基本として、都道府県知事が都道府県の区域について定めるもので、都市地域、農業地域、森林地域、自然公園地域、自然保全地域の5地域に区分した土地利用計画を定め、実際に5万分の1の地形図に色分けされて図示されています。

図表3-22　土地利用基本計画における５地域区分

地域	特性
都市地域	一体の都市として総合的に開発、整備及び保全する必要がある地域
農業地域	農用地として利用すべき土地があり、総合的に農業の振興を図る必要がある地域
森林地域	森林の土地として利用すべき土地があり、林業の振興または森林の有する諸機能の維持増進を図る必要がある地域
自然公園地域	優れた自然の風景地で、その保護及び利用の増進を図る必要がある地域
自然保全地域	良好な自然環境を形成している地域で、その自然環境の保全を図る必要がある地域

5地域の区分による土地利用基本計画は、それぞれ、都市計画法、農業振興地域の整備に関する法律、森林法、自然公園法、自然環境保全法による土地利用及び保全の上位計画として位置づけられます。例えば、都市計画法による都市計画区域は都市地域に、農業振興地域の整備に関する法律による農業振興地域は農業地域において定められます。都市地域は一体の都市として総合的に開発、整備及び保全する必要がある地域で、当該区域内に都市計画区域が定められて、都市計画法に基づく規制、開発や保全の方法が詳細に定められます。

＊79 土地政策審議会及び都道府県知事の意見を聞いて内閣総理大臣が定めます。
＊80 全国計画を基本とし、あらかじめ市町村長の意見を聞いて、都道府県議会の議決を経て都道府県知事が定めます。
＊81 住民の意向を反映させる措置を講じ、市町村議会の議決を経て市町村が定めます。

REAL ESTATE 6

宅地建物取引業法

1 不動産取引の権利と態様

不動産を取引するとは、一般に、土地や建物を売買することと貸借することを指します。

貸借には、「賃貸借」と「使用貸借」があります。また、広義には地上権や地役権を設定して他人の土地を利用することも含みます。本書では、「賃貸借」について記述します。さらに、売買には借地権など、所有権以外の権利の売買がありますが、特に断りがない限り、所有権を売買する場合を取り上げます。

図表3-23 開発事業者による商品供給

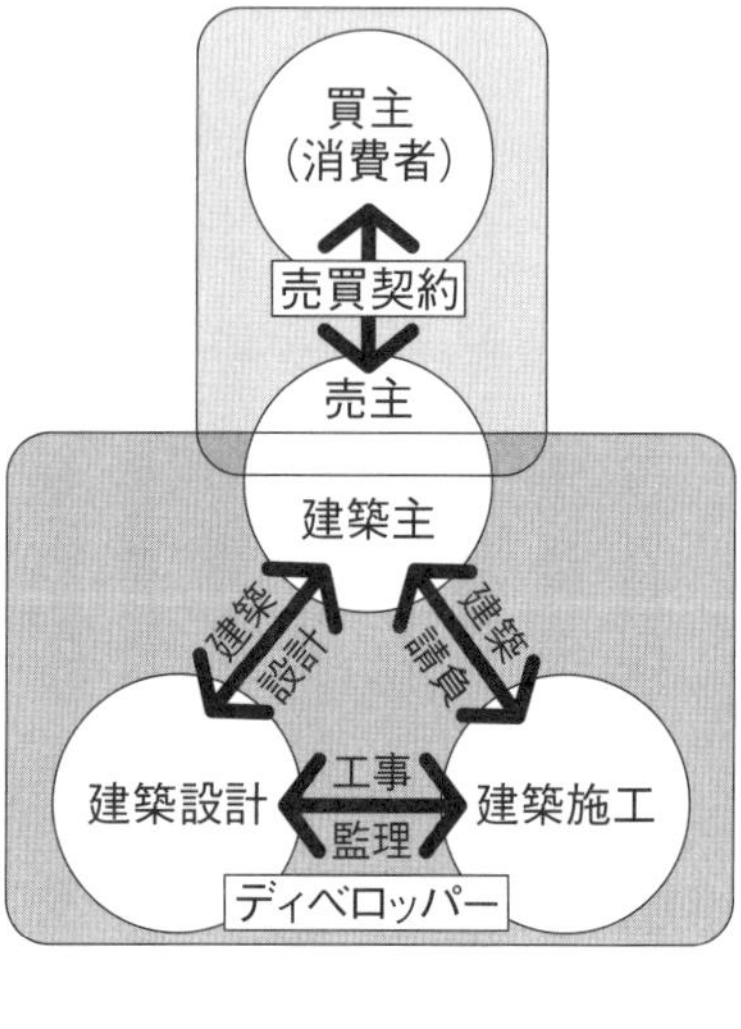

2 売り買い（売買）と借し貸り（賃貸借）

■売り買い（売買）して所有権を移転する

売買は、当事者の一方がある財産権[*82]を相手方に移転することを約し、相手方がこれに対して代金を支払うことを約することで効力を生じます（民法555条）。売買契約は両当事者の合意によって成立するため、適切に相手方を見つけることができれば、当事者だけで完結できます。しかし、相手方を見つけることが困難、相手方との合意形成が困難、合意成立後の手続きがわからないなどの理由により、専門家の支援を受けて契約の成立と履行を完成させることが一般的です。

売買契約は合意によって成立し、契約書の作成は成立要件ではありません。しかし、ほかの財と比べて個別性の高い不動産の売買を口約束だけで済ませると、後日の争いにつながる危険性が高くなります。そこで、宅地建物取引業法（宅建業法）では、契約成立前と契約成立後に不動産取引の専門家が関与して書面化することを規定しています。

■貸し借り（賃貸借）して利用権を移転する

賃貸借は、当事者の一方が相手方に物の使用や収益を認め、相手方がこれに対価を支払うことに

＊82　借地権の売買などもあるため、所有権とは表記していません。

合意して成立します（民法601条）。不動産を賃貸借する場合の対価を一般に賃料といいます。対価を支払うことが賃貸借契約の成立要件の1つですので、無償で借りて使っている状態を賃貸借ということはできません。[*83]

売買契約と同様、当事者の合意があれば契約書がなくても契約が成立します。契約の両当事者だけで法律行為を完結することもできますが、専門家の支援を受けることが多い点も売買契約と同様です。

■宅建業法で取引の安全を図る

宅建業法は土地や建物の取引の安全を図るための法律で、そのために必要な事項を規定しています。

宅地建物取引業（宅建業）を免許制とし、万が一のトラブルで消費者が損害を被った場合の救済のために営業保証金を供託するほか、取引に際しては、国家資格である宅地建物取引士（宅建士）が、重要事項を記載した書面を買主ほかに交付し説明します。重要事項説明に該当しない事象でも重要な事項について故意に事実を告げないことは禁じられています。

■免許と資格で安全を図る

①宅建業の免許

宅建業を営もうとする者は、知事（1つの都道府県だけに事務所を設置する場合）または国土交通大臣（2つ以上の都道府県に事務所を設置する場合）の免許を取得しなければなりません。免許に際しては、欠格要件に該当していないなどの免許基準に合致する必要があります。

免許基準を満たす者だけに宅建業を営むことを認めて取引の安全を図るものです。

②宅建士（国家資格）の配置

宅建業を営む者は、事務所ごとに5人に1人以上の専任の宅建士を置かなければなりません。

宅建士は土地や建物の取引に必要な知識を問う宅地建物取引士資格試験（宅建士試験）に合格するとともに、一定の実務経験があり、宅地建物取引士証の交付を受けた者をいいます。宅建士試験は図表24

図表3-24　宅建士試験の出題内容

	分野	内容
1	土地の形質、地積、地目及び種別並びに建物の形質、構造及び種別に関すること	土地・建物の一般知識
2	土地及び建物についての権利及び権利の変動に関する法令に関すること	民法、借地借家法、不動産登記法、区分所有法
3	土地及び建物についての法令上の制限に関すること	国土利用計画法、都市計画法、建築基準法、土地区画整備法、農地法、宅地造成等規制法、など
4	宅地及び建物についての税に関する法令に関すること	不動産取得税、固定資産税、所得税、登録免許税、印紙税、贈与税、相続税、など
5	宅地及び建物の需要に関する法令及び実務に関すること	住宅金融支援機構法、取引の実務、不当景品類及び不当表示防止法、宅地建物の統計
6	宅地及び建物の価格の評価に関すること	地価公示法、不動産鑑定評価基準
7	宅地建物取引業法及び同法の関係法令に関すること	宅地建物取引業法

＊83　無償の貸借を使用貸借といいます。使用貸借には借地借家法の適用がありません。

図表3-25　宅建業の業務基準

	区分	項目
1		業務処理原則（信義誠実）
2		誇大広告の禁止
3		広告開始時期の制限
4		取引態様の明示義務
5		媒介・代理契約の規制
6		重要事項の説明義務
7		供託所等の説明義務
8		契約締結時期の制限
9		書面の交付義務
10		割賦販売の契約解除の制限
11		所有権留保等の禁止
12	共通	不当な履行遅延の禁止
13		秘密保持義務
14		高額の報酬受領禁止
15		報酬額の掲示
16		重要な事実不告知の禁止
17		不当に高額な報酬要求行為の禁止
18		手付貸与の禁止
19		契約締結時の不当な勧誘等の禁止
20		証明書の携帯
21		帳簿の備付け
22		標識の掲示
23		業務を行う場所の行政庁への届け出
24		自己の所有に属しない物件の売買契約の制限
25		事務所等以外の場所でした買受けの申し込みの撤回等（クーリング・オフ）
26	宅建業者が売主の場合	損害賠償額予定の制限
27		手付金の制限
28		契約不適合責任の特約の制限
29		手付金等の保全

の分野から、四肢択一方式で50問出題されます。

宅建業法は国家資格をもつ宅建士が、契約成立前と契約成立後の書面の作成や説明などを行うことを義務づけています。不動産取引の専門家が契約の前後に関与することで取引の安全を図るものです。

③業務の基準を示す

宅建業法では業務の基準を示し、宅地建物取引業者（宅建業者）にその遵守を義務づけることで、不動産取引の安全を図っています。その主なものは図表25のとおりです。

業務基準は、取引態様を問わず遵守すべき基準と、宅建業者が売主になる場合に適用される基準があります。宅建業者が売主の場合、一般消費者は不動産の専門家である宅建業者を相手に交渉し契約することになります。この場合にはほかの態様よりも厳格な基準を適用して、取引の公平と安全を図ります。

図表3-26　重要事項説明書の項目（売買）

1	登記された権利の種類・内容、登記名義人、表題部に記載された所有者の氏名、法人の名称	
2	都市計画法、建築基準法その他の法令に基づく制限（政令で定める）	
3	私道に関する負担に関する事項	
4	飲用水、電気、ガスの供給施設、排水施設の整備の状況、未整備の場合は整備の見通しや負担	
5	宅地造成、建築工事が完了前の場合	ⅰ）宅地の場合：形状、構造、宅地に関する道路の構造、幅員など ⅱ）建物の場合：形状、構造、主要構造部の構造、内・外装仕上げなど
6	区分所有建物の場合	ⅰ）敷地の権利の種類、内容 ⅱ）共用部分に関する規約の内容 ⅲ）専有部分の用途等に関する規約の内容 ⅳ）専用使用権に関する規約の内容 ⅴ）修繕積立金、管理費用に関する規約の内容 ⅵ）計画修繕積立金等に関する規約内容、既存積立金 ⅶ）通常の管理費用の額 ⅷ）管理の委託先：名前、住所、称号、事務所の所在地 ⅸ）維持修繕の実施状況
7	既存建物の場合	ⅰ）建物状況調査の実施の有無、結果の概要 ⅱ）設計図書、点検記録、建物・維持保全の書類の保存の状況
8	代金、借賃以外に授受される金額の額、当該金銭の授受の目的	
9	契約の解除に関する事項	
10	損害賠償額の予定、違約金に関する事項	
11	手付金等を受領する場合の保全措置の概要	
12	宅地建物取引業者が受領する代金、その他の金銭の保証・保全措置の概要	
13	代金、交換差金に関する金銭の貸借（ローン）のあっせんの内容、当該ローン不成立のときの措置	
14	宅地、建物の契約不適合責任の履行のための保証保険契約その他の措置の有無、措置の概要	
15	その他利益の保護の必要性に応じて定める事項	

④重要事項を説明する

宅建業者と宅建士は協力して重要事項説明を行います。すなわち、宅建業者は契約が成立するまでに、買主等に対し、一定の事項を記載した書面を交付して宅建士に説明させなければなりません（宅建業法35条）。重要事項説明書には宅建士が記名します。売買の際の重要事項説明の項目の中で主なものは図表26のとおりです。

重要事項を説明するタイミングは「契約締結前」と規定されます。購入意思決定に関わる項目もあることから極力早い時期に行うことが望ましいのですが、実態上は、購入意思をほぼ決めて、必要書類等もそろえた段階で説明を受けることも多くなっています。重要事項説明を受けた後、最終的な合意に至ると売買契約が成立します。

図表3-27　宅建業法37条書面に記載する項目（売買）

	区分	項目
1	必要的記載事項	当事者の氏名（法人はその名称）・住所
2		宅地建物を特定するために必要な表示
3		既存建物：構造耐力上主要な部分等の状況の双方確認事項
4		代金の額（消費税額を含む）、支払時期・方法
5		宅地建物の引渡しの時期
6		所有権移転登記の申請の時期
7	任意的記載事項	代金以外の金銭の授受に関する定めがあるときは、その額、授受の時期、目的
8		契約の解除に関する定めがあるときは、その内容
9		損害賠償額の予定、違約金に関する定めがあるときは、その内容
10		代金について金銭の貸借（ローン）の斡旋に関する定めがあるときは、当該ローン不成立の時の措置
11		天災その他不可抗力による損害の負担（危険負担）に関する定めがあるときは、その内容
12		契約不適合責任・保証保険契約について定めがあるときは、その内容
13		売買宅地建物物件に係る租税その他の公課の負担に関する定めがあるときは、その内容

⑤契約後に書面を交付する

宅建業者と宅建士は協力して契約成立後に書面を交付します。すなわち、宅建業者は契約成立後、遅滞なく、一定の事項を記載した書面を交付しなければなりません（宅建業法37条）。書面には、宅建士が記名します。

民法の規定では契約の書面化は必須ではありませんが、不動産取引の安全を確保する観点から、宅建業法では契約成立後遅滞なく宅建業法37条書面を交付することを義務づけています。売買の際の宅建業法37条書面に記載する事項は図表27のとおりです。必ず記載しなければならない項目（必要的記載事項）と特約がある場合に記載する項目（任意的記載事項）があります。任意的記載事項は民法の原則と異なる内容で契約する、民法の規定にない事柄を取り決めるなど、不動産の売買で問題となりやすい項目です（後述⑧～⑬）。

売買契約書を作成する場合で、その契約書が宅建業法37条で書面化することが求められる事項を網羅していれば、売買契約書を宅建業法37条書面として利用することもできます。

⑥報酬額を制限する

宅建業法では宅建業者が受領できる報酬の上限が規定され、宅建業者は事務所に報酬額を掲示しなければなりません。売買の媒介で売主、買主の片方からもらう報酬額の上限（媒介報酬）は図表28のとおりです[*84]。媒介は両当事

図表3-28　報酬額の上限（売買）

	売買の代金額	率
1	200万円以下の金額	100分の5.5
2	200万円を超え400万円以下の金額	100分の4.4
3	400万円を超える金額	100分の3.3

者から媒介報酬をもらうことを想定しています。代理は、代理を依頼した者から報酬を得ることが前提で、媒介報酬の2倍まで受領できます。相手方からもらうことも可能ですが、両当事者からもらう報酬額の合計が媒介報酬の2倍を超えることはできません。

専門家の報酬額を法定することは稀ですが、報酬額の上限を示すことで消費者保護を図ると同時に、実際に支払う報酬額を減額できる余地を残しています。

⑦被害者を救済する制度を準備する

宅建業者と宅建業に関わる取引をした消費者等が、その取引により損害を受けた場合、営業保証金から弁済を受けることができます。宅建業者は宅地建物取引に関する不慮の事故に備え、本店について1000万円、支店について支店ごとに500万円の供託金を供託します。消費者はこの金額の範囲内で弁済を受けることができます。

宅建業者は供託金を供託しなければ宅建業を開始することができず、消費者に対する弁済が発生した場合は、一定期間内に不足する金額を改めて供託しなければなりません。供託に代わる制度として営業保証金の制度があり、これを利用することも可能ですが、いずれの場合も消費者は同等に保護されます。

⑧不動産の売買の特徴（宅建業法37条書面の記載内容）

不動産取引においては法律に規定のない金銭の授受がなされることがあります。また、契約の解除について取り決めることもあります。宅建業法では不動産売買において特徴的な項目について37条書面の記載内容として注意喚起しています。

⑨引渡しの時期（図表27の5）

不動産売買では、新規開発中の土地や建物が未完成の段階で契約をすることがあります。また、既存建物の売買では売主が入居している状態で契約することがあります。このような売買では契約成立時点で引渡すことができないため、契約日とは別に引渡しの時期を定めます。

⑩代金の支払時期（図表27の4）

売主の引渡しと買主の代金支払は同時履行の関係にあり、引渡日を代金の支払時期とする旨の取り決めをすることが一般的です。

⑪所有権移転登記の申請の時期（図表27の6）

登記簿上の所有者名義を変更することも重要です。契約成立によって所有権が買主に移転するこ

＊84　代金額は消費税等相当額を含まない額です。率は課税事業者の場合です。代金額が1000万円の場合、「200万円×5・5％＋200万円×4・4％＋600万円×3・3％＝39万6000円」となります。400万円を超える場合は、「代金額×3％＋6万円に消費税を加算する簡便式で求めることもできます。空き家の流通を推進する目的で低廉な空き家については特別の計算によることができます。

とが基本ですが、不動産売買には前述のような特徴があることから所有権移転登記の申請の時期をこれらと同日とする等の定めをします。

⑫代金以外の金銭の授受（図表27の7）

代表的なものに手付金があります。手付金には契約が成立した証として支払う側面（証約手付）と併せて、手付金を放棄すれば解約できる（解約手付）側面があります。手付金を払うことは無駄に見えるとしても、手付金を戻してもらうことを断念（放棄）すれば解約できることに加えて、契約が履行される場合は売買代金に充当されることにより、一定金額の手付金を支払うことに合理性があります。

代金以外の金銭を授受する場合は、その時期、額、目的を記載します。宅建業法では、宅建業者が売主となって売買契約を結ぶ場合、売買代金の10分の2を超える手付金を受領することができません。

⑬契約を解除する方法（図表27の8）

一度成立した契約を後になって解除したいと考えることがあります。相手方が解除に合意してくれれば（合意解除）問題なく解除できます。また、一般の契約同様、相手方の債務不履行を理由に解除することもできます。宅建業法では、相手方が合意しない場合でも解除できる場合を規定しています。

ⅰ．手付解除

手付金を放棄することによって、契約を解除することができます。

ⅱ．ローン利用特約解除

ローンが利用できることを前提に売買契約を結んだ場合、売買契約後に行う金融機関の審査の結果、融資不可となると契約の履行（代金の支払）が困難となり購入できないだけでなく、損害賠償請求される可能性があります。当初予定していたローンが利用できないことが判明した場合に、ペナルティなしに契約解除できる特約を契約しておけば、ローン利用特約解除ができます。

ⅲ．契約不適合による解除（瑕疵担保責任による解除（改正前民法））

民法が規定する一般的な内容ですが、不動産、特に建物の売買で問題となります。民法の規定は任意規定[*85]で実際の取引においては責任を負う期間を特約することも少なくありませんが、宅建業法では、宅建業者が売主となる場合の特約は、引渡しから2年以上とすることが求められています。

ⅳ．クーリング・オフによる解除

宅建業法では、売主が宅建業者の場合で、宅建業者の事務所以外の場所など、必ずしも冷静な判

＊85　法律の内容と異なる取り決めをすることが認められる条項。これが認められないものを、強行規定といいます。

断が期待できないところで行った購入の申し込みや売買契約は、クーリング・オフによる撤回や解除ができると規定しています。クーリング・オフができる期間は、クーリング・オフの制度について説明を受けてから8日以内です。

⑭取引の適切を期すための仕組みと制度

不動産、特に建物の取引では取引しようとする不動産がどのような状態にあるか、十分な情報がないまま意思決定をしなければならないケースがあります。建物の床下、壁の中、天井裏などについて使用資材や劣化状況が確認できないなどがその例です。また、売主や貸主が把握している状況が、買主や借主には適切に伝えられないこともあります。このような状況を改善し、不動産取引の意思決定を根拠に基づいて、客観的に行える環境を整備することが求められています。

⑮建物状況調査を行う

宅建業者による既存の建物の取引時の情報提供の充実を図るため、媒介の依頼者に対し、建物状況調査を実施する者を斡旋する、建物状況調査の結果の概要等を重要事項として説明する、売買等の契約の成立時に建物の状況について当事者の双方が確認した事項を記載した書面を交付するなどを実施することとしました（2018（平成30）年）。

建物状況調査は、研修を受けた建築士が建物の状況を調査し、調査結果を報告書に取りまとめるものです。消費者は専門家の調査結果を取引の意思決定に利用するほか、瑕疵担保保険の加入に利用します。

瑕疵担保保険は売主の瑕疵担保責任（契約不適合責任）が機能しにくいことを補完するための制度で、売買した建物に瑕疵が見つかったときに、買主に保険金が支払われます。売主が予め保険に加入する際、保険に加入する基準を満たす建物であることを確認するために建物状況調査が必要となります。

⑯不動産広告のルールを守る

不動産は個別性が高い、外見からは判断できない部分がある、時の経過とともに内容が変化するなどの特性があり、不動産の広告はこの特性を適切に伝えるものでなければなりません。不動産の広告に関して、宅建業法、不当景品類及び不当表示防止法（景品表示法）などの法律により適正化が図られ、「不動産の表示に関する公正競争規約（公正競争規約）」が実質上のガイドラインとなっています。また、消費者契約法も制定されています。

ⅰ．宅建業法のルール

宅建業法では、①契約開始時期の制限（青田売りから消費者を守る）、②取引態様の明示（業者の立場の明確化）、③誇大広告の禁止（消費者を誤認させない）などを定めています。景品表示法は、④商品の品質、規格等の内容（所在・規模・形質・環境等）、⑤取引条件等の表示（価格・賃料・支払方法・ローンの条件等）、⑥不当表示の禁止（おとり広告等）を定めます。

ⅱ. 公正競争規約のルール

公正競争規約は、景品表示法の規定に基づき、不動産業界が自主的に定め、公正取引委員会の認定を受けた不動産広告のルールです。主な内容は図表30のとおりです。公正競争規約は不動産公正取引協議会連合会及び全国9地区に設置された不動産公正取引協議会によって運用されています。

不動産公正取引協議会に加盟する業界団体の会員業者が公正競争規約の規制を受けます。協議会に所属している業者には図表29のようなマークが表示されています。

図表3-29　公正競争規約加盟店のマーク

宅建業者の不当な表示に基づいて売買等の契約を締結した場合、排除命令等の行政処分や違約金など規約が定める措置の対象にはなるものの、原則として契約には影響がありません。このため、宅建業者の不適切な情報に基づいて契約を締結した場合に、消費者に契約の取消権を与える消費者契約法が制定されています。消費者契約法は、不実告知、断定的判断の提供、不利益事実の不告知の3類型について消費者が取り消しうることを定めています。

図表3-30 不動産の表示に関する公正競争規約の内容

A	広告等の開始時期の制限			
	1	宅地の造成工事完了前の宅地の広告、建築工事完了前の建物の広告		
	2	適用除外：建築条件付土地取引における建物の表示・自由設計型マンション企画に関する広告表示		
B	必要な表示事項			
	1	明瞭な表示：見やすい場所、見やすい大きさ、見やすい色彩		
	2	物件種別・媒体別の必要な表示事項		
	3	必要な表示事項の特例：予告広告、副次的表示、シリーズ広告		
	4	必要な表示事項の適用除外：ネーミング募集広告、展示会等の開催案内広告、住宅友の会等の募集広告、企業広告		
C	特定事項の義務			
	消費者が通常予期することができない物件の欠陥で、消費者にとって著しく不利益となる事項。該当があれば必ず表示する			
	1	市街化調整区域内の土地	9	地下鉄のために地上権が設定されている土地
	2	建築基準法の道路に面していない土地	10	傾斜地を含む土地
	3	敷地形態に対する制限（条例で附加）に適合しない土地	11	著しい不整形地、特異な地勢の土地
	4	路地状敷地	12	擁壁におおわれていない崖上、崖下の土地
	5	セットバックを要する土地	13	計画道路等の区域内の土地
	6	古家・廃屋等がある土地	14	工事を中断した住宅・マンション
	7	沼沢地・湿原または泥炭地等	15	建築条件付きの土地
	8	高圧線下の物件	16	国土利用計画法の許可・届出
D	表示基準			
	ｉ）物件の内容・取引条件に係る表示基準			
	1	取引態様（売主・代理・媒介・貸主）	17	納戸
	2	物件の所在地	18	遮音・断熱の性能
	3	最寄駅までの所要時間	19	地目
	4	利用できる公共交通機関	20	造成材料、建築材料
	5	新設予定の駅、バス停留所	21	建物のリフォーム等の内容・時期
	6	電車、バス等の所要時間	22	写真
	7	自動車の所要時間	23	完成予想図等
	8	距離・時間の起点・着点	24	水道
	9	団地と駅等の施設との距離・所要時間	25	ガス
	10	徒歩所要時間の計算	26	温泉
	11	自転車所要時間の表示	27	団地内の娯楽・運動施設
	12	工区に分けた開発	28	設置予定の公共・公益施設
	13	面積の表示方法	29	生活関連施設
	14	土地の面積	30	価格・賃料
	15	建物の面積・マンションの専有面積	31	管理費・共益費・修繕積立金
	16	畳数の表示	32	住宅ローン
	ⅱ）節税効果等の表示基準			
	ⅲ）入札及び競り売りの場合の表示基準			
E	特定用語の使用基準			
	ｉ）用語			
	1	新築	4	リビング・ダイニング・キッチン（ＬＤＫ）
	2	新発売	5	宅地の造成工事の完了
	3	ダイニング・キッチン（ＤＫ）	6	建物の建築工事の完了
	ⅱ）合理的な根拠を示す資料を有している場合を除き、使用禁止			
	1	まったく欠けるところがないことを意味する用語	⇒	完全、完璧、絶対、万全
	2	他の事業者よりも優位に立つことを意味する用語	⇒	日本一、日本初、業界一、超、当社だけ、他に類を見ない、抜群
	3	一定基準により選別されたことを意味する用語	⇒	特選、厳選
	4	最上級を意味する用語	⇒	最高、最高級、極、特級
	5	価格や賃料が著しく安いという印象を与える用語	⇒	買得、掘出、格安、投売り、破格、激安、バーゲンセール、安値
	6	売行きが良いという印象を与える用語	⇒	完売
F	不当表示の禁止			
	1	不当な二重価格表示	3	不当な比較広告
	2	おとり広告	4	実際のものよりも優良であると誤認されるおそれのある広告

REAL ESTATE

7 不動産プロジェクトをめぐる法と担い手

1 分譲マンションの開発・流通・管理の仕組み

分譲とは開発区域や開発建物を分割して譲渡するところから生じた用語で、土地を分譲する土地分譲、建物を建設して分譲する建物分譲があります。

後者はさらに、戸建て住宅を建てて売却する分譲戸建と1棟の建物を分割して売却する分譲マンションがあります。ここから、分譲マンションを想定して説明します。

2 土地の購入からマンションの管理まで

分譲事業の事業主は、土地を入手して建物を建築し、完成した建物を土地とともに売却して事業を手じまいします。その間に必要となる主な行為は図表31のとおりです。

①土地を購入する

まず、土地を購入します。一般に、購入希望に沿う土地の売主を買主が直接見つけることは困難なため、土地の売買の仲立ちをすることを業とする宅地建物取引業者に依頼して売主を紹介してもらいます。

②媒介を依頼する

条件に合致する土地が見つかり、購入することを決定したら売主と契約を結びます。契約の種類は土地の売買契約です。宅建業者に仲立ちを依頼する際の契約を媒介契約といいます。

③資金の融資を依頼する

土地の購入には多額の代金が必要となります。全額を自己資金で賄えることは少なく、銀行などの金融機関から資金の融資を受けることが一般的です。この際の契約の種類は金銭消費貸借契約です。土地売買契約の決済日には購入代金全額を支払うことが

図表3-31　分譲マンションの仕組み

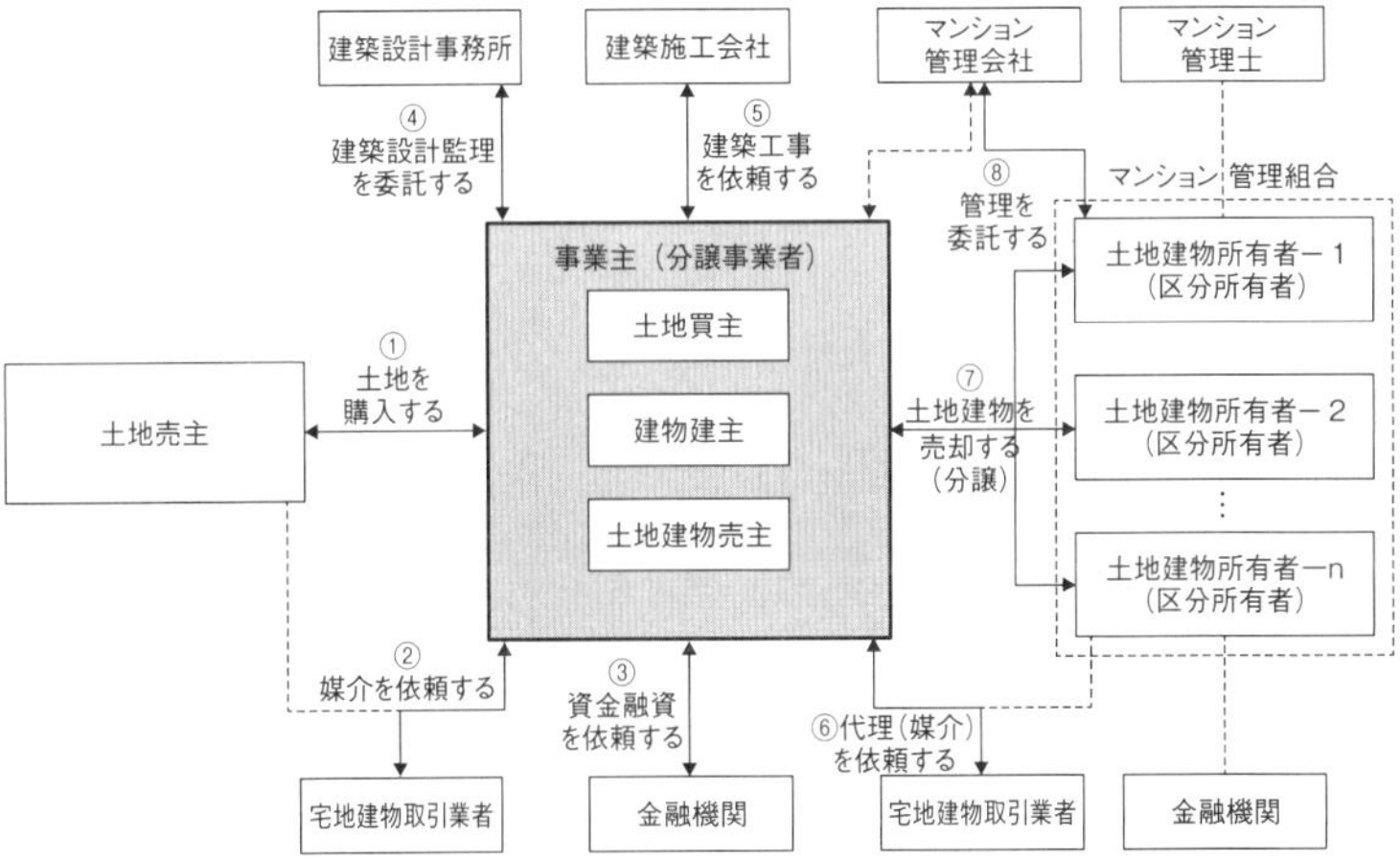

原則ですので、決済日前に金融機関と交渉して融資が受けられることを確認しておく必要があります。金融機関からは建築工事費を支払うなどに必要な事業資金を併せて借り入れます。

金融機関は貸し付けた資金が確実に返済されることを担保する必要があります。融資を受ける者と抵当権設定契約を結び、購入した土地に抵当権を設定することが基本です。[*86]

④建築の設計と監理を委託する

次に、建築する建物を決定し、図面等で具体的に表現するために、建築士事務所登録をしている建築設計事務所に建築の設計を依頼します。建築設計と併せて工事期間中の工事監理を依頼することが基本です。[*87]依頼する契約の種類は、建築設計監理の委託契約です。

⑤建築の工事を依頼する

建築設計図が完成したら、その図面に基づいて建築の工事を完成することを建設業者に依頼します。契約の種類は建築の請負契約です。建築の工事をすることを建築施工ということもあります。

⑥代理（媒介）を依頼する

建築工事が完成したら、購入を希望する買主に土地と建物を売却します。売主が自ら多数の買主を直接見つけることは困難なことより、宅建業者に依頼して買主を探してもらいます。

宅建業者に買主を探してもらうことを依頼する際の契約には、媒介契約のほかに代理契約があります。新築分譲マンションを販売する際、分譲事業者が子会社の宅建業者と代理契約を結び販売することも多くなっています。この場合、買主は宅建業者の手数料が不要となることが一般的です。

⑦土地建物を売却する

条件に合致する買主が見つかり、売却することが決定したら買主と契約を結びます。契約の種類は土地建物の売買契約です。売買する建物の所有権は、区分所有法の適用を受ける区分所有権です。

⑧建物を管理する

土地建物を区分所有者に売却することによって分譲事業者は分譲事業が完結します。一方、区分所有権を購入した区分所有者は、区分所有法に基づいて管理組合を組成し、区分所有者の総意によって建物を管理します。

区分所有建物の管理は、法律、経営、建築などの知識が必要とされますが、個別の管理組合が必要十分な知識を持ち合わせることは困難です。そこで、管理組合はマンション管理会社に管理を委託します。委託する管理会社は管理組合が決定することが基本ですが、分譲事業者が子会社の管理会社等を指定する、管理規約の案を作成するなどの方法により、管理組合の立ち上げ期の管理を支援することが一般的です。

＊86　事業会社が継続反復して事業資金を借り入れる場合は、根抵当権を利用することも多くなります。
＊87　マンション分譲を行う事業者は社内に建築の専門家がいることも多く、工事監理も自社で行うこともあります。

3 分譲型プロジェクトの担い手

①土地の購入を支援する専門家

■売買契約の成立を支援する

宅地建物取引士

土地の売買を仲立ちし、契約成立のために尽力することを業とする者は、宅建業者の免許が必要となります（宅建業法3条）。

宅建業の免許をとるためには、従業員の5人に1人以上の割合で宅地建物取引士（宅建士）がいることが必要です。

宅建業法は業者の免許制と従業員の資格保有の両面から、宅地建物の取引の安全を図っています。売買契約の締結前に行うことが義務づけられている重要事項の説明は宅地建物取引士が行

図表3-32　建築プロジェクト（分譲型）の担い手

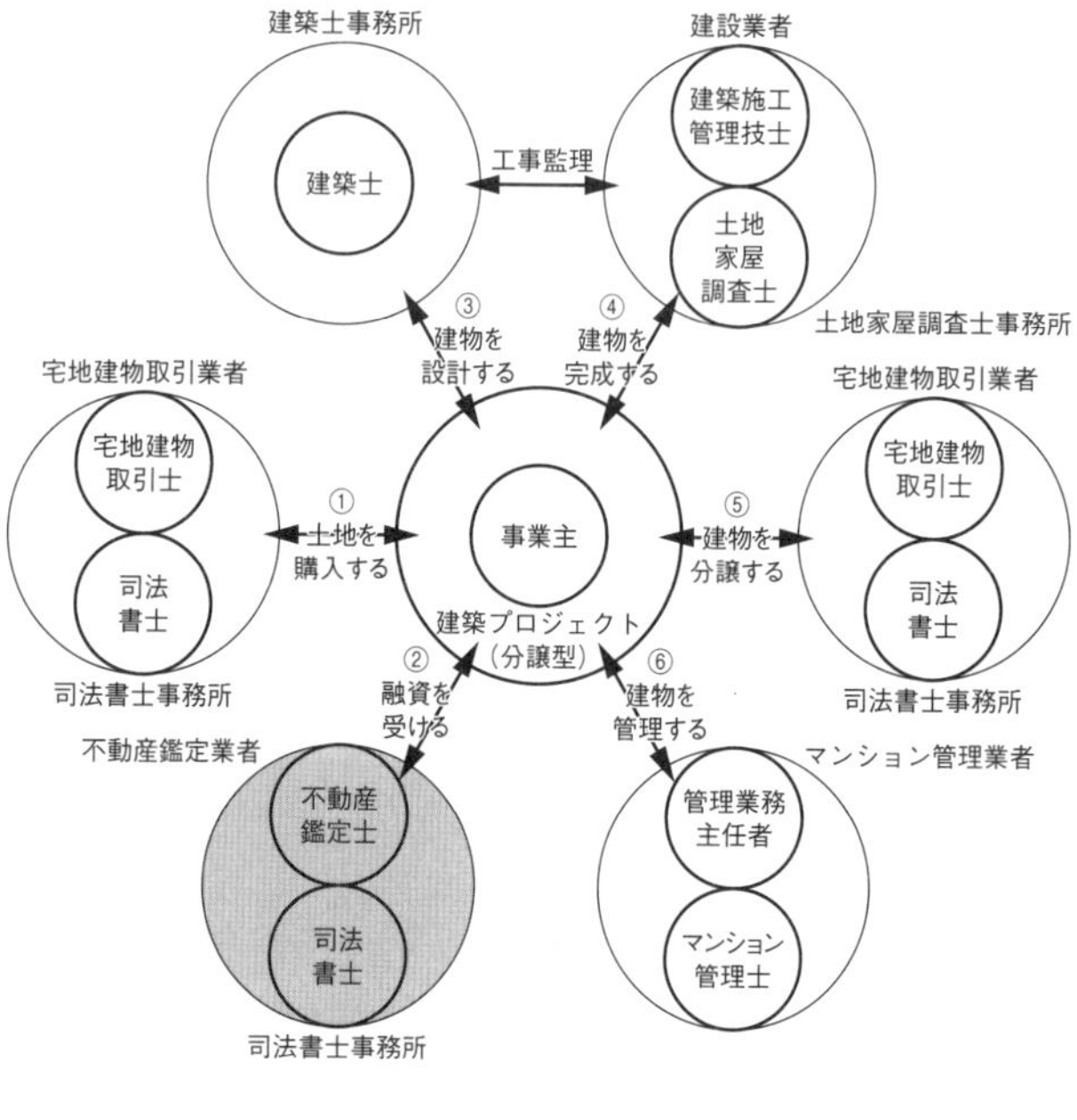

わなければならないなど、宅建士が大きな役割を担っています。

■所有権移転登記を担う司法書士

土地を取得したら、それが自分のものであることを公的に示す証を得ておきたいものです。そのために不動産登記の制度があります。土地を購入して所有権を取得したら、売主から買主へ所有権移転の登記をします。買主は登記権利者として登記する権利を持ちますが、登記の手続きは専門知識が必要なため、自分で行うことは困難です。そこで、権利の登記の専門家である司法書士に依頼します。

次記②の融資に際して金融機関が抵当権を設定する場合の権利の登記も司法書士に依頼します。

②資金の融資を支援する専門家

融資の申し込みに対して金融機関は事業診断の専門家として、提示された事業採算計画や返済計画を吟味して融資の可否や条件を判断します。

資金の融資に際し、金融機関に属さない専門家が第三者の立場で関与する余地は大きくはありませんが、金融機関の融資判断の資料として利用してもらうために、不動産鑑定士が不動産鑑定評価を行うことがあります。不動産鑑定評価は鑑定評価基準に基づいて行う精緻な価格評価です。役所や上場企業が土地を購入する際は、価格の妥当性を判断するために不動産鑑定評価が行われます。

融資の希望者が融資申し込みの際に金融機関に提示する事業採算計画の作成には特段の資格等は

不要で誰でもできます。半面、客観性や信憑性が十分検証されたものばかりとはいえません。

③建築の設計を担う専門家

建物に求められる合理性、機能性、安全性、耐久性、費用、美観などの要素を総合的に考慮し、合法的な建築設計として設計図書に取りまとめる専門家が建築士です。建築士には一級建築士、二級建築士、木造建築士があり、それぞれ設計可能な建物が決められています。建築設計は、意匠、構造、設備に分かれ、協力しながら設計図書を完成させることが通常で、一定の建築物は構造設計一級建築士や設備設計一級建築士が設計に関与することが求められています。

他人の求めに応じ、報酬を得て建築設計業務を行うためには、建築士事務所登録が必要となります。登録には管理建築士を置くなどの要件があります。

④建築工事の完成を支援する専門家

■建築物の完成を担う建設業者

建築工事の完成を請け負うためには、建設業の許可が必要です。[*88]許可は建設工事の業種別の許可のほか、一般建設業と特定建設業の区別があり、下請け業者と一定金額以上の下請契約を結ぶ場合は特定建設業の許可が必要となります。

建設業の許可を得るためには、営業所ごとに専任技術者を置く必要があり、一般建設業より特定建設業でより高度な専任技術者が求められます。特定建設業のうち、施工技術の総合性等が高い業種は指定建設業に定められ、専任技術者の要件がさらに高度になります。一級建築施工管理技士は、幅広い建設業で専任技術者として認められます。

建築物の品質管理を担う建築士

建築工事中は、十分な注意を払って建築物の品質を確保することが重要となります。建設業者は、建設現場に監理技術者や主任技術者を配置し、請負契約の当事者として建設工事の品質確保に努めます。

請負契約のもう一方の当事者の建築主は、建設工事中に必要となる専門的な判断や指示を自ら行うことが困難であれば、建築士に委託して工事監理を行います。[*89] 工事監理は、工事を設計図書と照合・確認することを指し、建築の専門家が、建築主の視点に立って建築物の品質、工程やコストを管理することで、工事の適正を実現する仕組みです。

完成建物の物的な登記を担う土地家屋調査士

新築した建物の登記はそれまでなかったものを初めて登記する点に特徴があります。まず、建物の階数、広さ、構造、用途など、建物を確定するために必要な事項を登記します。このような不動

＊88　軽微な建設工事のみを請け負う場合は許可不要で、例えば、請負代金500万円未満のリフォーム工事では建設業の許可を受けずに工事を請け負うことができます。
＊89　多くの場合は、建築設計を委託した建築士事務所に工事監理も委託します。

産の物的概要を示す登記を、表示の登記といいます。表示の登記は建築主が自分で登記する建て前ですが、ほかの登記と同様、専門的な知識が必要なことより、専門家に依頼します。表示の登記を担う専門家は土地家屋調査士です。

一般の新築工事では完成した建物は事業主が長期に所有します。このため、完成後は速やかに所有権保存登記などの登記を行います。これに対して分譲事業では購入した区分所有者が所有するため、事業者は表示の登記のみ行い、権利の登記は区分所有権売却後に行うことが通常です。

■完成建物の権利の登記を担う司法書士

登記簿の所有権の欄にする最初の登記を所有権保存登記といいます。新築建物の登記が該当します。権利の登記の担い手は司法書士です。

⑤建物の分譲を支援する専門家

宅建業者に依頼して買主を探してもらいます。建物の分譲に際しては、事業主の分譲プロジェクトに関する商品知識が豊富な子会社等の宅建業者が事業主を代理[*90]して販売することが多くなります。

区分所有権を購入した買主は司法書士に依頼して所有権保存登記を行います。また、購入に際して金融機関から融資を受ける場合は、併せて司法書士に抵当権設定登記を依頼します。

⑥建物の管理を支援する専門家

分譲マンションでは建物の専有部分の区分所有権を取得した区分所有者が管理組合を組織して管理します。管理組合が自ら管理することも可能ですが（自主管理）、管理会社に管理を委託することが行われます。管理を受託する管理会社は、マンションの管理の適正化の推進に関する法律（マンション管理適正化法）により、マンション管理業者登録が必要となります。登録のためには、一定数の管理業務主任者を雇用する必要があります。

管理組合は管理委託した管理会社の業務推進の是非を確認する、特別の専門性を要する事項にアドバイスをもらうなどの必要がある場合は、マンション管理士に依頼することができます。マンション管理士と顧問契約をして経常的に支援を受けることも可能です。

4 マンション分譲と宅地建物取引業法

■宅地建物取引業法の役割

宅地建物取引業法（宅建業法）は、1952（昭和27）年、宅地建物取引業（宅建業）を営む者について免許制度を実施しました。

＊90　宅地建物取引業法が規定する3つの取引態様のうちの1つ。代理ではなく、媒介のこともあります。分譲マンション業者は継続反復して不特定多数を相手に売買契約を結びますので、宅地建物取引業の免許が必要となります。媒介や代理を依頼することなく、売主として取引手続きを進めることも可能です。

宅建業法は必要な規制によって、その業務の適正な運営と宅地及び建物の取引の公正とを確保し、併せて宅建業の健全な発達を促進して購入者等の利益を保護し宅地建物の流通の円滑化を図ることを目的とする法律です。

■宅建業法の構成

宅建業法の構成は、免許、宅地建物取引士（宅建士）、営業保証金、業務、宅地建物取引業保証協会、指定流通機構、指定保証機関、指定保管機関などによります。

宅建業法では、不特定多数を相手に表33の業務を継続反復して行うことを宅建業と位置づけ、宅建業を行うためには宅建業の免許が必要としました。宅建業の免許のためには宅地や建物の取引の専門家である宅建士を配置するとともに、営業保証金を供託することなどが必要です。営業保証金は消費者が宅地建物取引で損失を被った場合に救済するためのものです。

宅建業法では取引に関与する宅建業者の立ち位置を示す取引態様を示すことになっています。[*91]

売買の場合の取引態様のイメージを示すと、図表34のとおりです。

図表3-33　宅建業法による宅建業の取引態様

	1 売買	2 交換	3 貸借
A 自ら	A-1 [開発業]	A-2	A-3 [賃貸業]
B 代理	B-1	B-2	B-3
C 媒介	C-1	C-2	C-3

注：太線内が宅建業に該当する

①宅建業者が自ら売主となって所有する不動産を売る

建売住宅はこのケースが多くなります。

買主（一般消費者）はプロを相手にプロが所有する不動産を購入することになりますので、構図的には危ない取引にも見えますが、宅建業法では特にこのケース（宅建業者売主）について、ほかの取引よりも厳しい規制を課すことで取引の安全を図っています。

②宅建業者が売主を代理して買主と売買交渉して契約を成立させる

新築分譲マンションなどで用いられるのが代理です。

この場合、売主は図表33のA－1に該当することから宅建業の免許を持っています。買主（一般消費者）はともに宅建業者である売主と代理業者を相手に不動産を購入します。構図的には危な

＊91　自ら売主となって所有する宅地建物の売買を繰り返すことは宅地建物取引業に該当します。開発業（ディベロッパー）はこれに該当します（A－1）。他方、自ら貸主となる場合（賃貸業A－3）は宅地建物取引業に該当しません。賃貸アパートの所有者に宅地建物取引業の免許を求めることは酷な側面があることも理由の1つです。

図表3-34　取引態様（売買）

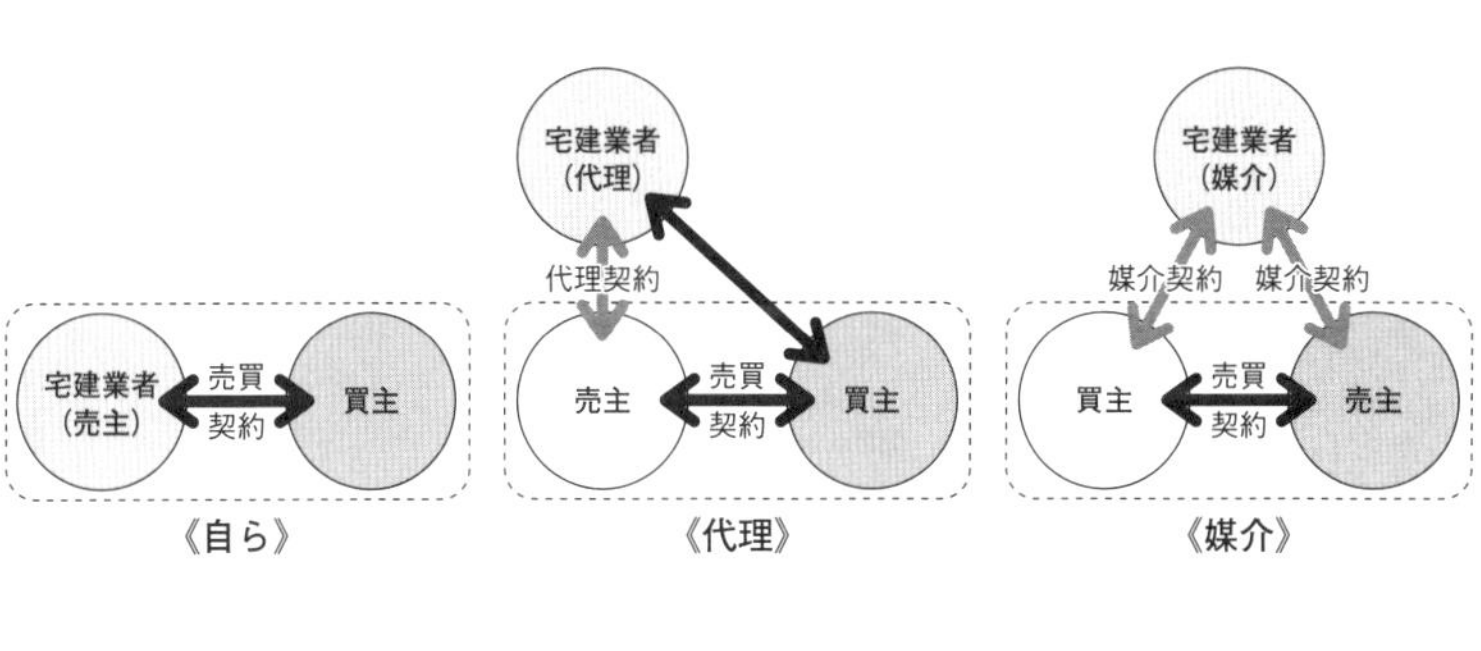

い取引にも見えますが、代理業者は宅建業法の規制のもとで適切に取引を成立させる責務を負います。

③売主、買主のいずれでもない中立の立場に立つ専門家として取引を成立させる

買主は宅建業者と媒介契約を結び、それに基づいて宅建業者が契約成立に必要な活動をします。一般に、不動産業者（宅建業者）＝仲介（媒介）というイメージが強いのですが、実際にはそれ以外の立場で売買に関与することもあります。買主が支払う手数料は、媒介で必要となる一方、代理では原則として不要、業者売主では不要となります。

5 賃貸型プロジェクトの手順を知る

賃貸事業の事業主は、土地を入手して建物を建築し、完成した建物を賃貸して事業経営をします。その間に必要となる主な行為は図表35のとおりです。

分譲と賃貸では建物の仕様が異なるなどの差異はありますが、建物を完成させるまでの手順は分譲型プロジェクトと同様です（図表35①～⑤）。

■建物を賃貸する

建築工事が完成したら、建物を借りて利用することを希望する借主に建物を賃貸します。

一定規模以上の建物では借主が複数になることも多くなり、すべての入居者を建物の貸主が直接見つけることは困難です。

そこで、建物の賃貸借の仲立ちを業とする宅建業者に依頼して借主を紹介してもらいます（図表35⑥）。条件に合致する借主が見つかり、賃貸することを決定したら借主と契約を結びます（図表35⑦）。契約の種類は建物の賃貸借契約です。

土地の売買の際と同様、宅建業者に依頼する際の契約は、媒介契約です。

■建物を管理する

建物の賃貸借契約は2年とか、場合によっては20年とか、長期間継続する契約になります。建物を賃貸している間には、給水できない、排水が流れないなど、建物の利用に支障のある事象が起きることがあります。

また、入居者同士のトラブルや借主が家賃を払わ

図表3-35　賃貸型プロジェクトの構成

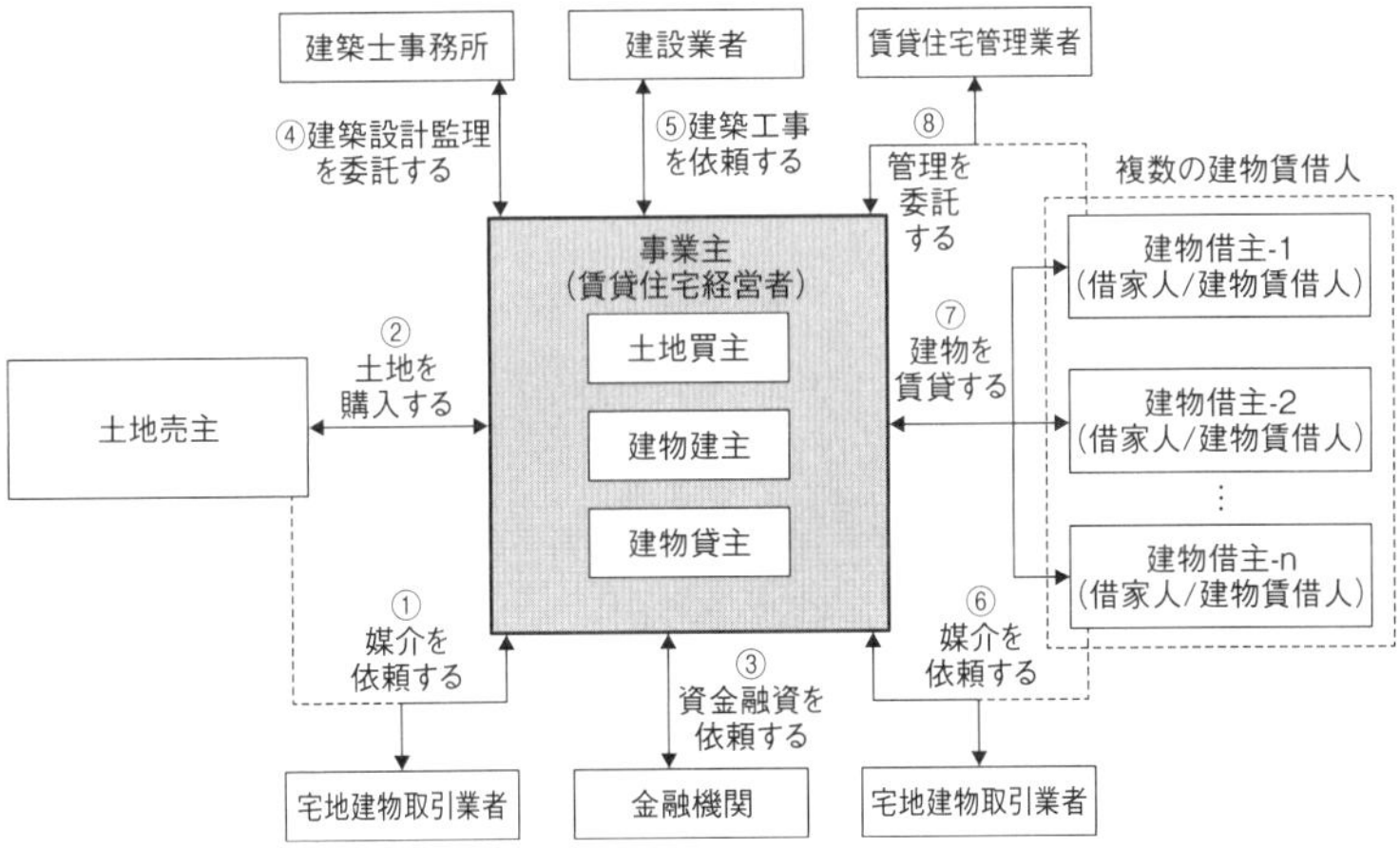

ないなどの事象が発生することもあります。このような事象に対応するのは貸主ですが、貸主があらゆる事象に対して、随時対応することは困難です。

そこで、これらの事象を解決し、賃貸借関係を円滑に継続することを業とする賃貸管理業者に賃貸管理を依頼します（図表35⑧）。この際の契約の種類は、賃貸管理の委託契約です。

■賃貸型プロジェクトの担い手

分譲型プロジェクトとは、以下の点が異なります（図表36）。

①建物の賃貸を支援する専門家

宅建業者に依頼し借主を探してもらいます（図表36⑤）。契約締結前には宅建士が重要事項の説明を行うなど、賃貸借契約の締結を支援します。

図表3-36　建築プロジェクト（賃貸型）の担い手

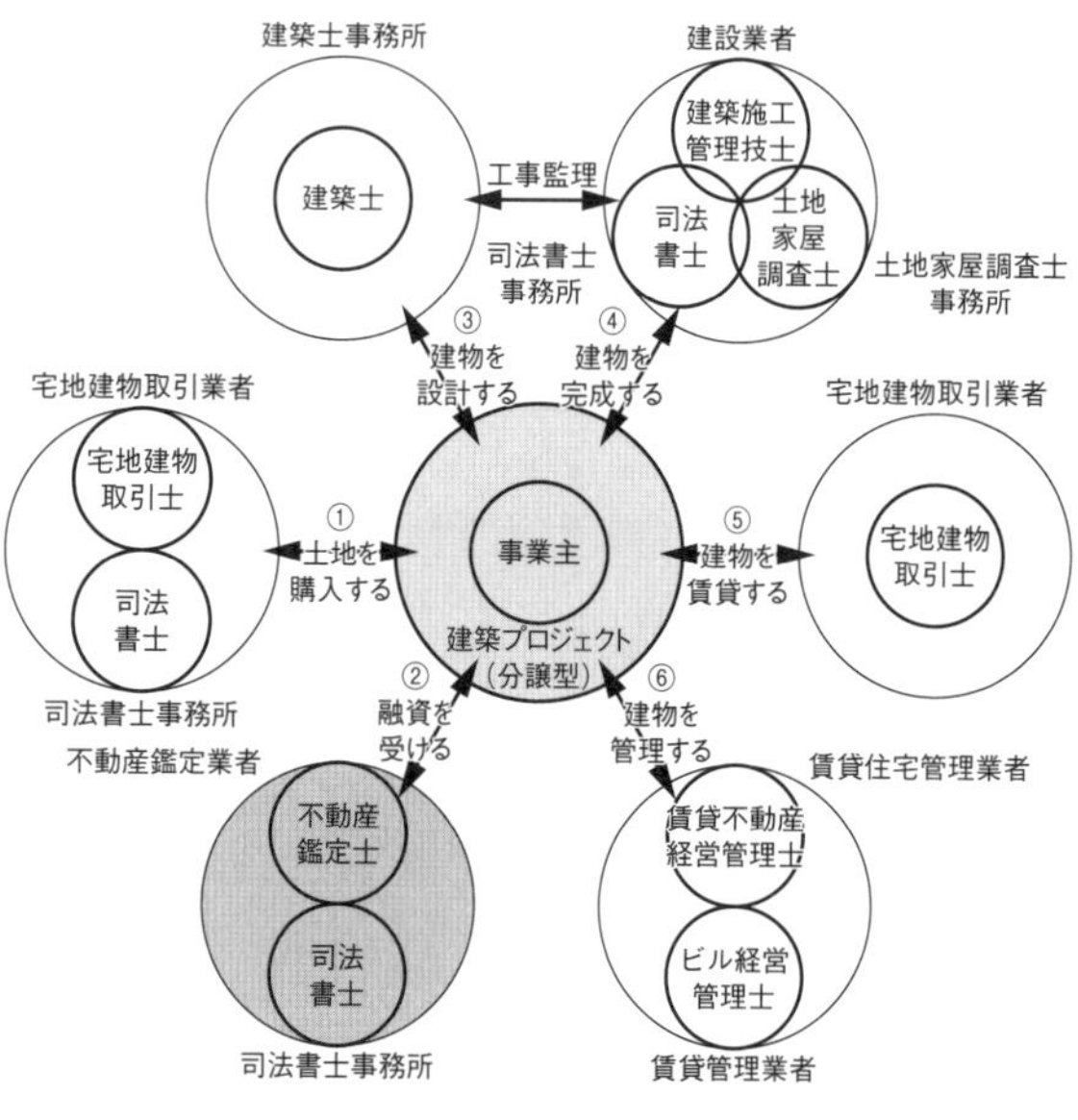

②建物の管理を支援する専門家

2020（令和2）年、賃貸住宅の管理業務等の適正化に関する法律（賃貸住宅管理業法）が成立しました。

この法律は、社会経済情勢の変化に伴って賃貸住宅の重要性が増大していることから、賃貸住宅の入居者の居住の安定確保や賃貸事業の公正で円滑な実施のために賃貸住宅管理業者の登録制度を設けて業務の適正を確保するとともに、特定賃貸借契約[*92]を適正化する措置等を講じて賃貸住宅の安定的な確保を図ることなどを目的とします。

賃貸住宅管理業の登録のためには、賃貸住宅管理の専門家として業務管理者を配置することが必要となります。業務管理者の要件は当面の間、賃貸不動産経営管理士と一定の宅建士とされています[*93]（図表36⑥）。

③完成建物の物的な登記を担う土地家屋調査士

新築した建物の登記はそれまでなかったものを初めて登記する点に特徴があります。

まず、建物の階数、広さ、構造、用途など、建物を確定するために必要な事項を登記します。このような不動産の物的概要を示す登記を、表示の登記といいます。表示の登記は建主が自分で登記

＊92 サブリースすることを前提とした賃貸借契約。

＊93 将来的には賃貸不動産経営管理士に限定されることが予想されます。ビルの管理については、民間資格のビル経営管理士の資格があります。

する建て前ですが、他の登記と同様、専門的な知識が必要なことより、専門家に依頼します（図表36④）。表示の登記を担う専門家は土地家屋調査士です。

④完成建物の権利の登記を担う司法書士

登記簿の所有権の欄にする最初の登記を所有権保存登記といいます。新築建物の登記が該当します。権利の登記の担い手は司法書士です。

分譲型では工事完成後に買主に区分所有権や土地所有権の持分を移転することが想定されていますので、権利の設定や登記の時期が原則的な取り扱いと異なる側面がありますが、賃貸型については原則に準拠して登記することが通常です。

コラム　不動産業の業態

賃貸型プロジェクトでも分譲型プロジェクトでも建物を完成させ、利用に供するには多くの専門職能が関与します。

これを広く不動産業と捉えると、不動産業はいくつかの業態に区分することができます。

図表37のように賃貸型プロジェクトをみると、土地を取得して建物を建設する開発業、事業資金を提供する金融業、土地の売買や建物の賃貸を支援する流通業、建物の継続的利用を支援する管理

業、および、賃貸経営を行う賃貸業に分類することができます。
不動産業はこれらの業態の一または複数を業務内容とする事業体で構成されています。業態を網羅して、広範囲に不動産業を展開する事業体も存在します。

図表3-37　不動産業の業態（賃貸型プロジェクト）

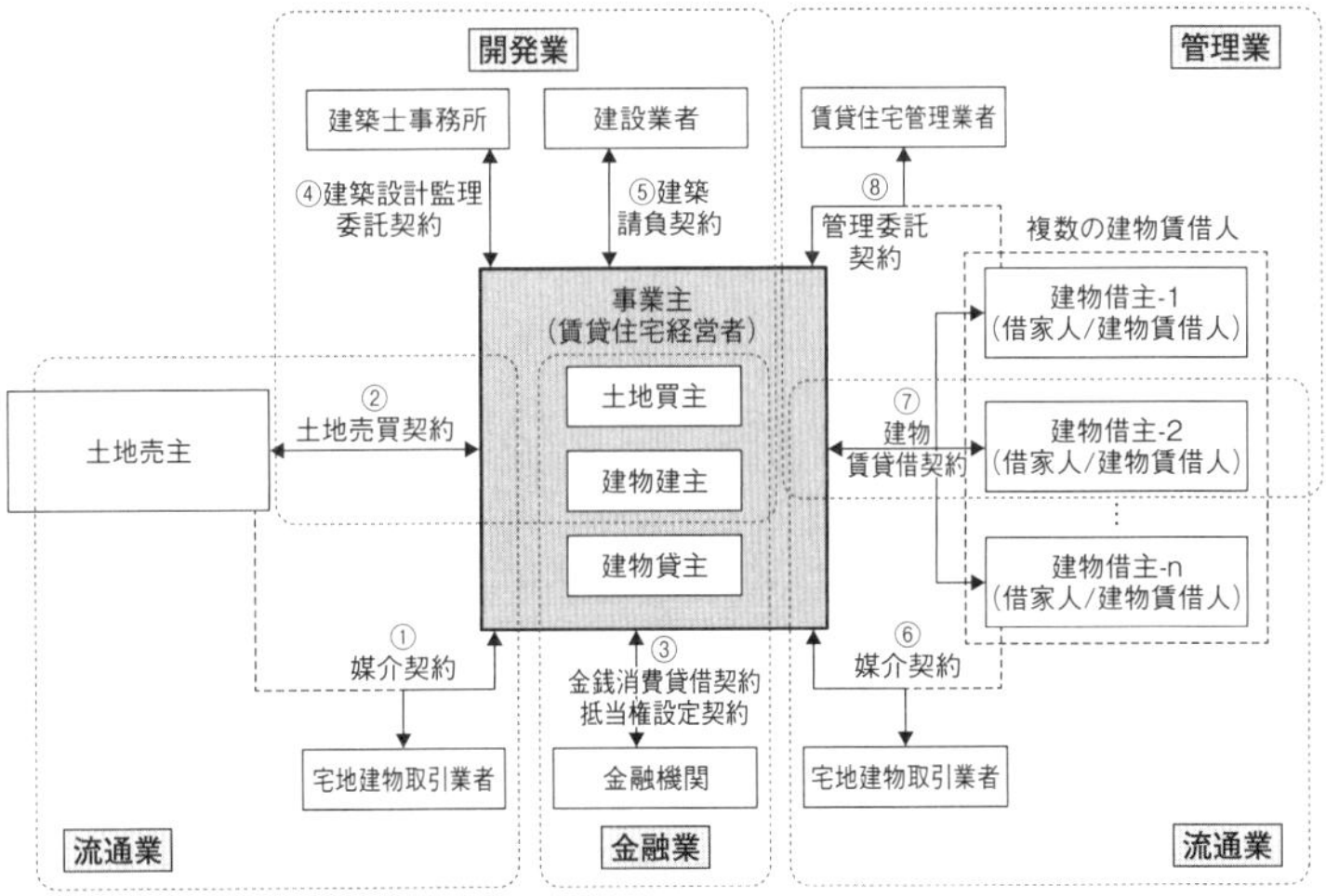

REAL ESTATE 8

建設業法・建築士法、マンション管理適正化法、賃貸住宅管理業法を分ける理由

1 建設業法と建築士法

建設業法は１９４９（昭和24）年に、建設業を営む者の資質の向上、建設工事の請負契約の適正化等を図ることで建設工事の適正な施工を確保して発注者を保護するとともに、併せて建設業の健全な発達を促進して公共の福祉に寄与することを目的として制定されました。

主な構成内容は、建設業の許可、一般建設業の許可、特定建設業の許可、承継、建設工事の請負契約[*94]、施工技術の確保、建設業者の経営に関する事項の審査、建設業者団体などです。

建築設計にかかる資格者等を規定する法律として建築士法（１９５０（昭和25）年）があります。同法は建築物の設計、工事監理等を行う技術者の資格を定めて業務の適正を図り、建築物の質の向上に寄与させることを目的とします。主な構成内容は、免許等、試験、業務、設計受託契約等、建築士会及び建築士会連合会、建築士事務所、建築士審査会などです。

2 マンション管理適正化法

マンションの管理の適正化の推進に関する法律（マンション管理適正化法）は、2000（平成12）年、土地利用の高度化の進展その他国民の住生活を取り巻く環境の変化に伴い、多数の区分所有者が居住するマンションの重要性が増大していることを背景に制定されました。基本方針の策定、マンション管理適正化推進計画の作成、管理計画の認定、マンション管理士の資格及びマンション管理業者の登録制度等を定めて、マンション管理の適正化を図ることなどを目的としています。

この法律の主な構成内容は、基本方針及びマンション管理適正化推進計画、管理計画の認定、マンション管理士の資格、試験、登録、マンション管理業の登録、管理業務主任者、その業務、マンション管理適正化推進センター、マンション管理業者の団体です。

マンション管理適正化法は、区分所有法の適用を受ける分譲マンションの管理を適正に行うための法律です。これに対して賃貸住宅管理業法は、賃貸住宅の管理を適正に行うための法律です。

＊94　元請負人の義務、建設工事の請負契約に関する紛争の処理など。

3 開発業の業態と関連法規

開発業は、図表37の①から⑦までの業務を自社及び協力関係にある事業者と連携して行う業態です。そこで特に重要となるのは、建築物の品質確保と宅地建物取引の適正です。前者は、建設業者と建築士事務所が連携して実現し、後者は宅建業者が担います。

建築物の品質を確保する方法は図表38のとおりです。建築主は建築士事務所に委託して作成してもらった設計図書を建設会社に渡して建築物の完成を依頼します（請負契約）。

建築工事を進めるために建設業者は技術者を配置して品質管理に努め、建築主も請負契約の当事者として仕様を勝手に変更していないか、手抜き工事がないか、工事の進捗状況は適切かなどをチェックする必要があります。しかし、一般的な建築主には専門知識がなく適切に判断できないものです。

そこで、建築主の代わりに（代理）、建築の専門家にその任に当たってもらいます。この業務を工事監理といいます。通常は建築設計を依頼した建築士事務所が工事監理し、工事の品質管理、工程管理などを行います。不適切な工事が行われている場合は工事のやり直しを命じることもありますが、その場合でも追加の工事費の支払いや工期の延期はありません。つまり、建築物の品質管理

図表3-38　建築物の品質確保

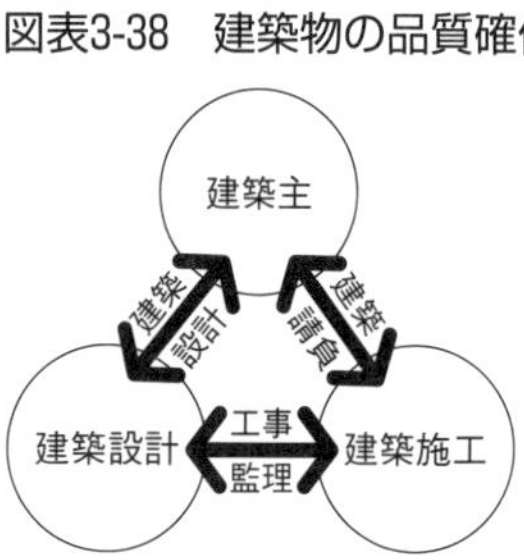

は建築主、建設業者、建築士事務所が相互に協力関係にありつつも一定の緊張関係を持つことで実現します。

これに対して、設計施工一貫といわれる方式が採用されることもあります。大工の伝統がある日本では1人の大工が間取りの考案（設計）と大工工事（施工）を行うことが定着していました。今日でも建築設計と建築工事を1つの会社に依頼することがあります。建築主にすれば交渉相手が1つで簡便なことや設計料が不要といわれることもあって、便宜な印象があります。一方で、建築物の品質管理では利益相反[*95]の懸念があります。設計施工一貫方式で発注する場合、工事監理が独立して機能する仕組みを有する会社であるか確認することが重要となります。

図表3-39　設計施工一貫方式

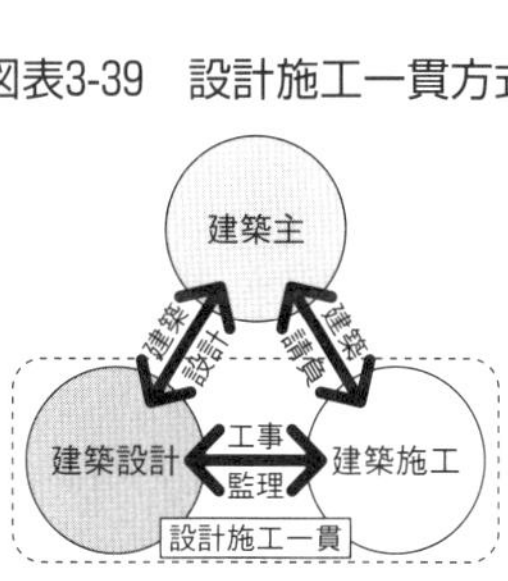

宅地建物取引の安全は宅地建物取引業の免許をもつ宅建業者が担います。売買の取引態様には3種類あり、いずれも宅建業法の規律を守ることで取引の安全が確保される仕組みになっています。開発業は建築物を建設したうえでそれを売却します。図表34（自ら）と図表38を組み合わせた業態で、建築主が売主になる点に特徴があります。極論すれば、〝安くつくって高く売る〟ことに利益の源泉がある点に注意が必要です。

建築物を建設する部分では、建築主、建築設計、建築施工の3つの機能を同一会社や関連会社が

*95　不適切な工事に気づいたとしても修復工事をすると費用がかさむ、工期が圧迫されることから修復せず、次の工程に進むなどの可能性があります。この場合、請負業者の利益と依頼者の品質確保の利益が衝突することになります。

担うことも少なくありません。そこでは前述の建築物の品質管理がブラックボックスになります。外部の建設会社等を使う場合でも、開発事業者が繰り返し発注者となることから建設会社等との間に力関係の不均衡が生じ、品質管理が十分に機能しない危険性があります。

分譲マンションでは、一般に工事完成前に売買契約を結ぶ[*96]「青田売り」も多く採用されます。売買契約には完成した建物の引渡日が記載されますが、工程が伸びて完成が遅れると引渡日に引渡しができず、信頼を失うことに加えて、債務不履行を問われることになります。

そのため、何としても工期に間に合わせて完成させると、建築物の品質管理に負の要素となることは、言うまでもありません。

開発業には建設業法や宅建業法のように、その業態そのものを規制する法律はなく、開発業の各段階に対応する個別の法律の適用を受けます。多くの開発業者は適切に業務を行っていますが、各法律の不十分な点を自社の利益になるようにつなぎ合わせると、結果として消費者保護に背反することになりかねません。[*97]

＊96　宅建業法では建築確認が取れた段階で、広告の開始と売買契約の締結が認められます。開発事業者にはなるだけ早く売買契約を締結することにインセンティブがありますので、完成前に売買契約を締結することが定着しています。

＊97　極端な例にマンション構造偽装事件（２００５（平成17）年）があります。

第4章　経済社会と不動産

第4章◆はじめに

不動産と経済社会は切っても切れない関係にあります。コインの両面といっても良いでしょう。私たちは暮らしの基盤として住宅を利用し、仕事でも土地や建物を利用します。仕事、生産活動が活発であれば経済も社会も活性化します。

所得が伸びた労働者は住宅を買おうとします。旺盛な需要を受けて不動産価格は上昇します。一方で、人口減少や世帯の小規模化、高齢人口の増加などによって住宅需要は低迷し、価格の下落要因になります。

土地利用のあり方は経済社会を反映すると同時に、土地価格が土地利用に影響を与える、相互関係があります。

不動産の諸問題は現代社会の課題も示し、将来のあるべき姿を示唆してもいます。このように不動産のあり方は経済社会を映す鏡といえます。

REAL ESTATE 1

人口減少がもたらす不動産の変化

1 人口の推移

終戦直後の1945（昭和20）年の日本の人口は約7200万人でした。その後、1967（昭和42）年に1億人を超え、2008（平成20）年の約1億2808万人[*1]をピークに減少に転じます。

国立社会保障・人口問題研究所の推計によると、日本の人口は2056年に1億人を割り、2070年には8700万人まで減少すると見込まれています。[*2]人口の高齢化も進み、65歳以上の人口が全体に占める割合は2020（令和2）年28・6％から38・7％まで上昇する一方、15〜64歳の割合は59・5％から52・1％に低下すると見込まれています。

近年は出生者数の減少も顕著で、2000（平成12）年に119万人あった出生者が2016（平成28）年には100万人を割り込み、2023（令和5）年には73万人まで減少しました。[*3]

＊1　総務省統計局。5年に1度の国税調査をもとに増減した10月1日の人口。
＊2　日本の将来人口推計（令和5年推計）、出生中位、死亡中位の推計。
＊3　厚生労働省の人口動態調査。

合計特殊出生率は、２００４（平成16）年に１・29まで低下したのち、２０１５（平成27）年には１・45まで回復していましたが、その後再び減少に転じ、２０２３（令和５）年には１・20まで低下しています。

出生者数が多かったのは第二次世界大戦終戦直後の１９４７（昭和22）年から１９４９（昭和24）年で各年約２７０万人の出生がありました。

この時期に生まれた人を第一次ベビーブーム世代といい、２０２４（令和６）年には後期高齢者となりました。

１９７１（昭和46）年から１９７４（昭和49）年の４年間は結婚適齢期となった第一次ベビーブーム世代の子の世代が多く出生した時期で、各年２００万人を超える出生があり、第二次ベビーブームとなりました。他方、第三次ベビーブームは起きませんでした。

２ 日本の住宅供給

第二次世界大戦後、戦争による住宅の損壊、海外からの引き揚げや兵士の復員などを背景に顕著な住宅不足が見られました。１９４５（昭和20）年の終戦直後には４２０万戸の住宅が不足していたことから戦後の住宅政策は住宅の量的確保の推進に力点が置かれました。

主要な住宅政策は住宅金融公庫（１９５０（昭和25）年）による長期低利資金の融資による住宅建設の促進、公営住宅（１９５１（昭和26）年）による住宅に困窮する低所得者に対し低廉な家賃の住宅の供給、日本住宅公団[*4]（1955（昭和30）年）による大都市地域における不燃住宅の集団的建設と大規模宅地開発でした。日本の実質GDPは1956（昭和31）年の51・2兆円から1972（昭和47）年の218・2兆円へと4・26倍に増加しました。

16年間を通じて年間平均9・5%の高度経済成長を遂げたことになります。

この間、人口が増加したことに加え、農村から都市部への人口の移動があり、大都市部では住宅不足が顕著で、住宅難の解消が危ぶまれる状況にありました。そこで、上述の3つの施策に加えて、1966（昭和41）年、住宅建設計画法に基づいて第1期住宅建設5箇年計画[*5]が作成され、住宅建設の目標として「一世帯一住宅」の実現を掲げました。[*6]

第二次世界大戦以降の日本の住宅着工数の推移を見ると、1955（昭和30）年以降急速に着工数が増加し、1972（昭和47）年には最多の185万6千戸が着工されました。1967（昭和42）年以降2008（平成20）年まで100万戸を超える着工がありましたが、2009（平成21）年に100万戸を下回り[*7]、近年は90万戸弱で推移しています。

＊4　1981（昭和56）年、宅地開発公団との統合により住宅・都市整備公団、1999（平成11）年、都市基盤整備公団に改組して分譲住宅から撤退、2004（平成16）年、地域公団との統合により都市再生機構に改組して新規ニュータウン事業から撤退し、民間支援にシフトするなど、日本の住宅事情を反映して組織が見直されてきました。

＊5　住宅建設5箇年計画では、民間住宅の自力建設も含めた5年間の住宅建設の目標を定め、公庫融資住宅・公営住宅・公団住宅などの公的資金による住宅の建設数を示しました。

＊6　住宅建設5箇年計画は第8期（2001（平成13）～2005（平成17）年度）まで策定されました。この間、住宅難の解消（第1期、2期）から市場・ストック重視へ（第8期）と計画策定の目標が変化しました。

図表4-1　住宅ストック数と総世帯数

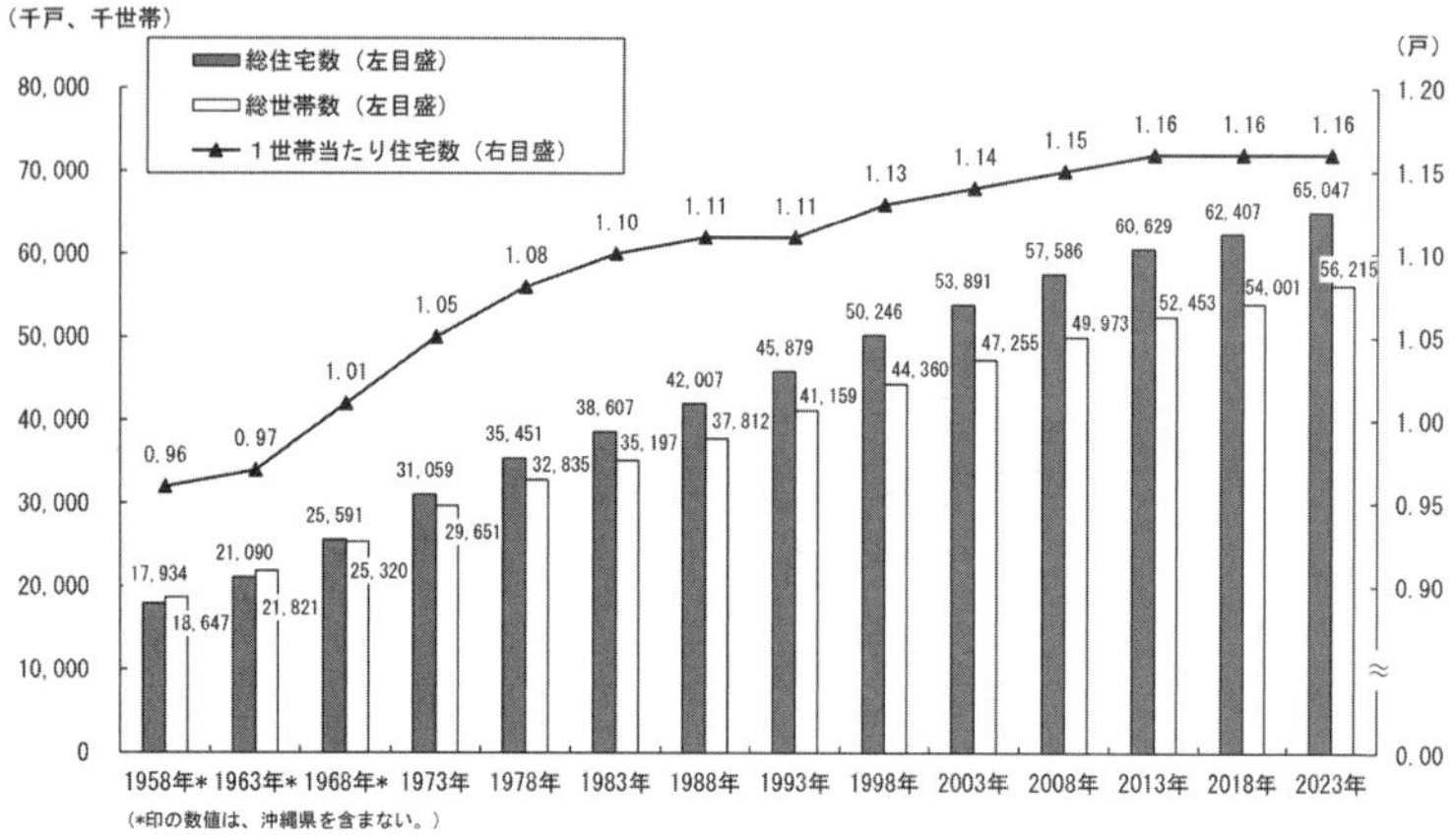

出所：総務省令和５年住宅・土地統計調査

図表4-2　空き家数と空き家率の推移

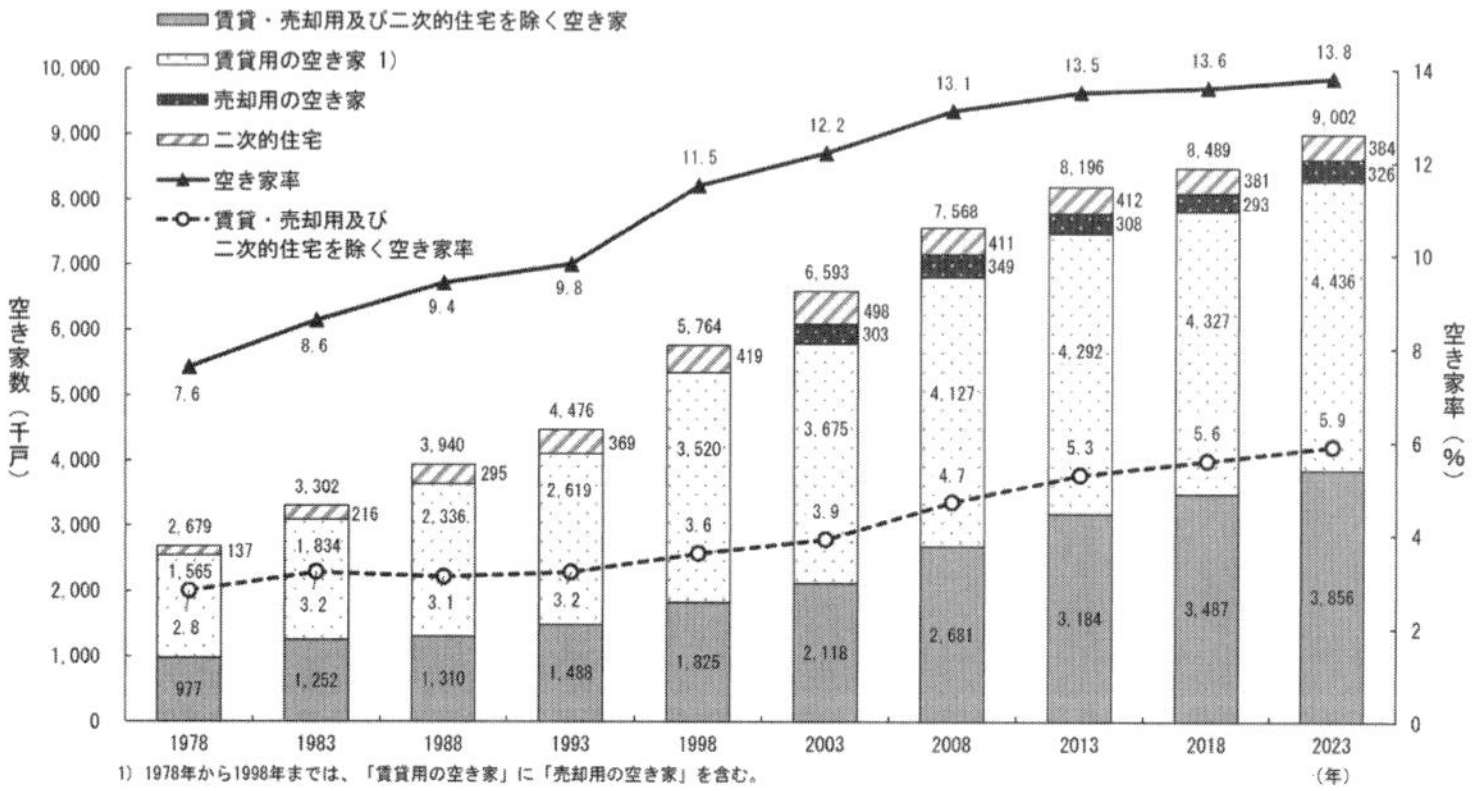

出所：総務省令和５年住宅・土地統計調査

上述の3つの政策と住宅建設5箇年計画を中心に、住宅建設を促進した結果、全国で住宅総数が世帯総数を上回ったのは1968（昭和43）年で、1973（昭和48）年には、住宅不足が深刻な大都市圏を含む全都道府県で住宅総数が世帯総数を上回りました（図表1）。1983（昭和58）年には住宅数が総世帯数を10％上回り、2018（平成30）年には16％上回るまでになっています。

住宅の量的充足を受けて、住宅政策の目標は、量の確保から質の向上へ[*8]、さらに、市場・ストック重視[*9]へと変化しています。

人口減少などを背景として、近年では空き家の増加が問題となっています。2023（令和5）年の住宅・土地統計調査では空き家数は900万戸で5年前の調査から51万戸（6％）増加し、空き家率は13・8％となりました。空き家のうち、賃貸・売買用及び二次的住宅[*10]を除く空き家は385万戸です。これらの空き家は利活用や流通のあてがない放置空き家の側面があり、なかでも所有者不明や管理不全の住宅の問題が大きくなっています。

＊7　リーマンショックの影響がありました。
＊8　第3期住宅建設5箇年計画（1976（昭和51）年）。
＊9　第8期住宅建設5箇年計画（2001（平成13）年）。
＊10　二次的住宅とは別荘など、常時利用しないことを前提とした住宅。

REAL ESTATE 2

空き家・空き地はなぜ解消されないのか

放置される空き家については、2014（平成26）年の空家等対策の推進に関する特別措置法（空家等対策特措法）で、行政代執行[*11]による解体を規定しました。空き家を解消する方法は解体だけでなく、次の7つが併用されるべきで[*12]、これらの施策で空き家の解消が進められようとしています。

①適切な維持管理・リフォーム
②安心できる取引環境
③空き家の発生防止
④所有者情報の活用
⑤マッチング・仲介機能等の強化
⑥再生・リノベーション

図表4-3　壊せない空き家と壊さない空き家

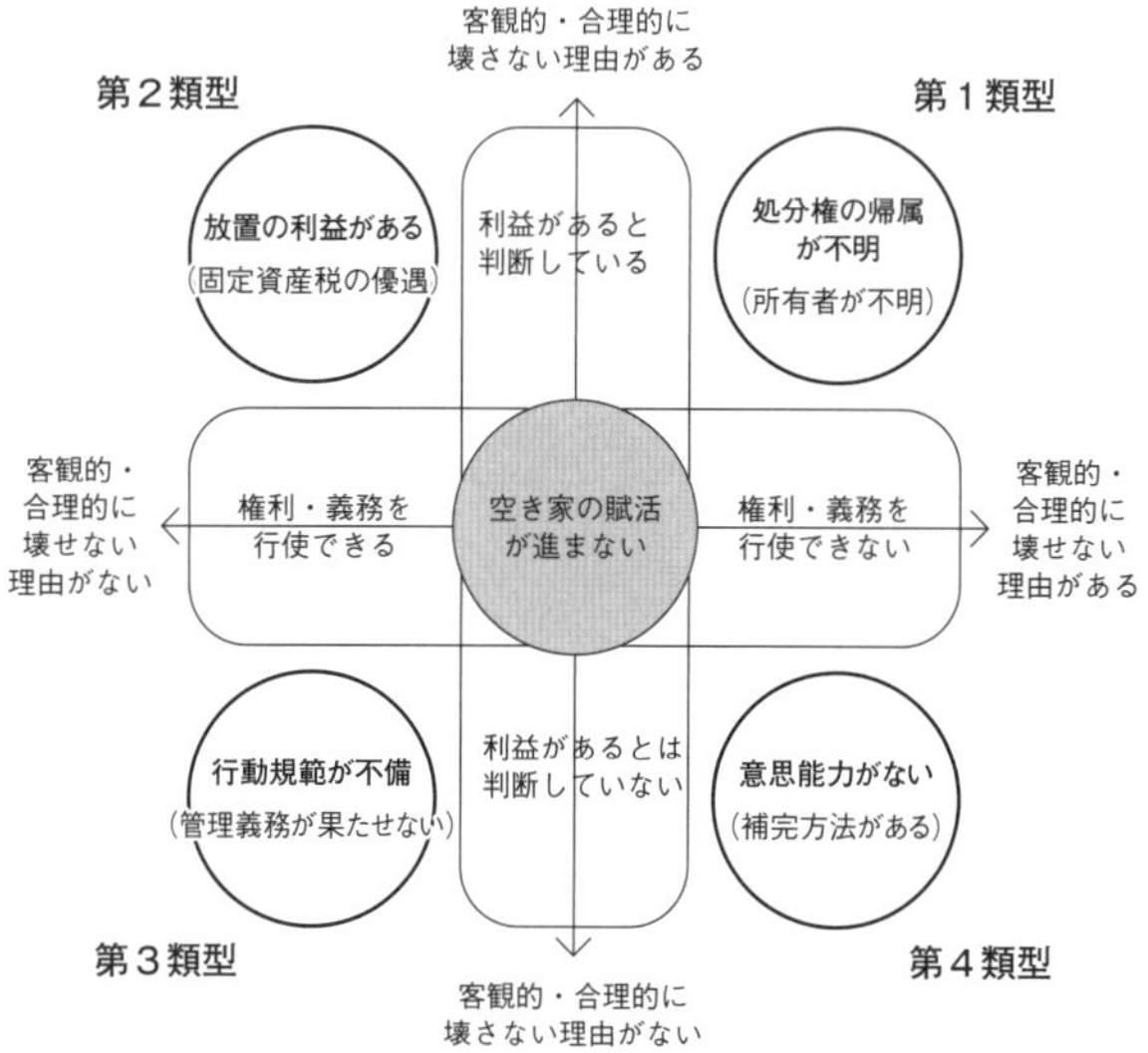

⑦地域における活用

空き家が発生し、外部不経済にもかかわらず状況が放置されることについて、まず、空き家の壊せない理由と壊さない理由を考えます。次に、利活用を阻害する要因を整理します。

1 壊せない理由・壊さない理由からみる4つの類型

空き家について、壊せない理由の有無と、壊さない理由の有無で、第1類型〜第4類型の4つに区分します（図表3）。

縦軸の「客観的・合理的に壊せない理由がある」とは、解体等にかかる権利や義務を行使できない状況があることを指し、行使できる状況にあれば壊せない理由はありません。また、同じく縦軸の「客観的・合理的に壊さない理由がある」とは、空き家にすることに利益があると判断している

＊11 所有者に代わり、行政が管理などを行います。道路に越境している木の枝を切る、放置されているゴミを撤去する、倒壊しそうな家屋を解体するなどに取り組みます。何度も改善を要求しているにもかかわらず所有者が対応しない場合、行政が強制的に敷地に立ち入り、必要な対策を取ります。解体によって所有者の所有権を奪うことになります。憲法が保障する財産権の侵害に当たるものではないことを認定するための多くの手続きと長い時間を要することが一般的です。

＊12 社会資本整備審議会　産業分科会　不動産部会　第32回　2017（平成29）年5月12日会議資料。同年6月29日会議では「空き家対策等に係る中間とりまとめ（提言）」が開示されました。

ことを指し、判断しているわけではないのであれば壊さない理由はありません。

①第1類型：処分権の帰属が不明

解体等を行う処分権の帰属が不明の場合が代表的なものです。所有者が不明の場合のほか、相続して共有のままの状態[*13]にあり、処分の意思決定ができない場合[*14]も該当します。

所有者不明となる理由として、登記制度の不備が指摘できます。所有権移転等の権利の登記は義務でない一方で、登録免許税や登記を依頼する司法書士の手数料等が必要となります。第三者対抗力を備える必要がない、金融機関から融資を受けることがないために抵当権の設定登記をする必要がない等の場合には、所有権の登記をしないこともあります。[*15]権利の登記を「任意」に任せる日本の登記は、登記名義人が当該権利に関係している蓋然性が高いことを示す公示力はあるものの、登記簿の権利者を真実の権利者と信じて取引した者が権利を取得できることを法律上保護する公信力はありません。

情報技術の進展や公信力のある登記制度を備えている国があることを考えれば、登記を義務化し、公信力のある登記制度とすることが望ましいといえます。登記制度を補完して真正の所有者がわかる仕組みの整備も考えられますが、相当のコストをかけて登記制度が稼働していることを考えれば公的資金をつかってまでも新たな仕組みを導入することは現実的ではありません。[*16]

②第2類型：放置の利益が存在する

権利・義務を行使できる状態において、利益があると判断して空き家とする場合です。

空き家のまま放置することに利益がある例として、住宅用家屋の敷地が固定資産税課税上の「住宅用地」に該当し、課税標準額が6分の1（200㎡を超える場合は超えた部分について3分の1）に減額される制度があります。解体して更地にすると土地の固定資産税が6倍になる課税制度が空き家の放置を招いています。

その他の例としては、契約更新後の借地権について、借地上の建物が朽廃すると借地の目的が達せられたものとして借地権が消滅することから、借地権を存続させるために空き家を放置するケースがあります。借地権は対価をともなって売却可能な財産であり、その利益を守るために、空き家を解体しない選択肢が採用されます。

住宅用地の固定資産税の課税標準の特例は、実際に住宅として利用しているものに適用すべきで

＊13　相続財産は相続人が遺産分割協議を行い、協議が整うまでは相続人全員が共有します（民法898条）。

＊14　共有物の処分には全員の賛成が必要となります。

＊15　2024（令和6）年4月1日から相続登記が義務化されました。所有者不明土地の増加が社会問題化する中、相続が発生しても相続した相続人名義の登記（相続登記）を行わないことが大きな理由になっていることから、相続に起因する所有権の移転について登記が義務化されました。

＊16　国土交通省は不動産登記簿の不動産番号を利用した不動産IDの仕組みを提示し（2022（令和4）年3月）、不動産IDと地理情報システムを連携して利用することでビジネスの効率化を図るなど、ルールに従った自由な利用を認め、デジタル社会の情報基盤とすることを想定しています。

す。

外部不経済をもたらしている空き家についてもその適用を認める結果、外部不経済の拡大を助長する悪循環を断つことが必要です。[*17]

③第3類型：行動規範の不備

権利・義務を行使できる状況にあり、利益があると積極的な意思決定をしているわけではないにもかかわらず空き家を放置する、〝モラトリアム〟状態が該当します。

外部不経済が発生し、近隣に迷惑をかけているにもかかわらず管理義務を果たそうとしない行動規範の不備が問題となります。〝モラトリアム〟状態になるその他の背景としては、空き家の利活用や処分について体験や知識が不足し、問題の所在や対応方法がわからないことがあります。空き家が放置されることの問題や解決について教育する、相談にのる、代理人等として解決を支援する仕組みが必要となります。[*18]

④第4類型：意思能力の欠如

法律行為のための意思決定ができなくなった高齢者所有の空き家が該当します。

このような場合に備えて、社会的には、成年後見人制度や信託制度など、それを補う方法が準備されているにもかかわらず、援用することなく、結果として空き家が放置されます。

超高齢社会では高齢者が意思能力を失うことによって、本人にも社会にも損失が生じるケースが増加する可能性が高いことから、意思能力の欠如を補う制度の拡充と適時にそれを利用する仕組みが必要です。

2 解体しない自由の背景

第1類型、第2類型については法制度の整備等によって対応することが有用で、第4類型は法制度の利用を促すことで対応可能です。これに対して第3類型には日本で壊せない空き家が発生する課題の本質が隠されている可能性があります。

第3類型は、積極的な理由もなく建物が空き家のまま放置される「建物の軽さ」を示しています。日本の制度では、建物は解体しようと思えばいつでも解体できる「解体の自由」があり、技術基準に合致すれば建築できる「建築の自由」があります[*19]。さらには、放置しようとすれば放置できる

＊17 空家等対策特別措置法では特定空家等について適用除外を規定していましたが、2023（令和5）年の改正により、管理不全空家に指定された場合でも同様の扱いとなりました。

＊18 2023（令和5）年の空家等対策特別措置法の改正により、空家等管理活用支援法人の制度が創設されました。支援法人の指定を受けることで民間法人が公的立場から活動しやすい環境を整備し、空家等対策に取り組む市町村の補完的な役割を果たしていくことが想定されています。

＊19 建築物は建築基準法などの関連法令に準拠して設計すれば着工できる建築確認制度に依拠しています。日本でも市街化調整区域などでは建築確認の前提として建築許可や開発許可が必要となりますが、公聴会など地域の同意が必要、新築が認められてもどれ程の大きさの建物が認められるかわからないなど制約が多い海外と比較すると、建物の内容、建築の容易さいずれについても自由度が高いといえます。

「放置の自由」もあります。米国や英国では放置された空き家はもとより、居住していても維持管理が適切でない住宅があると、物的な面のみならず居住者意識の面でも低い評価を受けてしまいます。

それが所有する不動産の資産価値の低下につながることから、維持管理が適切でない住宅があると、適切に管理するよう、ほかの住民からクレームが入ります。それでも対応しない場合は、住宅地の管理組合[*20]や住宅地の管理会社が必要な工事等を行ったうえで費用を所有者に求償するなど、戸建て住宅地をマネジメントする仕組みがあります。日本では戸建て住宅地のマネジメントの意識や仕組みが未成熟[*21]で、それが外部不経済に対する寛容さを招いて空き家を放置する自由となっています[*22]。

図表4-4　空き家利用と権利の設定移転

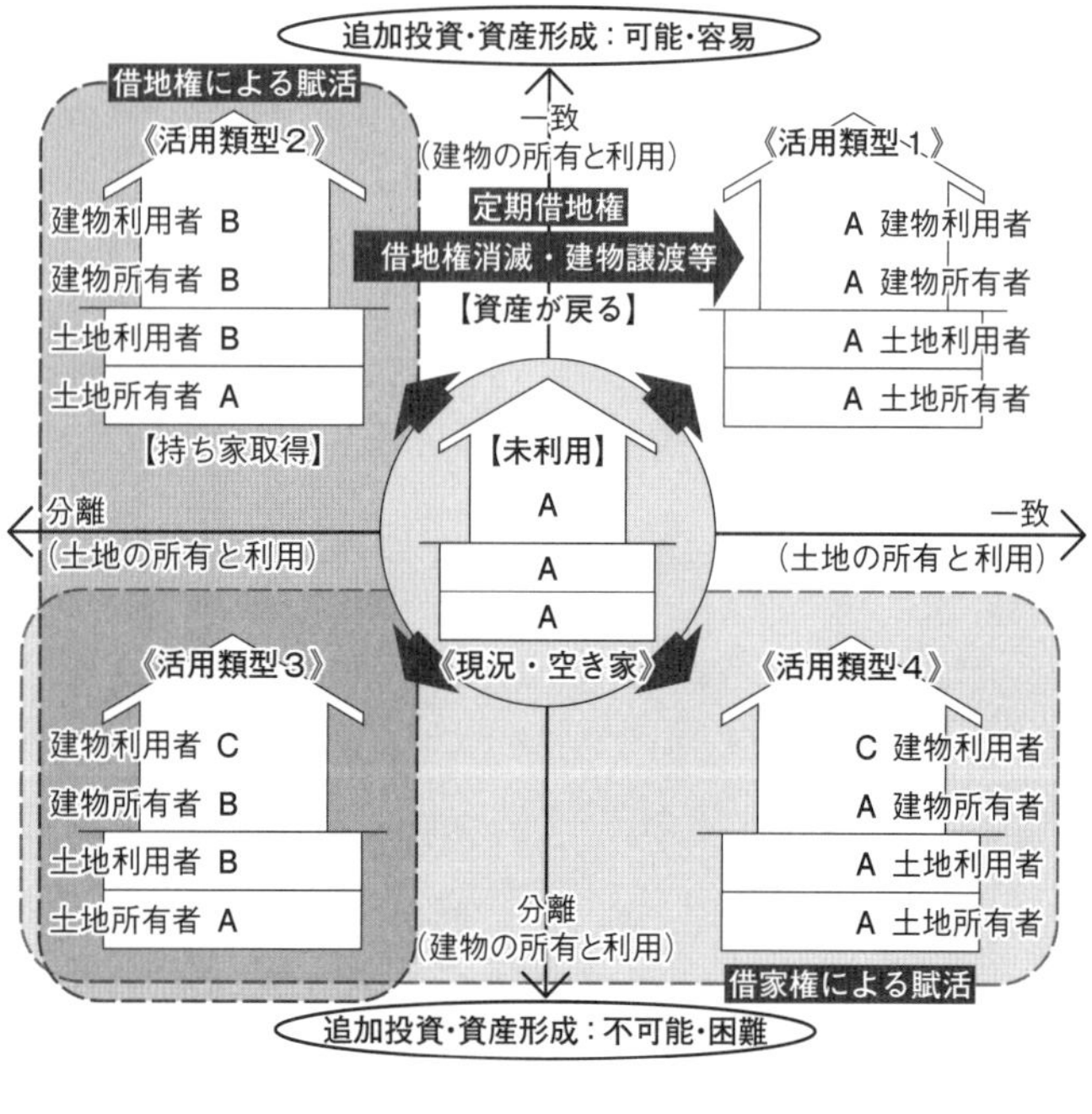

3 売買・賃貸による空き家の解消

■空き家活用のパターン

所有者自ら利用しない住宅を利用する方法として、売買によって所有権を取得した新しい所有者が利用する方法のほか、借地権者（借地人）が利用する方法と借家権者（借家人）が利用する方法があります。[*23]

利用は直接的には建物を占有する行為ですが、日本では土地と建物について別個の不動産としてそれぞれに所有権を認めます。

建物は土地に定着して初めて利用可能となるものなので、空き家利用を考える場合でも、建物の

＊20　米国の住宅地では所有者で構成するＨＯＡ（Home Owners Association）があることが少なくありません。ＨＯＡは住宅地の資産価値を維持向上させることが目的の1つです。

＊21　土地基本法（１９８９（平成元）年）は、土地について公共の福祉の優先（2条）、適正な利用（3条）を規律し、改正土地基本法（２０２０（令和2）年）では、適正な管理を規律しましたが、土地基本法を受けて具体的なマネジメントを規律する法律は未制定です。

＊22　英米法では建物に独自の所有権がなく、土地の所有権に含まれます。建物をImprovementということがあり、建物は土地の価値を高める改良物という位置づけです。「改良」して高めた「土地」の価値はそれを失わないよう、しっかりmanagementすることが徹底しています。

＊23　使用借権による方法のほか、借地借家法の適用がない任意の利用権を設定する方法も考えられます。本稿では安定的な権利によることを重視し、借地借家法の適用を受ける借地権及び借家権を念頭におきます。

みならず土地についても併せて考えることが必要となります。

また、空き家利用のパターンを土地の所有と利用、建物の所有と利用の関係で示すと図表4のとおりです。図表4は未利用の状態（図の中央）から活用類型1〜活用類型4に移行して活用を図る場合に発生する売買や賃貸の内容を示しています。

■売るに売れない（空き家の売買市場）

米国では住宅投資額の累計と、住宅ストックの資産額（中古住宅の時価総額）がほぼ同額です。

これに対し、日本では後者が前者を約500兆円下回って半分以下にとどまります（図表6）。

米国では中古住宅の価格が上昇す

図表4-5　空き家利用のパターン

活用類型		発生する行為	活用の方法	誘引
活用類型1	土地建物売買	土地及び建物の所有権移転（土地・建物の売買）	購入者が自分で利用する目的で購入	中古住宅の売買市場の活性化
活用類型2	土地賃貸・建物譲渡	土地の賃貸（借地権の設定）及び建物の所有権移転（建物の譲渡）	借地権者が自分で利用する目的で借地権と建物を購入	定期借地権が基本。地代の設定基準の明確化。銀行ローン融資の実行
活用類型3	土地賃貸・建物譲渡建物賃貸	土地の賃貸（借地権の設定）及び建物の所有権移転（建物の譲渡）ならびに借地権者（建物所有者）による建物の賃貸	借地権者が建物を賃貸して借家人に住まわせる目的で借地権と建物を購入	このような借地権を受け入れる主体は特殊。地域マネジメント会社のような主体があると便宜
活用類型4	建物賃貸	建物の賃貸	借家人に建物を賃貸して住まわせる	中古住宅の賃貸市場の活性化

※類型欄中のパターンは図2に対応

ることを背景に、住宅を売って住み替えることや、高齢者施設の入居費に充てるなどが容易で、中古住宅の流通が活発に行われます。

これに対して、日本では中古になると住宅価格が大きく下落し、住み替えのためには多額の資金が必要となるなど、中古住宅の流通は限定的です。

さらに、大幅に価格下落した空き家を売るインセンティブに乏しく、売買市場に提供することなく、空き家として放置することにつながります。

〝売るに売れない〟中古住宅の資産価値の低さが空き家問題の背景にあります。

■貸すに貸せない（空き家活用と借地借家法制）

日本では公共の福祉と私権の制限（公法）との関係では私権、中でも所有権が強いとされ、土地については〝所有権絶対〟といわれるほどに強大です。

半面、土地建物の貸主と借主の関係（私法）では借主が保護され、所有権に基づく所有者の自由な活動は制約

図表4-6　日米の住宅投資累計と住宅資産額

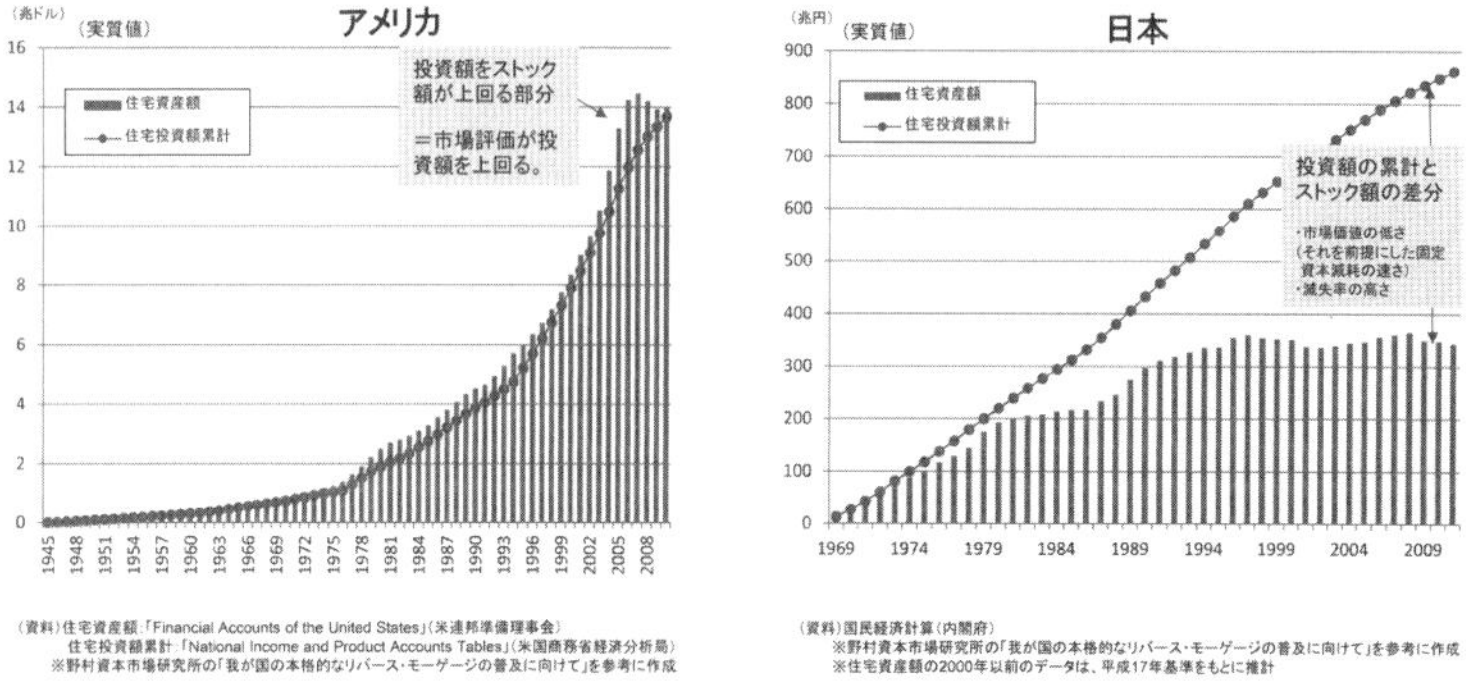

出所：国土交通省「中古住宅流通促進・活用に関する研究会（参考資料）平成25年６月」より抜粋

されます。

この制約は貸主、つまり所有者は強く、借主は弱者であるから、公平の観点に鑑みて妥当とされてきたといえます。一方で、強い貸主に大きなリスクを負わせる仕組みは、空き家を抱えて必ずしも強いとはいえない所有者（貸主）を〝貸すに貸せない〟状態にさせる側面があります。

●リフォームが必要

空き家を賃貸するためには、賃貸市場で受け入れられ、借り手が借りようと思うようなリフォームが必要なことが少なくありません。そのために費用を出したとしても本当に借主が現れるかわからず、現れたとしてもリフォームの費用を回収するために何年かかるかわからないリスクを負います[*24]。

●修繕義務を負う

賃貸人は賃貸物の使用、収益に必要な修繕義務を負います。賃貸した古い建物で雨漏りするなどの場合の修繕費用は賃料収入の何年分にも相当することがあります。古い建物で必要となる修繕箇所は未知数であり、貸主には大きなリスクになります。

●契約解除のルール

貸主には契約解除の不安もあります。賃借人からの契約解除は実質上いつでも可能な一方、賃貸人からの解除には正当な事由が必要で、実態上、厳しく制限されます。中途で解約したり、更新を拒絶することが制限され、どうしても退去してほしい場合は経済的給付（立退料）を支払って正当事由の成立を補強することになります。立退料の額がそれまで受領した家賃の額を上回る可能性があるなど、賃貸借契約の出口が不透明なことも貸主にはリスクです。

●家賃の減額

賃貸借契約に家賃を増額するなど、家賃改定を取り決めることがあります。しかし、借地借家法の規定により、家賃を増額しない特約はそのとおり実行される一方、増額の特約は事情変動による減額請求に劣後し、確実に実行されるとは限りません。

契約にかかわらず家賃減額が可能な日本の法制度のもと家賃改定の取り決めは〝精神規定〟に留まり、貸主は契約書どおりに収入を得られるとは限りません。[*25]

家賃を上げない特約は確定的に有効となる一方、家賃を上げる特約はそれ自体有効ではあるものの、後日、事情変動を理由に減額請求されるとそれに劣後し、特約通り実行されるとは限りません。

＊24　リフォーム費用が数百万円として月額賃料は10万円とすると単純計算でも回収に数年かかります。貸主が賃貸経営を続けるために必要となる固定資産税等の必要諸経費を控除した手取り額で計算すると、さらに長い時間がかかります。

＊25　定期借家契約では家賃増額の取り決めも確定的に実行されます。定期借家制度は日本に不動産証券化の仕組みを導入する際に創設されました。投資家の意思決定や保護のために、契約どおりに実行される規律が必要とされたことが背景です。

家賃改定についても借主が保護されています。

家賃の増額について当事者の協議がまとまらないときは、賃借人は、増額を正当とする裁判が確定するまでは、相当と認める額の家賃を支払えばよいとされます。また、家賃増額を主張する家主が家賃を受け取らない場合は、供託所に供託して家賃の支払い義務を履行しておく必要があります。

裁判が確定した結果、支払った額に不足があるときは、年1割の利息を加えて不足額を支払います。

●家賃不払い

家賃不払いや用法違反など賃借人の債務不履行は契約解除事由となりますが、それが明白でもただちに契約解除できず、〝信頼関係が破壊されるほどの契約違反〟と裁判所が判断して初めて解除できます。家賃を払わない借家人でも退去するとは限らないことになります。

以上のような賃貸するリスクが重層して〝貸さないほうがまし〟となり、空き家を放置することにつながります。

REAL ESTATE

3

「超高層ビルや空中権移転」の規制緩和

1 建築物の広さや高さの制限

都市計画法は、都市の健全な発展と秩序ある整備を図り、国土の均衡ある発展と公共の福祉の増進に寄与することを目的とする法律です。都市計画区域[*26]を定めて規制や誘導などを行います。

全国で約1200の都市計画区域が約1360の市町村にわたり指定されています[*27]。

都市計画区域には2つのタイプがあります。

1つは区域を市街化区域か市街化調整区域のいずれかに区分（線引き）するタイプで、もう1つは線引きしない非線引きの都市計画区域です[*28]。

1968（昭和43）年に制定された現在の都市計画法では人口増加や市街地のスプロールに対応し、

＊26 市や一定の条件を満たす町村の中心の市街地を含み、自然的、社会的な条件のほか人口、土地利用、交通などを勘案して、一体の都市として総合的に整備し、開発し、保全する必要がある区域。

＊27 都市計画区域は都道府県知事が指定します。複数の市町村にわたって1つの都市計画区域を指定することも可能なことから都市計画区域の数よりも市町村の数が多くなっています。

＊28 線引きしている都市計画区域は約280です。

無秩序な市街化を防止し、計画的な市街化を図るため、線引きすることを原則としつつ、大都市圏等以外の都市計画区域では、当分の間、線引きの規定を適用しないこととし、その区域を未線引き都市計画区域と呼んでいました。人口の増加傾向が弱まり、市街化の圧力が弱まったことを受けて、2000（平成12）年の都市計画法改正で必ずしも線引きを目指さない都市区域として未線引き都市計画区域の名称を非線引き都市計画区域と改正しました。このような歴史的な背景があり、大都市圏等の都市計画区域で線引きしたものが多くなっています。

市街化区域は、すでに市街地を形成している区域及び、おおむね10年以内に優先的かつ計画的に市街化を図るべき区域で、用途地域を必ず指定して建築物の用

図表4-7　都市計画区域の概念図

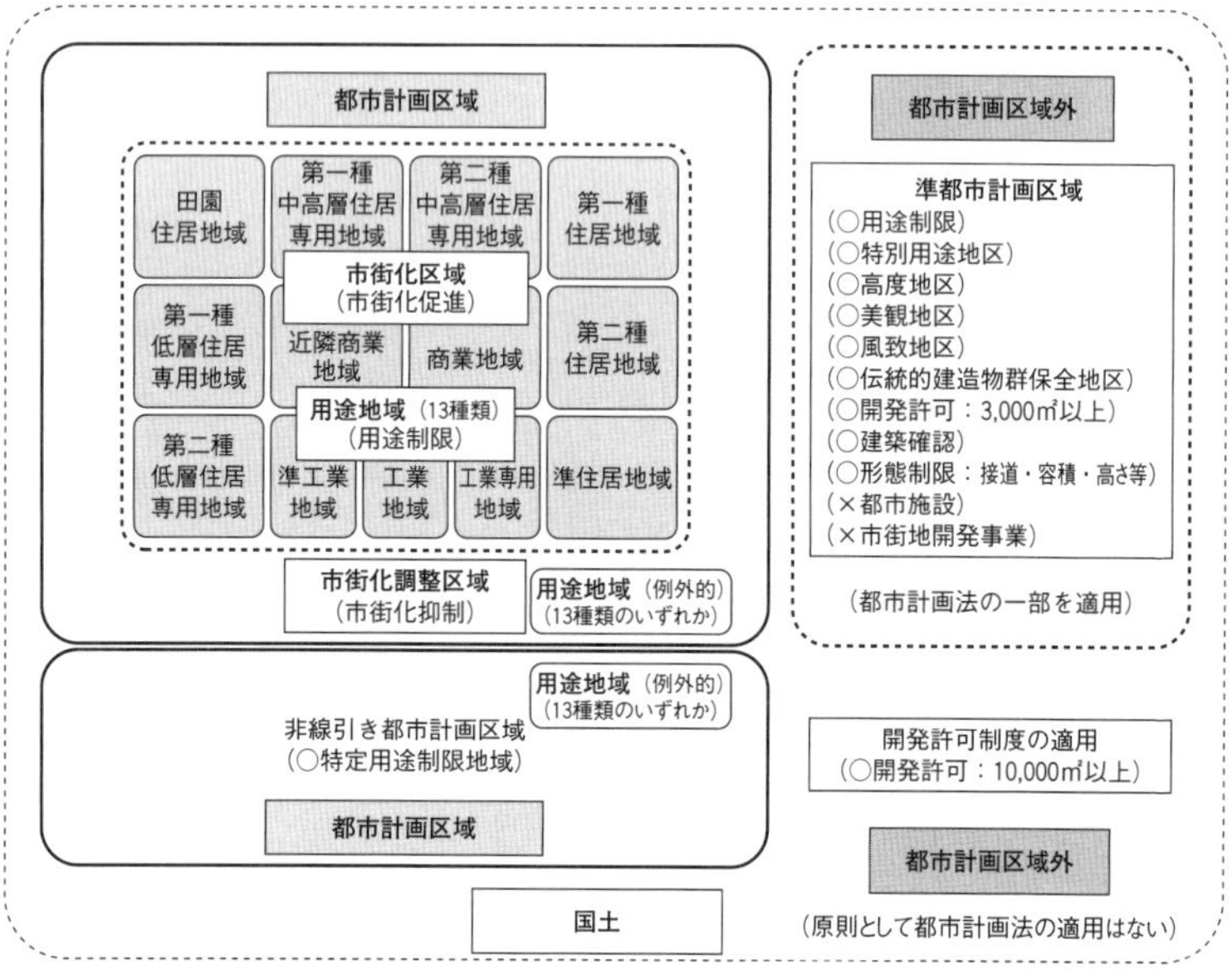

途を制限します。市街化調整区域は、市街化を抑制すべき区域で、新たな開発や建築を制限することから、原則として用途地域は指定しません[*29]（図表7）。

用途地域は現在13種類あり（図表8）、用途地域を定めた主旨に応じて、建築可能な建築物の用途（用途制限）が規制を受けるほか、建築物の広さや高さ（形態制限）が規制されます（図表9）。

形態制限のうち、容積率は建築物の延べ面積の敷地面積に対する割合で、数値が大きいほど、広い建物が建築できます。容積率制限はもっとも厳しいもの

図表4-8　用途地域の名称と意義

名称	意義
田園住居地域	農業の利便の増進を図りつつ、これと調和した低層住宅に係る良好な住居の環境を保護する
第一種低層住居専用地域	低層住宅に係る良好な住居の環境を保護する
第二種低層住居専用地域	主として低層住宅に係る良好な住居の環境を保護する
第一種中高層住居専用地域	中高層住宅に係る良好な住居の環境を保護する
第二種中高層住居専用地域	主として中高層住宅に係る良好な住居の環境を保護する
第一種住居地域	住居の環境を保護する
第二種住居地域	主として住居の環境を保護する
準住居地域	道路の沿道としての特性にふさわしい業務の利便を図りつつ、これと調和した住居の環境を保護する
近隣商業地域	近隣の住宅地の住民に対する日用品の供給を行うことを主たる内容とする商業その他の業務の利便を増進する
商業地域	主として商業その他の業務の利便を増進する
準工業地域	主として環境の悪化をもたらすおそれのない工業の利便を増進する
工業地域	主として工業の利便を増進する
工業専用地域	工業の利便を増進する

＊29　市街化調整区域でも例外的に開発や建築が認められることもあり、必要に応じて用途地域を定めることもあります。この場合でも市街化調整区域全体に用途地域を定めるわけではありません。非線引き都市計画区域も同様です。

			A	B	C	D	E	F	G	I
斜線制限	道路斜線制限	勾配	1.25	1.25（注3）		1.5		1.5		1.25 1.5
		適用距離	容≦200%;20m 200%＜容≦300%;25m 300%＜容≦400%;30m 400%＜容;35m			容≦400%　;20m 400%＜容≦600%　;25m 600%＜容≦800%　;30m 800%＜容≦1000%;35m 1000%＜容≦1100%;40m 1100%＜容≦1200%;45m 1200%＜容;50m		容≦200%;20m 200%＜容≦300%;25m 300%＜容≦400%;30m 400%＜容;35m		容≦200%;20m 200%＜容≦300%;25m 300%＜容;30m
	特定行政庁が都道府県都市計画審議会の議を経て指定する区域	勾配		1.5 （注5）	1.5					
		適用距離（注2）		容≦200%;20m 200%＜容≦300%;20m 300%＜容≦400%;25m 400%＜容;30m						
	隣地斜線制限	勾配		1.25（注4）		2.5				1.25 2.5
		立上り		20m		31m				20m 31m
	特定行政庁が都道府県都市計画審議会の議を経て指定する区域	勾配		2.5 （注5）	2.5	適用なし				
		立上り		31m						
	北側斜線	立上り	5m	10m						
		勾配	1.25	1.25						

（注1）高層住居誘導地区内にある一定の建築物を除く
（注2）表中の「容」は当該敷地の基準容積率を示す
（注3）前面道路幅員が12m以上であって、前面道路の反対側の境界線からの水平距離が前面道路の幅員の1.25倍以上の区域内では1.5
（注4）高層住居誘導地区内の建築物であって、住宅の用途の割合が2/3以上のものを除く
（注5）指定容積率が400%以上の区域に限る
（注6）2つの数値は　5m測定線の制限値・10m測定線の制限値　で単位は時間。北海道においては午前9時から午後3時までの間で測定し、表の数字より5m測定線で1時間、10m測定線で0.5時間少ない値
※例外をすべて網羅するものではありません

図表4-9　建築物の形態制限

		A	B	C	D	E	F	G	H	I
		○第一種低層住居専用地域 ○第二種低層住居専用地域 ○田園住居地域	○第一種中高層住居専用地域 ○第二種中高層住居専用地域	○第一種住居地域 ○第二種住居地域 ○準住居地域	○近隣商業地域	○商業地域	○準工業地域	○工業地域	○工業専用地域	○用途地域の指定のない区域
容積率		50% 60% 80% 100% 150% 200%	100% 150% 200% 300% 400% 500%	100% 150% 200% 300% 400% 500%		200% 300% 400% 500% 600% 700% 800% 900% 1000% 1100% 1200% 1300%	100% 150% 200% 300% 400% 500%	100% 150% 200% 300% 400%		50% 80% 100% 200% 300% 400%
	前面道路幅員に対する乗数	10分の4	10分の4 特定行政庁が都道府県都市計画審議会の議を経て指定する区域内：10分の6（注1）		10分の6 特定行政庁が都道府県都市計画審議会の議を経て指定する区域内の建築物にあっては、10分の4又は10分の8のうち特定行政庁が都道府県都市計画審議会の議を経て定める					
建蔽率		30% 40% 50% 60%		50% 60% 80%	60% 80%	80%	50% 60% 80%	50% 60%	30% 40% 50% 60%	30% 40% 50% 60% 70%
外壁後退		1.0m 1.5m								
絶対高さ制限		10m 12m								
日影規制	制限を受ける建築物	軒高7mまたは地上3階以上	高さ10m超				高さ10m超			高さ10m超
	測定面の高さ（平均地盤面より）	1.5m	4m 6.5m				4m 6.5m			4m 6.5m
	日影時間（注6）	3h･2h 4h･2.5h 5h･3h		4h･2.5h 5h･3h			4h･2.5h 5h･3h			4h･2.5h 5h･3h
敷地規模規制（下限値）		200㎡以下								

は第一種低層住居専用地域ほかの50％で、もっとも緩やかなものは商業地域の１３００％です[*30]。

建築物は高さの制限も受けます。代表的なものは斜線制限です。斜線制限は3種類ありますが、道路境界線側から適用される道路斜線制限、隣地境界線側から適用される隣地斜線制限が主なものです。斜線制限が厳しいと容積率の限度までの広さをもつ建築物を建築できないこともあります[*31]。

図表10は、高さ制限と容積率制限の関係の例示です。

用途地域は商業地域で、容積率は７００％とします。商業地域の道路斜線制限は勾配が１：１・5で、適用距離は30ｍです。道路境界線は前面道路の反対側の境界線から適用します。一方で、建築物を道路境界線から後退させて建築する場合は、道路斜線制限の始点を道路の向かい側にずらすことができます[*32]。

商業地域の隣地斜線制限は、31ｍまでは隣地に接して建築することができ[*33]、それを超えた部分では１：2・5の勾配の斜線より低い部分に建築できます。これに対し、31ｍを超えた部分で隣地から後退して建てる場合は、斜線の始点を隣地側にずらすことができます。図表10では、長方形の敷地の境界線のうち、道路に接する一辺から道路斜線制限がかかり、隣地に接する残り三辺から隣地斜線制限がかかります。そのため、建築可能な範囲は上方が尖った角錐になります。

次に、斜線制限の範囲内で建築可能な階数を判断します。ここでは、地盤面から1階の床までの高さを1ｍ、1階の階高を5ｍ、基準階の階高を3・8ｍとします。図表10では8階までは基本の大きさの床面積が確保できますが、9階から少しずつ床面積が減少します。実際の設計ではエレベーターや階段は最上階まで同じ位置に配置する必要があることや、狭小すぎる階を建築しても利用効率が悪く実用に耐えないことになります。斜線制限だけから見れば15階も建築可能ですが、実際には11階程度で留めることになります。この場合の延べ面積は５１５０㎡程度で、容積率は６８７％になります。[*34]

建築物の高さと広さにかかる斜線制限と容積率制限は相互に関係しながら建築物の形態を決める大きな要因となります。一方で、これらを前提とする限り、高さも広さも巨大な超高層建築物は建築できないことになります。

＊30　２００２（平成14）年の都市計画法改正により、それまでの商業地域の容積率上限の１０００％を超えて、１１００％、１２００％、１３００％が追加されました。この改正を受けて、東京都は東京駅周辺の商業地域の容積率を見直して１３００％とし、含み益を得ることとなった土地所有者等が協力して大丸有（大手町・丸の内・有楽町）地区で連鎖型都市再生プロジェクトを立ち上げ、より大きなビルを建築すると同時に地域の価値を維持向上させるエリアマネジメントを開始しました。

＊31　建蔽率制限や日影規制などによっても建築物の広さや高さが制限されます。

＊32　実質的には斜線制限の緩和ですが、公的には「合理化」といいます。

＊33　民法は所有権に関する規定のなかで、相隣関係として50㎝後退するよう規定しています。建築基準法の定めと異なりますが、このような場合は民法（一般法）に対して建築基準法（特別法）が優先します。

＊34　基準容積率をほぼ使い切っているともいえますが、実際には斜線制限とは無縁の地下室を設け、地下1階、地上10階建てにすることが考えられます。建物配置によって斜線制限の実質的な内容が異なることから、例示以外の建物配置も検討します。なお、斜線制限の内容を基本とした天空率による高さ制限の合理化などがあります。

図表4-10　斜線制限による建物の高さの制限

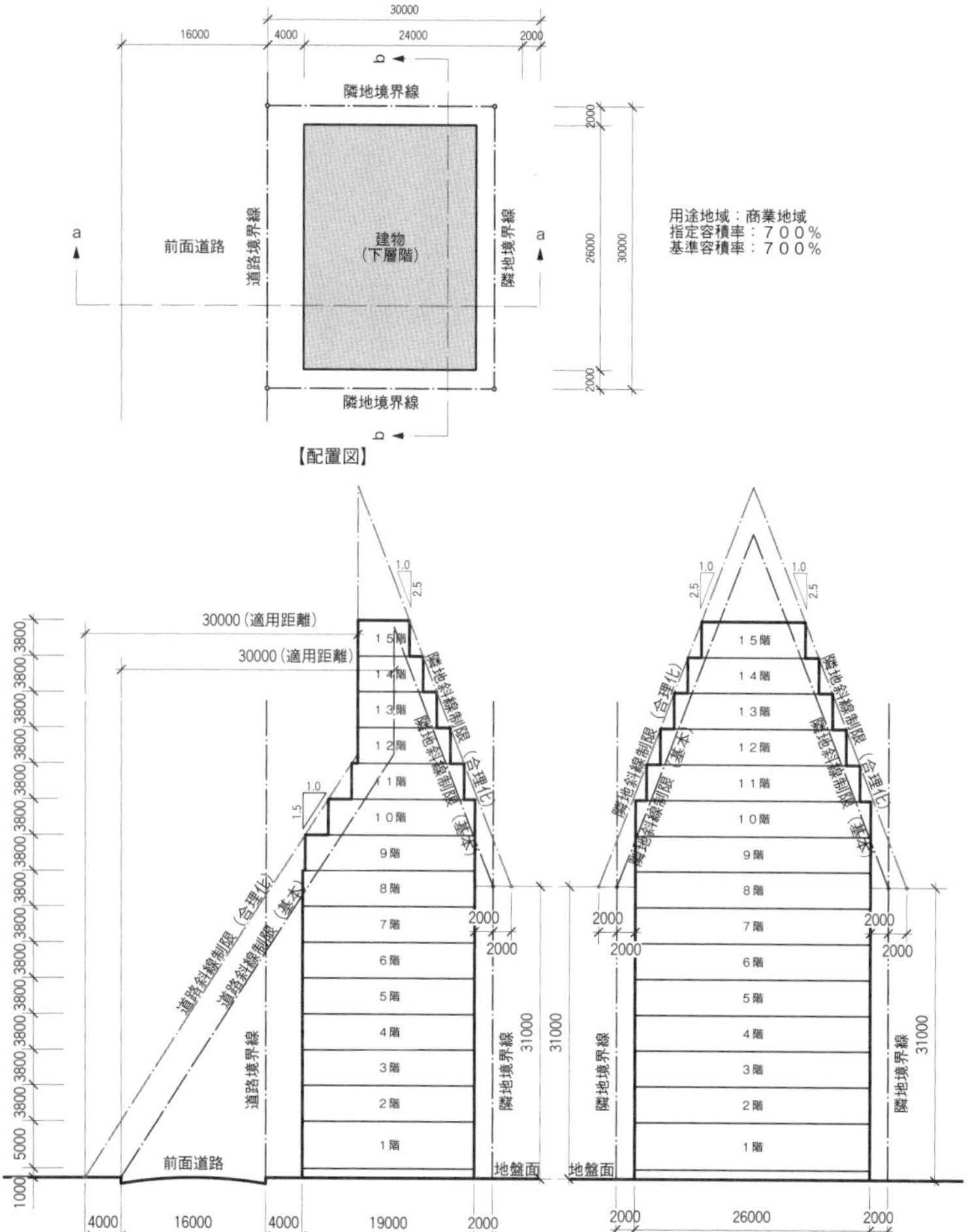

注）建築可能な建物の高さは建物の配置によって異なる

2 高さ制限の変遷

建築物の形態制限は大きく、絶対高さ制限から容積率制限に移行しました。

■市街地建築物法による絶対高さ制限

1919（大正8）年の都市計画法では、規定した3種類の用途地域のうち、住居地域の建築物の高さは65尺、それ以外では100尺を超えないこととする絶対高さ制限が規定されました。[*35] 併せて、前面道路幅員に応じた高さ制限も導入されました。

図表10と同じ敷地に市街地建築物法の高さ制限を適用した場合に建築可能な建物は図表12のとおりです。

図表4-11　形態制限の変遷

<table>
<tr><th>時期</th><th>都市計画</th><th>建築</th><th>用途地域</th><th>形態制限</th><th>備考</th></tr>
<tr><td>1919（大正８）年</td><td rowspan="4">旧・
都市計画法</td><td>市街地
建築物法</td><td>３種類</td><td rowspan="5">絶対高さ制限
建蔽率</td><td>市街地建築物法の適用は大都市のみ。
住居地域65尺、その他は100尺</td></tr>
<tr><td>1950（昭和25）年</td><td rowspan="11">建築基準法</td><td rowspan="4">４種類</td><td>高さ制限等は承継</td></tr>
<tr><td>1961（昭和36）年</td><td>特定街区制度</td></tr>
<tr><td>1963（昭和38）年</td><td>容積地区制度、特定街区見直し</td></tr>
<tr><td>1968（昭和43）年</td><td rowspan="8">新・
都市計画法</td><td>市街化区域、市街化調整区域</td></tr>
<tr><td>1970（昭和45）年</td><td rowspan="4">８種類</td><td rowspan="7">容積率制限
（全面導入）
斜線制限</td><td>絶対高さ制限撤廃（第一種住居専用地域：10m）</td></tr>
<tr><td>1977（昭和52）年</td><td>総合設計制度</td></tr>
<tr><td>1981（昭和56）年</td><td>新耐震設計基準</td></tr>
<tr><td>1987（昭和62）年</td><td>道路斜線・隣地斜線合理化</td></tr>
<tr><td>1992（平成４）年</td><td rowspan="2">12種類</td><td>第一種、二種低層住居専用地域：10m、12m</td></tr>
<tr><td>2002（平成14）年</td><td>容積率の数値見直し（商業地域：最大1,300％）、天空率制度</td></tr>
<tr><td>2018（平成30）年</td><td>13種類</td><td>田園住居地域：10m、12m</td></tr>
</table>

※法律の公布と施行の時期が異なるものがある

図表4-12　市街地建築物法の高さ制限（絶対高さ制限）

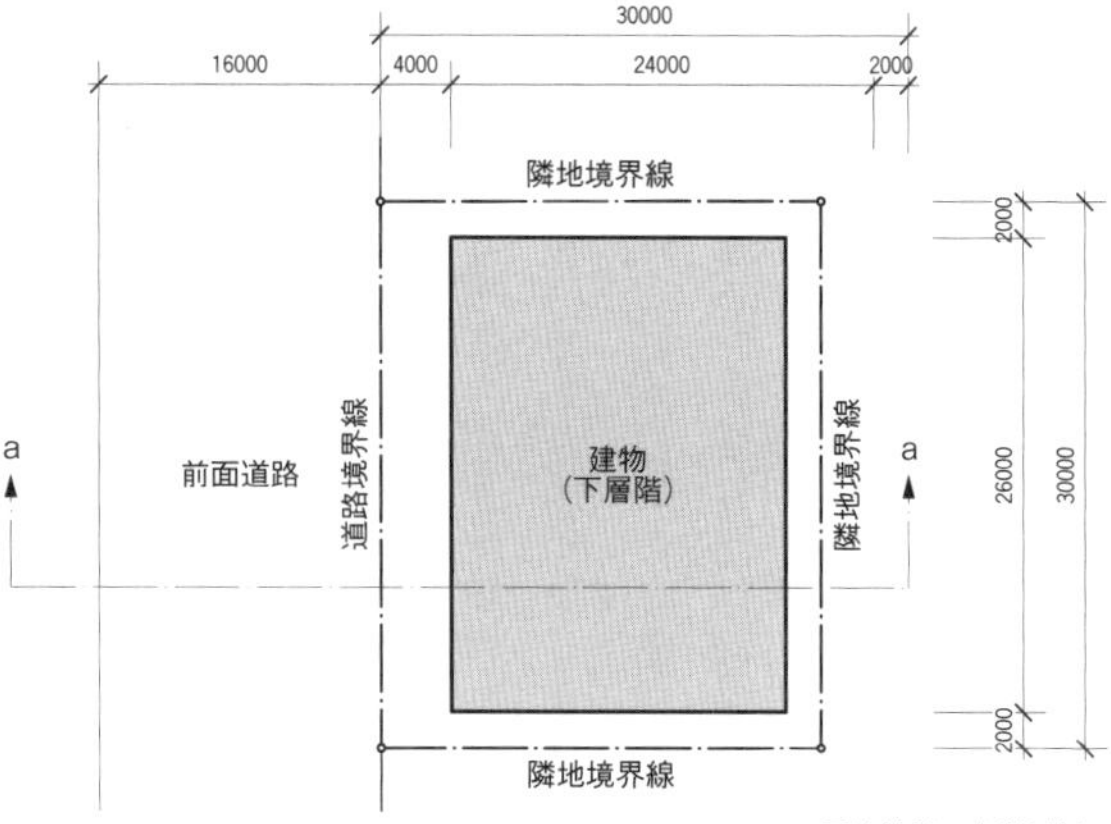

【配置図】

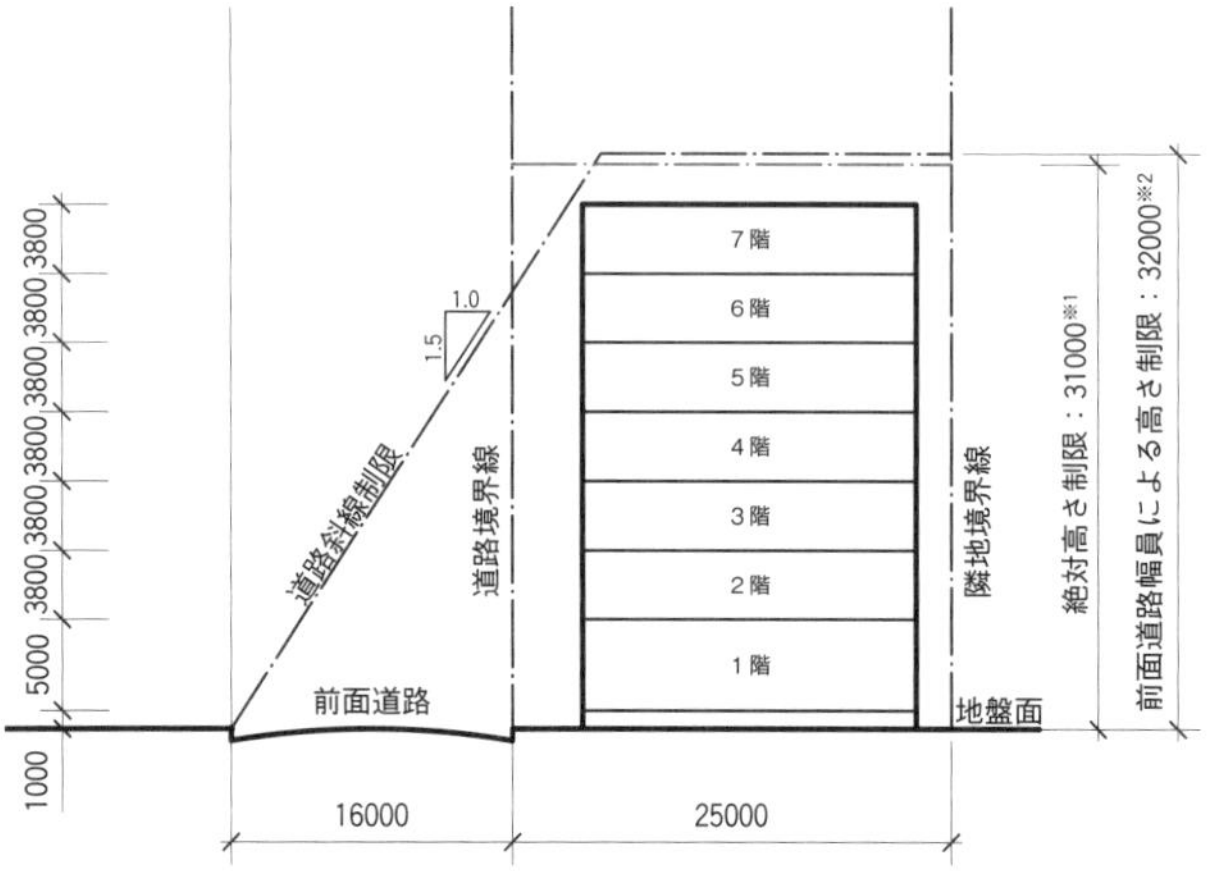

※1　絶対高さ制限（商業地域）100尺(31m)
※2　前面道路幅員による容積率（商業地域）1.5×道路幅員+25尺（8m）

【a-a断面図】

注）建築可能な建物の高さは配置によらず一定。

＊35　メートル法採用により、1931（昭和6）年に65尺は20m、100尺は31mとなりました。

図表4-13　建築基準法における建築物の高さや広さに係る特例制度

名称	時期	内容
一団地の総合的設計制度（86条第１項）	1950（昭和25）年	一定の土地の地区内における総合的設計による複数建築物について、容積率制限等の規制を同一敷地内にあるものとみなして一体的に適用
特定街区（60条）	1961（昭和36）年	良好な環境と健全な形態を有する建築物の建築と併せて、有効な空地を確保するものについて、容積率等の緩和を行い、市街地の整備改善を図る
高度利用地区（59条）	1969（昭和44）年	建築物の敷地等の統合の促進、小規模建築物の抑制、敷地内の有効空地の確保を図るとともに、容積率等を緩和し、土地の高度利用と都市機能の更新を行う
総合設計（59条の２）	1970（昭和45）年	敷地内に一定割合以上の空地を確保する建築計画について、市街地の環境改善に資すると認められる場合に、容積率等の制限を緩和する
用途別容積型地区計画（68条の５の３）	1990（平成２）年	都心周辺部等の住商併存地域における住宅供給を促進するために、住宅を設けた場合に、住宅について容積率を緩和する
容積適正配分型地区計画（68条の５）	1992（平成４）年	用途地域で指定された容積の範囲内で、地区計画区域内において容積を配分し、土地の合理的な利用を促進しつつ、良好な環境の形成や保護を図る
誘導容積型地区計画（68条の４）	1992（平成４）年	公共施設が未整備な段階の容積率（暫定容積率）と公共施設整備後の容積率（目標容積率）の２つを定め明示することにより、土地の有効高度利用を誘導する
街並み誘導型地区計画（68条の５の４）	1995（平成７）年	地区計画において壁面の位置の制限、建築物の高さの最高限度等を定めた場合には、前面道路幅員による容積率制限、斜線制限を適用除外
高層住居誘導地区（52条、57条の５）	1997（平成９）年	都心地域等における住宅と非住宅の適正な用途配分を実現するため、一定割合以上住宅を供給する建築物に対して、容積率、斜線制限の緩和等を行い、地区内においては日影規制を適用除外とする
連担建築物設計制度（86条第２項）	1998（平成10）年	一定の土地の区域内において、既存建築物の存在を前提とした合理的な設計による複数建築物について、容積率制限等の規制を同一敷地内にあるものとみなして一体的に適用する
都市再生特別地区（60条の２）	2002（平成14）年	都市再生緊急整備地域内において、既存の用途地域等に基づく用途、容積率等の規制を適用除外としたうえで、自由度の高い計画を定める
再開発等促進区（68条の３）	2002（平成14）年	現に土地の利用状況が著しく変化しつつある等の条件に該当する土地の区域における地区計画について、地区内の公共施設の整備と併せて、建築物の用途、容積率等の制限を緩和することにより、良好なプロジェクトを誘導する ※再開発地区計画（昭和63年創設）及び住宅地高度利用地区計画（平成２年創設）を統合
高度利用型地区計画（68条の５の２）	2002（平成14）年	適正な配置及び規模の公共施設を備えた土地の区域について、敷地内の有効空地の確保等を図るとともに、容積率を緩和し、その合理的かつ健全な高度利用と都市機能の更新とを図る
特例容積率適用地区（57条の２）	2005（平成17）年	市街地の防災機能確保等のため、特例容積率の限度の指定の申請に基づき、要件に該当する場合は、特例敷地のそれぞれに適用される特例容積率の限度を指定する

商業地域を想定しているので、絶対高さ制限は100尺（後に31m）、前面道路による高さ制限は勾配が1・5で、高さ＝1・5×16m（道路幅員）＋25尺（後に8m）＝32mとなります。ここでは道路付近を除いて絶対高さ制限が厳しい内容となります。図表10と同じ階高の建築物を想定すると7階建てとなります。

図表10と図表12を比較すると、絶対高さ制限を超えて建築することができない市街地建築物法の規制が厳しいことがわかります。もっとも、地上の階数は制限されますが、容積率の制限はないことから、地下に複数階を確保することで、広い床面積を持つ建物を建てることは可能でした。[*36]

■建築物の高さと広さに関する特例制度

時代とともに、用途地域の細分化による用途制限は厳格化する一方、高さに関する制限は緩和される傾向にあります。高さや広さに係る特例措置の主なものは図表13のとおりです。

土地の高度利用に対する社会的要請の高まりのほか、建築構造、特に耐震性能にかかる技術の進歩、さらには図表10のような形態制限がもたらす街並み景観の混乱などもあって、シンプルな形態をもつ広く高い建築物が可能な制度が設けられてきました。

＊36　このような建物は容積率制に移行したのち、建て替えるとそれまでと同じ広さの建物が建てられないことから建替えが進まないという課題があります。古くから高度商業地として栄えた場所の大型店舗などで見られます。

3 超高層建築物を建てる

■特定街区制度を利用する（根拠法：都市計画法）

特定街区は1961（昭和36）年に創設された制度ですが、1963（昭和38）年の見直しによって、しだいに利用されるようになりました。

1965（昭和40）年3月起工、1968（昭和43）年4月竣工した霞が関ビルディングは、日本初の超高層ビルとして知られ、特定街区制度を利用して建設されました。高さは147m（地上36階）で、絶対高さ制限31mの時代に群を抜く高さでした。[*37]

その後、昭和40年代後半には特定街区制度を利用して多くの超高層ビルが出現し、新宿には超高層ビル群が出現しました。

図表4-14　特定街区のイメージと事例

〈イメージ〉

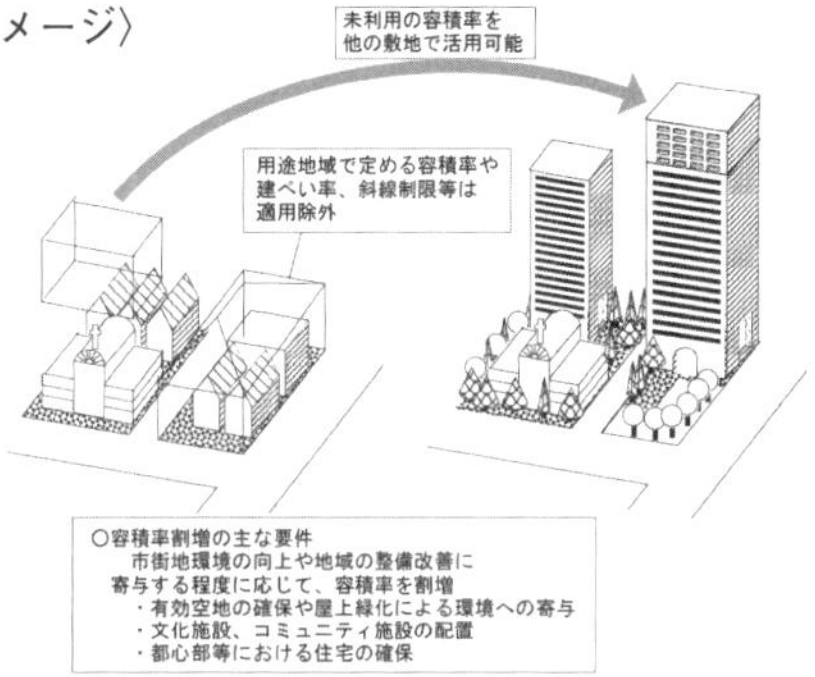

〈事例〉

初台淀橋
（東京オペラシティ・新国立劇場）
（東京都渋谷区）

都市計画決定：平成4年2月
面　積：4.4ha
容積率：444%→605%
竣工年月：1996年7月
階　数：地上54階地下4階
用　途：店舗・事務所等

出所：国土交通省　住宅局市街地建築課「建築基準法（集団規定）」より一部抜粋

■総合設計制度を利用する（根拠法：建築基準法）

総合設計制度は、所定の広さを持つ敷地において敷地内に一定割合以上の空地を有する建築物について、公開空地を設けるなど、市街地の環境の整備改善に貢献があると認められる場合に、容積率制限のほか、道路斜線制限などの高さ制限を緩和する制度です。[*38]

特定街区制度が都市計画法を根拠法とし、適用を受けるためには都市計画として決定される必要があることに対し、総合設計は建築基準法の手続きで済ませることができる点に特徴があります。

4 容積率の移転

■米国における空中権

米国では空中権[*39]も不動産の権利の1つと考えられています。

空中権を利用した最初の例は、1913年に完成したニューヨーク・グランドセントラル駅の上空利用といわれています。[*40] 高度利用の要請が

図表4-15　総合設計のイメージと事例

〈イメージ〉

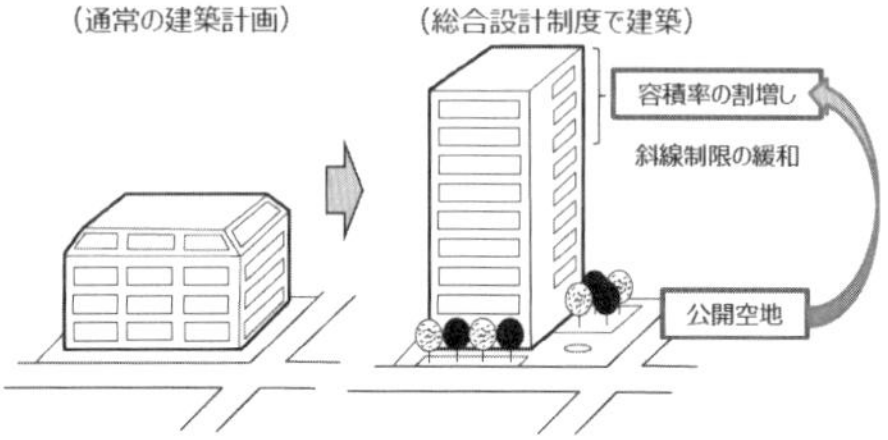

〈事例〉

新宿パークタワー

所在地：東京都新宿区
敷地面積：26,538㎡
延べ面積：301,154㎡
高さ：235m
階数：地上52階／地下5階
許可：1990年5月
竣工：1994年4月

・容積率を800%⇒993%に割増し

出所：国土交通省　住宅局市街地建築課「建築基準法（集団規定）」より一部抜粋

顕著なニューヨークを中心に利用が広まりました。

広く空中権といわれる不動産権には、敷地の上空を開発事業者等に譲渡・賃貸して利用することを認めるエアーライト（Air Right）、ある土地の空中権を隣接する他の土地で実現する敷地統合（Zoning Lot Merger）、ある土地の空中権を離れている他の土地で実現するＴＤＲ（Transferable Development Rights）があります。

空中権を利用する理由はさまざまですが、高度利用を必要としない学校や教会などが利用しない上空の権利を開発事業者等に譲渡・賃貸して得られる収入を学校、教会や歴史的建造物の維持修繕や建て替えの費用に充てることが多くなっています。[*41]

■日本における容積率移転

日本では現時点で空中権の制度はありません。一方、高度利用を望まない、あるいは、高度利用

＊37　容積率は９１０％でした。
＊38　容積率の割り増しを認める点で〝アメ〟、公衆の利用に供する公開空地の提供を求める点で〝ムチ〟の両面があります。
＊39　空間を分割して利用する権利で、土地所有権の構成要素として認められている財産法上の権利です。
＊40　１９２７年イリノイ州は法律により、鉄道の上部空間の売却や賃貸を認めました。
＊41　米国の空中権のうちエアーライトは土地の上下の範囲を区分して利用する点において日本の区分地上権（民法）に類似します。その際、柱、エレベーター、階段などを共通にする建築物を建てる場合は日本の区分所有権（区分所有法）に類似します。敷地統合は日本では連坦建築物設計制度（建築基準法）に相当し、ＴＤＲは特定容積率適用地区制度（都市計画法）に相当します。

ができない土地の未実現の容積率を、ほかの土地で利用する方法があり、これらを総称して容積率移転と呼んでいます。

■特定街区における容積率移転（根拠法：都市計画法）

日本でも隣接する土地を一体化して1つの敷地として共同ビルを建てる際に容積率を融通し合うことはあったと思われますが、法的な根拠を持つ制度を利用し、有償で容積率を移転（売買）した最初の例は1973（昭和48）年の日本プレスセンターといわれています。

日比谷国際ビル、富国生命ビル、日比谷セントラルビルが超高層ビルを建てる際、先行して建築計画が進んでいた日本プレスセンターが必要としない余剰の容積率を買い取り、高度利用を実現したものです。日比谷セントラルビルは、ほかのビルと道路を挟んだ位置にありますが、道路を隔てた容積率移転が認められました。利用した制度は、西新橋一丁目特定街区です。[*42]

特定街区は図表14に示すとおり、斜線制限が適用除外となることから超高層ビルを建築する際に利用されます。併せて、容積率制限も適用除外となり、都市計画で指定される規定の容積率が割り増しされることが一般的です。複数の土地所有者の土地を併せて特定街区に指定される場合、個別の土地では利用できない、もしくは、利用する必要がない未実現の容積率を、より高度な土地利用を実現したい土地上の建築物に移転することも可能です。日比谷プレスセンター（西新橋一丁目特定街区）や新青山ビル（青山一丁目特定街区）はこのような容積率移転の初期の例です。[*43]

複数の土地所有者の土地を併せて総合設計制度を適用する場合も特定街区と同様、容積率の移転が行われることがあります。

■一団地の総合的設計制度による容積率移転（根拠法：建築基準法）

容積率制限や斜線制限などの形態制限は一敷地一建築物の原則より、敷地ごとに適用されますが、その例外として、一団地の総合的設計制度があります。

一団地の総合的設計は、一定の土地の区域内で相互に調整した合理的な設計により建築される2以上の建築物について、安全上、防火上、衛生上支障がないと認められる場合は、複数の建築物が同一敷地内にあ

図表4-16　一団地の総合的設計制度のイメージと事例

〈イメージ〉

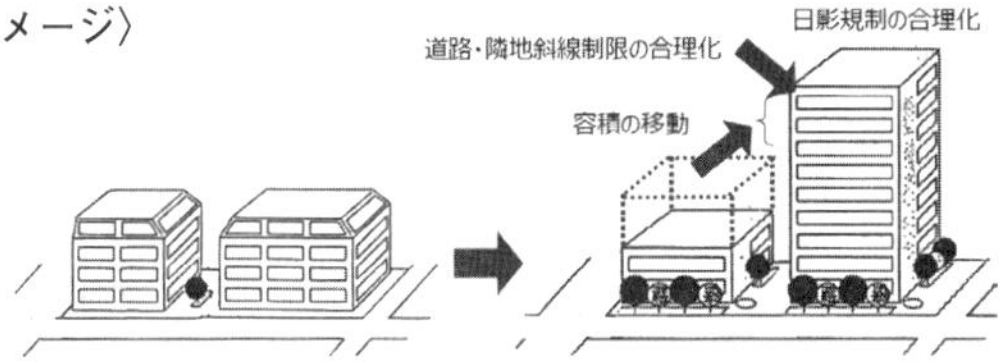

〈事例〉

恵比寿ガーデンプレイス

所 在 地：東京都渋谷区/目黒区
敷地面積：8.2ha
延べ面積：479,124㎡
高　　さ：167m
階　　数：地上40階
　　　　　／地下5階
用　　途：共同住宅、事務所、
　　　　　物販・飲食店舗
許　　可：2001年12月
認　　定：1991年7月(当初)

・総合設計制度を併用し、
容積率を364%⇒462%に割増し

出所：国土交通省　住宅局市街地建築課「建築基準法（集団規定）」より一部抜粋

＊42　同様に、特定街区制度を利用し、街路を隔てて容積率移転した初期の事例として、新青山ビル（青山一丁目特定街区）があります。

＊43　容積率移転は公法としての都市計画法や建築基準法の規定の範囲内で行われます。他方、公法では有償か無償かには関与しません。容積率移転を受ければ資産価値が高まることから、私法上の取り決めとして当事者間で価額を決定します。無償でも構いませんが、価値のある財産権を無償で譲渡することについては別の問題が発生する可能性があります。

るものとみなして一体的に容積率等の規制を適用します。

1つの敷地（団地）内に複数棟の建築物が建っていてもかまわない点が一敷地一建築物の原則の例外です。また、1つの敷地（団地）全体で容積率の制限を守っていればよく、敷地内（団地）内の建築物間で容積率の移転があっても構いません。

この結果、敷地（団地）内に中低層の建築物と超高層建築物が並立することもあります。

■連坦建築物設計制度による容積率移転（根拠法：建築基準法）

連坦建築物設計制度は複数敷地により構成される一団の土地の区域内において、既存建築物の存在を前提とした合理的な設計により建築物を建築する場合で、安全上、防火上、衛生上支障がないと認められる場合は、同一敷地内にあるものとみなして一体的に容積率等の規制を適用します。

一団地の総合的設計制度と同様、一敷地一建築物の原則の例外ですが、一団地の総合的設計制度が新築の建築物群で適用されることに対し、連坦建築物設計制度は既存建築物と新築建築物について同一敷地にあるとみなす点が異なります。

連坦建築物設計制度は米国のZoning Lot Mergerに相当する制度です。都心の社寺仏閣が未利用容積率を隣地のビルに譲渡（売却）し、その収益で維持保全や建て替え費用に充てるなど、伝統文化の維持保全に活用することも考えられます。

図表4-17　連担建築物設計制度のイメージと事例

〈イメージ〉

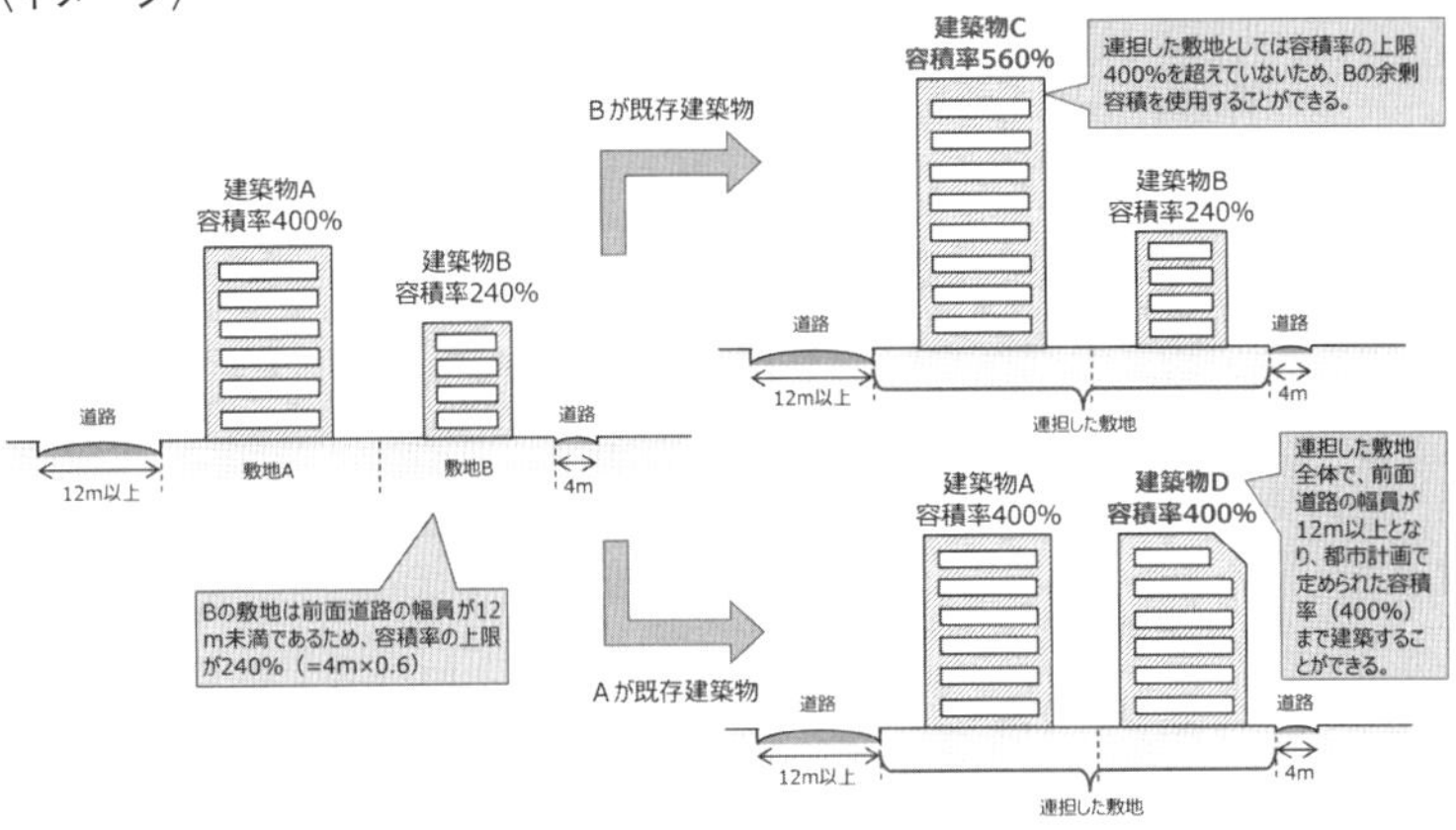

〈事例〉

丸の内オアゾ

所 在 地：東京都千代田区
敷地面積：2.4ha
延べ面積：334,695㎡
高　　さ：160m
階　　数：地上29階
　　　　　／地下4階
用　　途：事務所・店舗・ホテル・
　　　　　医療施設
許　　可：2001年3月
認　　定：2001年3月

・総合設計制度を併用し、
容積率を1000%⇒1273%に割増し

出所：国土交通省　住宅局市街地建築課「建築基準法（集団規定）」より
　　　一部抜粋

■特例容積率適用地区による容積率移転（根拠法：都市計画法）

特例容積率適用地区は、敷地が隣接しているか否かにかかわらず、都市機能が集積する既成市街地で、容積率制限の柔軟な適用による建築物の更新を図り、土地の有効高度利用を実現するために創設されました。

東京駅の容積率を周辺のビルに移転（売却）した事例が代表例です。東京駅は900％に指定されていた容積率が208％に再指定される一方、容積率の移転（購入）したビルの容積率は1300％に指定されていた容積率が1655％などに再指定されています。

この制度は、容積率移転を強く意識して2000（平成12）年に創設され、容積率移転に特化した制度といえる点が、ほかの制度と異なります。米国のTDRに相当することから、容積率移転を空中権移転と表現する場合、狭義にはこの制度による容積率移転を指します。

そのほかにも、図表13に示すような規制の合理化や緩和を認める特例制度があります。1991（平成3）年の地価バブル崩壊と前後して多くの制度が誕生しています。地価高騰への対応やバブル崩壊後の経済活性化、さらには、都市更新を目的とするなど、制度誕生の背景は様々ですが、多様な土地利用に対応するために土地利用規制の柔軟な適用が重視されるようになってきています。この点で、相対的には規制緩和の傾向にあります。

図表4-18　特例容積率適用地区のイメージと事例

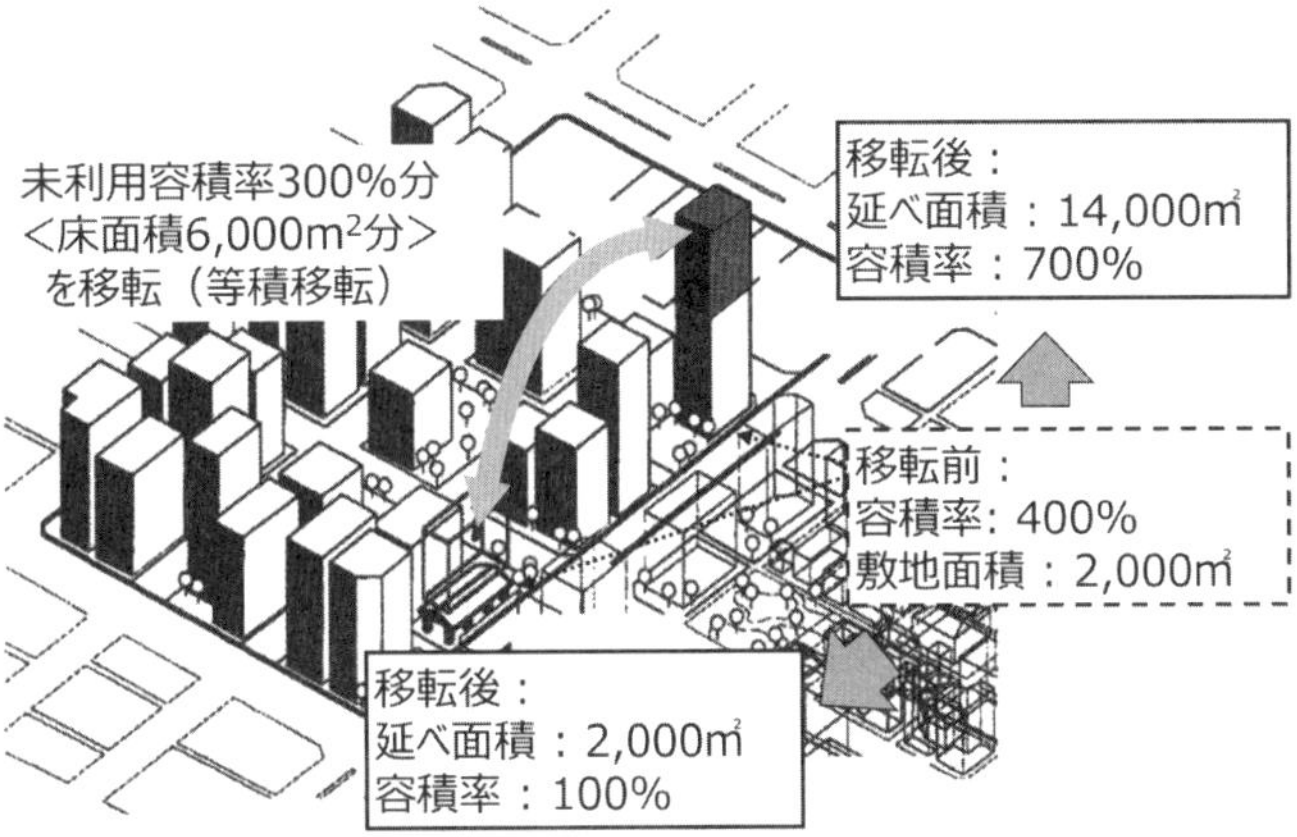

【概要】
位置：千代田区・中央区
面積：116.7ha
都市計画決定日：平成14年6月28日
東京駅に係る特例容積率の指定実績：５件
パレスホテルに係る特例容積率の指定実績：１件

東京駅に係る特例容積率

名称	従前	従後
東京駅	900%	208（△692%）

名称	従前	従後
①JPタワー	1,300%	1,520%（+220%）
②新丸の内ビルディング	1,300%	1,665%（+365%）
③丸の内パークビルディング	1,300%	1,430%（+130%）
④東京ビルディング	1,000%	1,266%（+266%）
⑤グランドトウキョウノースタワー/サウスタワー	900%	1,304%（+404%）

出所：国土交通省　住宅局市街地建築課「建築基準法（集団規定）」より一部抜粋

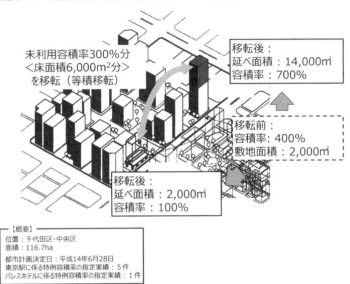

REAL ESTATE 4

都市再生・建築再生を考える

「再生」という用語の意味は、「一度役目を果たしたものに新たな役目を与える」ということに加えて、「役割を果たし尽くすことなく放置され、活力を失った状態にあるものに活力を与えて活用の程度を高める」ことを含みます。類似の用語に「更新」がありますが、「更新」は更にして新しくすることで、都市であれば再開発、建築であれば建替えに相当します。

この点で都市再生は都市更新を含んでいるといえる一方、建築再生に建替えというニュアンスは少なく、一般に、既存の建築物を有効活用して活性化させることを指します。この点で都市再生と建築再生は似て非なる点があります。半面、都市が建築物の集合体であることを考えると、建築再生が集積すると結果的に都市再生になる側面もあります。都市と建築は個別に、かつ、相互に関係し合いながら再生されます。

1 敷地集約化による価値の創造

都市再生の要諦の1つは細分化された土地を集約し、一体利用することで資産価値を向上させることです。2つの敷地を想定し、もっとも単純化した敷地の集約化とそれによって生じる付加価値を考えます。

　用途地域が商業地域で指定容積率が７００％の地域に敷地Aと敷地Bが隣接しています（図表19右）。

　敷地Aは前面道路幅員が12ｍあり、間口が30ｍあって恵まれているようですが、奥行きが10ｍしかなく、建物は敷地いっぱいに配置するほかありません。敷地Aでは道路斜線制限が厳しく、上階は後退して建築することになります。地上階では７００％の容積率を使い切ることができないため、工事費は嵩みますが、地下を設けます。

　敷地Bは間口が30ｍ、奥行

図表4-19　敷地集約による土地利用の効率化と資産価値の上昇

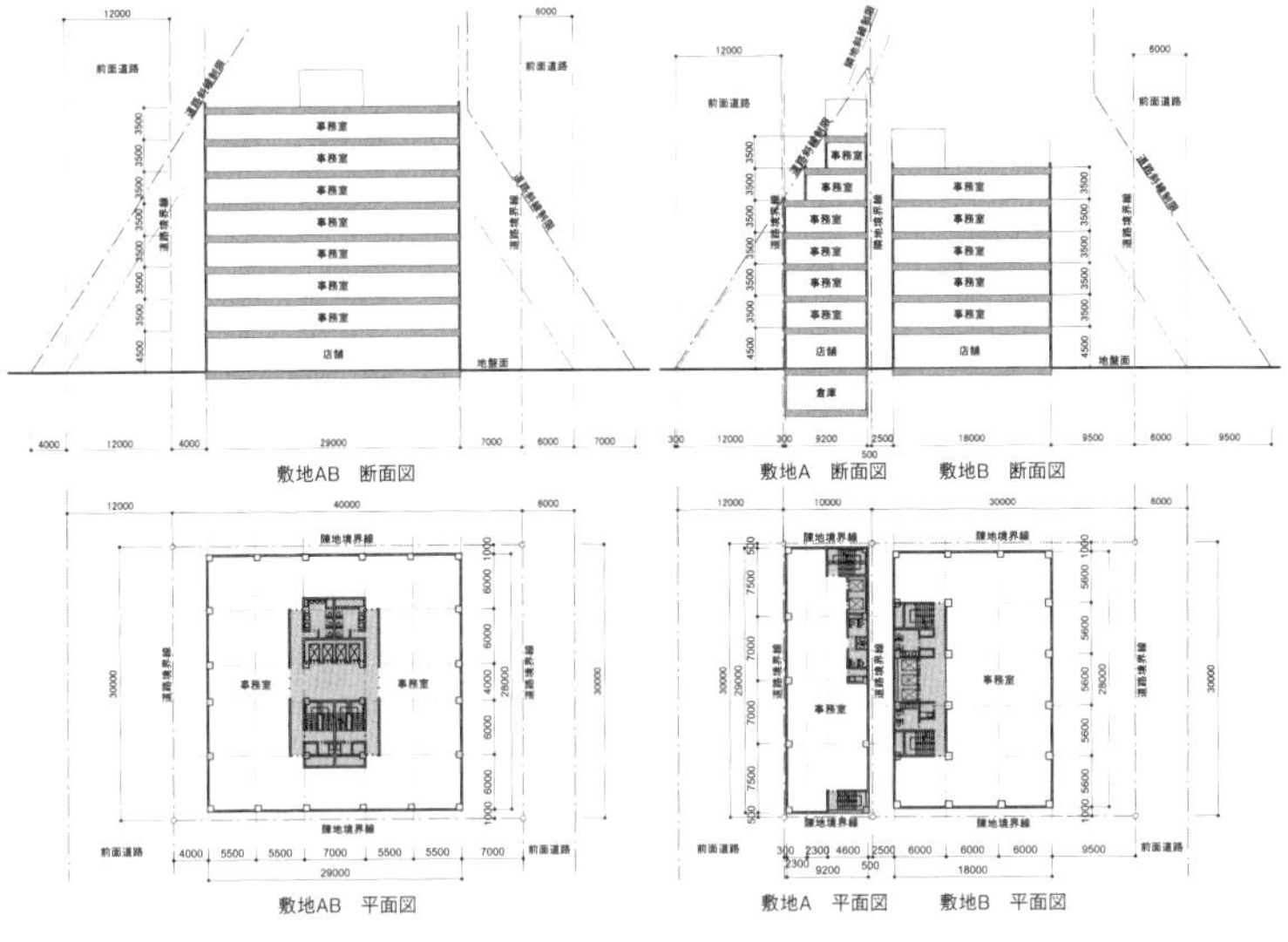

	敷地面積	基準容積率	容積率計算上の延べ面積	計画建物の容積率	専用面積	有効率	基準階賃料	収益価格	価格比	単価	単価比
敷地A	300㎡	600%	1,798㎡	599%	1,313㎡	73%	5,000円/㎡	833,188千円	48%	2,777千円/㎡	100%
敷地B	900㎡	367%※	3,304㎡	367%	2,359㎡	71%	4,000円/㎡	894,655千円	52%	994千円/㎡	36%
合計	1,200㎡	425%	5,102㎡	425%	3,672㎡	72%	***	1,727,843千円	100%	1,440千円/㎡	52%
敷地AB	1,200㎡	600%	6,832㎡	569%	5,378㎡	72%	5,500円/㎡	3,526,394千円	204%	2,939千円/㎡	106%
増分価値								1,798,551千円	104%	1,499千円/㎡	54%

※特定道路からの距離（68.5m）による前面道路幅員の加算を考慮

きが30ｍあって面積は広いのですが、前面道路幅員が６ｍと狭いため、建築基準法で認められる容積率の限度（基準容積率）は３６７％になります。[*44] 敷地にゆとりがあるため、道路斜線制限も隣地斜線制限も問題とならず、整った形の建物が建築可能です。

敷地Ａと敷地Ｂを集約して一体化し、敷地ＡＢとすると、敷地面積１２００㎡の土地になり、容積率は７００％まで利用可能で、道路斜線、隣地斜線制限を考えても整った形の建築物を建築することができます（図表19左）。

単独利用の敷地Ａ、敷地Ｂ、一体利用の敷地ＡＢに想定した建築物に対して、道路条件や建築物の設計内容等を考えて賃料を想定し、収益還元価格を求めると、図表19中の表のとおりです。

この結果、一体利用する場合の土地価格は、単独利用する場合の２つの土地価格の合計の２０４％になります。敷地の集約により、資産価値が倍以上になることがわかります。

資産価値の増加分を増分価値と表現すると、増分価値が生まれる理由は、賃貸可能な専用面積（貸室面積）が増加する（量的拡大）、敷地全体が広い道路に面し、建物全体が広幅員道路側の賃料水準で賃貸できる（質的側面）、グレードの高い大規模ビルになって一層高い賃料単価で賃貸できる（質量両側面）ことです。また、エレベーターや階段の数が集約できる、外壁の工事面積が合理化できるなど、建築工事費用の合理化も資産価値の向上に寄与します。

2 都市再生

■市街地再開発事業（都市再開発法）

市街地再開発は都市再開発法に基づいて、低利用の土地、老朽化した建物、耐火性に乏しい建築物が集積するなど、一定の条件に該当する地区で施行します。

細分化された土地[*45]（従前資産）を集約して大規模敷地を創出し、施設建築物（従後資産）を建築します。従前土地の所有者等は、従前資産額に応じて施設建築物の権利を得ます。これを権利変換といいます。

権利変換によって、複数の従前土地所有者等が施設建築物とその敷地を所有することになります。複数権利者が土地や建物を所有する方法として、共有がありますが、共有物の変更や処分には全員の同意が必要で、この制約が権利変換後の土地や建物の変更や処分を困難にする可能性があります。

そこで、市街地再開発の従後資産は区分所有することが基本で、従前土地所有者等は従前資産額に相当する施設建築物（従後資産）の区分所有権（専有部分）を取得します。[*46]土地は区分所有法の原

＊44 前面道路幅員が12m未満の場合、前面道路幅員に0・6（住居系の用途地域は0・4）を乗じた数値と指定容積率を比較して小さいほうの値が建築基準法の率（基準容積率）になります。ここでは商業地域で前面道路幅員が6mですので6×0・6＝360％ですが、特定道路からの距離による前面道路幅員の加算が適用になる土地を想定しているため、基準容積率367％です。

＊45 借地権は建築物を所有することができる権利ですので、この場合の土地には借地権も含みます。

図表4-20　市街地再開発事業の仕組み

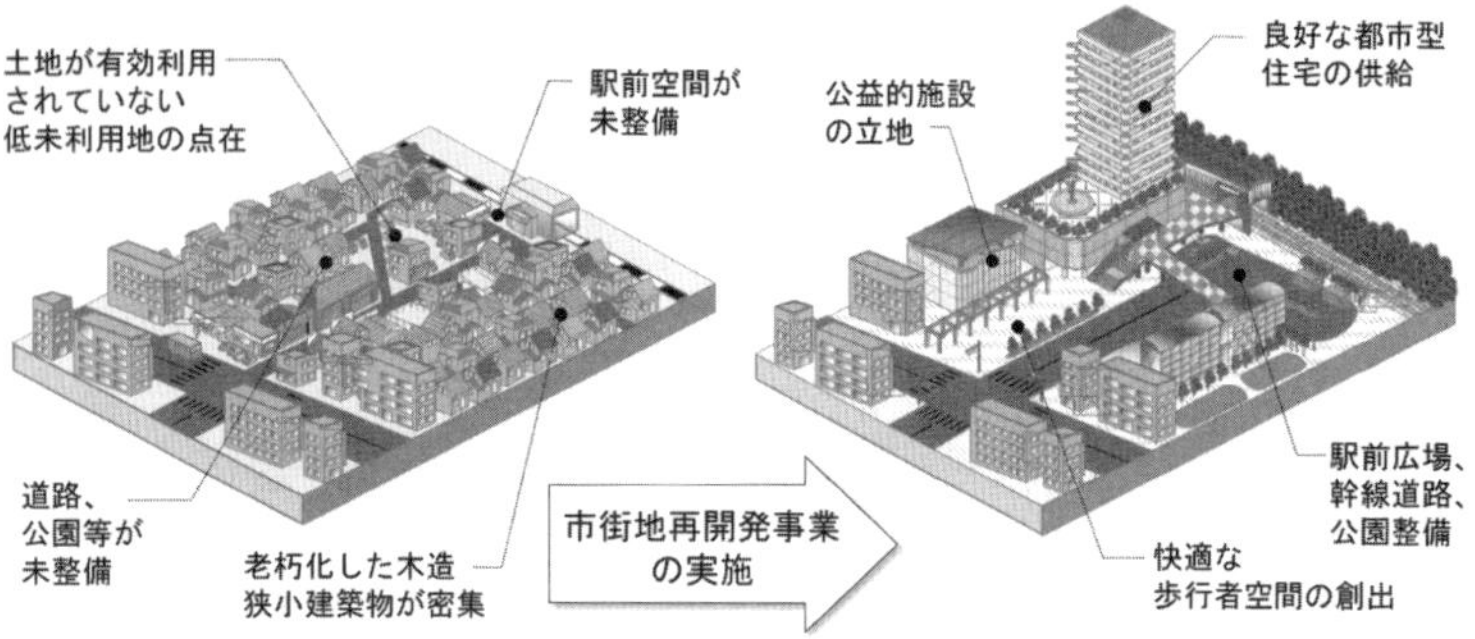

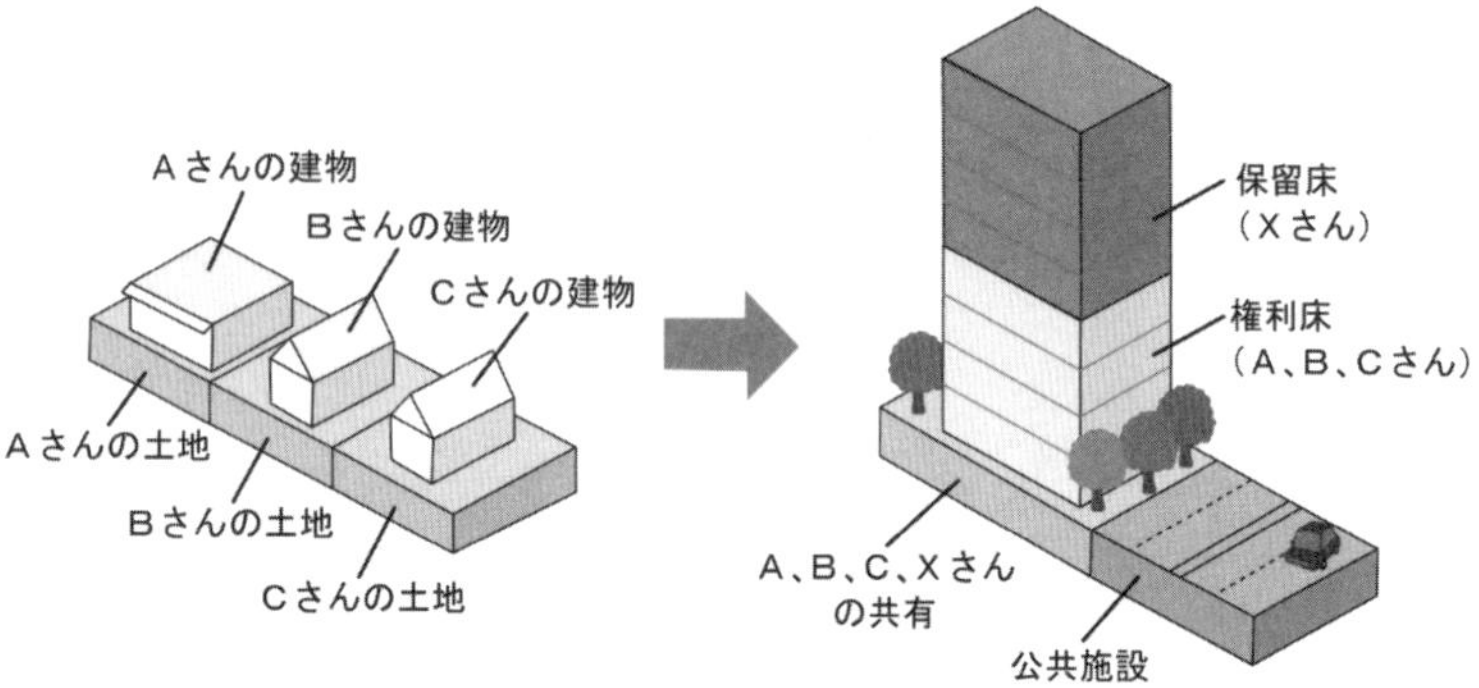

出所：国土交通省 都市局 市街地整備課「市街地再開発事業」より一部抜粋

則に従い、区分所有者が共有するケースのほか、従前土地所有者だけが土地を所有し[*47]、建物を取得する者が地上権（借地権）を準共有する地上権型があります。

市街地再開発事業の1つの課題は、建築費をどのように捻出するかです。

従前土地所有者等が負担できれば問題ありませんが、一般に保留床を売却して充当します。施設建築物として、従前権利者が権利変換を受ける権利床（専有部分）よりも広い専有部分（保留床）を持つ建築物を建築します。保留床の価格には土地と建物の価格を含みますので、保留床の売却価格で建物全体の工事費を捻出する仕組みです。

保留床が適切な価格で売却できるかが市街地再開発事業の成立性を左右します。実際には、不動産事業者等が市街地再開発事業の企画段階から参加組合員として事業に参画[*48]し、保留床を取得することも少なくありません。

市街地再開発事業の概要は図表20のとおりです。

＊46　権利変換を受けないで転出を希望することもできます。従前土地に建物がある場合はこれも従前資産に含めることが基本ですが、事業によっては各自解体して土地だけとすることもあります。賃借人がいる場合の借家権も同様ですが、店舗や飲食を営む営業借家が多いか少ないかなど、事業によって多様な取り決めが見られます。

＊47　合筆して一筆にして共有します。なお、地上権は借地権の一種で、所有権以外のこのような財産権を複数者で保有することを準共有といいます。

＊48　市街地再開発事業は、組合、個人、再開発会社、地方公共団体、都市再生機構、地方住宅供給公社が施行者となります。参加組合員は、組合施行の市街地再開発事業で、組合員になるための従前資産の権利を持たないものの、保留床の取得予定者として事業に参加する者です。

市街地再開発事業の例として、六本木六丁目地区第一種市街地再開発事業（六本木ヒルズ）があります。権利者数約400名、区域面積約11ヘクタールの土地について、低未利用地と木造密集住宅地を集約し、住宅、オフィス、文化・情報・商業施設、ホテル等として利用する施設建築物を完成させました。[*49]

■**連鎖型都市再生（土地区画整理事業＋市街地再開発事業）**

東京を代表するオフィス街の大手町エリアで、土地区画整理事業と市街地再開発事業を組み合わせて連鎖的に再開発を行った事例です。

旧耐震設計の建物を含むなど、老朽化や性能不足が問題となっていたオフィスビル群の建て替えにあたり、個別の土地で個別に建て替えるのではなく、移転先の土地を手当てし

図表4-21　大手町連鎖型都市再生プロジェクト

連鎖型都市再生の流れ	
①土地有効利用事業	都市機構が合同庁舎跡地を取得（その一部を有限会社大手町開発が取得し、都市機構と共有）
②土地区画整理事業	建替えを希望する地権者の土地を合同庁舎跡地に集約換地
③第１次再開発事業	合同庁舎跡地で建替え事業を実施
④土地区画整理事業	次に建替えを希望する地権者の土地を、第１次再開発参加地権者の建物跡地に集約換地
⑤第２次再開発事業	第１次再開発参加地権者の建物跡地で、建替え事業を実施
⑥土地区画整理事業	連鎖型都市再生を継続するため、事業区域を拡大
⑦第３次再開発事業	第２次再開発参加地権者の建物跡地で建替え事業を実施
⑧土地区画整理事業 第４次再開発事業	第３次再開発参加地権者の建物跡地を含む街区で再整備を実施

出所：独立行政法人都市再生機構「大手町連鎖型都市再生プロジェクト」をもとに著者作成

て先行的にビルを建設して移転するとともに、それまで利用していた建物を解体して更地化し、別の土地所有者の移転先として明け渡すことを繰り返しました。

個別に建て替えると建て替え工事期間中は別途執務室等を確保する必要がある、引っ越しが2回必要となるなど、経費がかさみますが、仮事務所が不要、移転費用が削減できるなどの利点があり、土地所有者にとってもメリットがあります。土地は土地区画整理事業の換地によって創出し、建物の更新には市街地再開発事業を適用しています。

都市再生特別地区により1000％を超える容積率[*50]を実現しています。

■エリアマネジメント

激しくなる国際競争や地域間競争を背景に、魅力ある地域づくりが重要になります。地域の魅力づくりは継続的に行う必要があり、行政任せではなく、地域に関係する多様な主体の自発的な取り組みが不可欠です。地域の魅力が高まることによって、資産価値の維持・向上も期待できます。都市再生は建築物の更新だけでは十分でなく、新築後の魅力を高めるための活動（マネジメント）によって成否が分かれます。

＊49　1988（昭和63）年、街づくり懇談会発足、1990（平成2）年、六本木六丁目地区再開発準備組合設立、1998（平成10）年、六本木六丁目地区市街地再開発組合設立、2000（平成12）年着工、2003（平成15）年竣工。

＊50　1470％、1570％、1590％、1650％、1760％など。

地域における良好な環境や地域の価値を維持・向上させるための、住民・事業主・地権者等による主体的な取り組みであるエリアマネジメントが日本でも定着しつつあります。良好な環境や地域の価値の維持・向上には、快適で魅力に富む環境の創出や美しい街並みの形成、資産価値の保全・増進等に加えて、人を惹きつけるブランド力の形成、安全・安心な地域づくり、良好なコミュニティの形成、地域の伝統・文化の継承等、ソフトな領域も含まれます。

エリアマネジメントの例として、大手町・丸の内・有楽町（大丸有）地区があります。

上述の連鎖型都市再生の地区と重なる地区ですが、ここでは都市再生により新築の建物を建てるだけでなく、その後の魅力の維持向上のためにエリアマネジメントを実践しています。

組織として、①大手町・丸の内・有楽町地区まちづくり協議会（一般社団法人・1998（平成10）年設立）、②大丸有エリアマネジメント協会（特定非営利

図表4-22　大丸有地区のエリアマネジメントの組織

役割	組織
○地権者合意形成 ○公民強調協議	一般社団法人／都市再生推進法人 大手町・丸の内・有楽町地区まちづくり協議会 （大丸有街づくり協議会） ※1988年設立、2012年社団化 ※東京都、千代田区、ＪＲ東日本の「大丸有まちづくり懇談会」という組織もある
○サスティナビリティ ○環境共生・Ｒ＆Ｄ	一般社団法人大丸有環境共生型まちづくり推進協会 （エコッツェリア協会） ※2007年設立
○エリアマネジメント ○公的空間運営	ＮＰＯ法人／都市再生推進法人大丸有エリアマネジメント協会（リガーレ） ※2002年東京都ＮＰＯ認証取得

出所：大手町・丸の内・有楽町地区まちづくり３団体（大丸有まちづくり協議会／大丸有エリアマネジメント協会／エコッツェリア協会）をもとに著者作成

活動法人・2002（平成14）年設立）、③大丸有環境共生型まちづくり推進協会（一般社団法人・2007（平成19）年設立）が協働するほか、東京都、千代田区、JR東日本と大丸有まちづくり懇談会を組織しています（図表22）。

①の協議会は、街の将来像とその整備手法・ルールを地権者や公民で共有する活動として、「まちづくりガイドライン」の策定、都市政策・機能・整備・運営・プロモーションの協議・推進、スマートシティ化の取り組み、まちづくり情報誌『On!』の発行を行います。②の協会は、エリアの活性化やコミュニティ形成を推進する活動として、公的空間活用、エリアマネジメント広告、丸の内シャトルの運行、MICE事業の推進、アート連携の推進を担います。③の推進協会は、持続可能な社会の実現をリードする活動として、3×3Lab Future、丸の内プラチナ大学、地域連携、大丸有シゼンノコパン、エコ結び、オープンイノベーションに取り組んでいます。

地方の例には、高松丸亀町商店街があります。中心市街地の空洞化を抑制するために、都市再生緊急整備地区の指定を受けたうえで、商店街組合が主体となり、段階的に「身の丈型再開発」を行い、「まちづくり会社」等がエリアマネジメントを行っています。

3 建築再生

空き家の利活用は建築再生の一例です。

空き家を利活用する際の第一義的な主体は空き家の所有者ですが、空き家になるに至った理由を現所有者が自ら解消して利活用に結びつけることは容易ではありません。専門家の支援はもとより、利活用の意欲のある者に権利の設定や移転を行うことも視野に入れる必要があります。

■建築再生で課題となる項目

①用途の転用（用途のコンバージョン）

築後年数が長い事務所建築は階高が低く、梁の一部が室内に露出しているなど、近年の一般的な事務所が保有する性能や機能と比べて見劣りすることがあります。そのような事務所建築であっても住宅として利用する場合は大きな欠点とはならないことは少なくありません（第2章図表41）。

転用は、一棟の事務所建築物の全体を用途転用する場合（全体コンバージョン）と、一部を転用する（部分コンバージョン）があります。両者には、事業化の契機、目的、手法など、基本の部分で異なる点があります。コンバージョンは全体用途転用をイメージしがちですが、実際には部分コンバージョンが多数を占めます。

全体コンバージョンは、不動産経営を全般的に見直し、全テナントを退去させたうえで建物全体の改修工事を行います。立ち退き交渉や本格的な仮設工事が必要など、相応の期間が必要ですが、施工条件は相対的に恵まれています。一方、部分コンバージョンは、不動産経営を部分的に見直すものです。事務所の既存テナントの賃料収入は確保しつつ、空室部分を住宅などにコンバージョンし、新規テナントを確保していきます。ビル自体は開業したままの工事となり、最小限の工事しか行わない、同一建物内に用途が混在する、必要な建築確認[*51]を行わない・行えないケースがあるなど、課題もあります。

②権利の変動（所有権移転や区分所有建物への変更）

建築再生では現在の所有者が建物全体の所有権を保持し続けるケースだけではなく、土地建物を買い取った新しい所有者が行うことも少なくありません。また、建物を区分所有法が規定する区分所有権の条件に合致する建物に変更[*52]し、区分所有権のいくつかを売却することもあります。

その理由は、建物再生に必要な費用を区分所有権の譲渡によってまかなうためです。[*53]

建築再生で想定する権利の変動は以下の4つに類型化できます（以下、図表23参照）。

i　第1類型～土地建物を所有する～

建物利用の基本のパターンです。土地所有者が建物を所有し、建物を自用します。遊休状態にあり建築再生が必要な不動産の所有者Aが再び自ら利用するタイプ11と、土地建物の一部を売却し、それを購入したZと土地建物を共同で所有するタイプ12が考えられます。タイプ12は売却代金を原資として建物に追加投資します。資金調達のために権利売却するケースの1つです。

＊51　既存建築物において大規模修繕や用途変更などをすると、建築確認申請が必要となることがあります。
＊52　通常のビルを区分所有建物にすることは必ずしも容易ではありません。
＊53　土地建物の権利の一部を譲渡する方法として所有権を共有し、共有持分を譲渡する方法がありますが、実践的ではありません。

図表4-23　建築再生で検討する項目

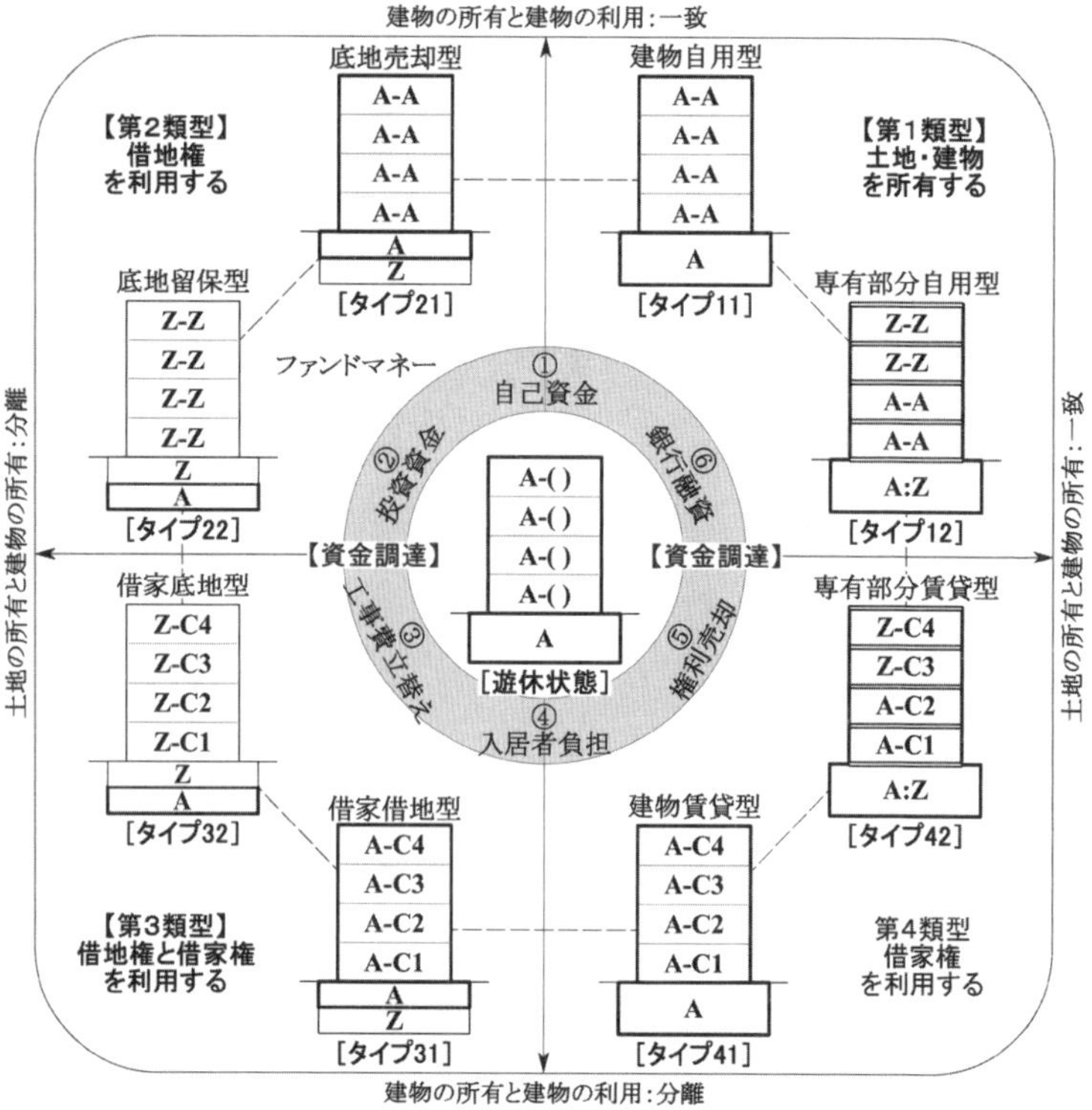

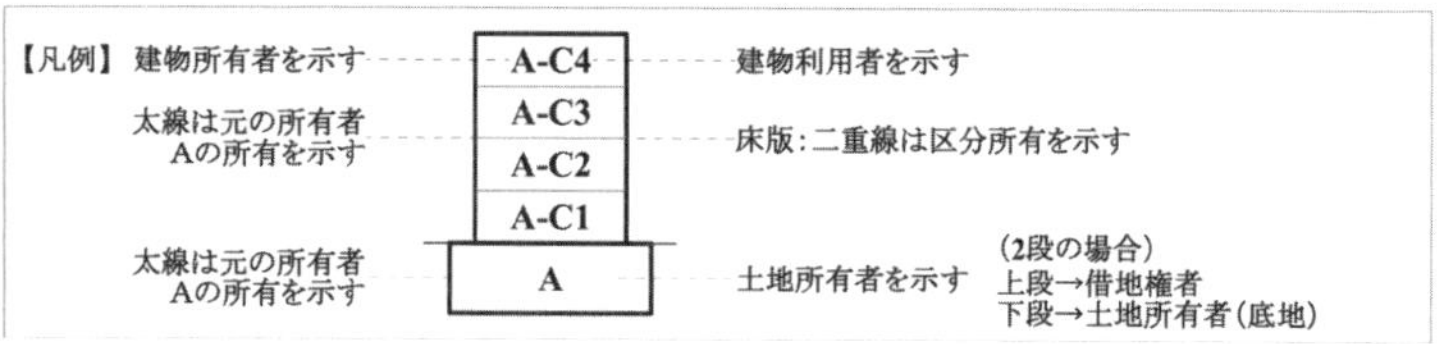

建物は所有者が専有部分を自用することより、建物の経営や運営の問題は相対的に少なくなります。

ⅱ　第２類型〜借地権を利用する〜

遊休不動産の所有者Aが底地（土地所有権）を売却し、借地権と借地上の建物を所有して自用するタイプ21と、自ら建物を利活用することを断念し、借地権と借地上の建物をZに売却して利活用を委ね、自らは底地の所有者として貸地経営を行うタイプ22があります。

タイプ21は底地の売却代金を建物の追加投資に充てて利活用できる状態にします。資金調達のために権利売却するケースの１つです。

ⅲ　第３類型〜借地権と借家権を利用する〜

土地と建物の所有関係は第2類型と同じで、建物を賃借人Cに賃貸します。遊休建物の所有者Aが借地上の貸家を経営するタイプ31と、借地権と借地上の建物を購入したZが貸家経営するタイプ32があります。貸家経営に際しては、建物賃貸借の条件設定、賃借人の募集、建物の管理や経営に専門性が必要となります。

ⅳ　第４類型〜借家権を利用する〜

遊休建物の所有者Aが資金調達して建物に追加投資して貸家経営するタイプで、建物全体をAが保有し続けるタイプ41と区分所有権を売却した代金を追加投資に充てるタイプ42があります。タイプ42は売却代金を原資として建物に追加投資することより、資金調達のために権利売却するケースの1つです。

貸家経営に専門性が必要な点は第3類型と同じです。

③借家人の立ち退き

借地借家法で保護された建物賃借人（借家人）に、建物賃貸人の都合を聞き入れて立ち退いてもらうことは必ずしも容易ではありません。空室や老朽化が目立つ事務所ビルであっても、全テナント退去のうえ、全体コンバージョンを行うためには、相応の交渉期間や費用が必要となります。

この点では、借家人の立ち退きが問題とならない自用の建物や、空室部分だけの部分コンバージョンは事業着手が容易です。

④資金の調達と回収

自己資金で全事業費をまかなえる場合は問題となりませんが、再生が必要となる不動産を抱える所有者（事業主）にその余裕がないことが少なくありません。さらに、借入金の返済が終わっていないケースもあります。

自己資金では不足する事業費の調達方法として、間接金融と直接金融とがあります。

前者は一般に銀行からの借入を検討しますが、ノンバンクなどから融資を受けるケースもあります。キャッシュフローが安定的に見込める場合や社会的共感を得られるプロジェクトでは、証券化やクラウドファンディング等の直接金融によって資金を調達できる可能性もあります。公的資金や補助金が期待できる場合はその利用を検討します

事業支援者が金融機能を果たすこともあります。建築再生後に借り上げる予定のサブリース会社が、コンバージョンの費用を立て替え、家賃収入から分割払いで償還します。

事業費の回収方法は大別して、賃貸による方法（賃貸方式）と売却による方法（分譲方式）とがあります。賃貸方式は賃料収入により長期にわたって投下資本を回収します。分譲方式は転用後の住宅等を分譲することにより短期的に回収します。

分譲方式では、区分登記を行う必要があり、これを可能にする改修の設計をする必要があります。分譲方式では、売主に売買契約に基づく契約不適合責任が課せられるため、賃貸方式と比較して、改修前のビル（ベースビル）の調査や改修工事を慎重に行う必要性あります。

コンバージョン事業においては、一般に事業資金の調達が必ずしも容易でなく、権利の変動と資金の回収を組み合わせて、事業性を保全します。

■建築再生事業の組み立て

①建築再生における機能・役割の分化

建築再生は、①土地・建物を所有する不動産所有部分、②ハードとソフトの質・量とバランスを組み立てる事業構築部分、③利用者とのインターフェイスとして現場をオペレートする事業運営及び、④資本を提供する事業経営に分けて考えることができます。

建築再生が必要となる要因の1つには、需要に適応できない状態を自力で改善する資質に乏しい事業主の存在があります。加えて専門性が必要な課題を内包しています。このため、建築再生では、既存建築物や既存事業者の資質を補完するために、(A)~(D)の4機能の分担を考えることが有用となります(図表24)。

(A) 事業構築型

建築再生の事業構築を外部専門家に委託してアドバイスを受け、これを参考に所有者が事業運営及び事業経営を行います。外部専門家は、建築設計、建築施工等の技術系のほか、税理、会計、マーケティング、経営コンサルタントなど多様です。

図表4-24　建築再生事業を成立するための機能と役割の分化

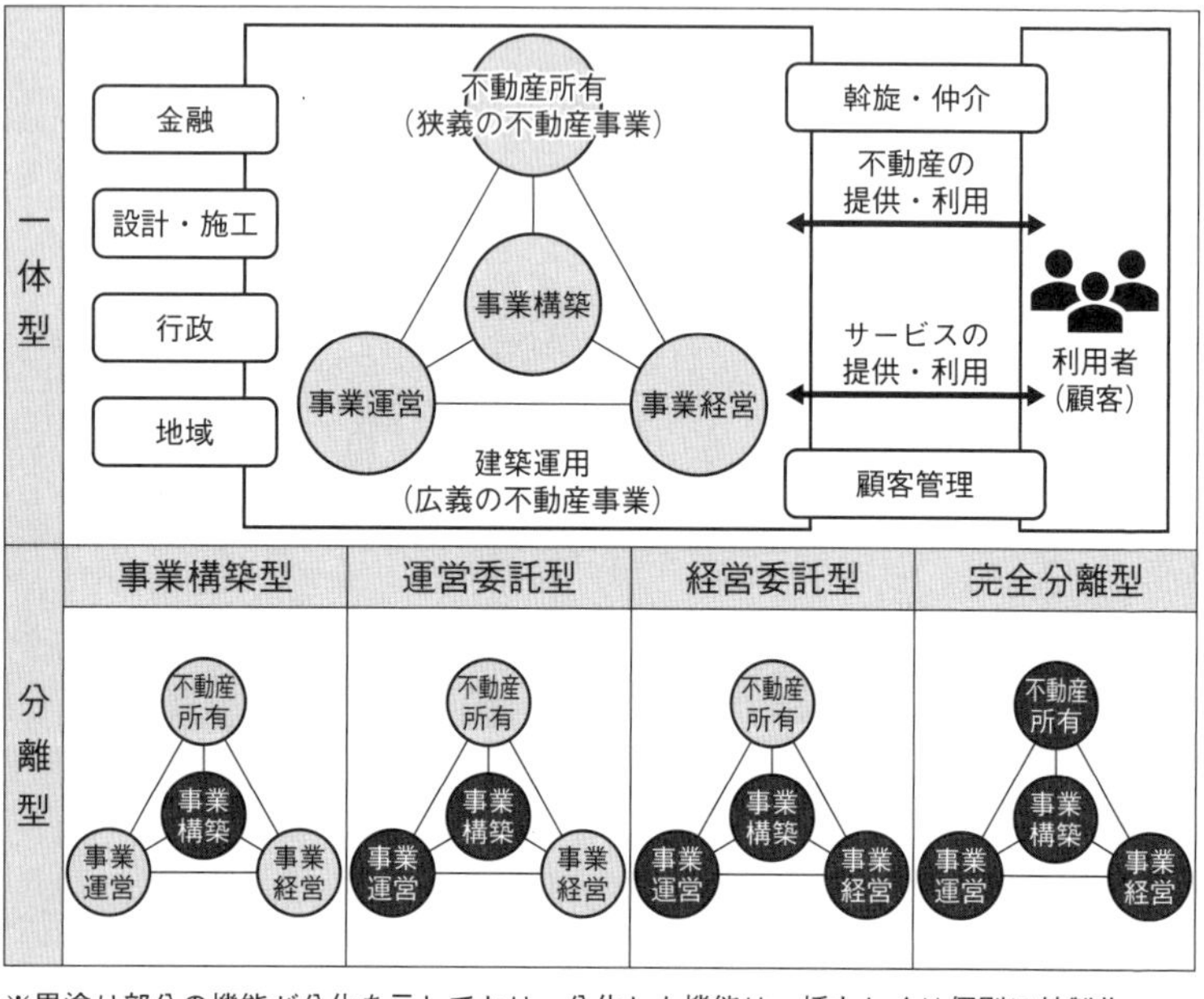

※黒塗り部分の機能が分化を示しており、分化した機能は一括もしくは個別に外製化

(B) 運営委託型

不動産所有者は事業経営者として事業リスクを負う一方、事業構築及び事業運営の専門的なノウハウが必要な部分を外部に委託します。不動産ディベロッパー等が新築工事の際に手がける事業受託方式に相当する方法です。

事業受託方式は、事業企画、施工、テナント募集等、事業全般を受託する包括的な契約に基づいて事業を進める方法で、竣工後の建築物は、事業受託したディベロッパーが運営します。一括借上げ等により、不動産所有者の事業経営リスクを軽減する点が事業受託方式の特徴です。

(C) 経営委託型

不動産所有者は名目上、所有はするものの、事業構築、事業運営を外部委託するほか、事業経営リスクの一部及び全部を外部に移転します。信託方式がこれに該当します。

信託方式は、不動産事業の運用を信託会社（信託銀行）に委託するもので、信託会社は不動産事業の専門家として管理を受託し、テナント募集、建築物管理等を行います。信託期間中は、名目上の所有権は信託会社に移転し、委託者は信託配当を受け取ります。信託報酬として家賃収入の10％から20％程度を信託会社に支払います。信託勘定は分別管理され、独立採算となるため、相応のプロジェクト規模が必要とされます。

建築再生ではサブリース（転貸）方式が採用されることがあります。不動産所有者は、事業構築のほか、再生後の事業運営をサブリース企業に委託して事業リスクを移転するほか、建築再生に必要な工事費をサブリース企業の協力により捻出することもあります。[*54]

（D）完全分離型

不動産証券化は、4機能が相互に独立性を持つ例です。不動産事業で必要となる資金を銀行が融資する間接金融では、不動産投資の専門家として銀行が必要な情報の収集と分析を行って、プロジェクトの事業性を判断して融資の可否を決定します。投資家が不動産事業に直接投資する不動産証券化（直接金融）では、不特定多数の投資家が自ら事業性を判断する必要があり、情報の開示と事業にかかわる主体の関係の透明性が必要となります。

直接投資と引き換えに発行される不動産証券が取引市場に上場されているＪ－ＲＥＩＴでは、投資家保護の観点から、投資の受け皿となる投資法人は資産の運用以外の行為を営業できず、投資信託委託業者、資産管理会社、一般事務受託会社、投資法人債管理会社に業務を委託します。

②ハードとソフトの組み合わせ

建築再生では、ハードの要素量の増減とソフトの役務量の増減を組み合わせて行います。建物のハードの側面では、劣化した部位の機能を回復して建物を継続利用する方法として、更新や改修[*55]が用いられますが、ソフトの側面も同様に考えることができます。

＊54　工事費を立て替え払いしてもらい、竣工後は家賃収入から分割払いするなどの方法がとられます。

図表4-25　ハードとソフトを組み合わせて方向性を確認する

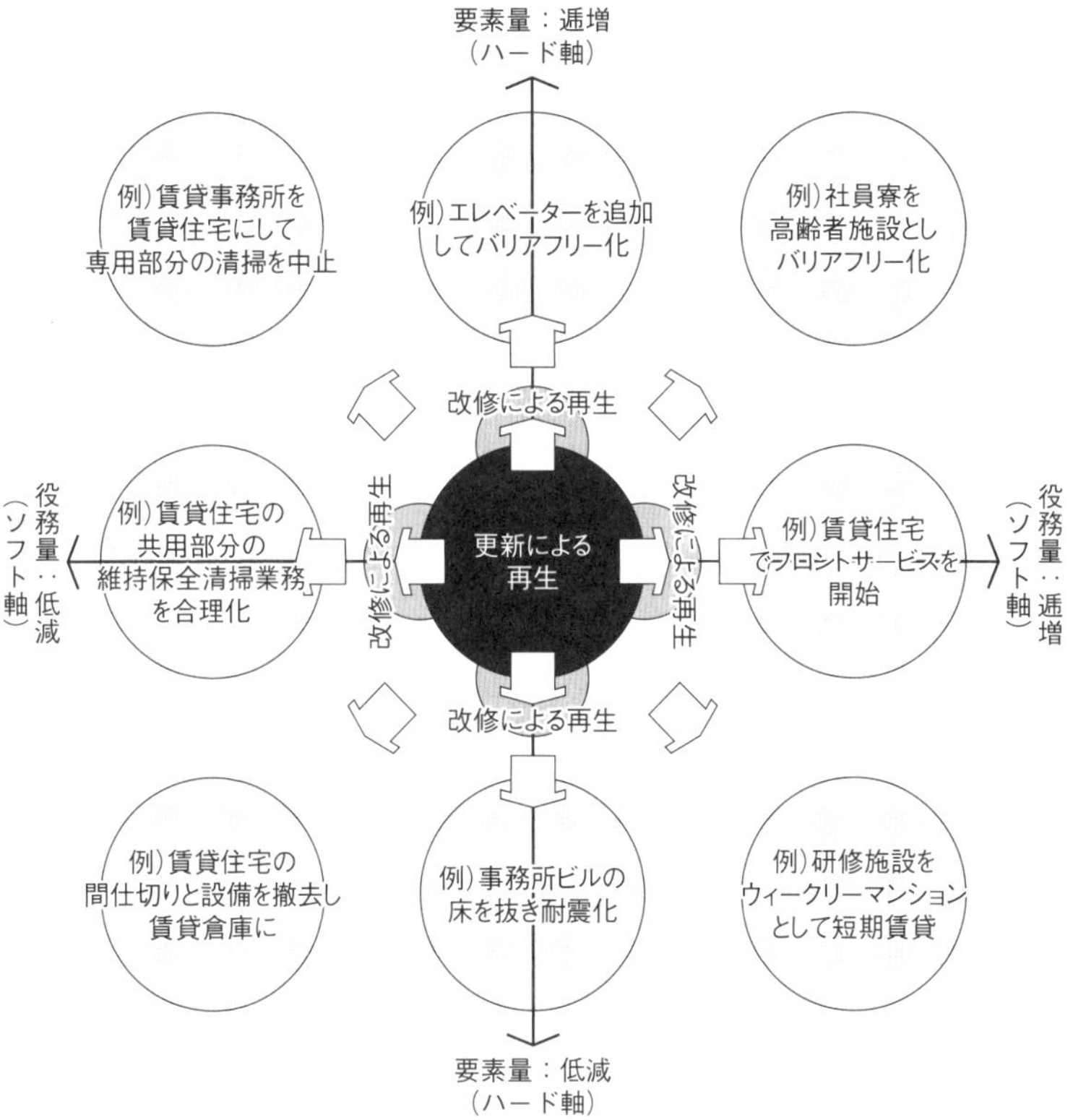

定型化して内容を伴わなくなったソフト提供者を交代させてサービスを更新する、顧客満足度を高めるために提供するサービスレベルを向上させてサービスを改修するなど、ハードの更新・改修と組み合わせると、建築再生の方向性を面的に確認することができます。

エレベーターを追加してバリアフリー化する建築再生は、建築要素量をプラスするもので、既存の床を抜いて耐震性を確保する建築再生は、建築要素量をマイナスするものです。一方、賃貸住宅のフロントサービスを追加するのは役務量をプラスする建築再生で、社員寮を高齢者施設とするためにバリアフリー化して健康管理サービスを提供するのは、両者をプラスにする建築再生です。

■サブリース方式

一般に建物賃貸借においては、所有者がコンバージョン工事を行ったうえ、入居を希望する賃借人と直接的に建物賃貸借契約を締結します。賃貸事業の基本形ですが、賃貸事業のリスクとリターンのすべてが事業主にかかります。

これに対して転貸方式（サブリース方式）は所有者がコンバージョン工事を前提に、建物をサブリース会社（事業支援者）に一括賃貸します。サブリース会社はこれを転貸して転貸収入を得る一方、必要諸経費、管理報酬等を差し引いて、所有者に一括賃借分の賃料を支払います。サブリース会社が、改修工事、資金調達、テナント募集等、賃貸事業経営にかかる業務を所有者に代わって行う[*56]ため、所有者は実務的なわずらわしさを免れることができます。

コンバージョンは大なり小なり不動産経営の不首尾に対する軌道修正であり、所有者は追加資金の投入も含めて懐疑的になっている場合が少なくありません。
このような場合に、事業支援者としてのサブリース会社の役割は大きいといえます。[*57]

■スケルトン・インフィル一体型と分離型

建築物の躯体・仕上げ・設備全体を建物所有者等の事業主が完成させて利用者に提供する、スケルトン・インフィル一体型に対して、スケルトン・インフィル分離型では、躯体・外部仕上げ・幹線設備等のインフィルは事業主が提供する一方、専用部分の内部仕上げや設備機器等のインフィルは利用者が負担します。

分離型では、追加の投下資本をなるべく低減させたい事業主の意向と、自由な間取りや内部仕上げを希望する利用者の意向が一致する可能性があります。

国土交通省が提示するＤＩＹ型賃貸借はスケルトン・インフィル分離型に相当する方式で、退去時の原状回復を免除する点に特徴があります。賃借人は自分の好みに合わせて改変した間取りや仕上げを退去時にはそのままの状態で明け渡せばよく、原状回復費用を負担する必要がありません。

＊55　更新はそれまでと同じ性能のものに取り換える、改修はそれまでの性能より高い性能のものに取り換えることを指します。
＊56　代理権を持つ項目と手続き等を代行する項目とがあります。
＊57　事業者が倒産して投資家が損失を被る事象が続出し、賃貸住宅管理業法成立の背景にもなった建設型のサブリースとは、異なるタイプのサブリースです。

コラム サービスを意識した建築再生

新築後の経年により需要不適応となった既存建物が機能性を回復し、新築の建築物と同等に市場に受け入れられるためには、既存建物のハード面の負の要素をソフト面のサービスでカバーすることも検討します。

サービスによる機能の維持向上は建築ハードによるものと比較して品質確保が困難で、長期にわたり安定的な品質が提供できるよう十分な品質管理を行うことが重要となります。

事務所、住宅、ホテルなど利用者が長時間滞留することを前提とした建物を空間的に見ると、利用者が排他的に使用する専用部分、複数の利用者が排他性をもたずに利用する共用部分及び、建築運用のための部分で外来の利用者の直接利用に供さない管理部分に分けることができます。建築運用では、専用部分、共用部分、管理部分の効果的な組み合わせを実現します。

賃貸用不動産には、民法、借地借家法等の関連規定が適用されます。賃貸借は、当事者の一方がある物の使用及び収益を相手方にさせることを約し、相手方がこれに対して賃料を支払うことを約することによって、効力を生じます（民法601条）。賃貸人は、賃貸物の使用及び収益に必要な修繕をする義務を負う一方、賃貸人が賃貸物の保存に必要な行為をしようとするときは、賃借人は、これを拒むことができない（民法606条）とされ、修繕については賃貸人が行うことが原則です。

日常の管理やサービス提供など、賃貸物の使用収益の内容は、契約により個別に定めます。共用部分で必要となる建物賃貸に付随する基本的なサービスについては所有者が負担し、専用部分の付加的サービスについては賃借人が負担することが基本ですが、建築再生では必ずしもこの基本にとらわれることなく、サービスの拡充を図ることを検討します。

(A) 賃貸事務所

建物全体の管理の水準を保つことと併せて入居者の利便を図るために、賃借人が直接負担することが基本の専用部分の日常清掃・定期清掃を賃貸人が付加的に提供します。

専用部分の管理を十全に行わない賃借人の管理不全が建物全体の評価をネガティブにすることを防ぎます。

(B) 共同住宅

専用部分には住戸としての独立性やプライバシーがあり、一般的な共同住宅では専用部分にサービスを提供することは多くありません。共用部分も、機能が通行や安全保持など比較的単

図表4-26　共同住宅で提供するサービスの例

サービス区分	サービス内容
ライフサービス	ショッピングサービス、贈答サービス、宅配サービス、メッセージサービス、取次サービス、レンタルサービス
ハウスサービス	ハウスクリーニング、リフォーム、留守宅管理、メインテナンスサービス、引越しサービス
インフォメーションサービス	専門家紹介、施設紹介、保険取次、電子掲示板、ビジネス情報サービス
ヘルスサービス	トレーニングジム、サウナ、シャワー、マッサージ紹介
カルチャーサービス	音響ルーム、シアタールーム、ＯＡルーム、チケットサービス、コピーサービス、ＦＡＸサービス、マルチルーム
レジャーサービス	トラベルサービス、ケータリングサービス

純で、提供するサービスは清掃や保安業務など限定的なものにとどまることが一般的です。

これに対して、図表26のような、サービスを取り込んだ運用を行うことが考えられます。これらのサービスは、専用部分、共用部分だけでなく管理部分の建築計画にも影響があり、必要な改修工事で対応します。

図表4-27　高齢者施設の空間構成

機能区分		所要室
専用部分	住戸	•居室
共用部分	生活サービス施設	•食堂 •浴室（一般浴室、介護浴室） •売店 •理美容室 •メール室、トランクルーム •ゲストルーム •寮母ステーション
	コミュニケーション施設	•集会室 •娯楽室、図書室、サークル室
	健康管理及び介護関連施設	•健康管理室（医務室） •静養室、介護室 •リハビリテーション室、デイケア室 •特別浴室（機械浴室） •介護ステーション
管理部分	事務管理施設	•事務室、施設長室、応接室、会議室、フロント •職員休憩室、更衣室 •宿直室
	サービス施設	•厨房関係諸室 •洗濯室 •ごみ集積室、焼却炉
	施設管理施設	•防災センター、中央監視室 •ボイラー室、設備機械室、電気室、自家発電室、など

(C) 高齢者施設

高齢者施設は、入居者が自力で行うことが困難なサービスを提供して、高齢者が健康で快適に過ごせるようにすることを目的とするものであり、建築運用に占めるサービスの比重が高くなります。

高齢者施設には図表27のような共用部分、管理部分が必要となります。非収益部分の面積割合が高く、割高になりがちな初期投資や維持費を回収するために、高齢者施設には賃貸方式のほか、終身にわたり施設を利用する権利の対価として入居金を支払う利用権方式、ケア付きマンションを購入する分譲方式、保証金などを預託する預託金方式等があります。

空間構成が類似する社員寮等からコンバージョンすることで初期投資を抑える事例もあります。

コラム　長寿社会と不動産

真の長寿社会とは、人の寿命が長いだけではなく、それを支える住宅の寿命も長寿の社会を意味します。持ち家を例に考えると、住宅の寿命が人の寿命より短い場合は、住む場を失うという物理的側面のみならず、経済的側面では住宅が持つ資産価値も失い、生活資金に窮することになります。現在の日本では、人の長寿は手に入れた一方、住宅の長寿は世界的にみても短命で、両者のギャップが大きな課題です。

■サービス付き高齢者向け住宅（高齢者の居住の安定確保に関する法律（高齢者すまい法））

超高齢社会を迎えた日本で、高齢の単身者や夫婦のみの世帯が増加し、高齢者の暮らしを支援するサービスを提供する住宅の需要が高まる一方、サービス付き住宅の供給は、欧米各国に比べて立ち後れてきました。

サービス付き高齢者向け住宅は、高齢者の居住安定確保に関する法律（高齢者住まい法）の改正（2011（平成23）年）で創設されました。

バリアフリー構造としたうえで介護や医療と連携し、高齢者の安心を支えるサービスを提供します。状況把握サービスと生活相談サービスは必須のサービスで、食事の提供、清掃・洗濯等の家事援助、健康の相談や増進などの生活支援サービスはオプションです。介護保険サービスを受けることもできます。

主な登録基準は、専用部分の床面積は25㎡以上を原則とし、各専用部分に、台所、水洗便所、収納設備、洗面設備、浴室を備えます。[*58] 供給促進のため、補助・税制・融資による支援があります。登録要件を満たす住まいは、サービス付き高齢者向け住宅として登録され、[*59] 専用サイトで施設情報や住宅の詳しい運営情報が公開されています。

■CCRC[*60]

超高齢社会の日本では、長い高齢期をどこでどのように暮らすのかが大きな課題です。現在の高齢者用住宅や施設では、高齢者が自立した状態から高度の介護や医療を必要とする状態まで居住し続けることが難しく、暮らす場所の移動を余儀なくされます。

米国には、高齢者が健康時から介護や医療が必要となる時期まで継続的にケアや生活支援サービスを受けながら、生涯学習や社会活動などに参加するCCRC（Continuing Care Retirement Community）があり、高齢者用の施設や住宅の約9％を占めています。入居費用は自己負担が原則で、ケアや生活支援サービスの費用も必要なことから、一定の経済力が求められます。

CCRCは、介護ケアや日常生活補助を必要とせず自立した生活を行うインデペンデント・リビング（Independent Living：IL）の状態から居住し、日常生活動作（ＡＤＬ）に対して支援を提供する施設としてアシステッド・リビングと、高度の医療・介護ケアが必要な場合のナーシング・ホーム等のナーシング施設、認知症ケアユニット等で構成されます。これらの機能を同一施設内で提供するケースのほか、併設・近隣に設置された施設で連続的に提供する場合もあります。

日本版ＣＣＲＣ構想が、「まち・ひと・しごと創生基本方針２０１５」に盛り込まれました。高齢者が元気なうちから暮らせ、介護や医療が必要となっても暮らし続けることができる点を、地方創生の視点から注目した経緯があります。利用者には、相対的に物価が安く豊かな自然などに恵まれた地方で過ごせる利点があり、受け入れる地方都市には人口増と雇用の創出が期待できる利点があります。

＊58　共用部分に共同して利用するための台所、収納設備や浴室を備えることにより、各戸に備える場合と同等以上の居住環境が確保される場合は、各戸に台所、収納設備または浴室を備えなくても構いません。

＊59　登録は都道府県・政令市・中核市が行い、登録は２０１１年10月にスタートしました。

＊60　齊藤広子・中城康彦「アメリカ・カリフォルニア州におけるＣＣＲＣの居住の安定のための行政関与と運用実態」都市住宅学　都市住宅学会　２０１６巻95号p.88-93

第5章　不動産の価値はどう決まるか

第5章◆はじめに

不動産の価値は、どのように決まっているのかわかりますか？

「発展途上の地域の不動産の価値が上がっている」「都心の不動産の価値が上昇している」といった話を耳にすることもあるかと思います。

近年では「不動産投資」も盛んになり、投資目的で不動産を所有する人も増えました。これは、不動産が価値を生み出しながら価値を高めていくことから、投資目的として所有する価値があると考える人が増えているためです。

ここでは、「不動産の価値」はどのように決まるのか、日本と海外との不動産の価値の決め方の違いについて、お伝えします。

REAL ESTATE 1

価値と価格の違い

そもそも、「価値」と「価格」の違いは何でしょうか？　価格は物やサービスの値うちを貨幣額で表したもので、取引する際の値段を示します。これに対して価値は、有用さの程度や大切さを示します。

不動産の経済的な価値が高いか低いかを示す方法の1つが「単位面積当たりの価格」です。代表的な例は、国土交通省土地鑑定委員会が毎年1月の土地価格を公示する地価公示で、1㎡あたりの土地価格を公示しています。地価公示価格が示す土地価格は「正常な価格」として、「自由な取引が行われるとした場合に通常成立すると認められる価格」です。言い換えると、市場で取引できる不動産について、市場で形成される経済価値を表示したものです。

また、地価公示価格を決定する過程で用いられる不動産鑑定評価基準は、「不動産の経済価値を判定し、これを貨幣額をもって表示すること」と規定しています。

つまり不動産の価格は、市場で取引することを前提に、その不動産が有する価値のうち経済価値として顕在化する部分を貨幣額で表示したものです。

これに対して、市場で交換することを目的としない、特別の思いで利用するなど、必ずしも経済価値に含まれない価値もあります。

これを利用価値とすると、利用価値には、誇り・満足、愛着・思い入れ、地域・環境との均衡などが含まれます。さらに、造形・景観的価値、歴史・文化的価値、象徴・精神的価値などがあり、これらを含めて社会的価値が形成されます。

利用価値や社会的価値は経済価値、すなわち価格として顕在化するとは限りませんが、それを重視する観点からは〝プライスレス〟でかけがえもなく貴重なものです。

このように、価値があっても価格がないこともあります。[*1]

図表5-1　不動産の価値と価格

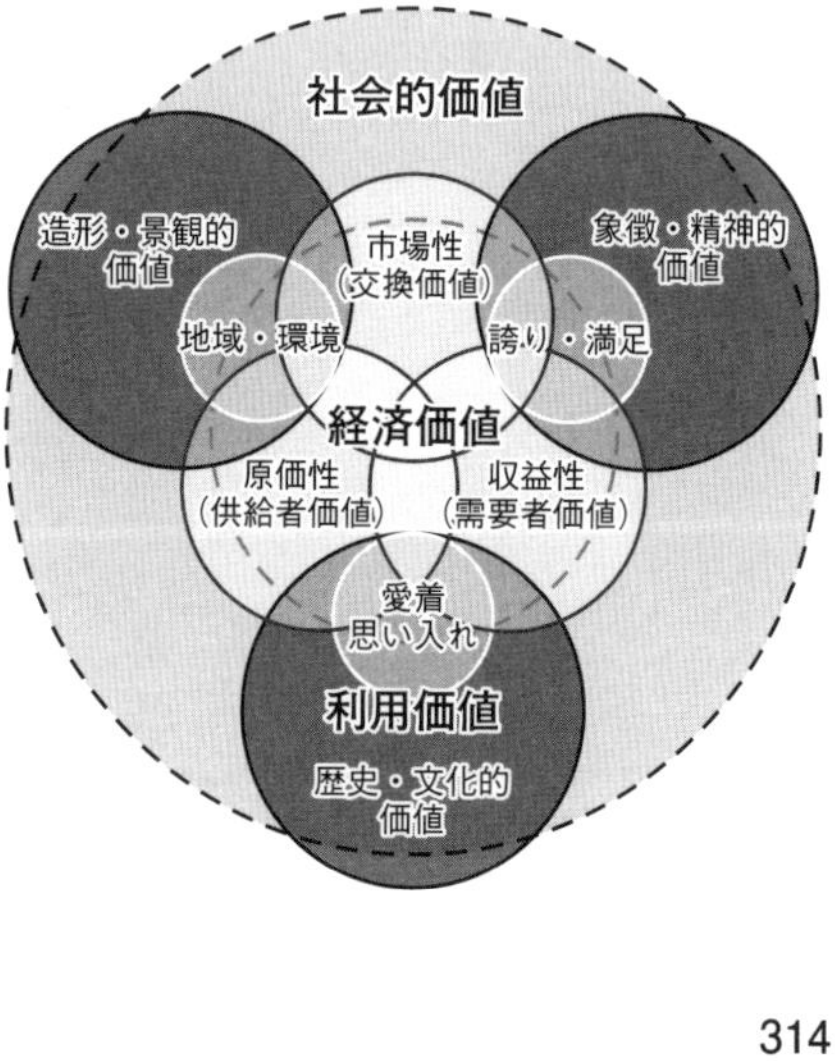

また、見方によって価格が異なることもあります。利用価値や社会的価値は個々の主体の内にありますが、価値観の変化や多様化によって価値の共有が進むと、売買等を通じて経済価値として顕在化します。[*2]

REAL ESTATE 2

日本と海外の価格

1 土地と建物の概念の違い

日本では土地と建物に別々の所有権があります。所有権には一般に価格が認められるため、土地、建物それぞれの価格を求めることが必要となります。

売買に際し、建物には消費税が課税される一方、土地には課税されません。企業会計では土地は償却しない一方、建物は償却するなど、土地と建物によって異なる制度を運用するためにも、土地、建物別の価格を適切に求めることが要請されます。

＊1 不動産の権利の中には売買ができない権利もあります。このような権利では利用価値があっても経済価値（交換価値）はないことになります。詳しくは借地権の価格、借家権の価格を参照ください。

＊2 これまで経済価値がないと思われてきた古い家をリフォームして使うことに魅力を感じる人が増えると古い家にも経済価値が発生します。

■日本と英米の不動産価格の求め方の違い

宅地として有効利用できる土地面積に限りがある日本では、高度経済成長期の旺盛な需要を背景として、土地の稀少性が強調されてきました。

土地の資産価値に関心が高いため、土地価格の求め方として「不動産取引で把握できる土地建物一体の不動産価格から建物価格を控除する方法」が定着しました。未知の土地価格を知るために建物価格を既知とする方法です。

そのための前提として、①新築時の建物価格は工事費用と同額とみなす、②建物の価格は耐用年数に対応して定額で低下する、と考えました。[*3]

この方法は土地価格を求める点では便宜であった半面、建物の価格は不可避的

図表5-2　日本法と英米法の不動産所有権と価格

	概念図	構成
日本	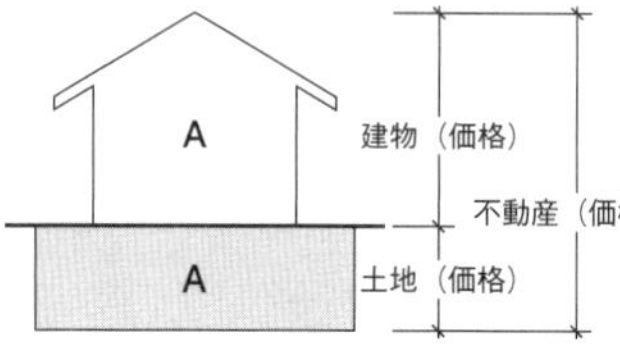	・土地と建物に個別の所有権と価格がある ・不動産価格は土地価格と建物価格の合計 ・土地価格が重要 ・建物価格は所与と考える（建設費から経年減価） ・土地価格＝不動産価格-建物価格 ・外構、植栽は有形で価値があるが土地でも建物でもない（価値の帰属先がない） ・居住者意識、コミュニティなど無形のものは価値がない ・減算型評価になりやすい
英米	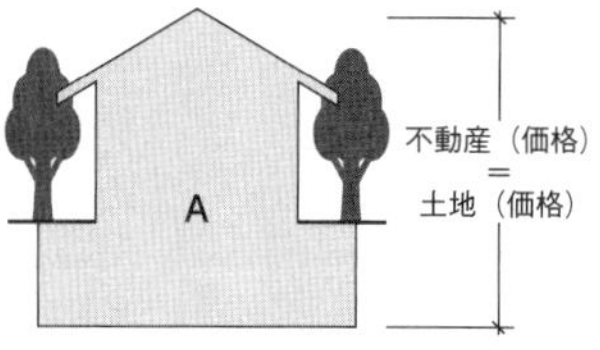	・建物独自の所有権はない。 ・不動産価格に建物価格を含む ・建物部分の価格を考える必要は（少）ない ・不動産（全体）の価値を価格で捉える ・不動産（全体）の状態が重要 ・建物、敷地、外構、植栽を評価する ・利用状況、管理状態、コミュニティを評価する ・加算型評価になじむ。

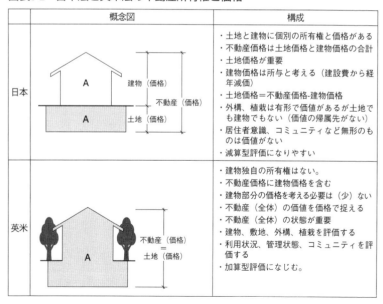

に低下する、建物の耐用年数の推定が短いなど、日本の不動産市場の失敗を助長した側面があります。

一方、英米法の国では建物に独立の所有権はなく、土地所有権に包含されます。大切なのは建物部分を含む土地価格で、この限りにおいて、建物独自の価格を考える必要性はないといえます（図表2）。英米法の社会システムでは、まず、土地建物一体の不動産価値を評価します。不動産全体について良いものは高く、悪いものは安いと評価します。

また、土地価格と建物価格に分離する場合でも、建物価格を既知とするわけではありません[*4]。不動産を良い状態にすることが価格を維持、向上させるポイントで、建物や敷地の保全、維持改修に努めます。また、外構や植栽も重要な価格形成要因として価値のある状態に保つことに努めます。

さらに、適切な利用状態や管理状態を実現する地域のコミュニティの状況も不動産の価値と価格を構成します[*5]。不動産価格の中に、その不動産の良い点を網羅的に包含する「一体・加算型評価」が行われます。

＊3　この方法は後述する価格評価の三手法のうち、原価方式（コスト・アプローチ）といわれるものです。

＊4　土地価格を既知として土地建物価格から控除する、土地価格と建物価格割合を既知として土地建物価格に建物価格割合を乗じるなどにより建物価格を計算します。

＊5　芝生や建物の手入れが十分でない不動産が周りの不動産の価値と価格を下落させることから、十分な手入れをするよう求める、求めに応じない場合は住民組織や管理会社が必要な管理行為を行ったうえで費用の償還を求めるなどの対応をとります。このようなコミュニティの存在が地域の価値と個別不動産の価値の維持向上につながります。

一方、日本では土地価格と建物価格に分ける際に「分離・減算型評価」が行われがちです。土地建物一体の不動産価格を、土地か建物に区分する際、土地でも建物でもない外構や植栽は有形で価値があるにもかかわらず価格の行き先がありません。

また、居住者意識やコミュニティなどは、地域秩序の持続可能性を示唆する重要な価格形成要因ですが、無形のため不動産の価値を形成すると認知されないのが通常です。「分離・減算型評価」で価格から除外されるものは不動産や地域のマネジメントに関連するもので、このことが日本で建物の長期利用や地域価値の熟成を困難にしています。

新聞などで、海外の土地価格が上昇していると報道されることがあります。Land valueを直訳して土地価格と翻訳するわけですが、Landには建物も含むことから、Land valueは土地建物価格、もしくは不動産価格と訳すことが望まれます。Landを土地と訳すと誤解を生みかねません。

2 建物の寿命

日本では建物を短期に建て替えることも特徴です。建物が新築後何年で解体されたかを比較すると、日本は38・2年で、ほかの国より短くなっています（図表4）。利用年数が短いことは、住宅の売買取引に占める既存住宅の割合が少ないことにつながります。持家の取引でみると、日本は14・5％と75％以上の国々と比較して違いが顕著です（図表3）。

住宅を短期間で建て替えている現状は持続可能性の面で改善が必要です。

3 住宅投資と資産額

日本の不動産市場には、投資が資産にならない欠点があります。

アメリカでは住宅の投資額と資産額が同程度で、資産額が上回る傾向にありますが、日本では資産額が500兆円少なく、半分以下です（第4章図表6）。住宅投資の無駄が顕著で、持続可能な社会の実現のために改善が必要です。長寿社会で長期化する高齢期の生活の場所や生活費確保のために住宅を長期に使うことや、リバースモーゲージを普及させるために資産価値を維持する社会にすることが必要です。

図表5-3　既存住宅の流通シェアの国際比較

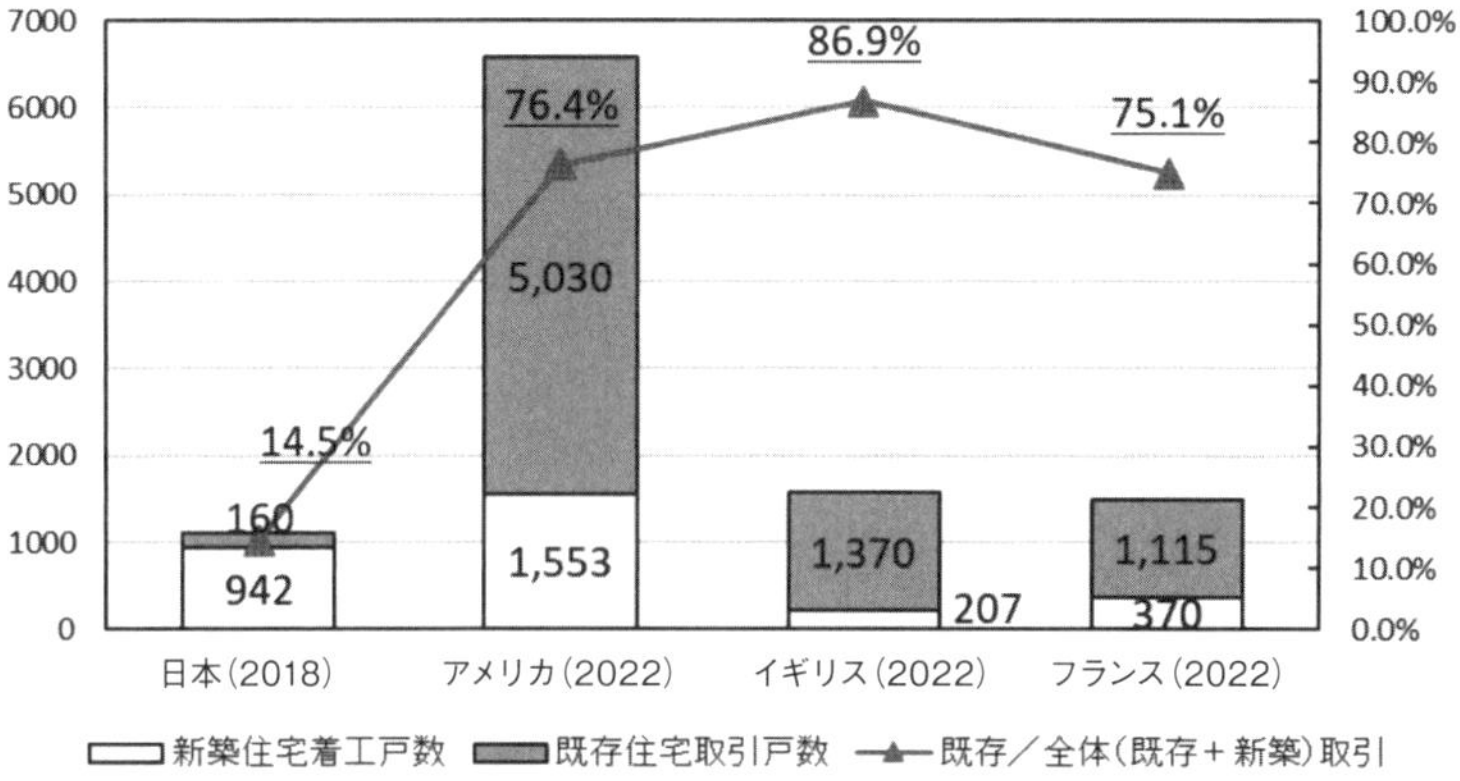

出所：下の資料をもとに国土交通省推計
日本：総務省「平成25年、平成30年住宅・土地統計調査」
アメリカ：U.S.Census Bureau「American Housing Survey 2019、2021」
イギリス（イングランド）：Department for Levelling Up, Housing and Communities「English Housing Survey data on stock profile 2018、2021」

コラム　解体された建物の存続年数

建物の実際の耐用年数を調査し判断することは容易ではありません。例えば1900年に建てられたすべての建物がなくなれば、その時点で1900年に建築された建物の耐用年数の平均を算出できます。しかし、実際には同じ年に建てられても同時にすべてなくなるわけではなく、特に建物を長期に利用する国では解体されずに使い続けられている建物の割合が多いため、算出が一層難しくなります。

図表4は実際に解体された住宅が何年間利用されていたかの参考資料です。解体に至った理由には公共事業による立退きなど、「使える限度の年数まで使った」ものではない建物が含まれ、この期間を超えて利用され続けていたはずの建物の耐用年数が反映されていないため、真の耐用年数とは言えませんが、その長さは米国や英国が長いことはほぼ確実なことから、国によって耐用年数が異なることが間接的にわかります。

図表5-4　住宅の平均築年数の国際比較

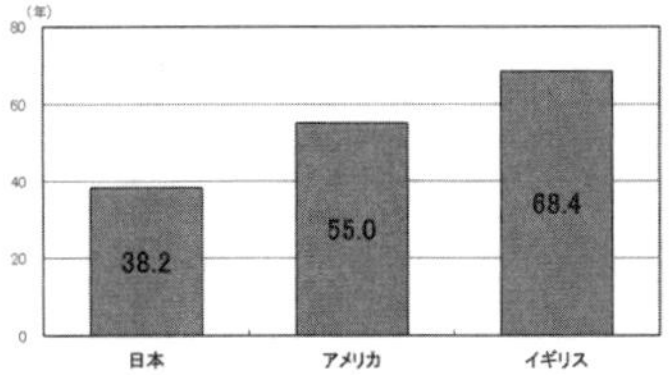

出所：国土交通省
日本：新設住宅着工統計（国土交通省）、住宅・土地統計調査（総務省）
アメリカ：New Residential Construction | U.S.Census Bureau、Existing-Home Sales | National Association of REALTORS
イギリス：House building, UK: permanent dwellings started and completed | Office for National Statistics、Monthly property transactions completed in the UK with value of £ 40,000 or above | GOV.UK
フランス：House Prices in France : Property Price Index, French Real Estate Market Trends in the Long Run | Inspection générale de l'environnement et du développement durable、Construction de logements : résultats à fin juillet 2022 (France entière) | Données et études statistiques
※イギリスの既存住宅流通量については取引額4万ポンド以上の物件の取引戸数を利用。

REAL ESTATE

3 家賃と価格の関係

1 元本と果実の関係

価格は不動産がもつ経済価値のうち、売買等で顕在化する交換の対価を貨幣額で表示したものです。一方、賃料は賃貸借等で顕在化する用益[*6]の対価を貨幣額で示したものです。

価格と賃料は、元本と果実の関係にあります。

元本と果実の関係で代表的なものは金融資産の元金（元本）と利息（果実）ですが、不動産においても、金融資産と同様、元本（価格）から果実（賃料）を推定する、果実（賃料）から元本（価格）を推定することが可能で

＊6　使用する権利と収益する権利。

図表5-5　元本と果実の関係

	元本	利回り	果実	相関関係
金融	¥20,000 （元金）	5% （利回り）	¥1,000 （利息）	元金から利息を推定　¥20,000×5% ＝¥1,000 利息から元金を推定　¥1,000÷5% ＝¥20,000 利回りを推定　¥1,000÷¥20,000＝5%
不動産	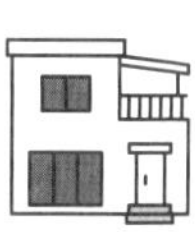 ¥20,000,000 （価格）	5% （利回り）	¥1,000,000 （賃料）	価格から賃料を推定　¥20,000,000×5% ＝¥1,000,000 賃料から価格を推定　¥1,000,000÷5% ＝¥20,000,000 利回りを推定　¥1,000,000÷¥20,000,000 ＝5%

す。[*7]

価格と賃料の関係は賃貸アパートなどの収益用不動産で明確になります。日本の所有権は永久の権利です。

そのため、収益用不動産の所有権を売買する際の価格は、その不動産が売買時点から未来に向かって永久に稼ぎ続ける将来収益を売買時点の価値に換算[*8]して決済する金額です。

永遠に稼ぎ続ける収益を単純に合計すると無限大になりますが、将来の収益を売買時点の価値に換算するため価格は無限大にはならず、一定の値に収斂します。[*9]

2 賃料の構成要素

想定した建物の立地や仕様に応じて賃貸条件を設定します。状況が類似する建物の賃貸条件を参考に決定することが基本です。

■支払賃料と契約一時金

日本の賃貸市場では賃貸借契約締結時に、毎月支払う支払賃料のほか、契約一時金の授受を取り決めることが通常です。

賃貸借契約では賃料を支払うことは契約成立の要件ですが、一時金については法律の定めはなく、市場の慣行として定着してきたものです。

現在授受される契約一時金には次のようなものがあります。

いずれも契約書で内容を定めますので、一般化は難しい側面があります。類似のビルのデータを参照する場合は名称だけで判断することなく、一時金の性格を確認する必要があります。

■敷金

賃貸借契約締結時に、賃借人から賃貸人に支払われる金員で、賃借人に家賃の不払いがあった場合に、賃貸人が敷金から不足する家賃に充当することを認めるなど、債務不履行を担保するために預かるものです。債務不履行がなければ退去時に全額返却することが基本です。[*10]

■権利金

賃貸借契約を締結し、賃借人が権利を取得する対価として支払う契約一時金で、賃貸人が収受し、退去時も返却されません。

＊7　銀行預金などの金融資産は、果実を得るために特段の手間や費用が不要な一方、不動産は固定資産税や維持管理費などが必要となります。実際の計算ではこれらを考慮します。

＊8　将来の数値に複利現価率をかけて現在の価値に換算します。

＊9　収益還元法の項で詳述します。

＊10　敷金については2020（令和2）年の民法改正で規律されましたが、授受することを義務づけるものではありません。

権利設定の対価という性質のほか、賃料の前払いの性格もあります。[*11]

■保証金

店舗ビルや品等の高い事務所ビルなどで授受されることがある契約一時金です。性格は敷金と同様のことが一般的ですが、飲食店舗などでは不特定多数が長時間にわたって利用することから建物の損耗が早い、油汚れのために賃借人の交代時には内装や機器の交換が必要になるなど、賃貸人の負担が大きくなることを緩和するために、敷金と比較して金額が大きく、預かった金額のうち一定額は返還しないことをあらかじめ取り決めておくこともあります。

■契約一時金と実質賃料

賃借人から賃貸人に提供する契約一時金はいずれも賃貸人に経済的利益を与えますが、賃借人が退去する際に返還する預り金と賃貸人の収入となって返還しない権利金では経済的利益の程度が異なります。

3 実質賃料の計算式

敷金や保証金などの預り金は、返却する必要が生じるまでは金融機関等で運用することが可能であり、その際の運用益は賃貸人の収入となります。

○実質賃料＝支払賃料＋一時金の運用益…［1式］

この際の運用益は金融機関から受け取りますが、運用益を生み出しているのは不動産を賃貸することで預かる一時金のため、当該運用益は不動産賃貸の対価と考えて、賃料の一部と考えます。このように契約一時金の運用益を加えた賃料を実質賃料といい、［1式］で示すことができます。

賃貸人が受け取って返却しない権利金の場合は［1式］の右辺第二項は、一時金の運用益及び償却額となります。受け取った権利金を契約期間に均等に配分して実質賃料を求める考え方です。[*12]

保証金の一部を返還しない（償却する）場合は、返還しない（償却する）部分と返還する（償却しない）部分に分け、前者を権利金、後者を敷金と同様に計算して合計します。[*13]

*11 権利に譲渡性を持たせる性格もあります。

*12 単純に契約期間で割るのではなく、運用益も考えます。計算には年賦償還係数を用います。

*13 賃貸人は預かった保証金について返還までの間、銀行に預けて利息を受け取ることができます。預かる金額が多く、金融の利回りが高いと賃貸人の収入は多くなります。いいかえると預かり金には金融機能があります。近年、金融の利回りはかつてと比較して低いことから、預かり金の金融機能は相対的に低下しています。

REAL ESTATE 4

不動産鑑定評価の三手法

1 不動産鑑定評価とは

不動産は取引可能な財の1つで、価格を伴って売買等が行われます。その際の価格は最終的には取引市場で決定されますが、不動産の取引市場はほかの財と異なる特性があります。

例えば文房具や自動車などは取引市場に同一もしくは同等の性能を持つ多数の商品が供給される、性能ごとの価格情報をあらかじめ入手できるなど、購入者が合理的に判断できる市場と情報が整っています。

購入者は商品の性能を既知として、どの供給者から購入するか比較検討して合理的に意思決定することができます。

これに対して不動産は、場所が固定している不動性、同じものが2つとない個別性、周囲と影響し合う地域性、適時適切に適量が供給されるとは限らない硬直性など、地理や自然と関係する特性があります。

さらに、多様な用途に利用できる、分割や併合が可能、将来予想の影響を受ける、施策の影響が大きいなど、社会や経済と関係する特性があります。

この特性のために、多くの売り手と買い手が性能や価格に関する事前の情報を入手して合理的に行動することや取引の仕組みが合理的な意思決定を妨げないなどを前提とする合理的な市場が約束されないことになります。このため、不動産では合理的な市場に代わって不動産の価格の適切なありどころを指摘する専門家が必要とされ、[*14]その専門家として不動産鑑定士を法律で規律しています。

不動産鑑定士が鑑定評価する際の基準が不動産鑑定評価基準です。同基準は、一般の諸財と異なる特性を持つ不動産についてその適正な価格を求めるためには鑑定評価の活動に依存せざるを得ないと規定し、不動産の鑑定評価は、その対象である不動産の経済価値を判定し、これを貨幣額をもって表示することである、と規定しています。

2 価格の三面性と鑑定評価の三手法

市場で取引可能な財の価格は、その財をつくるために必要な費用の側面（原価性）、その財を使って得られる収益の側面（収益性）及び、市場での取引交渉の結果成立する側面（市場性）の三面性があります。

不動産の鑑定評価では不動産の価格の三面性に対応する三手法を用います。

＊14　不動産鑑定評価基準は不動産鑑定士を市場代行者と表現しています。

①原価性に着目して求める原価法（コスト・アプローチ）

不動産を新規に入手するために必要なコストに着目して価格を求める方法で、この手法を使って求める価格を積算価格といいます。積算価格評価の基本式は［2式］のとおりです。

再調達原価は価格時点[*15]において新規に再建築することを想定した場合のコストで、新築後の経年で生じる劣化や摩耗等による価格の低下を減価修正額として把握して再調達原価から控除します。コストを重視することより、供給者サイドの価格という側面があります。

○積算価格＝再調達原価－減価修正額…［2式］

②収益性に着目して求める収益還元法（インカム・アプローチ）

不動産から得られる収益に着目して価格を求める方法で、この手法を使って求める価格を収益価格といいます。収益価格の定義は、「将来純収益の現在価値の総和」です。

収益還元の方法にはいくつかありますが、いずれの場合でも、①将来純収益を予想し、②それを現在価値に換算して、③その合計を求めます。[*16] 収益価格の基本式は［3式］のと

図表5-6　価格の三面性と三手法

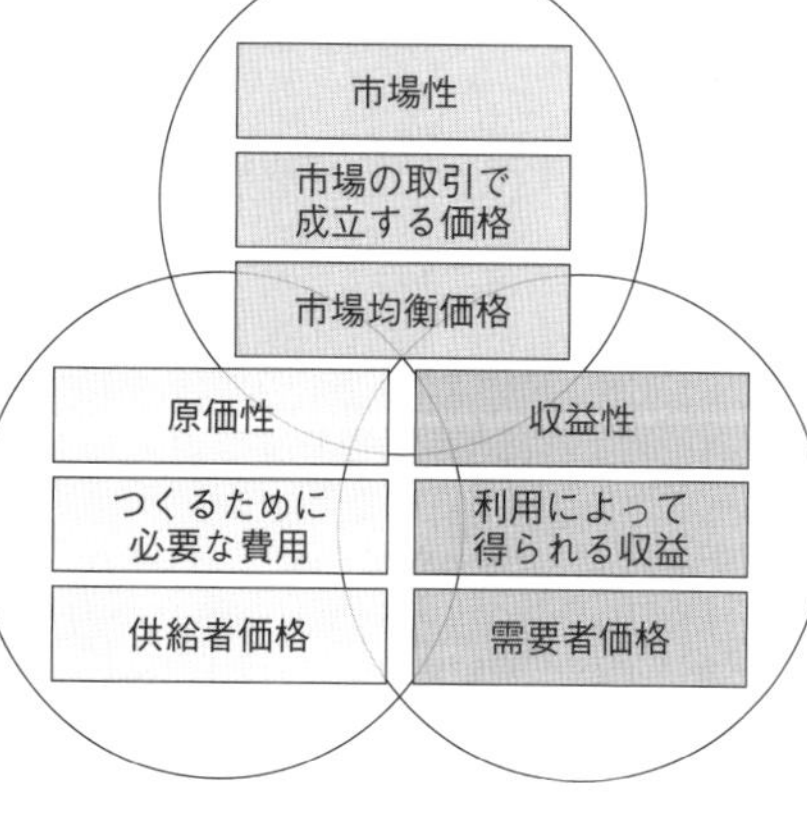

おりです。

利用して得られる収益を重視することより、需要者サイドの価格という側面があります。

○$P=\sum_{i=1}^{n}\left\{Bi\times\frac{1}{(1+r)^{i}}\right\}$…［3式］

P：収益価格　Bi：i年目の純収益　r：還元利回り

※本文中の収益価格の定義との関係では、Biが①に、$\frac{1}{(1+r)^{i}}$が②に、Σが③に相当します。

○比準価格＝取引価格×事情補正率×時点修正率×地域要因格差修正率×個別的要因格差修正率…［4式］

③市場性に着目して求める比準価格（マーケット・アプローチ）

不動産市場において実際に取引された類似の不動産の取引価格に着目して価格を求める方法で、この手法を使って求める価格を比準価格といいます。比準価格評価の基本式は［4式］のとおりです。

取引をしたい供給者と需要者が交渉して折り合った取引価格に注目して価格を求める方法で、需給均衡の価格という側面があります。比準価格の信頼性を高めるためには信頼できる多くの取引事例を収集し、複数の取引事例から求めた価格から1つの比準価格を求めます。

不動産の鑑定評価では三方式を適用して求めた積算価格、収益価格、比準価格を相互に比較検証して最終的に鑑定評価額を決定します。

＊15　価格を求める時点で年月日を指定します。株式ほどでないにしても不動産の価格は日々変化しうるため、鑑定評価においては価格時点を確定します。

＊16　収益価格については④参照。

3 積算価格の補足説明（減価修正を適切に行うことで時代に即応する）

図表7は新築後の経過年数と建物価格の関係を示したものです。

建物の価格は新築時がもっとも高く（P2）、時の経過に伴って低下し、耐用年数の到来によって0となります（T2）。P2とT2を結ぶ線は各種考えられますが、一般的に直線で表現します（定額法：C1）。

再調達原価は、対象不動産を価格時点において新たに入手することを想定した場合に必要となる原価の総額です。建築工事費に加えて、建築設計監理料などのほか別途工事費相当額を含みます。

減価修正で考慮する減価の要因は、物理的要因だけにとどまらず、機能的要因と経済的要因も考慮します。つまり、時間の経過に伴う劣化や損耗等の物理的な性能の低下がもたらす価値

図表5-7　積算価格のイメージ

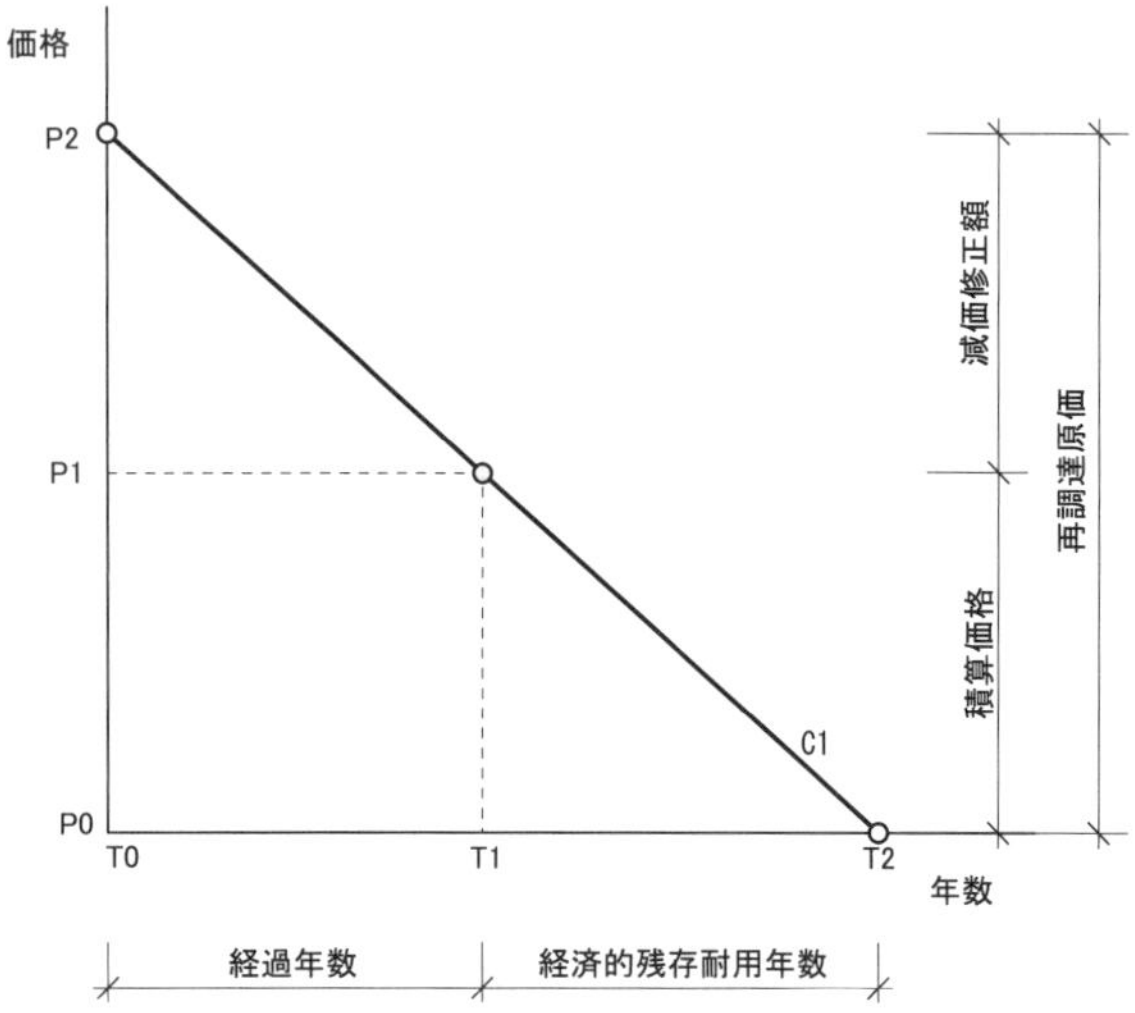

○減価修正額＝再調達原価×経過年数÷(経過年数＋経済的残存耐用年数)…［5式］

の減少に含まれない価値の減少を考慮します。

例えば、まだ性能は有しているものの社会が要求する性能水準が上昇したために、評価時点で発揮できる性能では、もはや市場が低い価値しか認めないことを背景とする価値の減少（機能的要因）や、地域が衰退し性能を適切に評価して購入する市場がなくなっていることを背景とする価値の減少（経済的要因）といったものです。

これらを考慮して経済的残存耐用年数を予想します。つまり、耐用年数は法定耐用年数にこだわらず、設計や施工の程度、維持管理の程度などを勘案します。以上をもとに減価修正額を、［5式］で求めて、［2式］に代入して建物の積算価格を求めます。

4 収益価格の補足説明（不動産分野で収益価格の重要性が増している）

■現在価値と将来価値

収益還元の①～③のステップ（上述）のうち②を理解することが重要です。

銀行に預金をすると、1年後には1年間の利息がついて元利合計額が増加します。複数年預けると、複利で元利合計額が増えます。このことはよく知られていて、換算式も一般的です。すなわち、現在価値（元金）から将来価値（元利合計額）を求める式は、図表8の①の換算式のとおりです。

ここで用いられる財務関数（1＋r）^{n}を複利終価率といいます。複利終価率は1円を利率rでn年間複利運用した場合に、n年後にいくらになるかを示します。

逆に、将来の金額を現在の価値に換算することが必要な場合もあります。①の換算式の両辺を$(1+r)^n$で割ると②の換算式となり、この財務関数$1/(1+r)^n$を複利現価率といいます。

複利現価率はn年後の1円を現在価値に複利で換算（割引き）した場合に、いくらの価値があるかを示します。不動産や金融の分野では、異なる時期に発生する費用や収入を実額（キャッシュフロー）でとらえたうえで、同時期に発生するものとして換算して集約し、優劣等を判定することが必要となります。複利終価率や複利現価率はそのような場面で必須の概念です。

■収益価格を多面的に理解する

①　基本式で理解する

収益価格の定義は「将来純収益の現在価値の総和」で、どのような収益還元法であっても次の手順を踏みます。

すなわち、①将来純収益を予想し、それを、②現在価値に換算したうえで、③総和を求めます。これを式で示すと、先ほども出てきた［3式］となります。

図表5-8　現在価値と将来価値

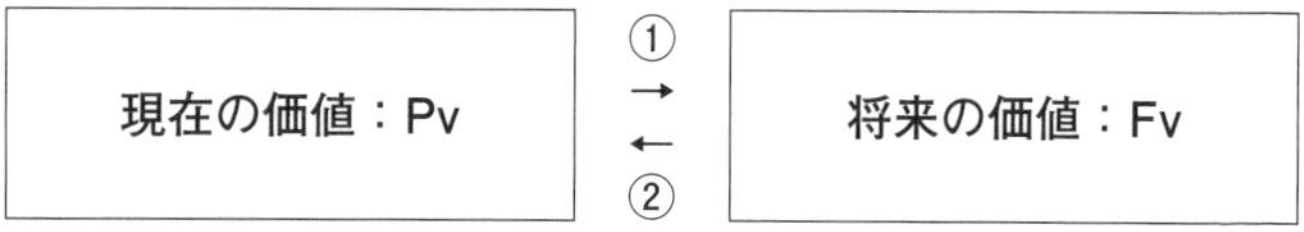

$$Pv = Fv \times \frac{1}{(1+r)^n}$$

《②の換算式》

$$Fv = Pv \times (1+r)^n$$

《①の換算式》

② グラフで理解する

収益価格をグラフで示すと図表9のとおりです。

純収益を直接求めることはできませんので、まず、総収益（実額）と総費用（実額）の差を将来の純収益（実額）として把握します（①将来純収益の予想）。

次に、これに複利現価率をかけて、現在価値を求めます（②現在価値に換算）。

その後、各年の純収益（現在価値）を合計したものが収益価格となりますが、グラフでは、総収益（現在価値）と総費用（現在価値）の間の面積abdcが収益価格を示しています（③総和＝面積）。

図表9では総収益（実額）は逓増すると予想していますが、これを現在価値に換算すると逓減します。さらに、遠い将来の純利益の現在価値は0となっていて価格には反映されないことがわかります。*17 永久に稼ぎ続ける土地所有権から得られる将来の純収益をキャッシュフローとして単純合計すると無限大になるにもかかわらず、所有権の価格が一定値に収斂するのはこのためです。

図表9は割引率（還元利回り）r＝5％で計算し、50年間の収益価格を示していますが、永久の収益価格を100％とすると、50年の価格は90％程度、10年の価格は50％程度となります。

○$P=\sum_{i=1}^{n}\left\{Bi\times\frac{1}{(1+r)^{i}}\right\}$…［3式］

P：収益価格　$\frac{1}{(1+r)^{i}}$：複利現価率

Bi：i年目の純収益　r：還元利回り

*17 図表9における総収益（現在価値）と総費用（現在価値）はやがて重なります。その時点で将来純収益の現在価値はゼロになります。

また、図表9からわかるように、収益価格の正確さを左右するのは遠い未来の収益の予想ではなく、近未来の収益予想です。証券化不動産の価格評価で用いるDCF法では、一般に10年間の賃貸経営についてキャッシュフローを精緻に予想したうえで、10年目が終わろうとする最終日に次の投資家に売却する場合の売却収益を想定して、両者を現在価値に換算して合計します。10年間が永久の価値に占める割合は上述のとおり、50％程度であることより、DCF法では転売価格の適切な予想も重要となります。

③ 表で理解する

収益価格を表で示すと図表10のとおりです。想定条件は表中に示しています。

純収益は直接求めることができないこと

図表5-9　収益価格をグラフで理解する

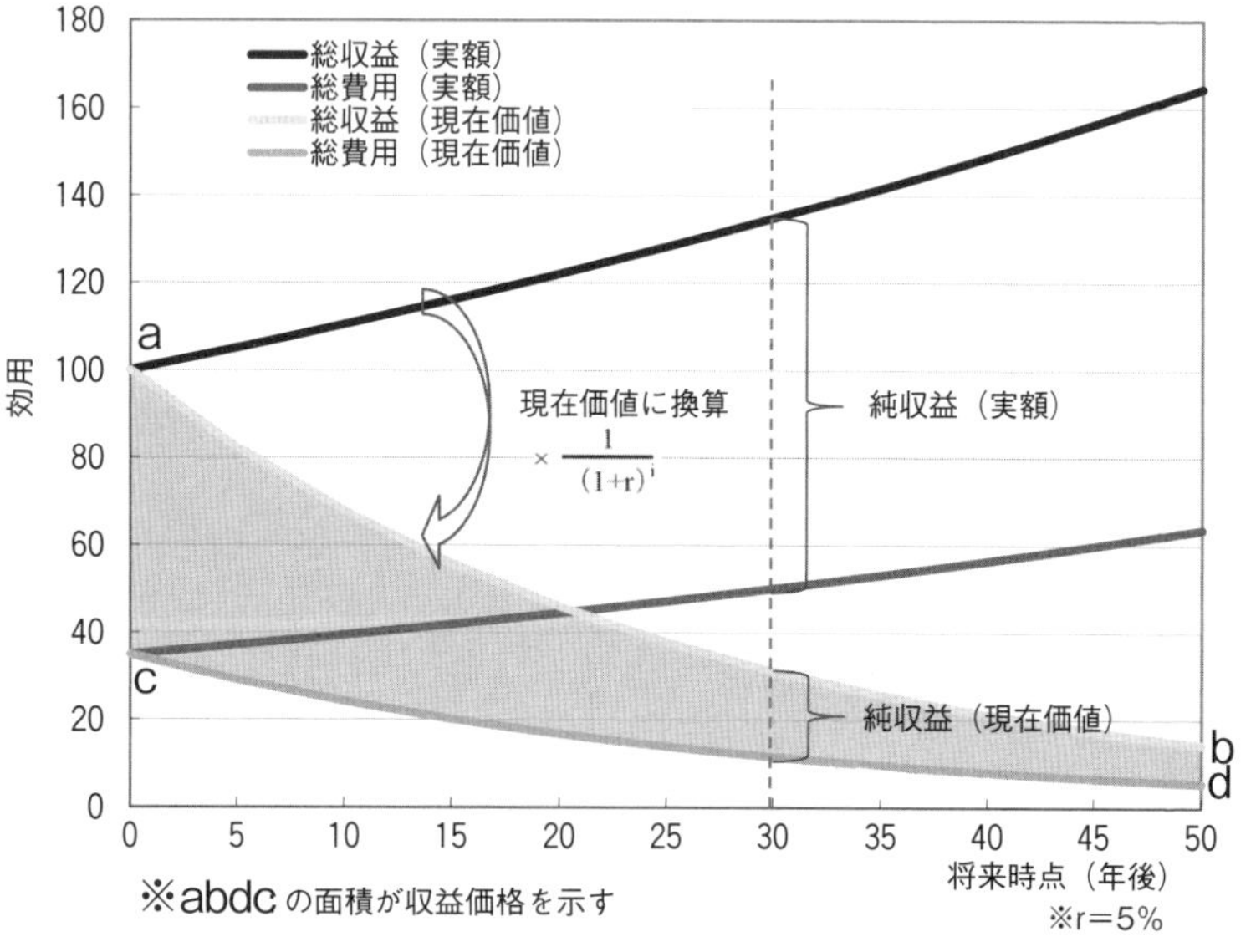

より、まず総収入を求め、次に総費用を求めて総収益から控除して求めます（①将来純収益表中(3)）。１年目の純収益は７００千円、８年目は８８７千円と増加しますが、複利現価率をかけて現在価値に換算すると１年目が６６７千円、８年目が６００千円と逆転します（②現在価値に換算表中(5)）。これは図表９のグラフで理解したことと一致します。

現在価値に換算した将来純収益を合計して収益価格を求めると、５０６６千円となります（③総和表中(6)）。実際に収益価格を求める場合、図表10をより詳細に、より長期に計算します。

図表5-10　収益価格を表で理解する

・初年度の総収益	1,000 千円
・２年目以降の総収益の上昇率	3%
・初年度の総費用	300 千円
・２年目以降の総費用の上昇率	2%
・割引率	5%

複利現価率

$$\frac{1}{(1+r)^{n}}$$

将来の１円の現在価値

(単位：千円)

	年	1	2	3	4	5	6	7	8
総収益	(1)	1,000	1,030	1,061	1,093	1,126	1,160	1,195	1,231
総費用	(2)	300	306	312	318	324	330	337	344
純収益	(3) =(1)-(2)	700	724	749	775	802	830	858	887
現在価値率（複利現価率）	(4)	0.9524	0.907	0.8638	0.8227	0.7835	0.7462	0.7107	0.6768
現在価値	(5) =(3)×(4)	667	657	647	638	628	619	610	600
総和（合計）	(6) =Σ(5)	5,066							

図表5-11　収益還元式の簡便式（直接還元法）

[前提条件]①純収益は一定である②純収益は永続する
a:1年間の純収益　r:利回り（還元利回り）

$$収益価格=\frac{a}{(1+r)}+\frac{a}{(1+r)^2}+\frac{a}{(1+r)^3}+\ \cdots\ +\frac{a}{(1+r)^n}\ \cdots\ =a\times\frac{1}{r}$$ …［6式］

[前提条件]①純収益は一定である②純収益は有期である
a:1年間の純収益　r:利回り（還元利回り）　n:期間

$$収益価格=\frac{a}{(1+r)}+\frac{a}{(1+r)^2}+\frac{a}{(1+r)^3}+\ \cdots\ +\frac{a}{(1+r)^n}=a\times\frac{(1+r)^n-1}{r(1+r)^n}$$ …［7式］

図表5-12　収益還元式の簡便式（直接還元法）を導く

○永久還元式（上記［6式］を導く）

- $P=\frac{a}{(1+r)}+\frac{a}{(1+r)^2}+\frac{a}{(1+r)^3}+\cdots+\frac{a}{(1+r)^n}+\cdots$
- 初項$=\frac{a}{(1+r)}$，公比$=\frac{1}{1+r}$，無限等比級数
- 無限等比級数の和$=\frac{初項}{1-公比}$
- $P=\frac{\frac{a}{1+r}}{1-\frac{1}{1+r}}=\frac{a}{1+r-1}=\frac{a}{r}$

$\therefore P=\frac{a}{r}=a\times\frac{1}{r}$

○有期還元式（上記［7式］を導く）

- $P=\frac{a}{(1+r)}+\frac{a}{(1+r)^2}+\frac{a}{(1+r)^3}+\cdots+\frac{a}{(1+r)^n}$
- 初項$=\frac{a}{(1+r)}$，公比$=\frac{1}{1+r}$，項数$=n$，有限等比級数
- 有限等比級数の和$=\frac{初項\times(1-公比^n)}{1-公比}$
- $P=\frac{\frac{a}{1+r}\times\left\{1-\frac{1}{(1+r)^n}\right\}}{1-\frac{1}{1+r}}=\frac{a\times\left\{1-\frac{1}{(1+r)^n}\right\}}{1+r-1}=a\times\frac{\left\{1-\frac{1}{(1+r)^n}\right\}}{r}=a\times\frac{(1+r)^n-1}{r(1+r)^n}$

$\therefore P=a\times\frac{(1+r)^n-1}{r(1+r)^n}$

■利用しやすい式を導く

収益価格は一般式である［3式］に基づき、図表10のように表計算ソフトを利用して求めることが汎用的です。一方で、電卓でも計算できる程度に簡略化したい、図表10では永久の価値を求めることが容易ではない、などにより、前提をおいて［3式］を変形して利用することがあります。

将来の純収益を一定と想定し、それが永続する場合は図表11の［6式］で、一定期間（n年間）だけ継続する場合は［7式］のとおり変形できます。［6式］は無限等比級数の和を求める公式により、［7式］は有限等比級数の和を求める公式によって図表12のとおり変形したものです。両式とも1年間の純収益をもとに、求めたい期間に対応する収益価格を直接的に算出することから、直接還元法といい、［6式］を永久還元式、［7式］を有期還元式といいます。

［7式］のaに乗じる係数は、複利年金現価率といわれる財務関数で、現在からn年間にわたり毎年1円を積み立てる場合の積立金（総額n円）を現在価値に換算して合計した金額を示します。[*18]

両式とも使いやすく簡便化された有用な収益還元式ですが、特に［6式］においては、計算上は割り算で求めるとしても、本質は足し算であることを理解することが重要です。

＊18　不動産に即して表現すれば、毎年1円をn年間稼ぐ不動産のn年間の稼ぎを現在価値に換算して合計する（今日の価格にする）といくらかを示します。

REAL ESTATE 5

時間と価値・価格の関係

日本の建物価格は一般的に図表13で説明されます。建物価格は新築時がもっとも高く（P5）、時の経過に伴って低下し、耐用年数の到来時に0となります（T5）。P5とT5を結ぶ線は各種考えられますが、一般的に直線で表現します（定額法：C1）。以下、この価格線を「償却直線」といいます。

T3時点で追加投資すると価格が上昇（P2→P4）し、耐用年数が延びます（T5→T6）。T4時点の価格P3を導くには3つの方法があります（図表14）。

耐用年数修正法を用いることが多いのですが、求めるべき価格のP3ではなくP3'で近似する、追加投資直後の価格転嫁率が低く、時間が経過すると転嫁率が逓増する矛盾があります。再調達原価修正法

図表5-13　建物価格の経年変化

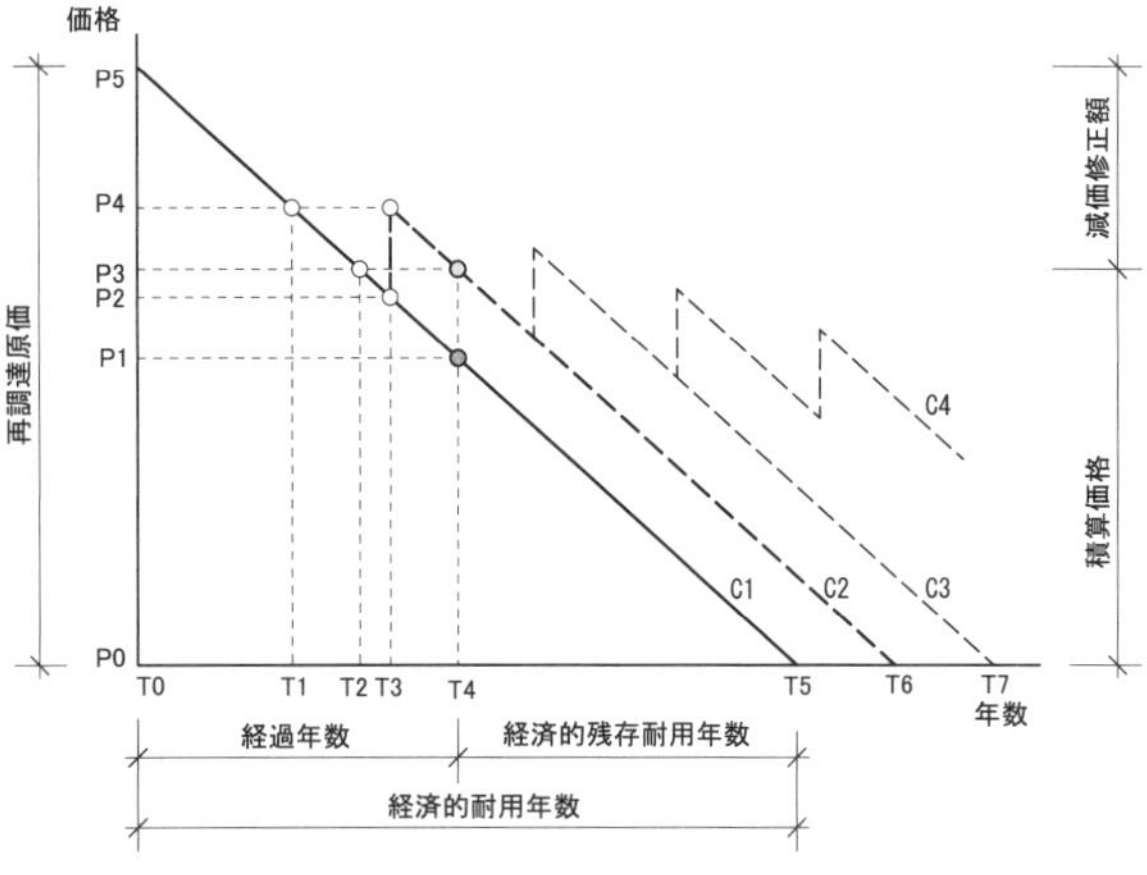

は追加投資を集約して新築時の再調達原価に加算してP３を導く方法です。

　経過年数修正法は米国で採用される方法です。実際の経過年数が50年の住宅であっても維持管理の状態をもとに実質経過年数[*19]を20年と判断すれば、新築後20年経過した建物として評価します。維持管理によって建物が〝若返る〟ことになり、それに伴って価格も高く評価されます。

　不動産の価値はその不動産が将来どれ程の効用を持ち、利用者がどれ程享受できるかで決定される側面があります。この意味で時間は不動産価値の源泉です。

　単位時間あたりの効用が一定として、その持続期間が永久の場合の価値を１０

＊19　Effective Age。

図表5-14　追加投資の価値の反映方法

方法	方法１	方法２	方法３
名称	耐用年数修正法	再調達原価修正法	経過年数修正法
イメージ図	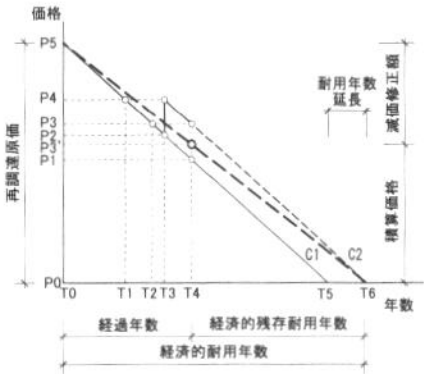	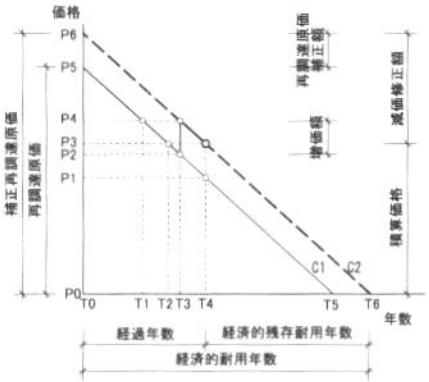	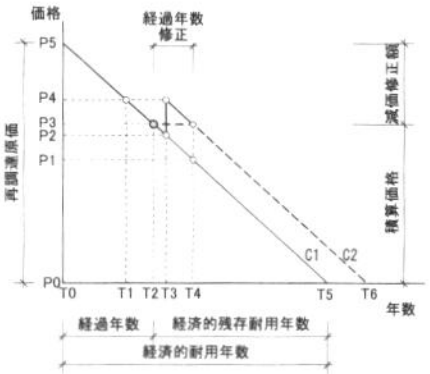
考え方	• 更新・改修工事によって耐用年数が延びることに注目（T5→T6） • P5とT6を結ぶ直線により更新・改修工事の価格効果を表示 • 更新・改修工事直後の価格転嫁率が低く、経過すると高くなる矛盾	• 更新・改修工事によって価格線が上方にスライドすることに注目（C1→C2） • 上方スライドさせた価格線P6-T6が積算価格を表示 • 多様な更新・改修工事の簡便評価が可能	• 更新・改修工事によって経過年数が左方に移動することに注目（T3→T1） • 当初の価格線を利用することが可能 • 経過年数を修正する評価基準が必要

0とした場合、１２０年＝99・7、90年＝98・8、60年＝94・6、30年＝76・9です。[20] 30年を切ると急激に減少し20年＝62・3、10年＝38・6となります。これを示したものが図表15の価格曲線です。以下、この価格線を「効用曲線」といいます。

■償却直線は効用を反映しない

不動産の効用を残存利用期間で定量化すると、残り30年使う場合は76・9です。この数値は通算耐用年数が１２０年、90年、60年、30年を問わず同一です。不動産の価値を残存利用期間で考えれば、当然の帰結です。

これに対して、日本で一般に採用される原価法の考え方に基づく価格線を償却直線[21]で示すと、１２０年から順に、25・0、33・3、50・0、１００・0で、大きな差

図表5-15　効用曲線による評価と償却直線による評価

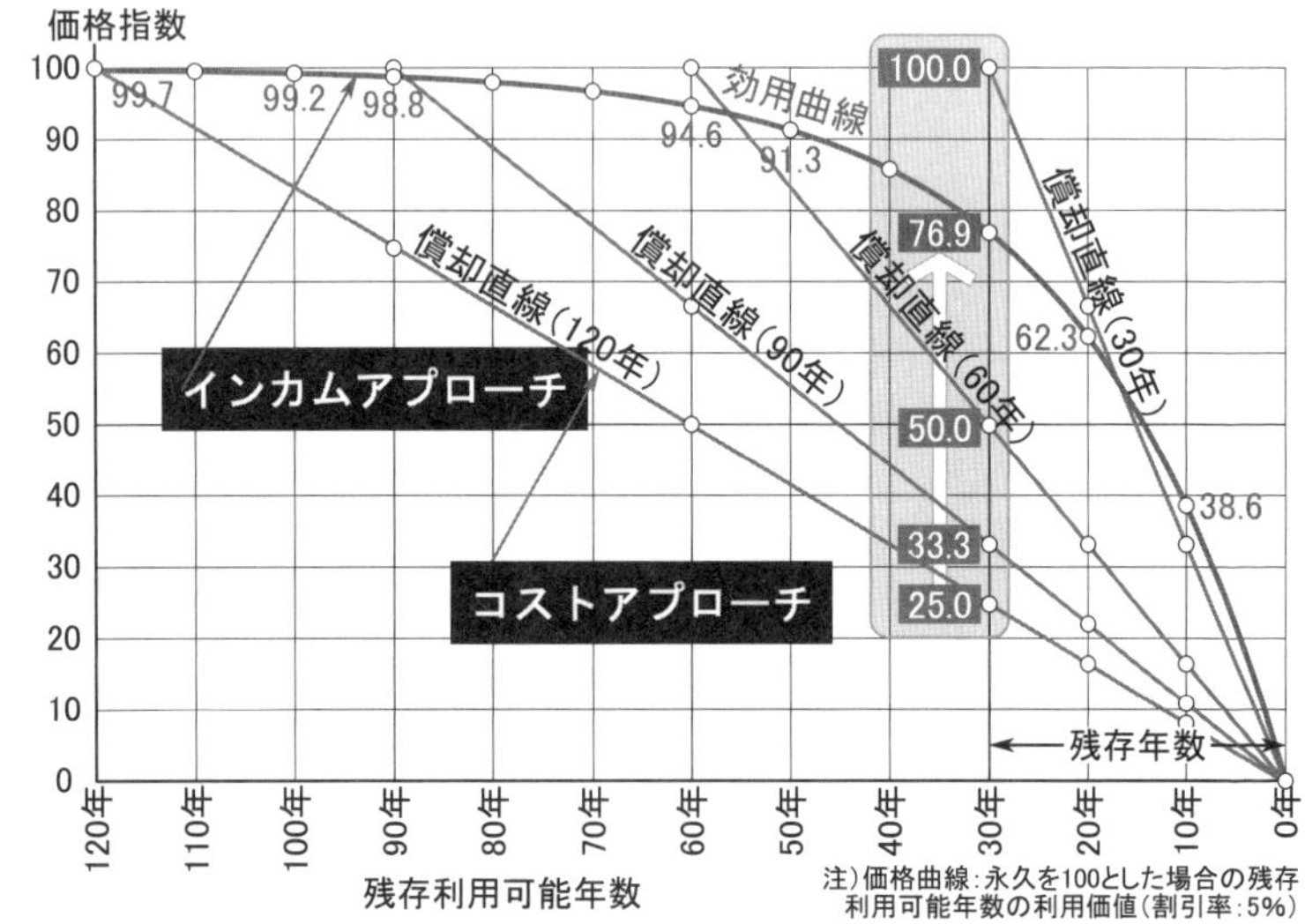

注）価格曲線：永久を100とした場合の残存
利用可能年数の利用価値（割引率：5%）

異があります。償却直線は不動産の利用で得られる効用を反映するには不向きです。

■30年住宅の新築時の効用はコストを下回る

償却直線と効用曲線を比較すると、120年住宅では一貫して後者が上回ります。30年時点で前者25・0、後者76・9で、後者が3・1倍です。90年住宅もほぼ同様で、30年時点の倍率は2・3です。60年住宅は90年住宅と同様ですが乖離は縮小します。30年住宅は新築当初は前者が上回り後半で逆転します。30年住宅の新築時点の効用は76・9でコストは効用に完全には反映されません。[*22]

■償却直線は耐用年数が短い住宅が前提

償却直線と効用曲線の関係を概観すると、30年住宅で両者は相対的に近似します。償却直線は30年住宅等の短期耐用住宅の価格を説明するうえで一定の妥当性を持つ半面、より長期やより短期の価格の説明には不向きといえます。

■効用曲線は買主側の考えに沿う

効用曲線は、不動産の利用で得られる効用に基づくもので、買主側の立場に沿います。買主側が

＊20 ［7式］を［6式］で割って算出。割引率5％で計算しています。
＊21 定額法で減価する場合の値です。
＊22 耐用年数が短い建物を建築することはコスト倒れになる可能性を示しています。

売主側より高く評価する市場は活性化が相対的に容易といえます。

一方、日本の現状を見ると、利用する価値があるにもかかわらず、建物価格は定額で減価する価値規範が支配的で、価格が償却直線で決定されます。住宅の耐用年数が短いことと、市場価格が効用曲線で決まらないことが相まって、日本の住宅の時価総額は投資総額を500兆円下回る国富の喪失につながっています（第4章図表6）。

コラム　減価修正　～不動産鑑定評価～

不動産市場で中古不動産を売買する際の価格は、財務会計上の使用期間、税務上の法定耐用年数のいずれからも独立で、不動産市場の需給動向、金融の状況や売買当事者間の交渉などによって決定されます。他方、日本の中古住宅市場では「建物は20年たったら価値がない」などといわれ、木造モルタル塗り住宅の法定耐用年数22年とおおむね一致するなど、中古住宅価格と法定耐用年数には不思議な牽連性が認められます。[*23]

不動産価格を理論的に求める不動産鑑定評価手法を規定する不動産鑑定評価基準は、中古不動産の価格を求める手法の1つに原価法（積算価格）を規定し、「積算価格＝再調達原価－減価修正」によるとしています。再調達原価は再度新築する場合の価格で、それから時の経過や使用による損耗などに伴う価値の減少分を控除します。その際、減価修正は、「減価修正＝経過年数÷（経過年数

＋経済的残存耐用年数）」によります。経済的残存耐用年数とは、「対象不動産の用途や利用状況に即し、物理的要因[*24]及び機能的要因[*25]に照らした劣化の程度並びに経済的要因[*26]に照らした市場競争力の程度に応じてその効用が十分に持続すると考えられる期間をいい、この方法の適用に当たり特に重視されるべきものである」と規定しています。[*27]

追加投資によって中古住宅の価値が上昇するとともに、経済的残存耐用年数が延長されます。適宜追加投資を行うと木造住宅であっても耐用年数は相当程度長期になります。

追加投資の資産価値向上効果と経済的残存耐用年数延長効果を適切に評価することが求められます。米国の住宅の鑑定評価では、この2つの効果を「建物が若返る」ととらえて表現します。具体的には、木造住宅の標準耐用年数をたとえば60年と設定して定額法で減価する価格線を準備します。新築後の実際経過年数がたとえば40年経過した評価対象建物の状態が良く、経過年数20年相当の性

＊23　日本の住宅の耐用年数が欧米諸国と比較して短いこと、住宅を長期に利用することが地球環境にやさしい側面があることなどから、国は、長期優良住宅制度や安心R住宅制度などにより、日本の住宅の長寿命化を進めています。
＊24　劣化や損耗で使えなくなるなど。
＊25　物理的には作動するとしても機能が陳腐化して市場が評価しなくなるなど。
＊26　地域経済が衰退し、需要がなくなるなど。
＊27　不動産鑑定評価基準は、状況に応じて個別に判断することを強調しています。他方、不動産鑑定士は「市場代行者」として不動産市場の実態に基づいた経済価値、つまり「そこにある価格」を判定することを求められており、「そこにあるべき価格」を求めることはできないことから、不動産鑑定士が本来あるべき価格に誘導することは期待できない側面があります。もっとも、不動産鑑定評価基準に基づいて作成する不動産鑑定評価手法に課せられた制約ですので、それ以外の方法で不動産鑑定士が「あるべき価格」に関する情報を発信することは可能です。

能と状況にあると判断すれば、実効経過年数20年として計算します。標準耐用年数60年の価格線の20年の位置で評価しますので、経済的残存耐用年数を40年見込んでいることになり、実際経過年数40年を合計すれば通算耐用年数は80年となります。追加投資を繰り返せば「繰り返し若返り」、その度に通算耐用年数は延長されていきます。[*28] 先に耐用年数を予測するのではなく、実効経過年数を先に判断する結果として耐用年数を推定することになります。

日本の鑑定評価では、鑑定評価基準に沿って経済的残存耐用年数を予測します。追加投資がなされている場合は追加投資の「延命効果」を把握することになります。減価修正では経過年数と経済的残存耐用年数を合計した経済的耐用年数が具体的になりますが、一般的にいわれている年数とかけ離れた大きな数字としにくいこと、経済的残存耐用年数をある程度延ばしても追加投資額相当額まで価格上昇することはないことから、追加投資の資産価値向上効果を米国ほど大胆には評価しにくくなっています。

図表5-16　追加投資で価値を高める

写真：著者撮影（米国ポートランド）

＊28　米国の住宅用建物の税法上の法定耐用年数は27・5年ですが、中古を取得した場合はそれまでの経過年数に関係なく27・5年で償却します。何度売買されても購入時点から27・5年で償却できる仕組みは、何度でも若返らせる鑑定評価の仕組みと通底します。

REAL ESTATE 6

借地権・借家権の価格

1 所有権、借地権、借家権の関係

■土地と建物の所有と利用

所有権は使用権・収益権・処分権を包含する大きく制約の少ない権利で、時間的に永久の権利です。日本の制度では土地と建物に所有権があります。所有者は所有権に含まれる使用権を使って自分でその物を使用することができます。他方、所有せずに不動産を利用することも可能です。不動産を所有せずに利用する権利の主なものは借地権と借家権です[*29]。

借地権は他人の土地を借りて利用する権利ですが、借地借家法で、建物所有目的のための地上権及び土地賃借権と規定しています[*30]。借家権は借地借家法の適用がある建物賃借権です。不動産を利

*29 その他には地役権などがあります。

*30 青空駐車場として利用する、グラウンドとして利用するために土地を借りることもあります。この場合も土地の賃貸借契約を結びますが、建物を建てることは認めないという契約条項が入ります。この場合の土地賃借権は借地権には該当しません。本書では、建物所有を認める土地賃借権について記述しています。

用する権利について、所有権、借地権、借家権の関係を示すと図表17のとおりとなります。

借地権は土地所有者Aの土地を借地権者Bが借地してその土地を利用し、借地上に建物を所有します。図表17の第2類型が基本となります。

借家権は土地所有者Aの土地をAが自ら利用してその土地上に建物を所有し、その建物を借家人Cに賃貸します。図表17の第4類型が基本となります。[*31]

不動産の価格は、不動産にかかるその権利が売買可能であるかという法的側面と、その権利について対価を支払って購入しても良いという需要が存在するかという不動産市場の側面、さらには、その需要に対して住宅ローンなどの融資を受けられるかという不動産金融の側面が関係します。また、同じ土地所有権であっても土地・建物ともにAが利用できる第1類型と借地権が発生している第2類型や借家権が発生している第4類型では価格は同じではありません。

図表5-17　土地と建物の所有と利用

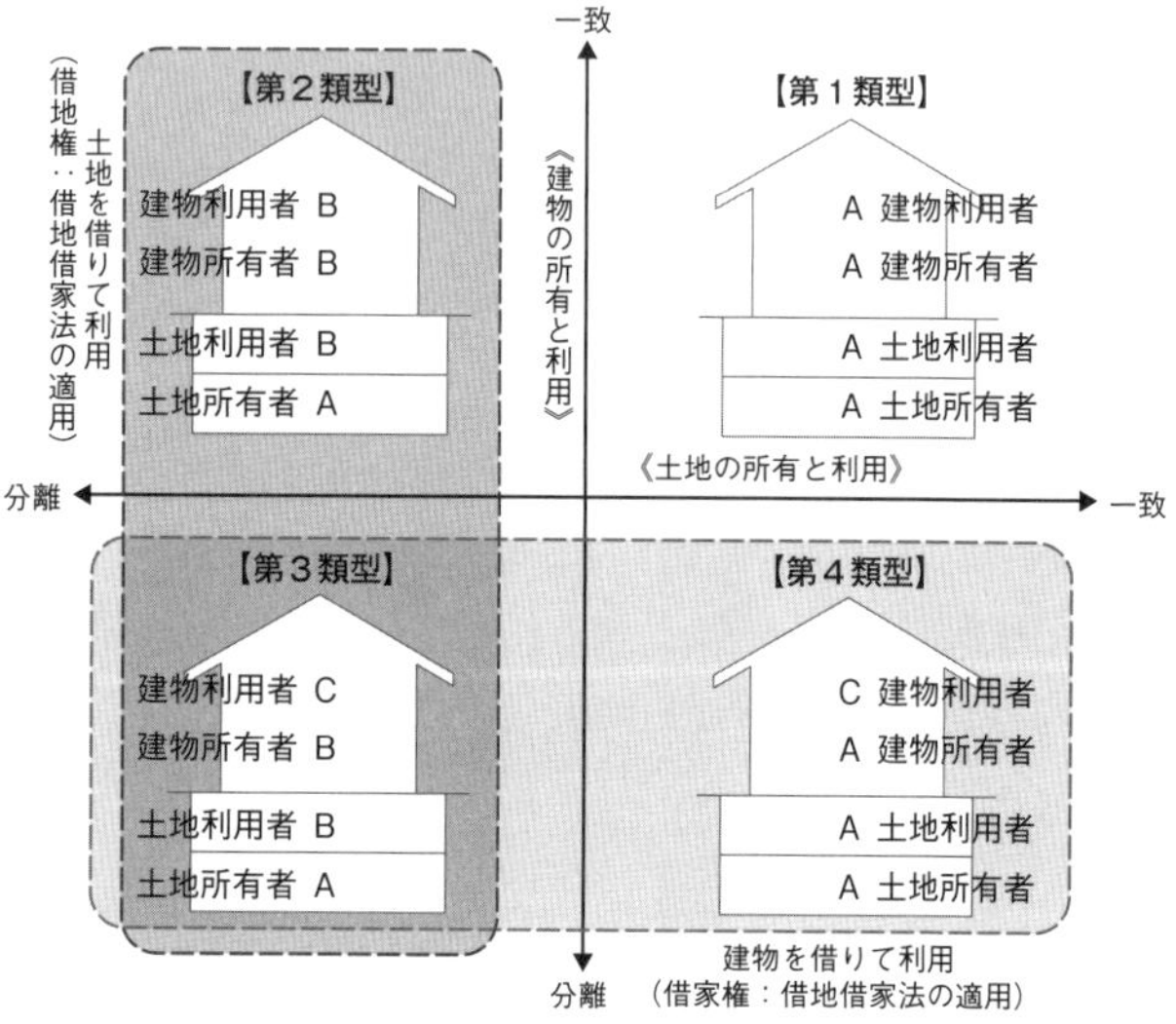

■借地・借家の用語

借地や借家については、さまざまな法律や制度と関係があり、借地や借家にかかる権利や当事者の呼称はさまざまな表記が用いられます。

表記に特別の意味がある場合もありますが、本書では、特記しない限り、図表18の同一枠内の各用語には、同一の意味を持たせています。

■民法と借地借家法の関係

不動産に限らず、賃貸借に関する一般的な規定は民法が定めています。不動産のもつ特性に対応するため、建物の賃貸借については民法の規定に加えて借地借家法が適用されます。

建物を所有しても良いという条件で土地を賃貸借する場合も、賃貸借に関する民法の規定に加えて借地借家法が適用されます。民法（一般法）と借地借家法（特別法）で同じ事項について異なる定めがある場合は、特別法である借地借家法が優先します。

＊31 図表17の第3類型は借地権と借家権の両者が含まれます。本稿では借地権の価格については第2類型、借家権の価格については第4類型を念頭においています。

図表5-18　借地借家の用語

区分	権利の内容	権利の名称	契約の呼称	契約当事者	契約当事者の呼称
借地	土地を借りて建物を建てる	借地権 土地賃借権 地上権	借地契約 土地賃貸借契約 地上権設定契約	借り主	借地権者、借地人、土地賃借人、地上権者
				貸し主	借地権設定者、地主、土地賃貸人、地上権設定者、土地所有者、底地権者
借家	建物を借りて使う	借家権 建物賃借権	借家契約 建物賃貸借契約	借り主	借家権者、借家人、建物賃借人
				貸し主	家主、建物所有者、建物賃貸人

他方、土地賃貸借契約のすべてに借地借家法が適用されるわけではありません。青空駐車場やテニスコートで利用することを目的とし、建物を建てることを認めない条件で結ぶ土地の賃貸借には借地借家法は適用されません。また、一時使用が明白な場合も同様です。

■借地権の種類

借地権には契約更新の有無や契約期間などの違いから、図表19に示す種類があります。[*32]

2 借地権は法律でどのように守られているか

■借地権（普通借地権）～更新がある～

借地借家法では借地権全般について規定したうえで、更新のない借地権について定期借地権として特別に規定しています。両者を区別するために、更新のある借地権を便宜的に普通借地権といいます。

（ア）契約期間と更新

存続期間は30年で、より長い期間を約定した場合は、その期間となります。30年より短い期間を定めた場合は、約定が無効となり、借地期間は30年となります。更新による契約の存続期間については以下のとおりです。

①当事者の合意による更新

当事者が合意して、借地契約を更新する場合の存続期間は、最初の更新は20年、その後の更新は10年で、より長い期間を定めた場合は、定めた期間が新たな借地期間となります。

②借地権者の請求による更新

借地権者が契約の更新を請求したときは、建物がある場合は同一の条件で契約を更新したものとみなします。[*33] 存続期間は、上記①と同じです。

＊32 借地借家法で借地権を守る理由は以下のとおりです。敷地を利用する権利である借地権がなくなると借地上に建っている建物も存続できず、解体するなどが必至となります。借地上に存在する利用可能な建物を守るために借地権を保護しています。

＊33 借地権を保護する主旨は借地上の建物を保護する（解体せずに継続利用する）ことにあることから、このような規定になっています。建物がない場合について借地借家法はノーコメントです（合意に基づいて決定します）。

図表5-19　借地権の種類

借地権		存続期間	利用目的	契約方法	借地関係の終了	契約終了時の建物
定期借地権	一般定期借地権	50年以上	用途制限なし	公正証書等の書面で行う 以下の３点を特約する ①契約の更新をしない ②存続期間の延長をしない ③建物の買取請求をしない	期間満了による	原則として借地人は建物を取り壊して土地を返還する（実務）
	事業用定期借地権	10年以上50年未満	事業用建物所有に限る（居住用は不可）	公正証書で設定契約する 以下の３点を特約する ①契約の更新をしない ②存続期間の延長をしない ③建物の買取請求をしない	期間満了による	原則として借地人は建物を取り壊して土地を返還する（実務）
	建物譲渡特約付借地権	30年以上	用途制限なし	30年以上経過した時点で建物を相当の対価で地主に譲渡することを特約する 口頭でも可	建物譲渡による	①建物は地主が買い取る ②建物は収去せず土地を返還 ③借地人または借家人は継続して建物利用（借家）できる
普通借地権		30年以上	用途制限なし	制約なし 口頭でも可	①法定更新される ②更新拒否に正当事由が必要	①建物買取請求権あり ②買取請求権が行使されたら建物はそのままで土地を明け渡し、借家関係は継続される

契約更新時に土地所有者が更新を拒絶できるのは、次の条件を満たす場合です。

A　更新拒絶の正当事由がある

土地所有者と借地権者がそれぞれ土地の使用を必要とする事情、借地の経緯、土地の利用状況、土地所有者が土地の明渡しと引換えに借地権者に申し出た財産上の給付の内容を考慮して、正当の事由があると認められることが必要です。正当事由の当否は裁判所が判断します。

B　遅滞なく異議を述べる

借地人の請求に対して遅滞なく異議を述べることが求められます。

③借地人の継続使用による法定更新

期間が満了した後、借地権者が土地の使用を継続するときも、建物がある場合[*34]は上記②と同様に更新されます。更新拒絶の正当事由についても同様です。

(イ)　建物買取請求権

借地権の存続期間が満了した場合に契約の更新が認められないときは、借地権者は、土地所有者に対し、建物を時価で買い取るよう請求できます。借地上には借地権者が所有する建物が立っていますが、借地権が更新されずに消滅すると敷地利用権がない建物が、〝あってはならない状態[*35]〟で残ることになります。これを解決するために、更新が認められなかった借地権者に建物買取請求権が認められています。

ここでいう買取請求権は、「買ってほしい」という任意の売買交渉を指すのではなく、借地権者の請求に対して地主は応じる義務があります。[*36]

(ウ) 地代等増減請求権

地代が公租公課の増減、土地価格の上昇・下落などの経済事情の変動により周辺の地代水準と比較して不相当となったときは、契約にかかわらず、当事者は、将来に向かって地代等の額の増減を請求できます。ただし、一定の期間地代を増額しない旨の特約がある場合には、その定めに従います。[*37]

地代の増額について当事者間で協議がまとまらない場合に、増額の請求を受けた借地権者は、増額を正当とする裁判が確定するまでは、相当と認める額の地代等を支払えば良いのですが、裁判の結果、支払った額に不足があるときは、年1割の利息を加えて不足額を払わなければなりません。

＊34　借地借家法で借地権を保護する理由は借地上にある借地人の建物を存続させる（守る）ことにあります。このことを理解していればこのような規定の意味を理解しやすくなります。

＊35　敷地利用権がない建物が建っている状態を本書ではこのように表現します。

＊36　このように片方の意思表示でその効果が生じる権利を形成権といいます。

＊37　増額する旨の特約はそれ自体有効ですが、地代減額請求権を行使されると、これに劣後します。

(エ) 地主の承諾に代わる許可の裁判

借地権には地上権によるものと土地賃借権によるものがあります。地上権に基づく借地権の場合、地上権が「物につく権利」の物権のため、土地所有者の承諾を得ることなく自由に譲渡できます。売買は譲渡の1つの形態ですので、売買も自由です。これに対して賃借権に基づく借地権の場合、賃借権は「人につく権利」の債権で、人に対する信頼関係を背景としています。このため、譲渡に際しては地主の承諾が必要となります。新しい借地人との間に信頼関係が持てると判断すれば譲渡を承諾する一方、承諾しない場合にあっては借地権を譲渡できないことになります。

このような状況に対し、借地借家法は、借地権を譲り受けようとしている者が賃借権を取得しても地主に不利となるおそれがないにもかかわらず、地主が賃借権の譲渡を承諾しないときは、裁判所は、地主の承諾に代わる許可を与えることができると規定しています。この仕組みを借地非訟といいます。当事者間の利益の衡平を図るため必要があるときは、地代の改定や譲渡承諾料など財産上の給付を条件とすることもあります。[*38]

以上の結果、普通借地権は地上権に基づくものは当然に、賃借権に基づくものでも借地非訟の手続きがあること、借地非訟の手続きをとれば裁判所から地主の承諾に代わる許可の決定が得られる可能性が高いことから、実質的に譲渡可能な権利となります。借地権を譲渡すると借地上の建物も同じ人に譲渡すること[*39]から、実態としては借地権付き建物の売買になります。

このように借地権は借地上の建物を建て替えることも[*40]、不要になった場合に売買することも認められる可能性が高いことから、土地を永続的に利用できる権利となり、土地所有権と類似する権利となります。長期に利用可能な価値が価格として顕在化し、売買の対価となります。[*41]

一方で、売買の際に金融機関からの融資が受けにくい問題があります。

金融機関は土地と建物に抵当権を設定することを基本とします。借地権付きの建物を購入する者は建物所有権を取得しますので、建物に抵当権を設定することはできます。一方、土地の権利である借地権について、借地権が地上権によるものであれば抵当権が設定できますが、賃借権には抵当権が設定できません。

これまでのところ借地権の大部分は賃借権に基づくもので、多くの借地権は土地[*42]に抵当権を付けることが困難となります。地主が自分の土地所有権に抵当権を設定してくれれば良いのですが、地主にしてみれば自分の借金でない債務のために抵当権を設定する必然性はなく、むしろ競売に掛けられるリスクを負うことになります。

このため抵当権の設定に応じないことが通常です。金融機関によっては建物だけの抵当権で融資をしてくれる場合もありますが、多数とはいえないのが現状です。

＊38　借地非訟の手続きは、建て替えなどにおいても適用できます。

＊39　建物の所有者は敷地を利用する権利を持っている必要があります。敷地利用権である借地権だけ売買すると借地権者と建物所有者が異なることになります。これは〝あってはならない状態〟ですので避けなければなりません。

＊40　借地契約では無断増改築禁止を取り決めることも多いのですが、譲渡と同様、地主の承諾に代わる許可の裁判の制度が規定されています。

＊41　地域や建物用途などによっては状況が異なることもあります。

＊42　借地権は土地に関する権利です。

借地権付き建物の購入者は自己資金で買う、無担保で借りることができる金利の高い融資を受けて買うことが多くなり、購入可能な金額が制約されます。

住宅ローン等が可能な市場[*43]と比べると、借地権付き建物の場合は市場が制約される側面があります。

（オ）借地権の対抗力

借地権は地主から土地を借りて使う権利です。借地契約期間中に土地所有権が売買され、新たに土地所有者となった地主から、自分で土地を使うつもりで購入したので、建物を収去のうえ土地を引き渡してほしいといわれる可能性があります。借地権を登記していれば第三者対抗力がありますので、このような場合でも、争いに負けることはありません。借地人は引き続き借地権に基づいて土地を利

図表5-20　借地権の対抗力（原則型）

概念図	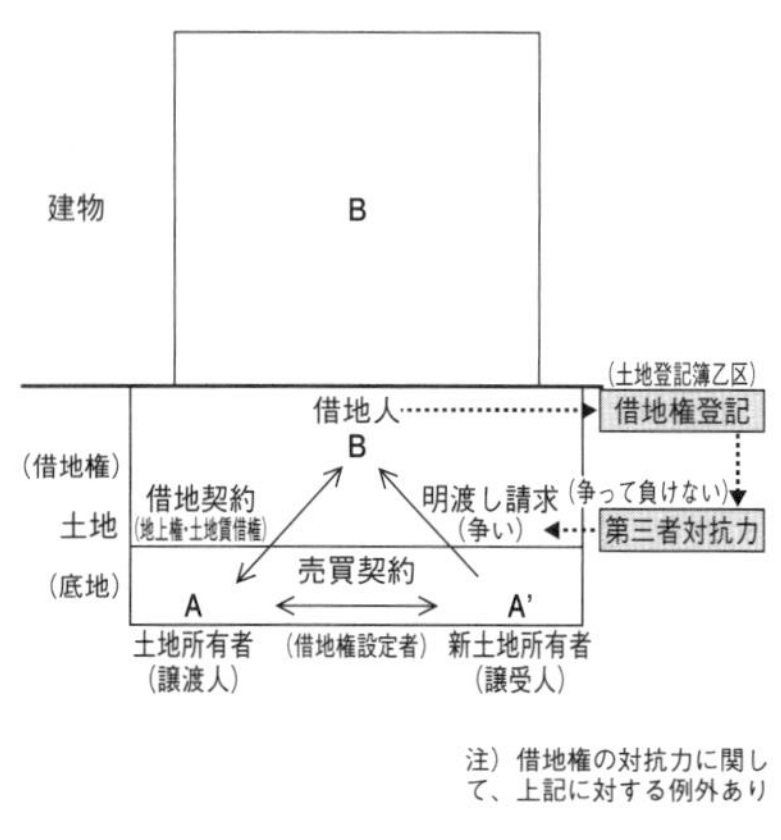
1	借地人Bと借地契約を締結していた土地所有者Aは売買契約を締結し、所有土地をA’に譲渡した。
2	譲受人A’は、土地所有者として自らこの土地を利用したいと考え、借地人Bにこの土地を明け渡すよう要求し、これを拒否する借地人と争いとなった。
3	この際、借地権の登記があれば第三者対抗力が認められ、借地人Bは土地所有権の譲受人A’との争いに負けない。

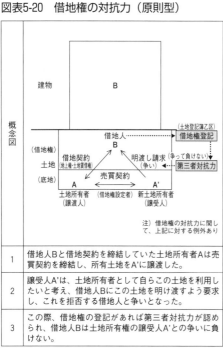

用し続けることができます。

借地権には地上権によるものと土地賃借権によるものがあります。いずれも登記できる権利ですが、物権である地上権は地主の意思にかかわらず登記可能な一方、債権である賃借権は賃貸人（地主）の承諾がある場合に登記可能となります。登記によって借地権が一層強固な権利となることもあって、賃貸人が登記に協力するケースは多いとはいえません。

借地権の登記ができない土地賃借権については例外的に、借地上の建物を登記することによって土地賃借権（借地権）に対抗力が認められます。借地上の建物は借地人の建物ですので、これを登記することに支障はなく、土地賃借権に基づく借地権であっても対抗力を備えることができます。

■定期借地権～更新がない～

定期借地権制度は１９９２（平成４）年に施行された借地借家法によって創設されました。借地借家法は、それまでの借地法、借家法、建物保護ニ関スル法律（建物保護法）の３つの法律を廃止して成立した新しい法律です。

借地法が規定する借地権は更新が認められ、借地権者が使い続けたいと希望する場合、更新や建て替え、さらには譲渡も認められ、「債権の物権化」といわれる事象が生じていました。ひとたび借地に出すと返還されなくなることが、昭和終盤の地価高騰期の顕著な土地需要にもかかわらず、

＊43　借地権などが付いていない土地（更地）の所有権を取引する場合など。

新規の借地供給を阻害する要因になっていました。

定期借地権制度はそのような時代背景を踏まえ、借地に提供したとしても期間が満了すれば借地権が消滅し、完全所有権に復帰する（土地が返還される）ことを保証することで借地の供給を促すとともに、供給不足が原因で急騰する土地価格を抑制する仕組みとして創設されました。

定期借地権も普通借地権と同様、権利を譲渡できる可能性は高い一方、借地期間が限定されていることから、売買時の残存借地期間の土地と建物を利用する価値に対応する価格で取引されることになります。残存期間は逓減することから定期借地権の価格も低減します。一定の価格水準を維持することが多い普通借地権との相違点です。[*44]

①定期借地権（一般定期借地権）

存続期間を50年以上として借地権を設定する場合に、契約の更新がないこと、期間満了時に建物買取請求をしないことを定めることが認められるようになりました。このように定めた借地権を定期借地権といいます。更新のない3種類のうち、ほかの2つと区別するために、この借地権のことを便宜的に一般定期借地権ということが定着しています。[*45]
借地期間満了後に借地人の建物が残ると上記（イ）同様、〝あってはならない状態〟となります。この状態を解決するには建物を解体するか、建物所有権を地主が取得するかのいずれかですが、定期借地権では、借地権が消滅した際、借地人が請求すれば地主がこれに応じる義務のある建物買取請求をしないことを約定しています。このため、定期借地権の契約では、借地人が建物を解体して土地を返還すると規定することが一般化しています[46]。定期借地権は公正証書等の書面によらなければなりません。これは、契約は合意によって成立し、書面化は契約成立の要件でないという原則に対する例外[47]です。

②建物譲渡特約付借地権

設定後30年以上を経過した時点で、借地上の建物を借地権者から土地所有者に譲渡して借地権を消滅させる借地契約をすることを認めた借地権を建物譲渡特約付借地権といいます。上記①の定期借地権（一般定期借地権）とは逆に、借地期間満了後に借地人の建物が残る、〝あってはならない状態〟を解消する方法として、地主が建物を買い取る方法を採用します[48]。

建物所有者として建物を利用してきた借地人や借地人から建物を借りていた借家人は、建物譲渡後は借家人として継続利用することも可能です。

＊44 相続税では相続財産の評価について、普通借地権を設定した土地所有権（貸地）について路線価図に借地権割合を開示し、更地価格の一定割合（借地権割合）で評価します。これに対して定期借地権を設定した貸地の評価は逓増（借地権価格が逓減）します。

＊45 借地借家法には一般定期借地権の用語は登場しません。

＊46 建物が継続利用できる場合などにおいて、借地権者と地主の合意に基づいて建物所有権を地主が取得することは認められます。価格は両当事者が合意すれば有償でも無償でも構いません。この場合でも、合意が前提となり、借地権者の一方的な意思表示で効果が生じる建物買取請求権とは異なります。

＊47 期間満了時に借地権が更新できるか否かは契約当事者の資産価値に大きく影響します。誤解やトラブルにならないよう、書面化することが求められています。

③事業用定期借地権

事業用建物の所有を目的とする借地で存続期間を10年以上50年未満とし、契約更新がなく、建物買取請求権を排除した借地権を事業用定期借地権といいます。契約は公正証書*49によらなければなりません。

上記①の定期借地権（一般定期借地権）と共通点も多いのですが、事業の用に供する建物に限定され、居住用の建物は仮に賃貸経営を目的とするものであってもこの制度は利用できません。

3 借地権の価格（地上権と賃借権の違い）

不動産の価格と関係する3つの側面として、①その権利が売買できる権利か（不動産法）、②その権利を購入する需要があるか（不動産市場）、③売買時に融資が受けられるか（不動産金融）があります。借地権には、地上権に基づく借地権と土地賃借権に基づく借地権があり、それぞれの借地権について三側面を見ると図表21のとおりです。

①の売買の可能性については、地上権はもとより、賃借権によるものでも借地非訟制度により売買可能となり、登記についても例外措置により実質上問題となりません。②の有効需要の存在については、地域や利用用途などにより異なりますが、都市部等を中心に需要が認められます。③の不動産金融（融資）の可能性については法律上は抵当権を設定できる地上権によるものでも融資をしない方針の金融機関も少なくなく、建物だけに抵当権を設定することで融資してくれる金融機関を

探すなどの工夫が必要となります。

地上権に基づく借地権と賃借権に基づく借地権を比較すると、より強い権利である前者のほうの価格が10％程度高いことが1つの目安です。

4 借家権は法律でどのように守られているか

■借家権（普通借家権）～更新がある～

借地借家法では借家権全般について規定したうえで、更新のない借家権について定期建物賃借権として特別に規定しています。両者を区別するために、更新のある借家権を便宜的に普通借家権、更新のない借家権を定期借家権ということが一般化しています。

＊48 建物の買取価格をあらかじめ決めておくこともできますが、建物価格は維持管理の状況に影響を受けることや借家人が継続して建物を利用する可能性もあることから、買取時点の合理的な価格、例えば不動産鑑定評価額によるなどが考えられます。

＊49 契約は書面によらなくても成立する原則の例外。

図表5-21　地上権と土地賃借権の比較

権利	種類	数	売買可能（不動産法）			有効需要（不動産市場）	融資（不動産金融）	価格
			譲渡	登記	抵当権			
地上権	物権	少数	○	○	○	○	△	◎ ＋10％程度
土地賃借権	債権	多数	地主承諾 △ 借地非訟 （○）	地主承諾 △ 建物登記 （○）	×	○	△	○

（ア）契約の期間と更新

建物賃貸借においては、賃借権の期間は50年を超えられないとする民法の規定（民法604条）は適用しないため、現行法ではどのような長期の建物賃貸借契約も有効です。[*50] 更新は合意によるほか、以下の2つに該当すれば更新されます。

①**非通知による更新**：期間の定めがある場合に、当事者が期間の満了の1年前から6か月前までの間に相手方に、更新をしない旨や条件を変更しなければ更新をしない旨の通知をしないと、同一の条件で契約を更新したものとみなされます。

②**借家人の継続使用による更新**：上記①の通知をしたとしても、賃貸借の期間が満了した後に賃借人が使用を継続する場合に賃貸人が遅滞なく異議を述べないと、同様の扱いとなります。

（イ）解約申入れ・更新拒絶の要件

建物の賃貸人が解約の申入れをした場合、賃貸借は解約の申入れの日から6か月経過すれば終了しますが、申入れには、正当事由が必要です。賃貸人が建物賃貸借契約の更新期に更新を拒絶するためにも、正当事由が必要となります。

正当事由は①建物の賃貸人及び賃借人が建物の使用を必要とする事情、②建物の賃貸借に関するそれまでの経過、③建物の利用状況、④建物の現況、⑤建物の賃貸人が建物を明け渡す条件として賃借人に申し出た財産上の給付（立退き料）の内容を考慮して、判断されます。[*51]

（ウ）家賃増減請求権

家賃が土地・建物に対する公租公課の増減、土地・建物の価格の上昇・下落などの経済事情の変動などにより、周辺の家賃相場と比較して不相当となったときは、契約にかかわらず、家賃の増減を請求することができます。[*52] 一定期間家賃を増額しない旨の特約がある場合は特約を優先します（借地借家法32条）。

次の①～③のように、家賃を上げない特約は確定的に有効となる一方、家賃を上げる特約はそれ自体有効ではあるものの、事情変動により減額請求される可能性があり、特約どおり実行されるとは限らないことになります。家賃改定についても借主が保護されています。

＊50　民法はかつて賃貸借の期間は20年は超えられないと規定していました（民法６０４条。改正により50年に変更（２０２０（令和２）年施行）。借地借家法では借家契約の期間について特段の規定をしていなかったために建物賃貸借の契約期間は民法の規定により、20年を超えられない状況が続いていました。１９９９（平成11）年の借地借家法の改正で民法６０４条を適用しないことと改められ、より長期の契約が可能となりました（借地借家法29条）。

＊51　正当事由の当否は、裁判所が判断します。

①家賃改定の特約をすることは可能
②事情変動による家賃の増減請求権が認められ、特約に優先する
③家賃を増額しない旨の特約については事情変動による請求権に優先する

(エ) 借家権の対抗力

借家権は家主から建物を借りて使う権利です。借家の契約期間中に建物所有権が売買され、新た

図表5-22　更新拒絶の正当事由（建物賃貸借）

正当事由（借家契約）
- 建物の使用を必要とする事情
- 建物賃貸借の経緯
- 建物の利用状況
- 建物の現況
- 財産上の給付(立退き料)

図表5-23　借家権の対抗力（原則型）

概念図	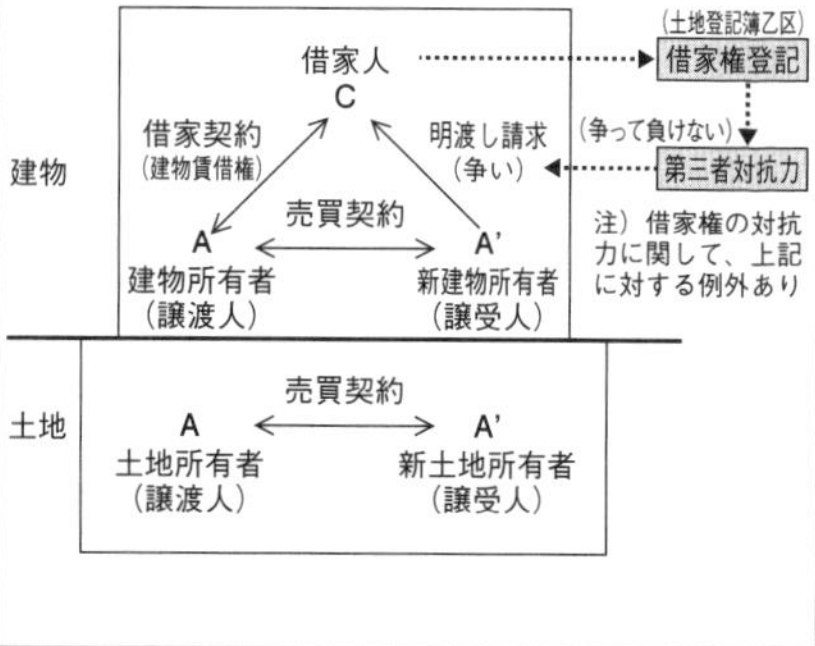
1	借家人Cと借家契約を締結していた土地建物所有者Aは売買契約を締結し、所有土地建物をA'に譲渡した。
2	譲受人A'は、土地建物所有者として自らこの土地建物を利用したいと考え、借家人Cにこの建物を明け渡すよう要求し、これを拒否する借家人と争いとなった。
3	この際、借家権の登記があれば第三者対抗力が認められ、借家人Cは土地建物所有権の譲受人A' との争いに負けない。

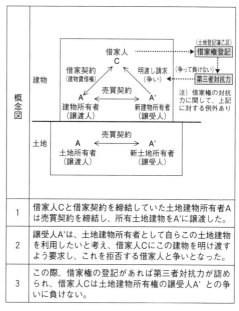

に建物所有者となった家主[*53]から、自分で建物を使う、建物を建て替えるつもりで購入したなど、建物からの退去を求められる可能性があります。借家権を登記していれば第三者対抗力がありますので、このような場合でも争いに負けることはありません（図表23）。借家人は引き続き借家権に基づいて建物を利用し続けることができます。

借家権は建物賃借権で登記できる権利ですが、債権である賃借権は賃貸人（家主）の承諾がある場合に登記可能となります。登記すると借家権がより強固な権利となることもあって、賃貸人が登記に協力するケースは皆無といえます。

借家権の登記ができない建物賃借権については例外的に、引渡しによって建物賃借権（借家権）に対抗力が認められます。引渡しは鍵を受け取って入居している状態ですので、建物賃借権に基づく借家権であってもほぼ確実に対抗力を備えることができます。

(オ) 賃借権の経済的側面

①賃料の支払い

賃貸借契約は、賃料を支払うことが成立要件であり、無償の契約で借地借家法の適用がない使用貸借契約とは区別します。賃借権の設定の対価には、契約時に支払う一時金と、一定期間ごとに支

＊52 借主が増額請求を行うことは皆無といえます。借主側の減額請求権がもっぱら問題となります。
＊53 建物の敷地利用権を考えれば建物所有権だけを購入することはなく、土地所有権も併せて取得していると思われます（土地所有権でなければ借地権を取得しています）。

払う定期金があります。前者が多額であれば後者は少額となることが経済合理的です。一時金の名称や性格は地域の慣習により多様ですが、契約終了時に借主に返却する（償却しない）ものと、返却しない（償却する）ものに区分できます。

定期金は期末払いが基本です（民法６１４条）が、特約で期首払いとすること（前家賃）が一般化しています。[*54]

②立退き料

契約当事者の合意があれば、建物賃貸借契約の中途解約や期間満了で終了させることは可能です。しかし、使い続けたいと考える賃借人に対して、賃貸人から中途解約や更新しないことを強要することはできません。

賃貸人からの中途解約や更新の拒否が認められるためには正当事由が必要とされ、正当事由として認められるかは最終的に裁判所が判断します。正当事由の1つに、建物を明け渡してもらう引換えに、金員を支払うこと（財産上の給付）が規定されており、明渡しを希望する賃貸人が立退料という名目の金員を支払い正当事由の成立を認めてもらおうとすることがあります。[*55]

立退料は契約解除等に伴う契約当事者間の金銭の授受[*56]であり、借家権を第三者間で売買する際の借家権の価格とは性質が異なるものです。今日では、借家権を第三者間で売買する慣行や市場は少なくなっています。

■定期建物賃貸借（定期借家権）～更新がない～

期間の定めがある建物の賃貸借において、公正証書等の書面により、契約の更新がないことを定めて賃貸借契約を結ぶことができます。定期借家契約では家賃増額を取り決めたものも確定的に有効で、特約どおり実行されます。また、期間満了時の退去に対する立退料の支払いも想定されていません。[*57]

■借家権の価格（立退料との混乱を避ける）

賃借人は、賃貸人の承諾を得なければ、賃借権を譲り渡し、又は賃借物を転貸することができず、これに違反して第三者に賃借物の使用や収益をさせたときは、賃貸人は契約を解除することができます（民法612条）。他方、賃借人からの契約解除は容易で、違約金等を要求されないことが一般的です。[*58] このため、日本では賃貸借期間中に賃借物を利用することが不要になった賃借人は、その解決策（出口）として契約解除を選択します。

＊54　一般に前家賃といわれます。期首主義（実務で一般的）と期末主義（民法）を比較すると、前者が敷金を1か月分多く預かっていることに相当します。

＊55　1941（昭和16）年の借家法改正で更新拒絶に正当事由が要求されるようになりました。判例上、正当事由の判断要素の1つとして立退料などの財産上の給付も考慮されてきましたが、借地借家法（1992（平成4）年施行）が財産上の給付の申出も考慮すると明記しました（借地借家法6条28条）。

＊56　賃借人が意に反して移転しなければならなくなることで発生する引越し、新たな借家に入居する際に宅建業者に支払う媒介手数料などの実費のほか、新たな借家の家賃が高額となる場合の差額の一定期間分などが含まれます。

賃貸借契約期間が長期で、中途解約禁止を原則とする米国では、契約期間中に不要になった場合の出口は、転貸です。中途解約を認められない賃借人に対して転貸という出口を与えることで公平を図ります。賃貸人は当初の契約どおり家賃収入を得ることができます。

権利に価格があるとは、当該権利について対価を支払って購入したい第三者が存在することです。上記の背景のもと、日本の借家権は法的に強く守られて権利が存在する半面、対価を払ってこれを購入しようという人も市場もなく、経済的な価格はないことが通常です。言い換えると、賃借人の利用価値は存するものの第三者間の交換価値（資産価値）はないといえます。[*59]

借地借家法で借地非訟制度が規定され、貸主に代わって裁判所が譲渡（売買）の許可を出し、それを通じて取引市場が成立する借地権と異なり、借家権にはそのような規定がないことが、借地権と借家権の大きな相違点です。

＊57　定期借家権制度は日本に不動産証券化の仕組みを導入する際、それまでの日本の不動産市場の慣行とは異なるものの証券化のためには不可欠の制度として導入された経緯があります。不動産投資の目論見の正確性や投資家保護の観点から、契約書どおりに実行される建物賃貸借契約を新設するために、中途解約禁止、家賃増額特約の確定的有効性などを規定しました。

＊58　期間の定めのある契約は（合意がなければ）中途解約できないと解されますが、日本の建物賃貸借の慣行では、借主側からは一定の予告により契約の解除を可能とする契約が結ばれることが多くなっています。（貸主側からの解除や更新拒絶は正当事由により可否が決まります。一般に正当事由が認められることは多いとはいえません。）

＊59　例外的に対価を伴って取引されることもあります。また、裁判などの場で関係者の経済的利益を判定するために借家権相当額を算出することもあります。

REAL ESTATE 7

区分所有権の価格

1 区分所有の仕方（土地建物一体型不動産）

日本の不動産制度では土地と建物に別々の所有権を認めます。建物所有権は1棟全体で1つが基本です（図表24）。これに対して分譲マンションでは1棟の中に複数の区分所有権があります（図表25）。都市において一定の高度利用を実現しつつ、建物を所有する仕組みとして多く用いられる建物所有の方法です。

分譲マンションでは同じ階に複数の専有部分が存在することが通常です（図表25の3階ほか）が、事務所ビルを区分所有する場合[*60]などにあっては、建物のある階について1つの区分所有権とする場合（同5階など）もあります。区分所有権は1人の所有者が所有することが通常ですが、1の区分所有権を複数で共有することもあります（同4階、地下1階）。

2 区分所有権の価格を求める（区分所有建物及びその敷地の価格）

(ア) 価格の三面性に対応する三方式を用いる

区分所有権の価格も、不動産の価格を求める三方式を用いて求めることができます。つまり、開発するために必要なコストから求める積算価格、賃貸することを想定した場合の収益から求める収益価格、及び、市場の取引価格から求める比準価格を試算し、最終的に1つの価格を決定します。

図表5-24　建物全体で１つの所有型
（土地と建物は別の不動産）

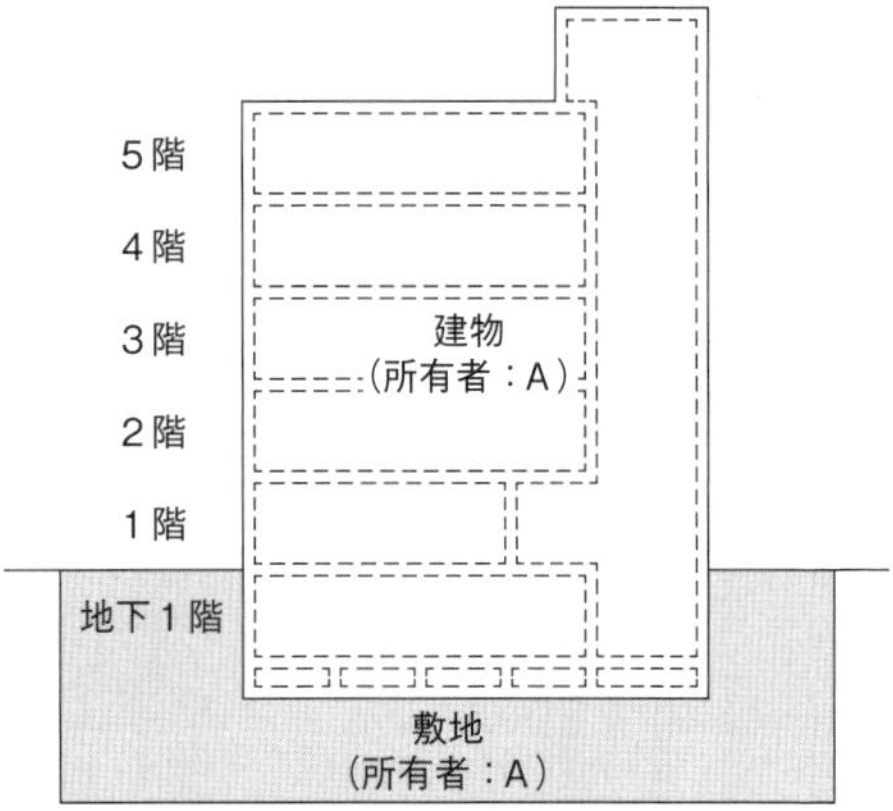

図表5-25　区分所有のパターン
（土地と建物で一体の不動産）

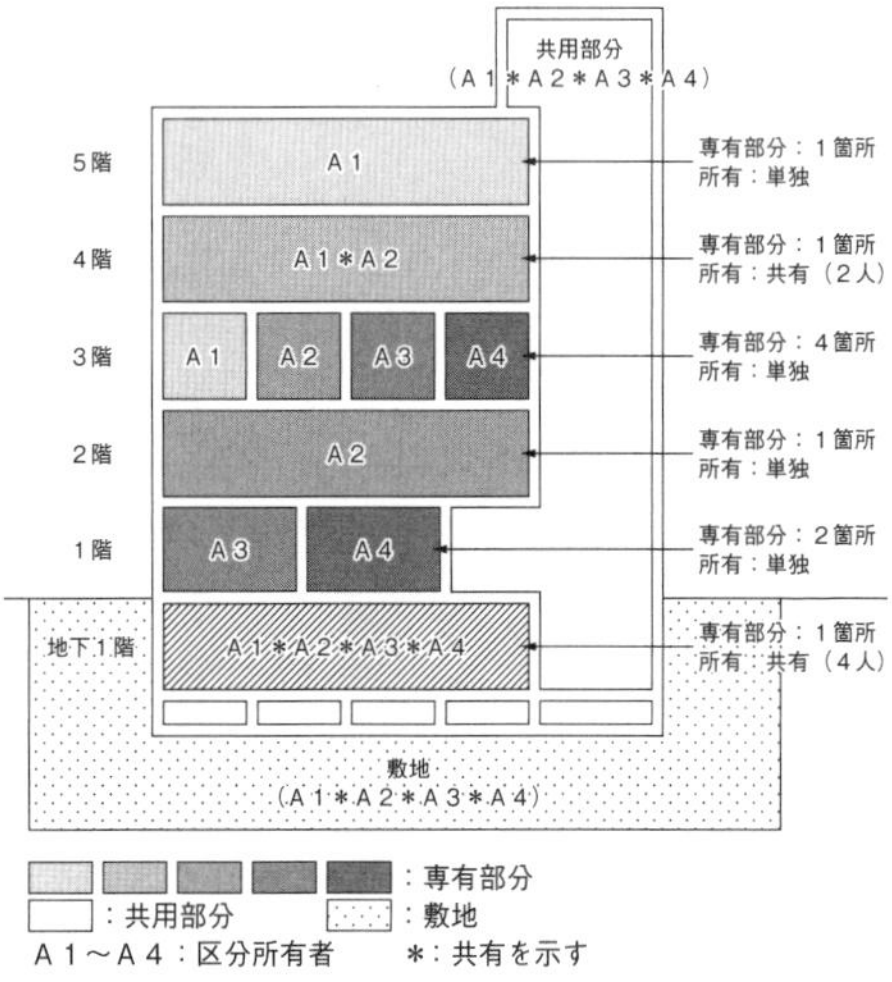

もっとも、実際の取引価格から求める方法がもっとも簡便で資料も得やすいことから、簡易に評価する際は比準価格の求め方に準じた方法で算定することが多く行われます。

収益価格と比準価格は価格を求めたい専有部分の価格を直接的に求めることができ、積算価格は全体の価格や費用を求め、それを専有部分に配分します。

(イ) 専有面積の割合を用いる方法

区分所有法では区分所有者が有する敷地利用権や建物の共用部分の持分割合は、専有面積比によることを念頭においています。これを根拠に、区分所有権の価格について、[8式] で求めます。

もっとも、区分所有法の規定は敷地利用権や共用部分の持分を定めたものであり、専有部分の価格そのものを規定しているわけではありません。階や位置によって価値に違いがない区分所有建物内の区分所有権であればこの配分方法を用いることに妥当性があります。

(ウ) 効用比率を用いる方法

建物の一部分の価格を求める方法として一般に利用されている方法です。まず、土地と建物の合計金額を求め、これに効用積数割合を乗じて求めたい部分の価格を算出します。この方法では、土地価格を求める、建物価格を求める、効用比率を求めるなどが必要ですが、建物内の場所の違い[*61]に

＊60　近年ではオフィスビルを区分所有し、投資家が所有するケースも増加しています。

よる価値の差を価格に反映することができます。

効用比率を用いた区分所有権の価格の算定方法は次のとおりです。

■階層別効用比率

基準階の分譲単価を100として、ほかの階の分譲単価を指数で示したものを階層別効用比率といいます。比率は既知のものではなく、立地や建物のつくり方によって異なります。周辺の類似のマンションの取引価格を参考に効用比率を算定します。

■位置別効用比率

分譲マンションの分譲価格は同じ階でも向きや眺望などによっても違いがあります。基準となる住戸の分譲単価を100として、ほかの住戸の分譲単価を指数で示したものを位置別効用比率といいます。階層別効用比率と同様、周辺のマーケットの状況を参考に算定します。

例題では、各階の専有部分が3、階数が10の分譲マンションを想定します。また、階層別効用比率と位置別効用比率は、表A・表Bのとおりとします。また、新築分譲マンションの開発において各住戸の価格を設定するケースを想定します。ここでは分譲収入目標を100万円とします。

○区分所有権の価格＝１棟全体の土地建物価格×（区分所有権の専有面積/専有面積の合計）…［８式］

その他の前提は、設定の欄に示すとおりです。分譲収入目標、階層別効用比率、位置別効用比率と専有部分の専有面積をもとに算定します。

①階層別位置別効用積数を求める

各住戸について、その住戸の住戸面積（専有面積）に階層別効用比率と位置別効用比率を乗じて階層別位置別効用積数を求めます

＊61 階の違いや同一階の中での位置や方位の違いなど。

[例題]

分譲マンションでは階により、また、同一階でも向きにより価格が異なります。分譲マンションの住戸の価格の求め方を説明してください。

○設定

1）分譲収入目標（総事業費）
　・1,000,000円
2）各階の住戸面積（専有面積）と住戸配置のイメージ
　・図のとおり
3）階ごとの分譲単価の差（階層別効用比率）
　・表Aのとおり（10階建て）
4）同一階の分譲単価の差（位置別効用比率）
　・表Bのとおり（各階とも同じ）

○図 各階平面図

注：エレベーター、階段等は省略

○表B（位置別効用比率）

	01号室	02号室	03号室
位置別効用比率	105	100	110

○表A（階層別効用比率）

階	階層別効用比率
10階	115
9階	112
8階	111
7階	110
6階	109
5階	108
4階	107
3階	106
2階	105
1階	100

（表C）。階層別位置別効用積数は各住戸の広さ（量）に各住戸の効用（質）を乗じたもので、住戸の「質・量」、つまり価値を示しています。

②階層別位置別効用積数割合を求める

表Cで求めた階層別位置別効用積数の合計3081万1350を1として、各住戸の効用積数が建物全体の積数の合計に占める割合を求めます（表D）。

この割合を階層別位置別効用積数割合といい、建物全体の価値に占める各住戸の価値の割合を示します。

③住戸価格を求める

次に、分譲収入目標（総事業費）に階層別位置別効用積数割合を乗じて各住戸の価格を求めます（表E）。

例題は、新築の分譲マンションを想定していますので、表中の値が分譲価格に相当します。分譲マンションの価格に代表される建物の価格は土地と建物価格です。位置によって異なる価格を求めるためには、建物の価格の「質・量」を示す効用積数の考え方を用います。

既存のマンションの価格評価では評価したい住戸の価格だけ求めれば良いことから、不要な部分は省略します。また、表Eの分譲収入目標に相当する数値として、既存の中古マンションの土地と建物の合計額を採用します。

表C　各住戸の階層別位置別効用積数

階	01号室	02号室	03号室	計
10	1,086,750	920,000	1,265,000	3,271,750
9	1,058,400	896,000	1,232,000	3,186,400
8	1,048,950	888,000	1,221,000	3,157,950
7	1,039,500	880,000	1,210,000	3,129,500
6	1,030,050	872,000	1,199,000	3,101,050
5	1,020,600	864,000	1,188,000	3,072,600
4	1,011,150	856,000	1,177,000	3,044,150
3	1,001,700	848,000	1,166,000	3,015,700
2	992,250	840,000	1,155,000	2,987,250
1	945,000	800,000	1,100,000	2,845,000
計	10,234,350	8,664,000	11,913,000	30,811,350

表D　各住戸の階層別位置別効用積数割合

階	01号室	02号室	03号室	計
10	0.03527	0.02986	0.04106	0.10619
9	0.03435	0.02908	0.03999	0.10342
8	0.03404	0.02882	0.03963	0.10249
7	0.03374	0.02856	0.03927	0.10157
6	0.03343	0.02830	0.03891	0.10065
5	0.03312	0.02804	0.03856	0.09972
4	0.03282	0.02778	0.03820	0.09880
3	0.03251	0.02752	0.03784	0.09788
2	0.03220	0.02726	0.03749	0.09695
1	0.03067	0.02596	0.03570	0.09234
計	0.33216	0.28120	0.38664	1.00000

表E　各住戸の価格

階	01号室	02号室	03号室	計
10	35,271	29,859	41,056	106,187
9	34,351	29,080	39,985	103,416
8	34,044	28,821	39,628	102,493
7	33,738	28,561	39,271	101,570
6	33,431	28,301	38,914	100,646
5	33,124	28,042	38,557	99,723
4	32,817	27,782	38,200	98,800
3	32,511	27,522	37,843	97,876
2	32,204	27,263	37,486	96,953
1	30,671	25,964	35,701	92,336
計	332,162	281,195	386,643	1,000,000

第6章

環境と企業価値から視る不動産

第6章◆はじめに

企業と不動産は切っても切れない関係にあります。不動産業はもちろん、不動産業以外でも土地と建物を利用しない企業はありません。また、副業として不動産業を営む、不動産業の子会社を持つなど、本業の経営を補完し、安定させるために不動産が生む収益に期待する企業も少なくありません。

不動産を資産として保有することには金融機能があることも見逃せません。また、定期借地権で土地を利用する、〝空中権〟を譲渡した対価で建物を建設するなど、不動産制度を活用して不動産のコストを削減することも可能です。さらに、不動産市場は必ずしも安定的に推移するわけではなく、「企業不動産」を保有することはリスクが伴います。ここでは、企業が経営戦略の一環として活用する不動産の側面を深掘りしていきます。

また、昨今では環境に配慮する取り組みも重要視されています。ＳＤＧｓや省エネルギー化と不動産の関わりについても触れています。

REAL ESTATE 1

CRE（Corporate Real Estate）

企業を持続し発展させるためには、活動拠点として、適時適切に必要十分な不動産を適材適所に取得（購入・賃借）して、合理的な企業活動を実現することが重要です。

しかし、不動産には不動性があります。一度取得した不動産は自社用にアレンジしていることや、移転に高額な費用がかかることもあって、入れ替えることは必ずしも容易ではありません。

そのため、保有する不動産を極力使い続けようとします。つまり不動産の不動性は、無駄や無理を内在して拡大し、経営の合理性を蝕む可能性があります。

要求や必要性が部局によって異なる、一旦広い面積を使うと積極的に縮小しようとはしないなど、必要性の検証や部局間の調整などのマネジメントも欠かせません。

情報技術の発展やグローバル化の進展などを背景とする企業間競争の激化を受けて、企業を継続させるための緊張感が高まっています。

これまで以上に企業戦略が重要となりますが、その実現のためには、企業の活動拠点としての不動産（ＣＲＥ（Corporate Real Estate））をどのように整えるかという不動産戦略（ＣＲＥ戦略）が不可欠です。

ＣＲＥ戦略の重要性は、それによって企業の生産性が改善されるだけでなく、投資家、金融機関などのステークホルダー、さらには社会全般からの評価が高まることを通じて、より良い企業活動の環境が整い、企業価値が高まることにあります。

なぜＣＲＥ戦略が必要なのか、まずは企業を取り巻く不動産業界の状況について紹介します。

1　企業が所有する土地の規模

日本の不動産の資産額は、法人所有、個人所有、公的セクター所有合計で、約２３００兆円です。このうち法人所有不動産は約４９０兆円で、国全体の約21％を占めています。

これが有効活用されることにより、企業の収益性が高まると同時に、地域社会、ひいては国が良くなります。

図表6-1　不動産の資産額に占める法人所有の割合

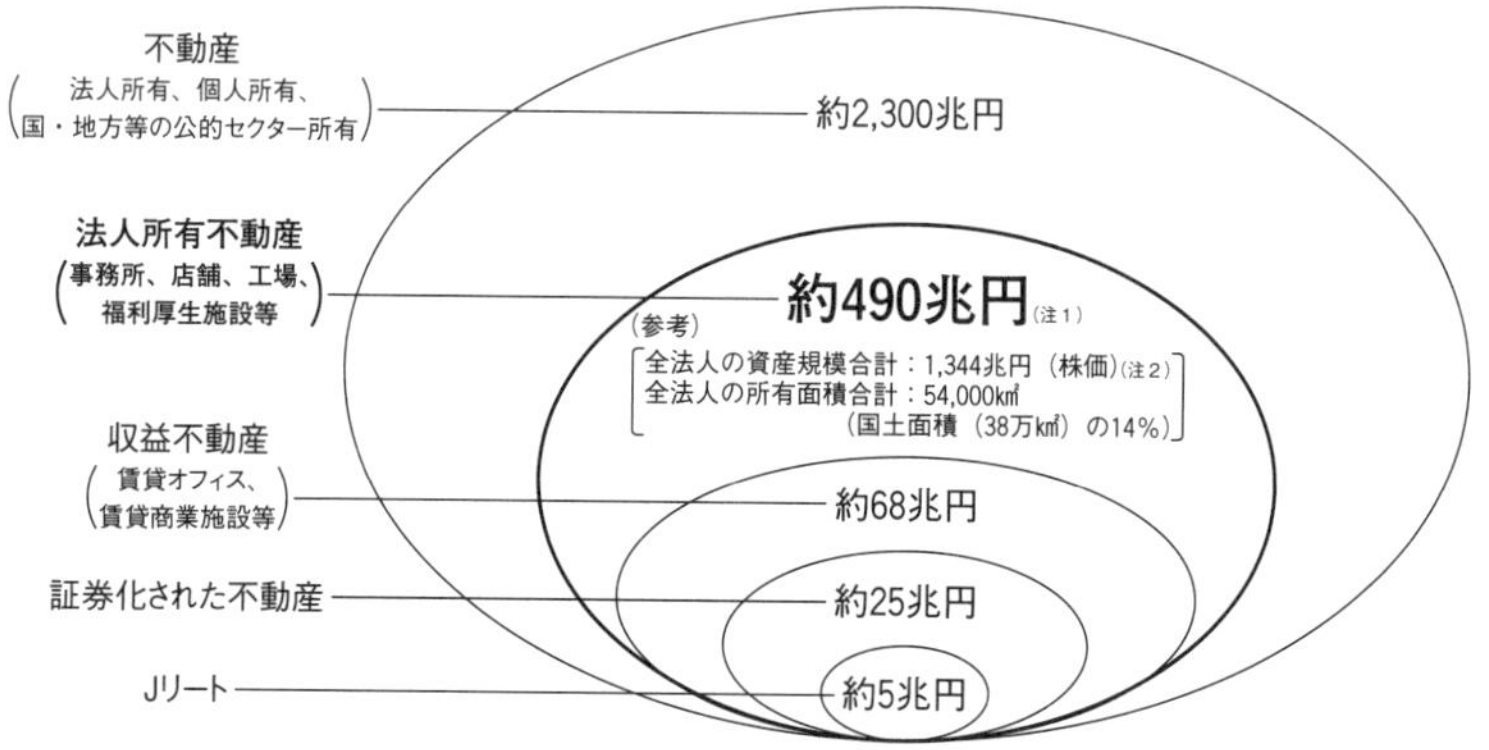

資料：国民経済計算年報（平成17年度）、土地基本調査総合報告書（平成18年）、不動産の証券化実態調査（平成18年）
（「不動産」、「法人所有不動産」、「収益不動産」の資産額は平成15年１月１日時点、「証券化された不動産」、「Ｊリート」の資産額は平成17年度末時点）
（注１）土地基本調査に基づく時価ベースの金額　（注２）法人企業統計に基づく簿価ベースの金額（平成17年末時点）

出所：国土交通省、CRE研究会報告書

2 土地価格の変動

日本の土地の価格変動を見ると1964（昭和39）年を100として、1991（平成3）に1750と最高値を付けました（図表2全用途平均）。この間の平均上昇率は年率で11・2％でした。土地を入手すれば毎年10％を上回る割合で含み益を生むことから、有利な資産として企業も個人も競うように土地を入手しました。

この時期は、多くの土地を持つ企業が優良企業と認識される傾向がありました。土地を担保に企業から融資を受け、積極的に土地を取得しました。

1991（平成3）年を境に地価が反落し、これを地価バブルの崩壊ということがあります。2006（平成18）年には437となりましたが、この間の年率平均の下落率は△8・85％でした。バブル崩壊により一転、土地は保有するだけでは

図表6-2　土地価格の推移

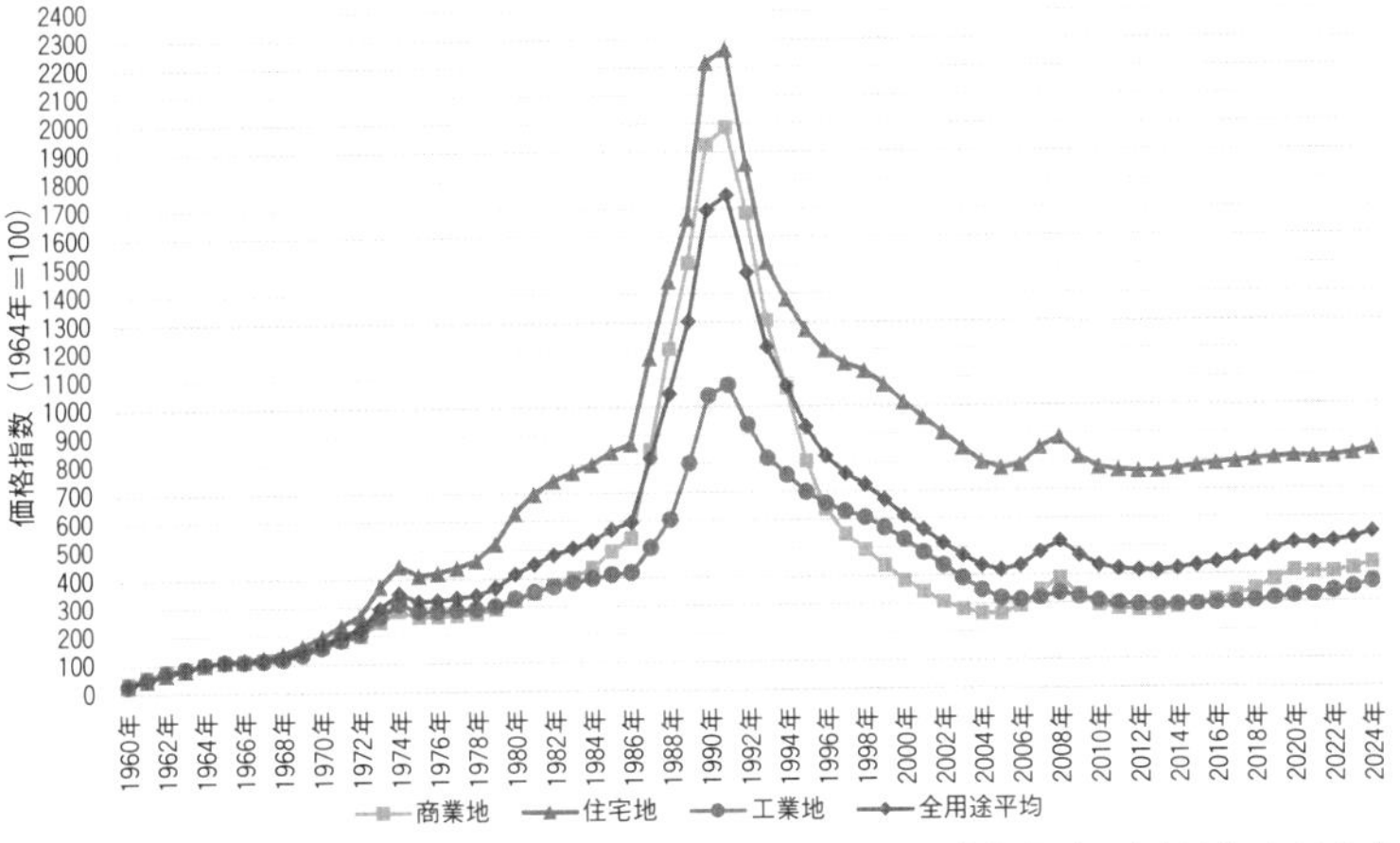

出所：一般財団法人日本不動産研究所 市街地価格指数（六大都市）より作成

含み損を生じるリスク資産と認識されるようになり、不要不急の土地を売却する動きも生じました。
バブル崩壊の前後で土地の保有に対する認識が変化し、企業と土地の関係も変化しました。近時、地価は安定的に推移しています。

3 企業と不動産

企業は組織の目的を達成するために企業活動を行います。その過程で土地や建物を取得し、利用し、不要になれば手放します。この点で不動産市場と関係を有します。他方、企業が存続するためには、自社の商品やサービスが市場で評価され、競合他社との競争に劣後しない収益力が必要となります。

近時、不動産市場は国際化や証券化手法の普及などにより、単純な需給関係を超えて大きく変動するようになっており、不動産市場とうまく付き合うことが企業の存続や収益に大きく影響をするようになっています。また、ＡＩやＩｏＴの発展により、商品開発のスピードが速まり、企業の収益の柱とする商品やサービスが陳腐化してしまうリスクが高まるなど、企業間の競争が国際化、高度化、高速化しています。

企業は企業を取り巻く環境の変化に対応し、企業の継続のために、商品やサービスを生み出す場としての不動産をうまく利用する能力が必要となっています。

4 CRE戦略の目的

企業は、経営戦略の一環としても不動産を活用しています。CRE戦略は、企業が経営戦略の一環として、不動産を活用するための戦略です。この戦略の目的には大きく①企業価値の向上、②会計制度改正への対応、③内部統制強化への対応の3つがあります。

①企業価値の向上

企業が行う事業の価値は、DCF法(Discounted Cash Flow Method　割引キャッシュフロー法)で評価します。事業価値が高い企業が優れた企業です。

DCF法では、将来にわたって事業が生み出すキャッシュフローを現在価値に割り引いて求めます。[*1]

CRE戦略の成果として、売り上げが増加し、コストが削減されればキャッシュフロー

図表6-3　CRE戦略の背景

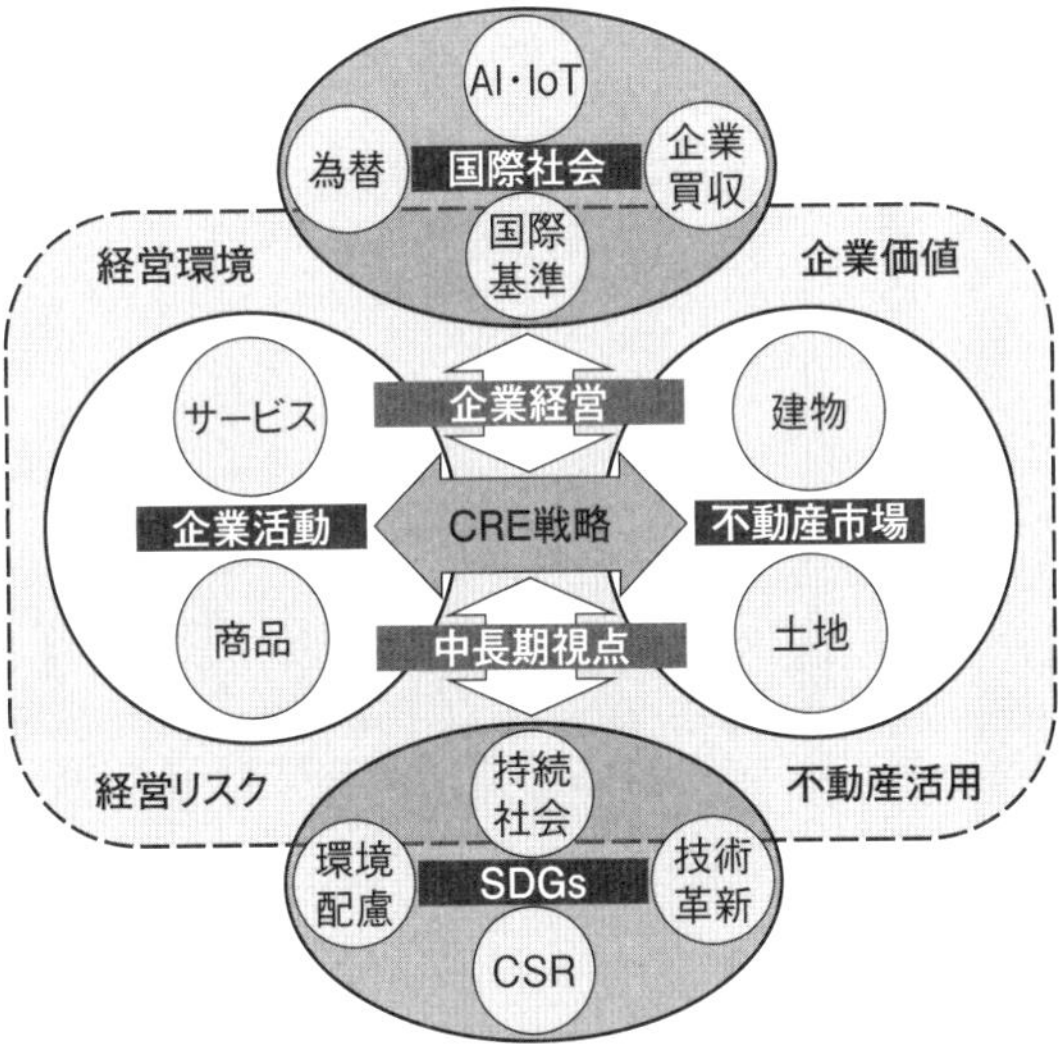

は増加します。そのようなリスクの低い事業に対しては低い割引率で計算しますので[*2]、両者の相乗的な効果によって事業価値が高くなります。

収益性が低い事業用不動産や、遊休地などの非事業用不動産を売却して得た資金を、収益性の高い事業に再投資することも企業価値を向上させることにつながります。

企業不動産は、経営資源の側面に加えて公共財の一面も有しています。企業不動産の適切な利用は地域社会に対する社会的責任（CSR）を果たし、地域価値を高めることにもつながります。

CRE戦略は、事業再生や企業再生、従業員満足度の向上などを目的にすることもあります。事業再生や企業再生の観点から、用途転換、余剰スペースの賃貸、オフバランス、組織再編などを検討します。従業員が働きやすい場所、快適なワークスペース、機能的な職場環境などを整備して従業員満足度の向上を図ることも企業価値の向上につながります。

②会計制度改正への対応

企業不動産の状況把握や情報開示を、改正される会計制度に対応させることもCRE戦略の一部です。日本の企業会計基準は、取得原価主義を採用し、会計上、不動産価格が問題となることはほとんどありませんでした。しかし、取得原価主義では、社会情勢や不動産市場によって変動する資産価格を把握できず、企業の真の財務状態が判断しにくい欠点があります。そのため、企業や投資のグローバル化が進む中、国際基準を設けてこれに従う必要性が高まったことから、会計基準の国際的コンバージェンス[*3]が進みました。

その結果、日本の企業会計基準でも、不動産の時価評価を行って開示することとなりました。

減損会計、[*4]販売用不動産、[*5]賃貸等不動産、[*6]企業結合[*7]に関する会計基準が導入され、企業不動産の時価が広範囲に開示されることとなりました。

企業にとっては、ステークホルダーの見方が、簿価ベースのＲＯＡ（Return On Assets　総資産利益率）やＲＯＩＣ（Return On Investment Capital　投下資本利益率）などの指標から、時価ベースの指標に変化し、所有する不動産の時価や時価に対する利回りを意識せざるを得なくなりました。

③内部統制強化への対応

内部統制の強化に対応することもＣＲＥ戦略の一部です。

内部統制報告制度は金融商品取引法（２００８（平成20）年）によって導入が義務づけられました。

内部統制報告制度では、企業不動産が合理的にマネジメントされていることを求めます。

＊1　主たる事業に使用する企業不動産以外に、貸しビルなど賃貸事業に供する企業不動産があれば、主たる事業と賃貸事業それぞれの事業価値を計算して合計したものが企業価値となります。事業に供しておらず、キャッシュフローを生み出さない非事業用不動産は、時価で評価して企業価値に加えます。
＊2　ローリスク・ローリターン。リスクが低い場合は、低い割引率で計算する結果、価値が高くなります。
＊3　直訳すると「収斂《しゅうれん》」。
＊4　２００５（平成17）年４月１日以降開始する事業年度より適用。
＊5　２００８（平成20）年４月１日以降開始する事業年度より適用。
＊6　２０１０（平成22）年３月31日以後終了する事業年度の年度末より適用。
＊7　２０１０（平成22）年４月１日以降の持分プーリング法の適用を廃止。

具体的には、企業不動産の取得や売却が、取締役会などの意思決定機関の承認を得て行われているか（コンプライアンス体制）、企業不動産の収益性の低下や時価の下落に伴う減損損失が決算書に反映されているか（経理プロセスの確立）なども求められます。これに対応するためにも、企業内にＣＲＥ全体をマネジメントする組織の創設が望まれます。

5 ＣＲＥ戦略導入の効果

ＣＲＥ戦略を導入することによって期待できる効果は、企業にとっての効果と社会的な効果に大別できます。

企業にとっての効果には、①コスト削減、②キャッシュフローの改善、③経営リスクの軽減、④顧客サービスの向上、⑤ブランドの確立、⑥資金調達力の向上、⑦経営判断の適正確保があります。

不動産は、公共性や外部性を有しています。企業は、企業不動産を所有し利用することを通じて地域に対して社会的な責務を負います。ＣＲＥ戦略がもたらす社会的な効果には、⑧土地の有効利用の促進、⑨地域経済の再生、⑩適正な地価の形成への寄与があります（図表4）。

6 ＣＲＥマネジメントをめぐる海外の経緯と日本

ＣＲＥ戦略は、海外でも特に企業経営の効率性を重視する米国で進んでいます。米国と日本とで

図表6-4　CRE戦略が生み出す効果

効果	効果の内容	活動の例
企業に生ずる効果	①コスト削減	•執務空間の性能と広さの見直し •拠点の統廃合、業務のアウトソーシング •維持・修繕・改修費、水道光熱費、公租公課、賃料、管理費、共益費などの不動産コスト •立地を見直して物流コスト、人件費を削減する •IT、ネットワーク技術を利用してオフィススペースを縮小
	②キャッシュフローの改善	•事業用不動産について、立地、業務の集積化、利用方法の適正化により快適で機能的に働ける職場環境をつくることを通じて生産性を向上させ、事業収入を増加させる •非事業用不動産は、賃貸して賃料収入を得る、オフバランスして売却収入を得る •売却収益を本業の経営改善のための原資として利用し、中長期の事業収入増につなげる •企業不動産の利用効率の低下や遊休化による損失や無駄を把握、分析し、適正利用を進めてキャッシュフローを増加させる
	③経営リスクの軽減	•不動産をオフバランスして火災や地震による被害、不動産市場が変動するリスクを回避する •BCP（事業継続計画）の策定により緊急事態に対応する •事前の情報収集と対応策によって新制度の導入で発生する新規リスクを軽減、解消する •業務のアウトソーシングによるリスク対策の効率化
	④顧客サービスの向上	•企業不動産の適正配置による利便性、サービスの向上 •CRE戦略で可能となるコストダウンにより適正価格の実現
	⑤ブランドの確立	•時代を先取りする企業不動産を新たな事業手法で実現する •有力な場所に集中して出店、地域を限定して不動産投資する、ランドマークとなる不動産を所有する
	⑥資金調達力の向上	•CRE戦略による不動産価値の上昇やキャッシュフローの増加が資金調達力を向上させる
	⑦経営判断の適正確保	•CRE戦略が経営の柔軟性、経営判断のスピードを確保する •企業不動産の確保（取得・賃借・売却）や効率改善（追加投資）の意思決定が容易、迅速、的確になる
社会に生ずる効果	⑧土地の有効利用の促進	•未利用地、余剰スペースの発生、建物の物理的減価や機能的陳腐化、環境への不適応等の予防、対応 •有効利用の阻害要因の抽出と最有効使用の実現
	⑨地域経済の再生	•CRE戦略による事業の見直し、新規事業の立ち上げによる企業収益の増加、雇用の創出が地域経済を活性化
	⑩適正な地価の形成	•企業不動産の最適活用による収益性の改善が地価に正の影響 •企業活動の活性化が地域の土地需要を高めて地価に正の影響

どのような差が生じているのか、紹介します。

（1）米国におけるCREマネジメントの導入と普及

米国の不動産の専門誌でCREマネジメントについて見ると、ペンシルバニア大学のP・ライネマンは、1998年の論文「企業用不動産戦略（Corporate Real Estate Strategies）」の中で、企業用不動産戦略の重要性を指摘しています。

具体的には、企業は不動産の価格が騰貴する前に、不動産の長期賃貸借契約[*8]によって必要なスペースを確保しますが、企業と製品の賞味期間が短くなっており、やがてミスマッチを起こして逆ザヤになってしまう自縄自縛について説明しました。

論説の数を見ると、主要企業が施設立地、建物のデザインやインフラ、執務空間のレイアウトなどがキャッシュフローを多くするために重要と評価し始めたことより、1989年から1993年にかけて多くの論説が書かれています。

中でも、マサチューセッツ工科大学のP.Vealは1989年に、次の6つの理由を掲げ、不動産はほかの企業資源と同じ程度には注目をされてこなかったと指摘しました。①全米企業のうち不動産のパフォーマンスを常時評価している企業は41％にすぎない、②利益を上げる目的で不動産を管理している企業は20％にすぎない、③約3分の2の企業は不動産を分離した管理情報システムをもっていない、④4社に1社は不動産の財産目録をもっていない、⑤CREに要する費用は全運営費用の10％から20％、営業収入の41％から50％を占めることを示しました。

ヒト、モノ、カネ、情報に続く第五の企業資源として不動産が注目されるようになった時期といえます。

1992年以降になると、CREマネジメントの内部化と外部化が議論されるようになり、CREマネジメントを①企業内部が担う機能と②外部企業が担う機能、③不動産の色彩の強い機能と④企業経営の色彩の強い機能とで、4つに区分するようになりました。これによって、それまでファイナンスの観点から行われてきたCREマネジメントに新しい方向性が与えられました。[*9] 1995年以降、コンサルタントや取引企業でCREへの関心が高まり、CREマネジメントの活動が活発化しました。[*10] 1998年には、Journal of Corporate Real Estate誌が創刊され、1993年にはCREマネジメントの手法を公共用不動産のマネジメントに応用すべきとされました。[*11] このように、米国では1980年代にCREマネジメントの萌芽が見られ、1990年代に入って本格的に注目されるようになり、1990年代後半以降、実践に移す企業が多くなったということができます。

＊8 米国の不動産賃貸借契約は10年、20年と長期に及ぶことも少なくありません。

＊9 Stephen E.Roulac "Lessons from the Past and Future for corporate Real Estate Research"2001, The Journal of Real Estate Research

＊10 Chris Manning, Stephen E. Roulac "Corporate Real Estate Research within the Academy" 1999 , The Journal of Real Estate Research

＊11 Robert A. Simons' "Public Real Estate Management – Adaping Corporate Practice to the Public Sector:The Experience in Cleveland , Ohio" The Journal of Real Estate Research 1993 Volume8

（2）日本におけるCREマネジメント

日本におけるCREマネジメントは、伝統的に、遊休化した社有地の跡地利用や処分計画、共同ビル事業や市街地再開発事業への参加の是非や権利変換アドバイス、ファシリティマネジメント分野からのコンサルティングや提案などで展開されてきました。

土壌汚染やアスベストの利用が疑われる不動産の調査や処分計画、証券化不動産におけるアセットマネジメントやプロパティマネジメントなど、専門職業家にCREマネジメントの支援を依頼する分野が拡大しましたが、総務部門や管理部門からの単発的な依頼が多く、企業経営の側面からは部分的なものにとどまってきました。

不動産を企業の経営資源の1つとして位置づけ、企業経営の視点から不動産にかかる調査・分析、計画・実行、管理・運営を包括しようとする試みは、2008（平成20）年国土交通省の「CRE（企業不動産）戦略実践のために―ガイドラインと手引き」に始まります。[*12] 国土審議会土地政策分科会企画部会「土地政策の中長期ビジョン（国民生活を豊かにする不動産のあり方ビジョン）」中間報告（2009（平成21）年）では、不動産市場の変貌と今後の政策展開において、市場行動の変化が求められているとし、企業と行政について、CRE・PREの普及促進の必要性を明記しました。[*13] 国土交通省は、「CRE戦略実践のためのガイドライン」（2010（平成22）年改訂版）を開示して、取り組みを支援しています。

REAL ESTATE 2

SDGsと不動産

1 SDGsの17のゴール

持続可能な開発目標（SDGs：Sustainable Development Goals）は、2015年の国連サミット加盟国が全会一致で採択した、持続可能な開発のための2030アジェンダです。2030年までに持続可能でより良い世界を目指す国際目標として設定されました。[*14]

17のゴールと各ゴールが掲げる、計169のターゲットで構成され、「誰一人取り残さない（Leave No One Behind）」ことを誓っています。SDGsは発展途上国のみならず先進国が取り組む普遍的なものであり、日本もその実現に取り組んでいます。

＊12　「ガイドライン」は2009（平成21）年に改訂され一層の充実が図られています。

＊13　国土交通省の動きに呼応する形で2007（平成19）年にはCREマネジメント推進コンソーシアム（CREC）が組織され、CREマネジメントを促進する母体が構築されました。CRECは、企業価値（Corporate Value）の向上を支援、促進することを目的とし、CREマネジメント啓発・普及事業、CREマネジメントに関する調査・研究、CREベンチマーク整備、CREマネジメントを支援する情報システム等の事業に取り組みました。

＊14　2001年に策定されたミレニアム開発目標（MDGs）の後継として採択されました。

17のゴール（目標）は図表5のとおりで、これらを簡潔に表現したシンボルマークが用いられています。

2 不動産と関連が深いゴールと目標

不動産は狭義には土地と建物ですが、広義には土地と建物の集合である地域や都市はもとより、そこに存在する環境を含みます。この意味で不動産は持続可能な開発目標と広くかかわります。

その中でも特に関係が深いゴールとターゲットを抽出すると次ページ以降の表のとおりです。

図表6-5　SDGｓの17のゴール（目標）

1	貧困をなくそう	10	人や国の不平等をなくそう
2	飢餓をゼロに	11	住み続けられるまちづくりを
3	すべての人に健康と福祉を	12	つくる責任 つかう責任
4	質の高い教育をみんなに	13	気候変動に具体的な対策を
5	ジェンダー平等を実現しよう	14	海の豊かさを守ろう
6	安全な水とトイレを世界中に	15	陸の豊かさも守ろう
7	エネルギーをみんなに そしてクリーンに	16	平和と公正をすべての人に
8	働きがいも 経済成長も	17	パートナーシップで目標を達成しよう
9	産業と技術革新の基盤をつくろう		

1 貧困をなくそう	1.4	基礎的サービスへのアクセス、**財産の所有・管理の権利**、**金融サービス**や経済的資源の平等な権利を確保する	2030年までに、貧困層及び脆弱層をはじめ、すべての男性及び女性が、基礎的サービスへのアクセス、**土地及びその他の形態の財産に対する所有権と管理権限**、**相続財産**、天然資源、適切な新技術、マイクロファイナンスを含む金融サービスに加え、経済的資源についても平等な権利を持つことができるように確保する。
	1.5	貧困層・脆弱層の人々の強靭性を構築する	2030年までに、貧困層や脆弱な状況にある人々の強靭性(レジリエンス)を構築し、**気候変動に関連する極端な気象現象やその他の経済、社会、環境的ショックや災害**に暴露や脆弱性を軽減する。
2 飢餓をゼロに	2.3	小規模食料生産者の農業生産性と所得を倍増させる	2030年までに、**土地、その他の生産資源**や、投入財、知識、金融サービス、市場及び高付加価値化や非農業雇用の機会への確実かつ平等なアクセスの確保などを通じて、女性、先住民、家族農家、牧畜民及び漁業者をはじめとする小規模食料生産者の農業生産性及び所得を倍増させる。
	2.4	持続可能な食料生産システムを確保し、強靭な農業を実践する	2030年までに、生産性を向上させ、生産量を増やし、生態系を維持し、**気候変動や極端な気象現象、干ばつ、洪水及びその他の災害に対する適応能力を向上**させ、漸進的に土地と土壌の質を改善させるような、持続可能な食料生産システムを確保し、強靭(レジリエント)な農業を実践する。
	2.a	開発途上国の農業生産能力向上のための投資を拡大する	開発途上国、特に後発開発途上国における農業生産能力向上のために、国際協力の強化などを通じて、**農村インフラ**、農業研究・普及サービス、技術開発及び植物・家畜のジーン・バンクへの投資の拡大を図る。
3 すべての人に健康と福祉を	3.6	道路交通事故死傷者を半減させる	2020年までに、**世界の道路交通事故**による死傷者を半減させる。
	3.9	環境汚染による死亡と疾病の件数を減らす	2030年までに、有害化学物質、ならびに大気、**水質及び土壌の汚染**による死亡及び疾病の件数を大幅に減少させる。
5 ジェンダー平等を実現しよう	5.a	**財産等への女性のアクセス**について改革する	女性に対し、経済的資源に対する同等の権利、ならびに各国法に従い、**オーナーシップ及び土地その他の財産、金融サービス**、**相続財産**、天然資源に対するアクセスを与えるための改革に着手する。
6 安全な水とトイレを世界中に	6.2	**下水・衛生施設**へのアクセスにより、野外での排泄をなくす	2030年までに、すべての人々の、適切かつ平等な**下水施設・衛生施設へのアクセス**を達成し、野外での排泄をなくす。女性及び女児、ならびに脆弱な立場にある人々のニーズに特に注意を払う。
	6.3	様々な手段により**水質を改善**する	2030年までに、**汚染の減少**、**投棄の廃絶**と有害な化学物質や物質の放出の最小化、**未処理の排水の割合半減及び再生利用と安全な再利用**を世界的規模で大幅に増加させることにより、水質を改善する。
	6.4	**水不足**に対処し、水不足に悩む人の数を大幅に減らす	2030年までに、全セクターにおいて**水利用の効率**を大幅に改善し、淡水の持続可能な採取及び供給を確保し水不足に対処するとともに、水不足に悩む人々の数を大幅に減少させる。
	6.6	水に関わる**生態系を保護・回復**する	2020年までに、**山地、森林、湿地、河川、帯水層、湖沼を含む水に関連する生態系の保護・回復**を行う。
7 エネルギーをみんなにそしてクリーンに	7.1	**エネルギーサービス**への普遍的アクセスを確保する	2030年までに、安価かつ信頼できる**現代的エネルギーサービス**への普遍的アクセスを確保する。
	7.2	**再生可能エネルギー**の割合を増やす	2030年までに、世界のエネルギーミックスにおける**再生可能エネルギー**の割合を大幅に拡大させる。
	7.3	**エネルギー効率**の改善率を増やす	2030年までに、世界全体の**エネルギー効率**の改善率を倍増させる。

	7.a	国際協力により**クリーンエネルギー**の研究・技術へのアクセスと投資を促進する	2030年までに、再生可能エネルギー、エネルギー効率及び先進的かつ環境負荷の低い化石燃料技術などのクリーンエネルギーの研究及び技術へのアクセスを促進するための国際協力を強化し、**エネルギー関連インフラとクリーンエネルギー技術への投資**を促進する。
8 働きがいも経済成長も	8.3	**開発重視型の政策**を促進し、中小零細企業の設立や成長を奨励する	**生産活動や適切な雇用創出、起業、創造性及びイノベーションを支援する開発重視型の政策**を促進するとともに、金融サービスへのアクセス改善などを通じて中小零細企業の設立や成長を奨励する。
	8.4	10YFPに従い、**経済成長と環境悪化を分断**する	2030年までに、世界の**消費と生産における資源効率**を漸進的に改善させ、先進国主導の下、持続可能な消費と生産に関する10年計画枠組みに従い、経済成長と環境悪化の分断を図る。
	8.9	持続可能な観光業を促進する	2030年までに、雇用創出、地方の文化振興・産品販促につながる**持続可能な観光業**を促進するための政策を立案し実施する。
9 産業と技術革新の基盤をつくろう	9.1	経済発展と福祉を支える持続可能で**強靭なインフラを開発**する	すべての人々に安価で公平なアクセスに重点を置いた経済発展と人間の福祉を支援するために、地域・越境インフラを含む**質の高い、信頼でき、持続可能かつ強靭（レジリエント）なインフラ**を開発する。
	9.4	資源利用効率の向上とクリーン技術及び環境に配慮した技術・産業プロセスの導入拡大により持続可能性を向上させる	2030年までに、資源利用効率の向上とクリーン技術及び環境に配慮した技術・産業プロセスの導入拡大を通じた**インフラ改良**や産業改善により、持続可能性を向上させる。すべての国々は各国の能力に応じた取組を行う。
	9.a	開発途上国への支援強化により、**持続可能で強靭なインフラ開発**を促進する	アフリカ諸国、後発開発途上国、内陸開発途上国及び小島嶼開発途上国への金融・テクノロジー・技術の支援強化を通じて、**開発途上国における持続可能かつ強靭（レジリエント）なインフラ開発**を促進する。
11 住み続けられるまちづくりを	11.1	**住宅**や基本的サービスへのアクセスを確保し、スラムを改善する	2030年までに、すべての人々の、**適切、安全かつ安価な住宅**及び基本的サービスへのアクセスを確保し、スラムを改善する。
	11.2	交通の安全性改善により、**持続可能な輸送システム**へのアクセスを提供する	2030年までに、脆弱な立場にある人々、女性、子ども、障害者及び高齢者のニーズに特に配慮し、**公共交通機関**の拡大などを通じた交通の安全性改善により、すべての人々に、安全かつ安価で容易に利用できる、持続可能な輸送システムへのアクセスを提供する。
	11.3	参加型・包摂的・持続可能な**人間居住計画・管理能力**を強化する	2030年までに、**包摂的かつ持続可能な都市化**を促進し、すべての国々の参加型、**包摂的かつ持続可能な人間居住計画・管理**の能力を強化する。
	11.5	**災害による死者数、被害者数**、直接的経済損失を減らす	2030年までに、貧困層及び脆弱な立場にある人々の保護に焦点をあてながら、水関連災害などの**災害による死者や被災者数を大幅に削減**し、世界の国内総生産比で直接的経済損失を大幅に減らす。
	11.6	大気や廃棄物を管理し、**都市の環境**への悪影響を減らす	2030年までに、大気の質及び一般並びにその他の廃棄物の管理に特別な注意を払うことによるものを含め、都市の一人当たりの**環境上の悪影響を軽減**する。
	11.7	**緑地や公共スペース**へのアクセスを提供する	2030年までに、女性、子ども、高齢者及び障害者を含め、人々に安全で包摂的かつ利用が容易な**緑地や公共スペース**への普遍的アクセスを提供する。
	11.a	**都市部、都市周辺部、農村部間の良好なつながり**を支援する	各国・地域規模の開発計画の強化を通じて、経済、社会、環境面における**都市部、都市周辺部及び農村部間の良好なつながり**を支援する。

	11.b	**総合的な災害リスク管理**を策定し、実施する	2020年までに、包含、資源効率、気候変動の緩和と適応、災害に対する**強靭さ（レジリエンス）を目指す総合的政策及び計画を導入・実施した都市及び人間居住地**の件数を大幅に増加させ、仙台防災枠組2015、2030に沿って、あらゆるレベルでの総合的な災害リスク管理の策定と実施を行う。
12 つくる責任つかう責任	12.4	**化学物質や廃棄物の適正管理**により大気、水、土壌への放出を減らす	2020年までに、合意された国際的な枠組みに従い、製品ライフサイクルを通じ、環境上適正な化学物質やすべての廃棄物の管理を実現し、人の健康や環境への悪影響を最小化するため、**化学物質や廃棄物の大気、水、土壌への放出を大幅に削減**する。
	12.5	**廃棄物の発生を減らす**	2030年までに、**廃棄物の発生防止、削減、再生利用及び再利用により、廃棄物の発生を大幅に削減**する。
	12.8	**持続可能な開発及び自然と調和したライフスタイルに関する情報と意識**を持つようにする	2030年までに、人々があらゆる場所において、**持続可能な開発及び自然と調和したライフスタイルに関する情報と意識**を持つようにする。
	12.b	**持続可能な観光業**に対し、持続可能な開発がもたらす影響の測定手法を開発・導入する	雇用創出、地方の文化振興・産品販促につながる**持続可能な観光業**に対して持続可能な開発がもたらす影響を測定する手法を開発・導入する。
13 気候変動に具体的な対策を	13.1	**気候関連災害や自然災害に対する強靭性**と適応能力を強化する	すべての国々において、**気候関連災害や自然災害に対する強靭性（レジリエンス）**及び適応の能力を強化する。
14 海の豊かさを守ろう	14.2	**海洋・沿岸の生態系**を回復させる	2020年までに、海洋及び沿岸の生態系に関する重大な悪影響を回避するため、強靭性（レジリエンス）の強化などによる持続的な管理と保護を行い、健全で生産的な海洋を実現するため、**海洋及び沿岸の生態系の回復**のための取組を行う。
	14.7	**漁業・水産養殖・観光の持続可能な管理**により、開発途上国の海洋資源の持続的な利用による経済的便益を増やす	2030年までに、**漁業、水産養殖及び観光の持続可能な管理**などを通じ、小島嶼開発途上国及び後発開発途上国の海洋資源の持続的な利用による経済的便益を増大させる。
15 陸の豊かさも守ろう	15.1	**陸域・内陸淡水生態系**及びそのサービスの保全・回復・持続可能な利用を確保する	2020年までに、国際協定の下での義務に則って、**森林、湿地、山地及び乾燥地をはじめとする陸域生態系と内陸淡水生態系及びそれらのサービスの保全、回復及び持続可能な利用**を確保する。
	15.2	森林の持続可能な経営を実施し、**森林の減少を阻止・回復**と植林を増やす	2020年までに、あらゆる種類の森林の持続可能な経営の実施を促進し、**森林減少を阻止し、劣化した森林を回復**し、世界全体で新規植林及び再植林を大幅に増加させる。
	15.3	**砂漠化に対処**し、劣化した土地と土壌を回復する	2030年までに、**砂漠化に対処**し、砂漠化、干ばつ及び洪水の影響を受けた土地などの劣化した土地と土壌を回復し、土地劣化に荷担しない世界の達成に尽力する。
	15.4	生物多様性を含む**山地生態系を保全**する	2030年までに持続可能な開発に不可欠な便益をもたらす**山地生態系の能力を強化**するため、生物多様性を含む山地生態系の保全を確実に行う。
	15.b	**持続可能な森林経営のための資金の調達**と資源を動員する	保全や再植林を含む持続可能な森林経営を推進するため、あらゆるレベルのあらゆる供給源から、**持続可能な森林経営のための資金の調達**と開発途上国への十分なインセンティブ付与のための相当量の資源を動員する。

3 地球温暖化対策の国際的取り組み

　ＳＤＧｓは地球温暖化への対応を各所で指摘し、地球温暖化への対応が国際的に喫緊の課題であることを示しています。地球温暖化への対応に焦点を当てたものとしてパリ協定とＩＰＣＣの報告書があります。

①パリ協定（2015年）

　パリ協定は、２０１５年の国連気候変動枠組み条約締約国会議（ＣＯＰ21）で採択され、２０１６年に発効した気候変動問題に関する国際的な枠組みです。パリ協定では２０２０年以降の温室効果ガス削減に関する世界的な取り決めを示し、世界共通の長期目標として、世界の平均気温上昇を産業革命以前に比べて２℃より十分低く保ち（２℃目標）、１・５℃に抑える努力の追求（１・５℃努力目標）を掲げました。[*16] 同じ２０１５年に採択されたＳＤＧｓが、目標13に、気候変動に具体的な対策を、[*15] 設定したこともあり、世界の気候変動への取り組みが加速しました。

②IPCC[*17]第六次報告書（2023年）

　１９８８年設立のＩＰＣＣは、１９９０年に第１次報告書を公表し、５～７年ごとに新しい報告書を公表しています。最新の第六次報告書は、次のことを指摘しました。

1　人間活動による温暖化には「疑う余地がない」[*18]
2　極端現象（大雨・猛暑等）の増加にも人間活動の影響が現れている
3　2021～2040年の平均気温上昇が1・5℃に達してしまう可能性が5割程度
4　南極氷床の不安定化により海面上昇が加速する可能性がある

そのうえで、パリ協定の長期目標である1・5℃を達成するための道程として、温室効果ガス排出量を、2035年までに60％削減（CO2は65％削減）、2040年までに69％削減（CO2は80％

＊15　パリ協定が採択されたCOP21で、1・5℃の温暖化に関する科学的知見の不足が指摘され、IPCCは2018年に、1・5℃特別報告書を公表し、将来の平均気温上昇が1・5℃を大きく超えないようにするためには、2050年前後には世界の二酸化炭素排出量が正味ゼロとなっていることなどを示しました。併せて達成には、エネルギー、土地、都市、インフラ及び産業システムの急速かつ広範囲な移行が必要と指摘しました。

＊16　パリ協定以前は、1997年のCOP3（京都会議）で採択された京都議定書によって、2020年までの世界の地球温暖化対策目標が示されていました。パリ協定では2020年以降の将来の枠組みが定められており、京都議定書の後を継ぐものです。

＊17　気候変動に関する政府間パネル（Intergovernmental Panel on Climate Change）の略称で、国連環境計画（UNEP）と世界気象機関（WMO）が共同で組成した気候変動に関する科学的知見をまとめるための組織です。IPCCは、世界中の科学者からの意見や研究成果を取りまとめ、定期的に報告書をまとめています。これらの報告書は、気候変動に関する科学的知見を総合的にまとめたもので、政策決定において重要な情報源となっています。

＊18　過去のIPCC報告書では「高い（＞66％）」→「非常に高い（＞90％）」→「極めて高い（＞95％）」と表現を変えてきました。第六次報告書ではさらに、「疑う余地がない」と断言しました。

削減）、2050年までのカーボンニュートラル[19]を設定しました。154カ国・1地域が、2050年までにカーボンニュートラルを実現することを表明しています。[20]

4 ESG投資（国土交通省）

ESG[21]投資が注目されるきっかけは、PRI（Principles for Responsible Investment 国連責任投資原則）が示されたことです。PRIは2006年に国連で提唱され、ESGの視点を取り入れることを投資原則とすることなどが含まれています。PRIの6つの原則は次のとおりです。

1 投資分析と意思決定のプロセスにESGの視点を組み入れる
2 株式の所有方針と所有慣習にESGの視点を組み入れる
3 投資対象に対し、ESGに関する情報開示を求める
4 資産運用業界において本原則が広まるよう、働きかけを行う
5 本原則の実施効果を高めるために協働する
6 本原則に関する活動状況や進捗状況を報告する

投資家が企業の株式などに投資するとき、伝統的な判断基準は主に、キャッシュフローや利益率

などの定量的な財務情報でした。

これに加え、非財務情報である「環境（E）、社会（S）、ガバナンス（G）」の要素を考慮する投資が、ESG投資です。企業収益の背景に、気候変動などの環境問題（E）、サプライチェーンにおける不適切な労働などの社会問題（S）への配慮不足や不適切な企業統治（G）などがある場合は、ESG投資の観点から投資を控えることになり、ひいては企業の存続が困難になります。

ESG投資が世界的な潮流となる中で、不動産分野では、不動産そのものの環境負荷の低減（E）だけではなく、知的生産性の向上や多様な人材の確保を促進する執務環境の改善や保育機能等の付設（S）、積極的な情報開示による風評の予防（G）などを考える必要があります。

ESG投資とSDGsの関係を例示すると次ページ表のとおりです。

＊19　温室効果ガスの排出量と吸収量を均衡させることを指します。
＊20　2021（令和3）年9月。日本は2020（令和2）年臨時国会で、2050年カーボンニュートラルを宣言する演説が行われたことを契機に取り組みが活発になりました。
＊21　環境（Environment）・社会（Social）・ガバナンス（Governance）の英語の頭文字を合わせた言葉です。

ESG	寄与内容	SDGsの目標
環境（E）への寄与	省エネ性能の向上	7「エネルギーをみんなにそしてクリーンに」 13「気候変動に具体的な対策を」
	働く人の健康性・快適性に優れるオフィス（執務環境の改善、知的生産性の向上、優秀な人材の確保）	3「すべての人に健康と福祉を」 8「働きがいも経済成長も」 11「住み続けられるまちづくりを」
社会（S）への寄与	災害への対応（耐震性、非常用発電、BCPの確保、安全・安心な職場、発災後の事業継続、地域の安全性向上）	8「働きがいも経済成長も」 9「産業と技術革新の基盤をつくろう」 11「住み続けられるまちづくりを」
	地域社会に寄与（建物の周辺の歩きやすさ、広場等の提供と地域コミュニティに参加）	3「すべての人に健康と福祉を」 8「働きがいも経済成長も」 11「住み続けられるまちづくりを」
	高齢者施設や保育所等の併設（増大する社会課題に対応）	3「すべての人に健康と福祉を」
ガバナンス（G）への寄与	業務管理体制の構築、情報開示の確保、投資家保護に資する環境整備など、適切なガバナンスを確保して、レピュテーションリスク*22を軽減するほか、ダイバーシティによる働きやすい環境の整備	5「ジェンダー平等を実現しよう」 12「つくる責任 つかう責任」

＊22　レピュテーションリスク：企業に関するネガティブな評価が広まった結果、企業の信用やブランド価値が低下し損失を被るリスクのことです。SNSの普及により社会的な認知がより売上やブランドに影響を与えるようになったため、悪評が広がらないためのリスク管理が重要になりました。

5 環境性能による認証制度

環境に配慮した建物の重要性が広く認識されるようになった１９９０年代から、環境に配慮した建物を認証制度によって開示する動きが大きくなりました。ＢＲＥＥＡＭ（英国）やＬＥＥＤ（米国）などがよく知られていますが、日本でもＣＡＳＢＥＥやDBJ Green Buildingなどが広まりを見せています（図表6）。制度によって評価基準が異なるため、１つの建物が複数の認証制度の認証を受けることもあります。

いずれの制度も、環境性、快適性、安全性、健康性などに配慮する建物を明示することで、入居者のほか金融機関、投資家の意思決定に良い影響を与え、資産価値の向上につなげようとするものです。

	省エネルギー性能	健康性・快適性	
BOMA360	BELS	WELL Building Standard	CASBEE-ウェルネスオフィス 暫定版
アメリカ	日本	アメリカ	日本
2009年	2016年	2014年	開発中
【開発】Building Owners & Managers Association International	【開発】国土交通省 【認証】一般社団法人 住宅性能評価・表示協会に登録された機関	【開発】Delos Living LLC 【認証】Green Business Certification Inc.	【開発】一般社団法人 日本サステナブル建築協会
新築・既存建物（オフィス）	新築・既存建物（すべての建築物）	新築・既存建物（業務用及び組織機関の建物）	新築・既存建物（オフィス）
環境性、安全性	環境性	環境性、健康性、快適性	健康性、快適性
・維持管理予防保全措置 ・ビル収支実績調査報告 ・エネルギー評価書 ・運営管理及び維持管理 ・ライフセーフティ、セキュリティ、リスクマネジメント ・教育、訓練、コミュニティ ・省エネルギー ・環境、サステナビリティ ・テナントリレーション	1. 外皮性能 2. 一次エネルギー消費量	1. 空気 2. 水 3. 栄養 4. 光 5. 運動 6. 快適性 7. 精神	開発中
・建物の環境性能や運営管理面等（運営管理マニュアルの配備、維持管理に関する予防保全措置状況等）から、総合的なビルの性能を評価	・「建築物のエネルギー消費性能の表示に関する指針」に基づき、建物の省エネ性能に特化した評価	・環境を意識した建築が広まり、健康に対する意識が弱まっていることを受け、働く人の健康性、快適性に特化した評価	・「健康性、快適性等に関する不動産に係る認証制度のあり方」を踏まえ、働く人の健康性、快適性に特化した評価

性、利便性、安全性の評価〜」（日本不動産鑑定士協会連合会 ESG投資研究小委員会）、

図表6-6　環境に配慮した建物の認証制度

	総合環境性能			
	CASBEE－建築（新築、既存、改修）	LEED	DBJ Green Building 認証	BREEAM
設立国	日本	アメリカ	日本	イギリス
設立年	2002年	1998年	2011年	1990年
関係機関	【開発】一般財団法人 建築環境・省エネルギー機構 【認証】上記の認定機関	【開発】U.S. Green Building Council 【認証】Green Business Certification Inc.	【開発】株式会社 日本政策投資銀行 【認証】一般財団法人 日本不動産研究所	【開発】Building Research Establishment
評価対象	新築・既存建物（オフィス、商業、物流、共同住宅等）	新築・既存建物（オフィス、商業、物流、住宅等）	新築・既存建物（オフィス、商業、物流、共同住宅）	新築・既存建物（オフィス、商業、住宅等）
評価項目	環境性、快適性	環境性、快適性	環境性、快適性、安全性	環境性、健康性、快適性
評価区分	Q: 環境品質 Q1. 室内環境 Q2. サービス性能 Q3. 室外環境（敷地内） L: 環境負荷 L1: エネルギー L2: 資源・マテリアル L3: 敷地外環境 BEE: 環境性能効率	・総合的プロセス ・立地・交通 ・敷地選定 ・水利用 ・エネルギー・空気環境 ・材料・資源 ・室内環境 ・革新性 ・地域別重み付け	・エコロジー ・アメニティ／ダイバーシティ ・リスクマネジメント ・コミュニティ ・パートナーシップ	・管理 ・健康と快適性 ・エネルギー ・交通 ・水 ・材料 ・廃棄物 ・汚染
特徴	・主に建物の環境性能を評価する ・環境性能を、建物の環境品質（Q）と環境負荷（L）の2つの側面から捉え、主に環境性能効率BEE（＝Q÷L）により評価	・主に建物の環境性能を評価 ・アメリカで開発され、アジア、中東、欧州、南米等、世界的に広がりつつある	・建物の環境性能、運営管理（テナント利用者の快適性、防災防犯等のリスクマネジメント等）も含む評価 ・具体的な評価項目やスコアリングシートは非公表	・主に建物の環境性能を評価 ・厳しい基準を法定し、関係者の環境配慮の自覚を高め、最良の設計・運営・維持・管理を奨励するなどを目的

出所：研究報告「ESG不動産投資の不動産の鑑定評価への反映　～オフィスビルの健康性・快適
　　　各認証機関のホームページ等を参考に作成

6 誰一人取り残さない社会と不動産～住宅セーフティネット～

日本では今後、高齢者、障害者、子育て世帯などで適切な住宅を確保することに困難を伴う人が増加すると見込まれます。これまでは公営住宅がそのような人に住まいを提供し、住宅セーフティネットの役割を担ってきましたが、公共団体の財政難などにより、大幅な増加が見込めない状況です。他方、民間の空き家や空き室が増加しています。このような状況に対応するために2007（平成19）年に、住宅確保要配慮者に対する賃貸住宅の供給の促進に関する法律（住宅セーフティネット法）が公布されました。この法律は、住生活基本法（2006（平成18）年）の理念に沿い、住宅確保要配慮者[*23]に対する賃貸住宅の供給の促進に関する施策を推進し、国民生活の安定向上と社会福祉の増進に寄与することを目的として制定されました。また、民間の空き家等を活用することも視野に入れた、住宅セーフティネット制度の整備が進んでいます。[*24]

制度では、低額所得者、被災者、高齢者、障害者、子育て世帯等の住宅確保要配慮者を対象に、①住宅確保要配慮者の入居を拒まない賃貸住宅の登録制度、[*25] ②貸主が行う登録住宅の改修や入居者に対する経済的支援、③住宅確保要配慮者に対する居住支援の3つを行います。

制度の運営のために、住宅確保要配慮者居住支援法人と住宅確保要配慮者居住支援協議会も規定されています。居住支援法人は、住宅確保要配慮者の民間賃貸住宅への円滑な入居を促進するため、住宅確保要配慮者に対し、家賃債務保証、住宅情報の提供や相談、見守りなどの生活支援等を実施する法人で、都道府県が指定します。居住支援法人の活動が、貸主、借主の両者の安心につながります。

居住支援協議会は、地方公共団体や不動産関係団体、居住支援団体等が連携し、居住支援法人の活動等を支援します。住宅にかかる国土交通省と福祉にかかる厚生労働省が一体的に進める住宅セーフティネットによって居住の安心を図ります。

＊23 住宅確保要配慮者として高齢者、子育て世帯、低所得者、障害者、被災者などを規定しています（住生活基本法2条）。

＊24 住宅確保要配慮者に対する賃貸住宅の供給の促進に関する法律（住宅セーフティネット法）の一部を改正する法律（2017（平成29）年）ほか。

＊25 賃貸人の約7割が高齢者の入居及び障害者の入居に対して拒否感をもち、入居が困難になることが背景にあります。

図表6-7　住宅セーフティネットの仕組み

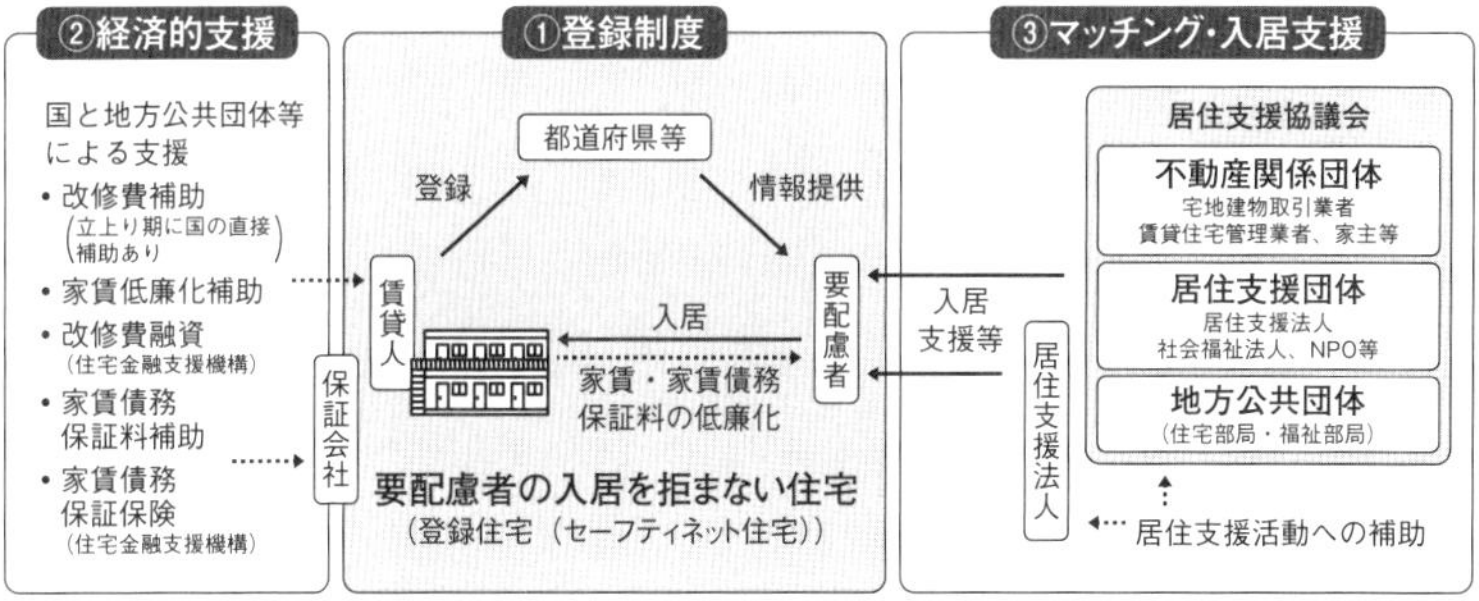

出所：国土交通省

コラム　英国の「社会住宅の払い下げ」

「ゆりかごから墓場まで」とは、かつて福祉に厚い国として英国を表した言葉です。住宅についても公共が大量の社会住宅を供給し、手厚い配慮のもとで賃借居住することが行われました。

しかし、財政がひっ迫すると大量の社会住宅の維持修繕に手がまわらず劣化が進行し、バンダリズム（破壊行為）が横行して、健全な居住に支障をきたすようになりました。そこで、維持費の負担が不要になり、賃借物は壊しても所有者が直すというモラルハザードをなくすためには持家にすることが有効として、社会住宅の払い下げが進みました。

払い下げに際しては、所得水準等から住宅ローンを利用できないなど、必要な購入資金を準備しにくい居住者もいることから、あらたな住宅所有形態としてシェアードオーナーシップを創設しました。購入できる権利割合を購入することを繰り返して最終的に100％の権利を取得する方法です。途中段階では公的機関と居住者が権利を持分で共有することになります。

英国の持家率は1918年に3割弱だったものが1971年に持ち家と借家が同程度となり近年は65％程度まで増加しています。

REAL ESTATE 3

省エネ性能

1 建築物の省エネルギー化

■省エネ基準

省エネ基準は、建物の省エネ性能の確保に必要な建物の構造や設備に関する基準で、一次エネルギーの消費量と外皮の性能を判定します。

■一次エネルギー消費量による判定

一次エネルギー消費量は、建築物で使われている設備機器の消費エネルギーを熱量に換算した値をいいます。冷暖房、換気、給湯、照明などで使用するエネルギーから、太陽光発電システ

図表6-8　一次エネルギーの構成

消費量	空調
	換気
	照明
	給湯
	その他（家電等）
創出量	太陽光発電設備等

図表6-9　外皮の断熱性能

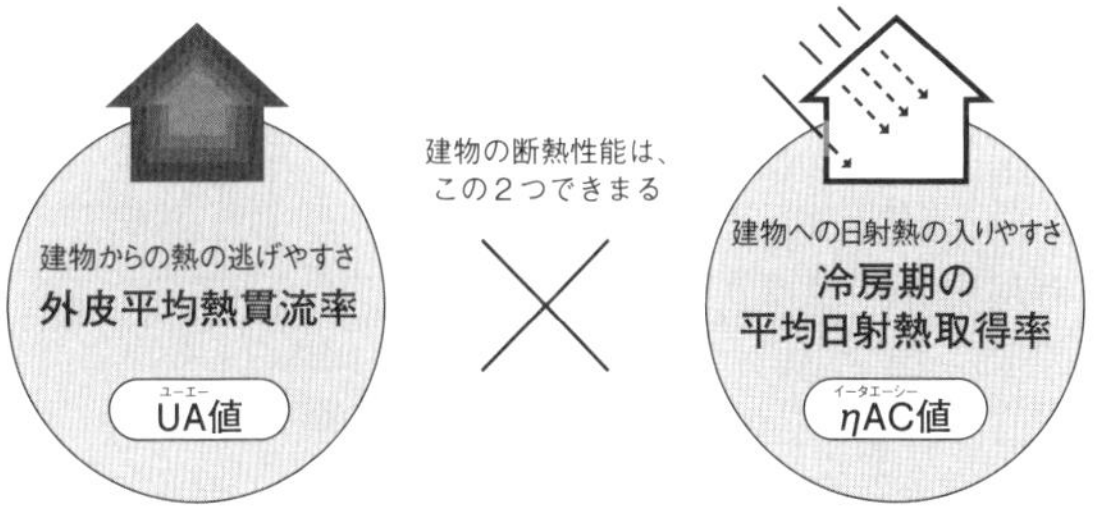

出所：国土交通省「建築物省エネ法に基づく省エネ性能表示制度事業者向け概要資料」第１版（2023年9月）より抜粋

ムやコージェネレーション設備[*26]などにより建物の設備で生み出すエネルギーがあればそれを控除して求めます。エネルギーを消費する設備機器を高性能のものにすると同時に、クリーンな電気を発電する仕組みを併用することで削減が可能となります。

一次エネルギー消費量による判定は、標準的な仕様を採用した場合のエネルギー消費量（基準一次エネルギー消費量）を基準とし、評価対象の建物の一次エネルギー量（設計一次エネルギー消費量）を比較します。

一次エネルギーを改善する方法として、設備効率の向上[*27]とエネルギー利用効率化設備[*28]によるエネルギー削減があります。

■外皮の性能による判定

外皮の性能は、建物の外気に接する部分の熱の出入りのしやすさ（外皮平均熱貫流率[*29]UA値）と冷房期の太陽の日射熱の室内への入りやすさ（平均日射熱取得率[*30]ηAC値）で判定します（図表9、図表11）。

図表6-10　断熱性能等級の判定表（一部）

地域区分		1	2	3	4	5	6	7	8
等級7	UA	0.20			0.23	0.26			—
	ηAC	—				3.0	2.8	2.7	—
等級3	UA	0.54		1.04	1.25	1.54		1.81	—
	ηAC	—				4.0	3.8	4.0	—

※等級は１から７まで。等級７はもっとも性能が高い区分で、等級３は下位から３番目の区分

※例えば、「地域区分１は北海道の一部、九州の一部」のように市区町村ごとで区分されています。

出所：国土交通省「建築物省エネ法に基づく省エネ性能表示制度事業者向け概要資料」第１版（2023年9月）をもとに著者作成

■外皮の断熱住宅

建物の外皮は屋根、外壁のほか、開口部（窓）、床があります。

それぞれの部位で確保できる熱貫流率が異なることから、各部位の熱貫流率を平均した外皮平均熱貫流率で建物の性能を判定します（図表11）。

外皮の部位ごとの熱貫流率の基準は、外壁の熱貫流率を100としたとき、屋根45、床91に対して開口部は877です。開口部の熱貫流率を下げて断熱性能を高めることが重要です。[*31][*32]

日本の国土は南北に細長く、地域によって気候条件が大きく変わります。そのため、全国を8つの地域にわけて、地域ごとにUA値とηAC値の基準値を定めています。

＊26　住宅用のコージェネレーションシステムは、住宅内で都市ガスやLPガスから取り出した水素と、空気中の酸素を化学反応させてCO2排出の少ない電気を発電し、排熱で給湯も行います。＊28参照。

＊27　設備効率の向上には、設備機器の効率に加え、外皮の断熱化や日射の遮蔽（冷房時）や取得（暖房時）など、外皮の性能も関係します。

＊28　太陽光発電設備の設置やコージェネレーション設備の設置等があります。コージェネレーションは、内燃機関、外燃機関等の排熱を利用して動力・温熱・冷熱を取り出し、エネルギー効率を高める仕組みのひとつです。産業用に発展してきましたが、最近では都市ガスやLPガスを用いた発電機や燃料電池の仕組みで発電するシステムが開発され、一般家庭への普及が進んできました。代表的なものはエネファームで、ガスや灯油などから水素を取り出し、空気中の酸素と反応させて発電、蓄電する家庭用燃料電池で、発電時の排熱も給湯などに利用します。

＊29　建物内外の温度差を1度としたときに、建物内部から外界へ逃げる熱量で求めます。値が小さいほど熱が出入りしにくく、断熱性能が高いことを示します。

＊30　一定の強さの日射を受けた建物の内部で取得する熱量を冷房期間で平均して求めます。値が小さいほど日射が入りにくく、隠蔽性能が高くなります。

断熱性能の表示はUA値とηAC値そのものではなく、1～7の等級で表示します。UA値とηAC値のそれぞれについて住宅が立地する地域区分ごとの等級で判定します（図表10）が、両者の等級判定が異なる場合は、低いほうをその住宅の等級とし、断熱性能等級を1～7の数値で表示します。

所在する地域の気候によって地域区分別の基準値が定められています。

■省エネ基準の変遷

省エネ基準は、エネルギーの使用の合理化等に関する法律（省エネ法）に対応して1980（昭和55）年に設定され、その後強化されてきました。

主な改正は、1992（平成4）年の新省エネ基準、1999（平成11）年の次世代省エネ基準、2013（平成25）年の「H25省エネ基準」、2016（平成28）年の「H28省エネ基準」です。

住宅金融支援機構のフラット35は2023（令和5）年より省エネ基準を要件化しました。

図表6-11　熱の逃げにくさと日射熱の入りやすさの考え方

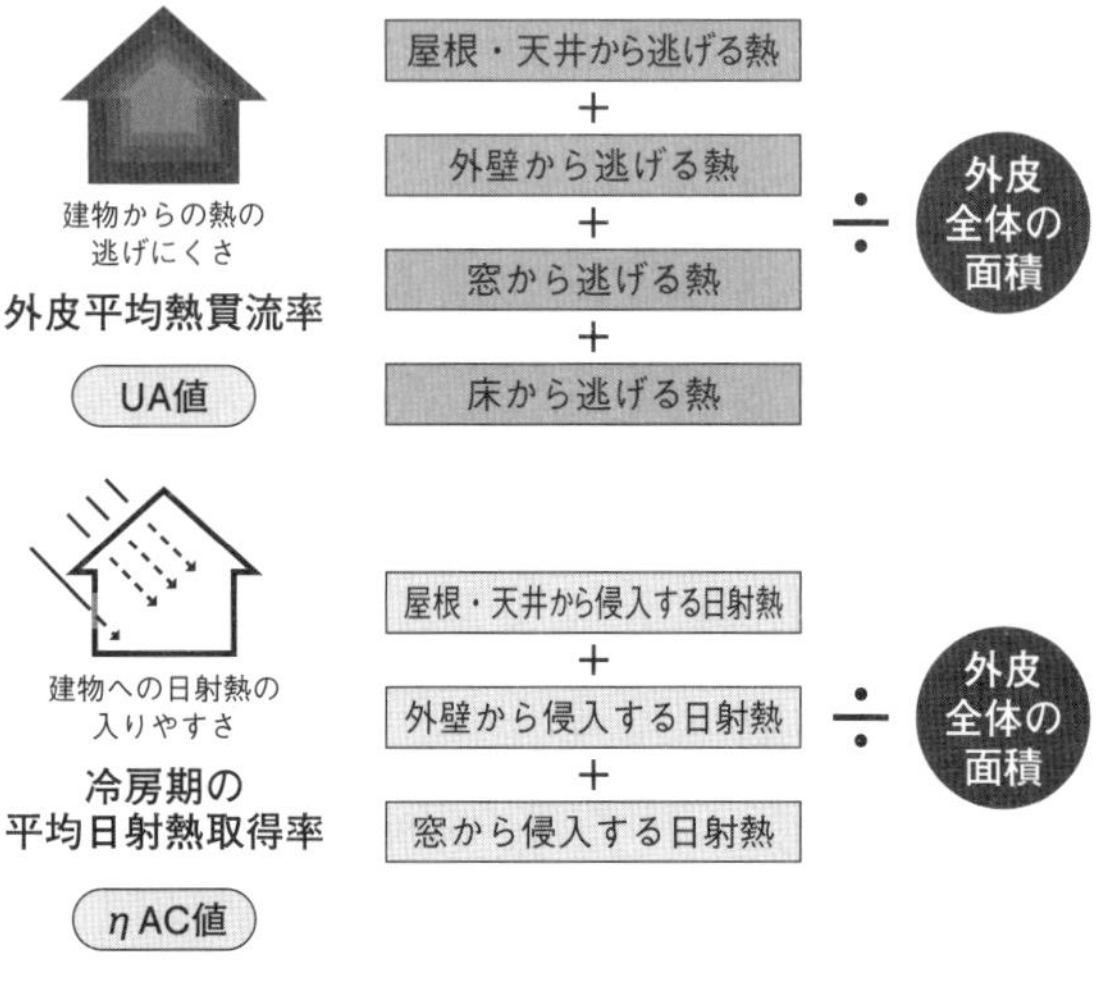

出所：国土交通省「建築物省エネ法に基づく省エネ性能表示制度事業者向け概要資料」第1版（2023年9月）より抜粋

断熱材の厚さは断熱材の性能により変わってきますが、天井155㎜、壁85㎜などが示されています。

壁の断熱材の厚さは旧省エネ基準（1980（昭和55）年）で25㎜程度、新省エネ基準1992（平成4）年で35㎜程度でした。なお、断熱等性能等級[*33]4は「H28省エネ基準」と同等レベルです。

図表6-12　熱の逃げやすさと日射熱の入りやすさ

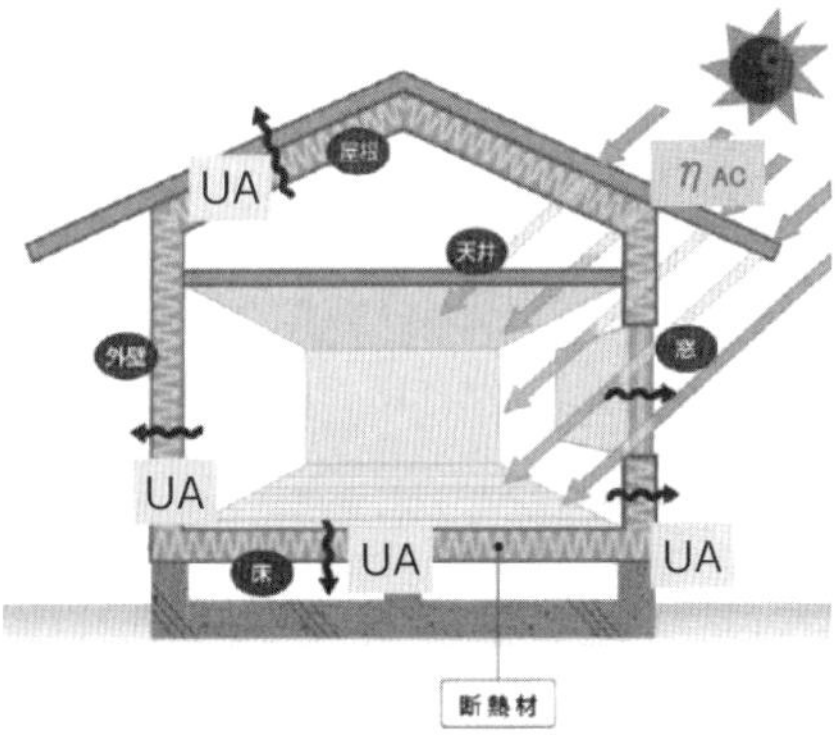

出所：国土交通省「国土交通省説明参考資料」住宅における外皮性能 をもとに著者作成

31 住宅以外ではPAL（パルスター）を用います。PAL*は、建物床面積当たりの年間熱負荷を指します。国が求める基準PAL*に対して、設計PAL*がどの程度削減されているかを示す数値をBPI（Building Palstar Index）と呼び、BPI＝設計PAL*／基準PAL*で算出します。

*32 窓の面積を小さくする傾向も見られます。

*33 断熱等性能等級は、外皮平均熱貫流率、冷房期の日射熱取得率のほかに、結露防止基準が加わります。

コラム　フリーホールド買取り制度

19世紀後半に設定された期間99年の建築リース契約が後半を迎えた20世紀中頃、労働党政権は、期間満了時に建物を無償でフリーホールダーに返還して立ち退かざるを得ないことは、リースホールダーに不利益とし、一定の要件を満たす居住用のリースホールダーにフリーホールドを買い取る、または、リースホールドの50年延長を認める1967年法を定めました[*34]（The Leasehold Reform Act 1967）。制度適用の対象となる住宅（House）は漸次拡大し、共同建てのフラット（Flat）でも条件が整えば買取りが認められ、延長期間も90年となっています。買取りは合意で成立するのではなくリースホールダーの申し入れによる、買取価格は公的機関が定めた評価式[*35]で決定するなど、リースホールドの見直しが円滑に実現できる仕組みが整っています。リースホールド見直しの一般化によって、多くのリースホールダーがフリーホールダーになり、「英国はリースホールドの国」は、しだいにその性格を弱めています。

＊34　二大政党制の英国では、おおよそ、資産家層が支援する保守党と労働者層が支援する労働党で政権交代が起こります。この法律は住宅を資産家からリースホールドで入手することが多い労働者層の利益に沿うもので、労働党政権時に制定されました。

＊35　買取価格の査定式はフリーホールドの収益性にもとづく収益価格です。労働党政権時に制定された当時の買取価格が安すぎるとして、後に価格評価方法が見直されました。

REAL ESTATE

4 ZEH

ZEH（Net Zero Energy House；ネット・ゼロ・エネルギー・ハウス）は、「外皮の断熱性能等を大幅に向上させるとともに、高効率な設備システムの導入により、室内環境の質を維持しつつ大幅な省エネルギーを実現したうえで、再生可能エネルギーを導入することにより、年間の一次エネルギー消費量[*36]の収支がゼロとすることを目指した住宅」です。

２００８年頃からアメリカで注目、日本では、２０２０（令和２）年までに標準的な新築住宅で、２０３０（令和12）年までに新築住宅の平均でＺＥＨを目指す方針としました。[*37]

＊36　建築物で使われている設備機器の消費エネルギーを熱量に換算した値です。冷暖房だけではなく、換気や給湯、照明なども含めた合計の値が、一次エネルギー消費量です。

図表6-13　ZEHを実現する仕組み

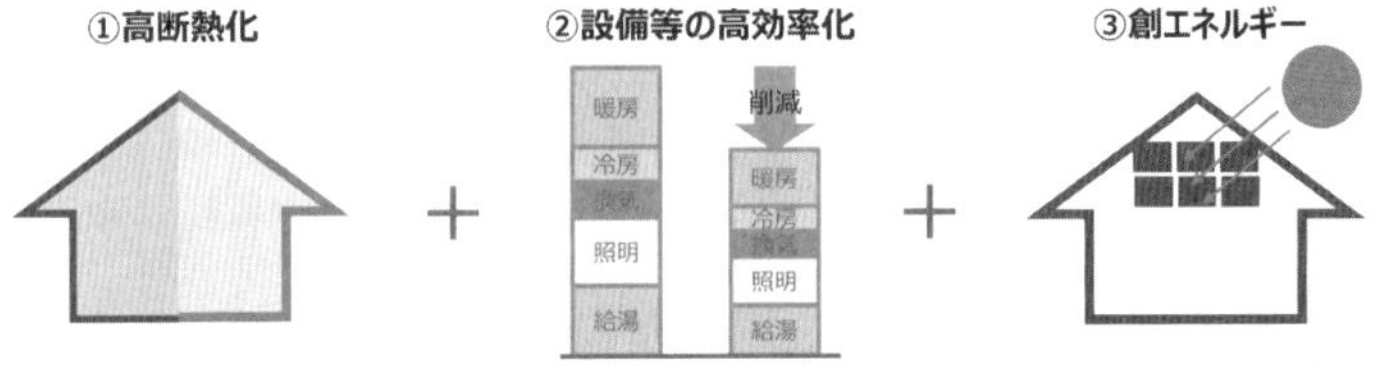

<table>
<tr><th rowspan="2">断熱基準</th><th colspan="2">一次エネルギー消費量基準</th></tr>
<tr><th>（設備等の高効率化）</th><th>（創エネルギー）</th></tr>
<tr><td>省エネ基準より強化した高断熱基準
（外皮平均熱貫流率の基準例）
<table><tr><th>地域区分</th><th>1・2地域（札幌等）</th><th>3地域（盛岡等）</th><th>4・5・6・7地域（東京等）</th></tr><tr><td>ZEH基準</td><td>０．４</td><td>０．５</td><td>０．６</td></tr><tr><td>省エネ基準</td><td>０．４６</td><td>０．５６</td><td>０．８７</td></tr></table></td><td>太陽光発電等による創エネを考慮せず
省エネ基準相当から▲20%</td><td>太陽光発電等による創エネを余剰売電分を含め考慮し
一次エネ消費量を正味ゼロ以下</td></tr>
</table>

出所：国土交通省 住宅局「第１回脱炭素社会に向けた住宅・建築物の省エネ対策等のあり方検討会」国土交通省資料（令和3年4月19日）

ZEH基準は、次のすべてに適合することです。
①外皮平均熱貫流率の基準値をクリアする
②一次エネルギー消費量を、基準一次エネルギー消費量より20％以上削減する
③再生可能エネルギーによって一次エネルギー消費量を削減する
④上記②③で削減したエネルギー量が基準一次エネルギー消費量以上である
ZEHのメリットは省エネルギーによってCO2の排出量を削減できることに加えて、次のようなものがあります。
・高い断熱性能や効率的な設備によって光熱費を安く抑えることができる
・太陽光発電システムなどで生み出したエネル

図表6-14　ZEHのイメージ

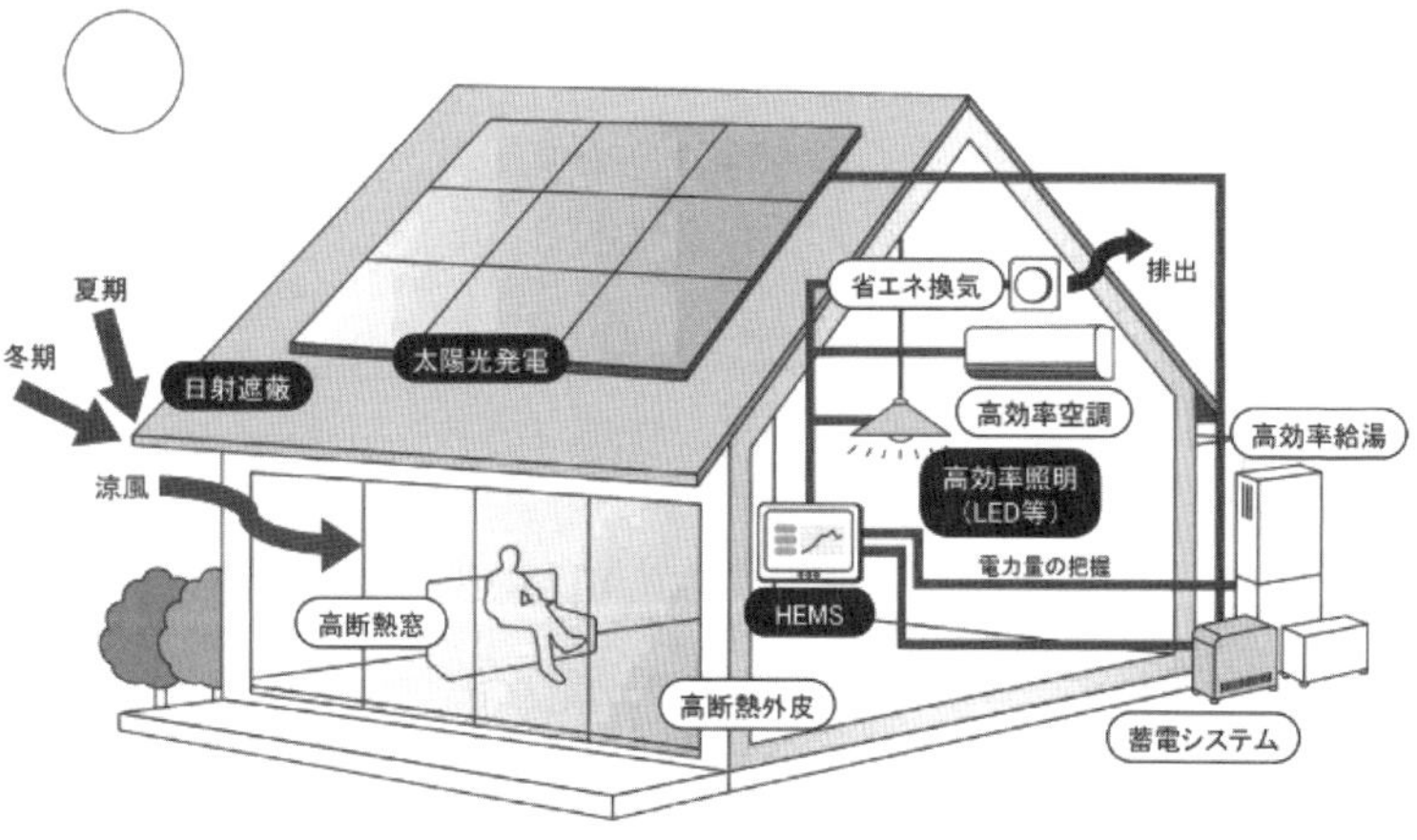

出所：資源エネルギー庁ウェブサイト
（https://www.enecho.meti.go.jp/about/pamphlet/energy2022/010/）

ギーの売電により、収入を得ることができる（経済性）
- 部屋の温度を一定に保つことができて夏は涼しく、冬は暖かい室内環境を実現することができ、寒冷期に問題となる、急激な温度差によるヒートショックを防ぐことができる（快適性・健康性）
- 台風や地震などの災害による停電時にも、太陽光発電や蓄電池の電気を使うことができる（防災性）

1 戸建て住宅以外の建物の省エネルギー

ＺＥＨは戸建て住宅用建物の省エネルギーの達成を目指すものですが、ほかの用途やほかの構法でも同様に省エネルギーの達成を目指します。

例えば、住宅用以外の建物（ビル）ではＺＥＢ[*38]（Net Zero Energy Building（ネット・ゼロ・エネルギー・ビル））があり、マンションのＺＥＨ―Ｍ、生産施設のＺＥＦ（Net Zero Factory）などがあります。

2 省エネルギー性能表示

環境問題に関心が高く、日本よりも緯度が高く寒冷な国が多い欧州では、２０１０（平成22）年の欧州委員会の建築物のエネルギー性能指令の改正で、不動産の売却時や賃貸契約時に「エネルギ

＊37　２０１４（平成26）年閣議決定のエネルギー基本計画。
＊38　省エネと創エネで０％まで削減するＺＥＢのほか、Nealy ZEB、ZEB Ready、ZEB Orientedがあります。

ー性能評価証明書」の取得と開示を義務づけるなど、早くから建物の省エネ性能に係る情報の開示を進めてきました。性能の違いが消費者の選択行動に影響を与えることから、不動産価値を高めるために断熱改修が進み、それがCO_2の排出量の削減につながると考えました。[*39]

日本では非住宅について、2013（平成25）年、第三者機関によって非住宅建築物の省エネルギー性能の評価及び表示を行うBELS（建築物省エネルギー性能表示制度）が開始され、2016（平成28）年には、建築物の販売や賃貸を行う事業者に対して、販売や賃貸する建築物のエネルギー消費性能の表示に努めなければならないと規定しました。[*40]

2050年カーボンニュートラルの実現に向け、建物の省エネ性能の一層の向上が必須なことから、建築物のエネルギー消費性能の向上等に関する法律（建築物省エネ法）（2015（平成27）年）を2022（令和4）年に改正し、住宅・非住宅、規模の大小にかかわらず、すべての新築建物に省エネ適合義務を課すとともに、新しい省エネ性能表示制度を設けました。

3 省エネ性能ラベル

省エネ性能表示制度は、消費者や事業者が、建築物を購入や賃借する際に、省エネ性能を把握し、性能の高低を比較検討できるようにすることです。

建築物の省エネ性能への関心を高め、省エネ性能が高い建物が選択されやすい市場環境を整備することを目的とする点で、先行するEU等に倣うものです。省エネ性能は一定のルールに基づいたラベルで表示します（図表15）。

改正建築物省エネ法[*41]は、規模や用途によらず、すべての新築建築物に省エネ基準への適合を規律しました。

加えて、建築主は、建築する建築物のエネルギー消費性能の一層の向上[*42]を図るよう努めなければならないと規定し、建築士に説明努力義務を規定しました。

改正法が規定した、建築物の販売・賃貸時の省エネ性能表示制度[*43]により、建築物の販売・賃貸事業者は省エネ性能を表示することが求めら

＊39　ＥＵ加盟国はＥＵ指令を受けて国ごとに実施時期や実施内容を決めるため、実際の運用は国により異なる部分があります。

＊40　建築物のエネルギー消費性能の表示に関する指針（２０１６（平成28）年）に基づいて規定されました。

＊41　脱炭素社会の実現に資するための建築物のエネルギー消費性能の向上に関する法律等の一部を改正する法律（２０２２（令和４）年）により、建築物省エネ法が改正されました。

＊42　義務基準である省エネ基準を上回る省エネ性能を確保すること。

＊43　２０２４（令和６）年４月にスタートしました。

図表6-15　日本の省エネ性能ラベル

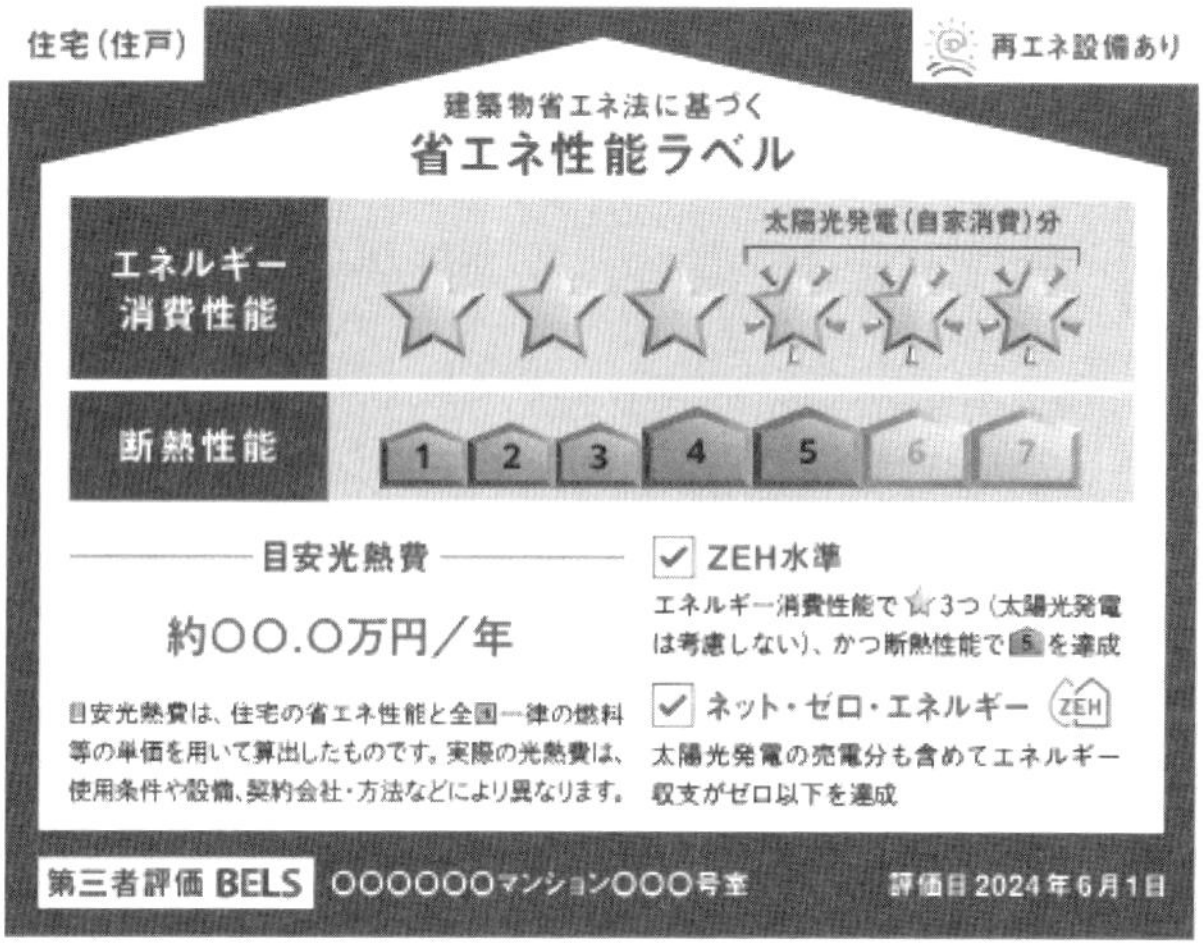

出所：国土交通省ウェブサイト（https://www.mlit.go.jp/shoene-label/）

れ[44]、所定のラベルを広告等に表示します[45]。販売・賃貸事業者が建築物の省エネ性能を広告等に表示することで、消費者等が建築物を購入・賃借する際に、省エネ性能の把握や比較ができるようになります。消費者が省エネ性能への関心を高めることを通じて、省エネ性能が高い建築物の供給が促進される市場づくりを目指しています。

表示に用いるラベルには、エネルギー消費性能と断熱性能が[46]★マークや数字で表示されます。建物の種類、評価方法[47]、再エネ設備の有無でラベルの種類が異なります。住戸ラベルでは目安光熱費を表示することもできます。

住宅ラベルには、「ZEH基準」の達成状況が記載されます[48]。第三者評価（BELS[49]）を取得した場合は、これに加え、「ネットゼロエネルギーハウス（ZEH）」の項目が表示されます。

図表6-16　国別二酸化炭素排出量（2020年）

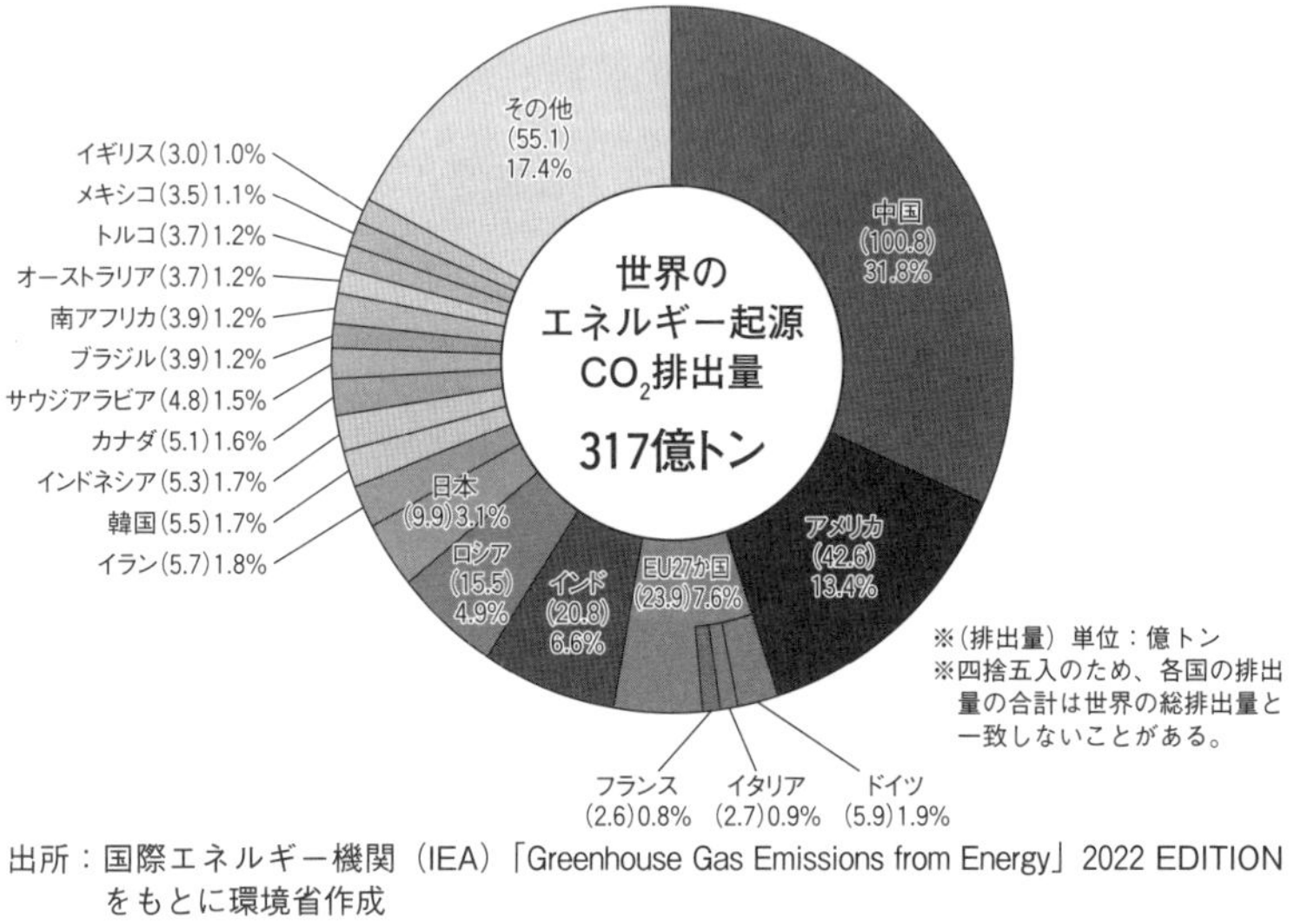

※(排出量) 単位：億トン
※四捨五入のため、各国の排出量の合計は世界の総排出量と一致しないことがある。

出所：国際エネルギー機関（IEA）「Greenhouse Gas Emissions from Energy」2022 EDITION をもとに環境省作成

■目安光熱費

住宅の省エネ性能に基づき、一定の設定条件の下で、想定される年間の光熱費の目安額を示すものです。実際の光熱費とは異なります。目安光熱費は、住宅の省エネ性能と全国一律の燃料等の単価を用いて算出したものです。

住宅の省エネ性能に応じて国が定める計算方法で算出された電気・ガスなどの年間消費量（設計二次エネルギー消費量[*50]）に、全国統一の燃料等単価を乗じて年間の光熱費を算出します。

4 世界の二酸化炭素排出

2020年のCO2排出量は約317億tで、国別に割合を見ると、中国31・8%、アメリカ

＊44　努力義務です。
＊45　既存建築物についても表示を推奨しています。
＊46　住宅（住戸／住棟）、非住宅、複合建築物
＊47　自己評価、第三者評価
＊48　非住宅ラベルには「ZEB水準」が記載されます。ZEBは、ネット・ゼロ・エネルギー・ビル（Net Zero Energy Building）の略。
＊49　Building-Housing Energy-efficiency Labeling System。評価ガイドラインに基づき、第三者機関が省エネルギー性能の評価と表示を適切に実施することを目的とする制度。
＊50　設計二次エネルギー消費量とは、建築物における外皮や設備の実際の設計仕様の条件をもとに算出した二次エネルギー（電気・ガス・灯油等）の消費量のことです。

13・4%、インド6・6%、ロシア4・9%に次いで、日本は5番目に多い3・1%となっています（図表16）。

1人当たりの排出量を主な国で見ると、カタール29・2t、アラブ首長国連邦18・28t、サウジアラビア13・89tなど、中東の国が多くなっています。日本は7・87tで、アメリカ12・9t、ロシア10・77t、韓国10・56tより少ないものの、中国7・15tやEU主要国より多くなっています（図表17）。

5 日本の二酸化炭素排出

2022（令和4）年度の日本の二酸化炭素排出量は約1037百万tで、エネルギー転換部門40・5%、産業部門24・4%、運輸部門17・8%となっています。家

図表6-17　主な国別一人当たり二酸化炭素排出量（2020年）

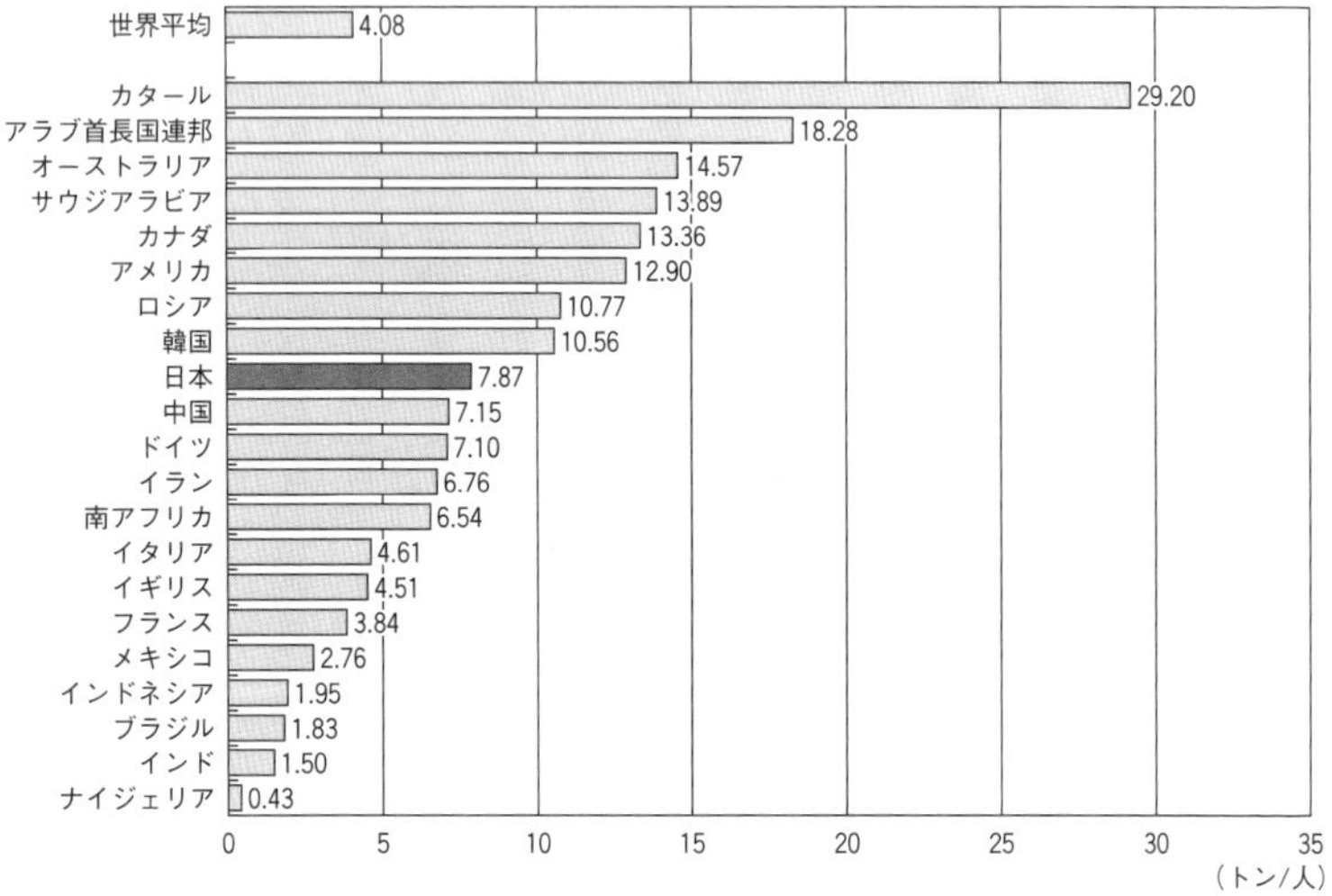

出所：国際エネルギー機関（IEA）「Greenhouse Gas Emissions from Energy」2022 EDITION をもとに環境省作成

庭部門は4・8％です。日本の課題は、エネルギー転換部門の脱CO2化といえます。

エネルギー転換部門は、ほかの部門が使う電気や熱源を生み出しています。産業部門等が利用する電気等に相当する二酸化炭素をその部門が排出しているものとして配分すると産業部門は約10％増えて34・0％に[*51]、業務その他部門や家庭部門も同様に10％以上増えて17・3％、15・3％になります。

■家計関連の二酸化炭素排出量

廃棄物部門は産業や公共からの廃棄物と家庭からの廃棄物を処理するための二酸化炭素を含み、運輸部門も同様に、企業や公共部門によるものと家庭によるものを含みます。電力等と同様にこれらを配分して再集計すると、家計関連が21・6％となります。

家計部門の二酸化炭素排出量を1人当たりに換算すると約1838kgで、住宅関連では、照明・家電製品30・9kg、暖房16・9kg、給湯13・6kgなどが主なものです。住宅以外の自動車25・4kgとなっています。住宅に加えて自動車の脱二酸化炭素も重要なポイントです。

■温室効果ガスの削減

2050年カーボンニュートラル、2030年度の温室効果ガス46％排出削減[*52]の実現に向け、地

＊51　電力等による増加分は13・3％ですが、家庭で利用する工業製品等に由来するものは家庭に配分しているため増加分は約10％になります。

球温暖化対策の強化が図られています。建築分野は日本のエネルギー消費量の約3割を占め、温室効果ガスの吸収機能をもつ木材需要の約4割を占めることから、建築物の省エネ性能の向上や木材利用の促進を推進することが求められます。

住宅については、「2030年度以降新築される住宅について、ZEH基準の水準の省エネルギー性能の確保を目指す」とともに、「2030年において新築戸建て住宅の6割に太陽光発電設備が設置されることを目指す」[*53]取り組みをしています。

■環境認証制度の利用状況

投資家が投資先企業に対して環境・社会・ガバナンスへの配慮を求める「ESG投資原則」が、欧米を中心に世界的潮流となっています。不動産そのものの環境負荷の低減はもとより、執務環境の改善、知的生産性の向上、優秀な人材確保等の観点から、働く人の健康性、快適性等に優れた不動産を評価するものです。

不動産証券化を担う不動産ファンドはESG投資の中でも、エネルギー利用効率の高い建築設備の導入、エネルギーの効率的運営を重視しています。証券化不動産では積極的に環境認証を取得しています。不動産の省エネルギー性能はESG投資の枢要な部分として位置づけられています。

＊52　2013年度比
＊53　エネルギー基本計画（2021（令和3）年閣議決定）

図6-18　不動産ファンドが重視するESGの配慮項目

大変重視している：5点、どちらかというと重視している：4点、どちらともいえない：3点、
どちらかというと重視していない：2点、全然重視していない：1点

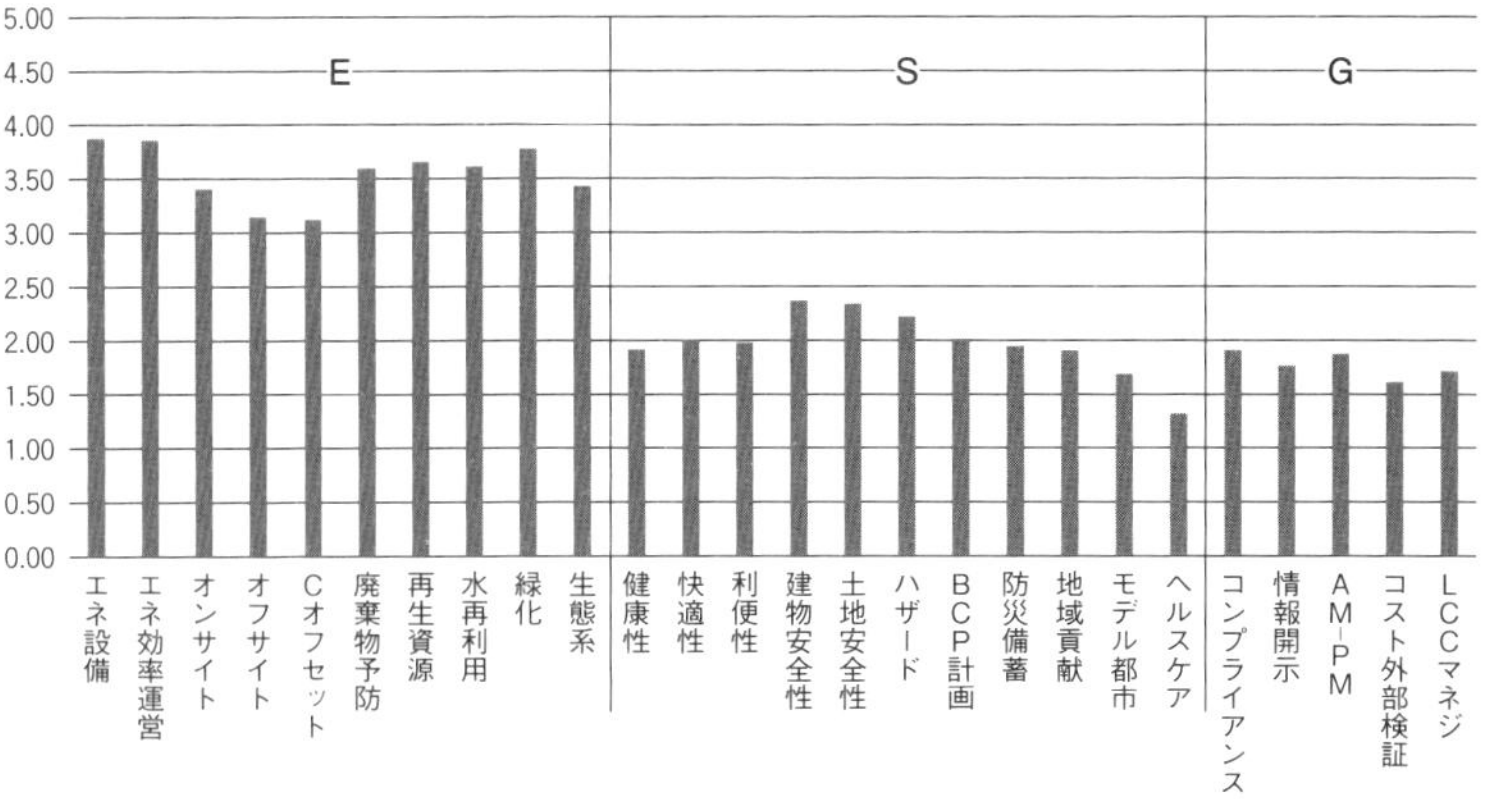

出所：国土交通省 不動産・建設経済局「不動産鑑定評価におけるESG配慮に係る評価に関する検討業務」図表 各項目の全体的な配慮度合い

図表6-19　不動産証券化の環境認証制度の取得状況

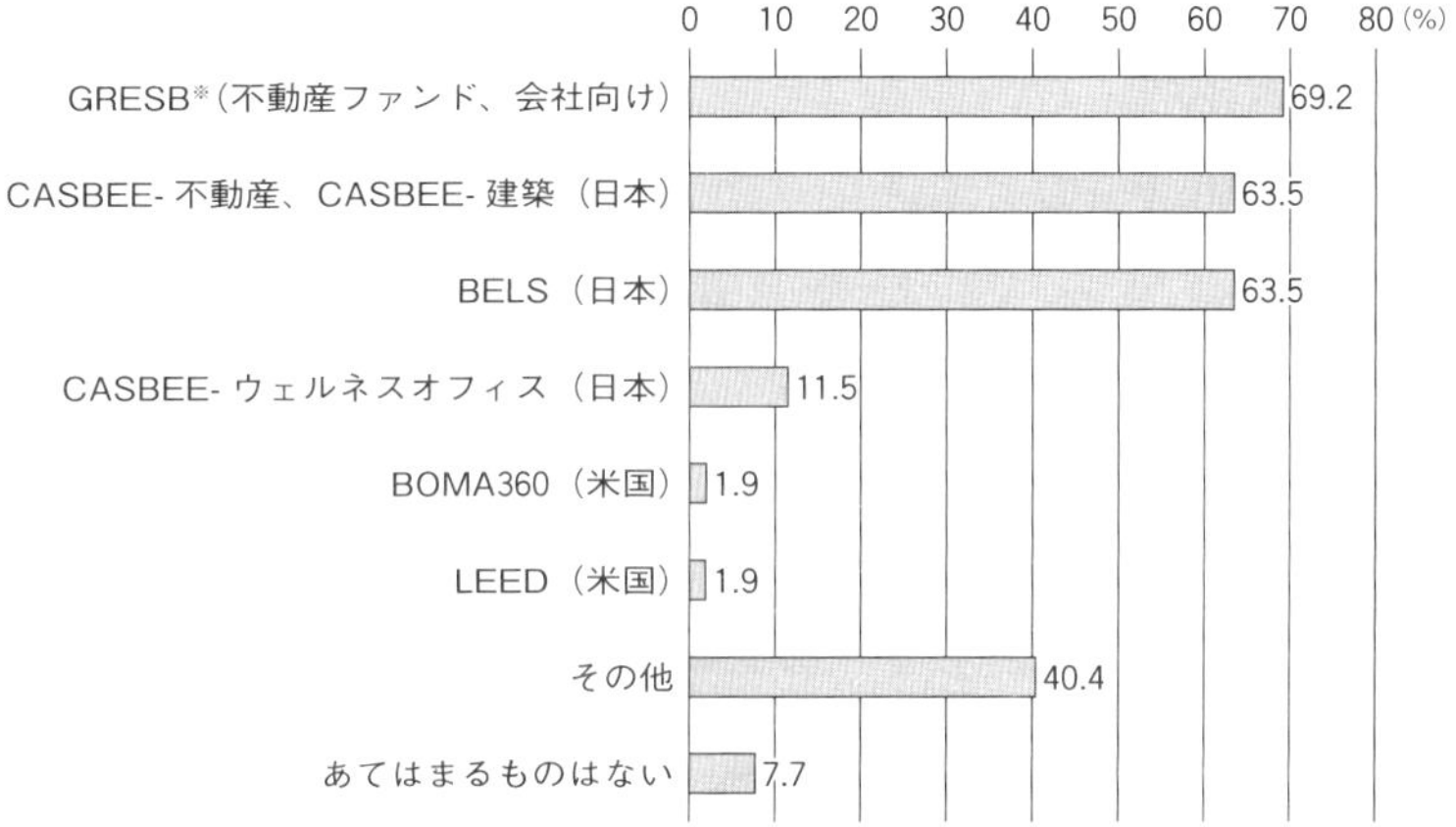

出所：国土交通省 不動産・建設経済局「不動産鑑定評価におけるESG配慮に係る評価に関する検討業務」図表 取得しているESG関係認証（%）（複数回答）、Jリート
※欧州の年金基金を中心に2009年創設

遊休不動産と跡地利用

1 産業構造の変化と土地利用

日本の経済成長を支えた重厚長大型産業が、社会経済構造の変化や国際化の進展を背景として、業態の見直しや立地の再配置を進めています。工場はそのような企業不動産の典型です。

図表20は、工場移転件数と跡地の利用用途の推移を示します。

移転する工場の跡地利用でもっとも多い用途は一戸建て住宅です。集合住宅のほか、商業施設や事務所などに利用されてきましたが、近年では、これらの用途による跡地利用は減

図表6-20　工場移転件数と工場跡地の利用用途

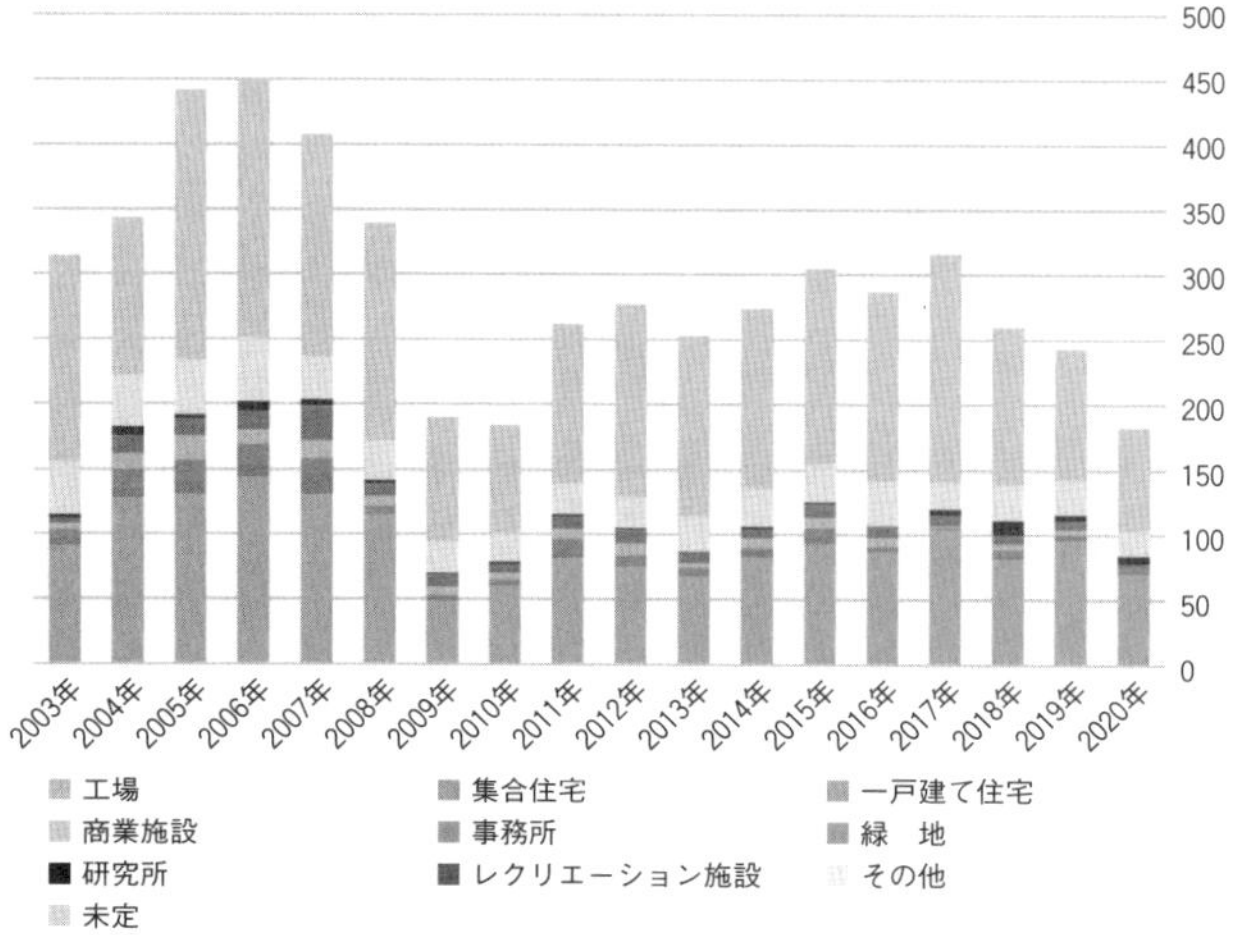

出所：「工場立地動向調査」（経済産業省）
（https://www.meti.go.jp/statistics/tii/ritti/index.html）をもとに著者作成

少傾向にあります。図表20に示す18年間で移転した工場数5331件のうち、未定が2525件（47％）で、跡地利用は必ずしも容易ではありません。

跡地利用はそれまで工場として利用していた企業（従前企業）が自ら行う、従前企業から定期借地権等で土地を借り受けた事業者が行う、従前企業から土地を買い受けた事業者が行う方法が主なものです。この選択と実行もCRE戦略の重要な役割です。

鉄鋼業は、重厚長大型産業の代表的な業種で、国内で多くの工場を稼働させ、社宅など付随の企業不動産を有していました。製鉄工場の跡地をレクリエーション施設とした例として、スペースワールド*54やユニバーサルスタジオジャパン*55があります。近年では物流倉庫に利用されることも多くなっています。

多くの企業不動産を保有する企業ではCRE戦略を推進するための関連会社を持っていることも少なくありません。鉄鋼業のほか、かつて、国のインフラを担う国有企業として多くの企業不動産を有していたNTTやJRなども、その例です。

2 社宅の有効活用

企業不動産の利活用では、土地を更地状にしたうえで、新たな利用用途に即した建物を新築する

＊54　福岡県北九州市で1990（平成2）年から2018（平成30）年まで営業しました。
＊55　製鉄工場と造船工場の跡地に立地しています。

方法だけでなく、既存の建物を再生利用する方法も検討します。

遊休化した企業用不動産の社宅を賃貸住宅に転用した例[*56]では、いくつもの工夫が組み込まれています。この例では、社宅は耐震性能もあり、物理的には十分利用可能ですが、分譲マンションのほか、小規模な木造アパート等が混在する地域で、最寄駅から徒歩8分の位置です。大規模な賃貸住宅には不向きな立地を克服することが必要でした。

社宅を所有する企業は、自ら利活用するのではなく、借地権付き建物を関連会社に譲渡しました。これにより、借地権付き建物の譲渡代金を得ることができます。土地は引き続き所有しますが、借地権が付いた土地所有権（底地）となり、借地権者から地代を得ることになります。次に、関連会社が社宅再生利用のアイデアを募る事業コンペを行い、優れたアイデアを吸い上げる工夫をしました。

図表6-21　賃貸住宅の価値を創造する

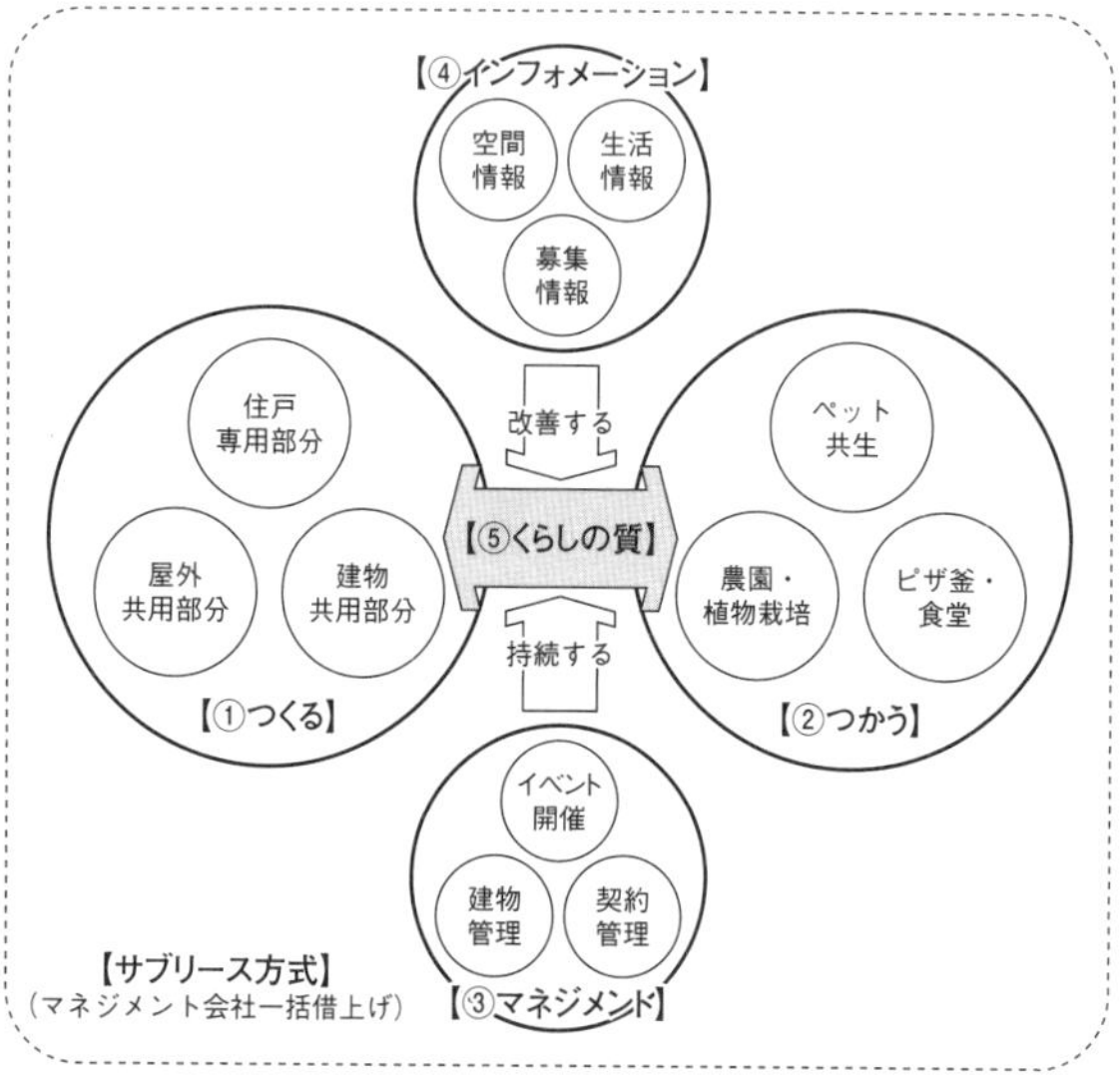

マネジメント会社のアイデアが採択され、サブリース方式によって賃貸住宅を経営することにな

ります。長期のサブリース方式は所有企業には魅力となる半面、マネジメント会社はリスクを負います。

駐車場だった中庭は家庭菜園、ドッグラン、ピザ窯設置場所に転用され、再生社宅の魅力となっています（図表22）。

利用者が限定されている社宅などの非事業用不動産は、不特定多数の需要を前提とする不動産市場の論理とは乖離した場所に立地することが少なくありません。不動産市場からみれば〝場違い建築〟の企業不動産の利活用をマネジメント会社の魅力創造力が支えています。

■場違い建築の再生

従前の利用用途や地域経済の変化によって、およそその場所にはふさわしくない建物となることがあ

＊56　埼玉県草加市所在のハラッパ団地。１９７１（昭和46）年建設の壁式鉄筋コンクリート造の階段室型の集合住宅で、4階建て2棟、住戸面積52・62㎡の２ＤＫの住戸64戸で構成されていました。

図表6-22　再生した社宅団地

写真：著者撮影

ります。戸建て住宅と小規模な賃貸アパートが立地する地域に立つ大規模社員寮が廃止されると、不動産市場では次の需要が見込めない、場違い建築になります。

2棟からなる団地形式の大規模社宅の再生で不動産マネジメント会社が設定したのは5つの視点です（図表21）。それは、団地の屋内外空間のつくり方（①つくる）、団地屋内外空間の使い方（②つかう）、団地屋内外空間と使い方のマネジメント（③マネジメント）、及び、団地屋内外空間とそれを使った暮らしの情報発信（④インフォメーション）です。

図表6-23　5つの視点を実現する仕組み

要因	項目	内容の例
①つくる	住戸専用部分	• ペット可能 • フレッツ光 • 1階ウッドデッキ&専用庭 • 施設内保育園（優先入園）
	建物共用部分	• 給水管全更新 • 黄色の外壁
	屋外共用部分	• 原っぱ、ドッグラン • 農園 • ピザ窯 • 集合駐車場
②つかう	ペット共生	• 住戸はペット可 • ドッグラン • 専門家による飼育指導
	農園・植物栽培	• 専門家による無農薬栽培指導 • 成長モニタリング
	ピザ窯・食堂	• アウトドアパーティ • 農園の食材、料理教室
③マネジメント	建物管理	• ＩＣＴ利用 • スマホ連動ＩｏＴ利用セキュリティ
	契約管理	• オンライン手続き
	イベント開催	• 無農薬栽培指導 • 収穫体験 • 料理教室
④インフォメーション	空間情報	• 公式ホームページ • フォトギャラリー • 空室募集を超えた多様な情報
	生活情報	• 公式ホームページ • 最新情報の常時ＳＮＳ発信
	募集情報	• ネット利用の内覧予約 • 賃料全室開示 • 空室開示

各視点は、図表23の方法で実現しています。

①〜④の相互補完関係を持続することに加え、自由に投稿できる仕組みのWebに絶えず投稿される情報をもとに改善する結果、入居者のくらしに刺激と満足を与えています（⑤くらしの質）。

各要因が相互補完を創出し、維持し、改善する背景には、マネジメント会社がサブリースを前提に一貫性のある指針を示して包括的に運営していることがあります。場違い建築再生にあたり、ハードとソフト、住民参加を組み合わせた例です。

■ユーザー参加方式

コンバージョン住宅の魅力の1つは、ほかに類例のない、ユニークな住宅づくりが可能な点です。住宅の間取りや供給方式についてユーザーの希望を取り入れて行うコーポラティブ方式は、ユーザー参加型の供給方式で、建築再生事業の円滑な運営と高い親和性があります。

参加者が長期利用することに加え、利用予定者をあらかじめ事業参加者として組み入れることで、空室リスクの低減につながります。

コラム　賃貸借契約の新兆候（DIY型賃貸借）

DIY型賃貸借は、ユーザー参加方式の1つです。借地借家法は、賃貸人に修繕義務を課す一方、賃借人には原状回復義務を負わせています。実際の賃貸市場もおおむね当該規定に準拠して契約を結ぶことが多くなっています。賃貸市場のこの慣行が、空き家問題が顕在化するにつれて矛盾を示すようになっています。

使わなくなった住宅を賃貸に出す際、雨漏りすると修繕義務を負う賃貸人はそれまでに受け取った家賃以上の修繕費用が必要となり、立ち退いてもらおうとするとやはり同様の負担が生じる可能性があります。賃貸するとむしろ損失やリスクが大きくなるという制度と市場が、空き家が賃貸市場に供給されて有効に活用されることを阻害します。他方、賃借人は現状変更が認められず、どこにでもある平凡な空間や、自分好みとはいえない空間を使い続けることを余儀なくされます。

この状況を改善することを目的として国土交通省は、DIY型賃貸借を提案して利用を呼びかけています。DIY型賃貸借をさらに推し進め、賃借人が自ら、あるいは仲間を集めて現状変更工事をして、自分のライフスタイルを実現できる空間[*57]にするセルフリノベーションの動きも大きくなっています。

借地借家法は〝強い所有者（家主）〟から〝弱い借家人〟を守ることを主旨としていますが、空き家問題の背景には、意欲や資金の面で空き家の利活用に取り組む資質に乏しい〝強くない所有者〟がいる一方、所有権を取得する意思や状況にないものの、創造力を持ち魅力的な空間を実現する行動力に富む〝弱くない借家人〟がその資質を発揮する環境が整っていないことがあります。

DIY型賃貸借やセルフリノベーションは〝弱くない借家人〟がその資質を発揮して自己実現すると同時に建築ストックを有効活用することを通じて社会貢献する新たな環境が整いつつあること

を示しています。DIY型賃貸借やセルフリノベーションをさらに進めて、借家人が追加投資して創出した、新しい間取り、使用資材、温熱環境、設備などの付加価値について、原状回復を免除するだけでなく、退去時に賃貸人や次の賃借人に有償で譲渡する方法を確立すれば、借家人でも資産形成が可能となります。*58 才覚によって資産形成可能な〝強い借家人〟が力量を発揮できる環境が整えば空き家問題の解決と同時に、持続可能社会の実現にも貢献します。

コラム　終身建物賃貸借契約

終身建物賃貸借制度は、「高齢者の居住の安定確保に関する法律」（高齢者居住安定法）を根拠法とし、高齢の単身者や夫婦世帯などが生涯安心して賃貸住宅に居住することができるようにする制度です。借家人が生きている限り契約が存続する点で賃借人に安心な制度です。一方、死亡時には相続されずに契約が安定的に終了することから、賃貸人が高齢者の入居を拒否することを防止すると

＊57　書道家、画家や音楽家が活動にふさわしい空間にする、在宅勤務にふさわしい空間にするなど。

＊58　英国の長期のリースホールド契約では、借主は修繕を負担するだけでなく、追加投資を行います。期間中に不要となった借主は残りの期間のリースホールドを次のリースホールダーに売却します。このような借家権の売買市場が形成され、売買が一般化しています。追加投資の内容や市況によってはリースホールダーもキャピタルゲインを得ることができ、資産形成可能となります。

ともに相続される場合に必要となる賃貸人の手続きを避けることができます。

終身建物賃貸借制度を利用しようとする場合、賃貸住宅の位置や戸数、賃貸の条件等を記載した事業認可申請書を作成し、間取り等の必要な書類を添付して、都道府県知事等の自治体の長に提出して認可を受ける必要があります。基本的に賃借人は60歳以上の高齢者に限られます。

REAL ESTATE 6

持たざる経営は可能なのか

1 企業不動産の所有と利用

土地価格が確実に上昇した時期、土地は含み益を生む有利な資産と考えられ、土地を保有することを重視する経営が行われました。

1991（平成3）年の地価バブル崩壊後、地価が反転して下落するようになると、土地は含み損を生む厄介な資産と認識されるようになりました。この時期になると、含み損を産む土地はもとより、古くなると減価する建物を所有せずに企業経営するほうが適切ではないか、という議論がされるようになりました。

また、不動産業を営む企業においては、資産（アセット）を持たずに営む不動産業（ノンアセット）のあり方も意識されるようになりました（2で記述します）。

不動産を持たずに行う企業経営でも、建物を利用する権利は必要となります。[*59] 不動産の権利関係

＊59 土地だけあれば良いケースもありますが、ここでは省略します。

で整理すると、①土地も建物も所有しない（図表24第3・4類型のC）と②土地は所有しないが建物は所有する（図表24第2類型のB）が考えられます。①は建物賃借権[*60]、②は建物所有権に基づいて建物を利用します。

①については、賃貸不動産が企業活動を制約しない性能を有し、賃貸借契約が企業活動を制約しない内容であれば、十全に企業活動を行うことができます。他方、家賃が増額される、企業活動の変容に伴って賃貸不動産の模様替えを行おうとしても賃貸人の承諾が得られない、結果として退去のうえ、新たに賃貸不動産を探索して転居することが必要になるなどのリスクがあります。

②は、借地権で取得した敷地利用

図表6-24　土地と建物の所有と利用

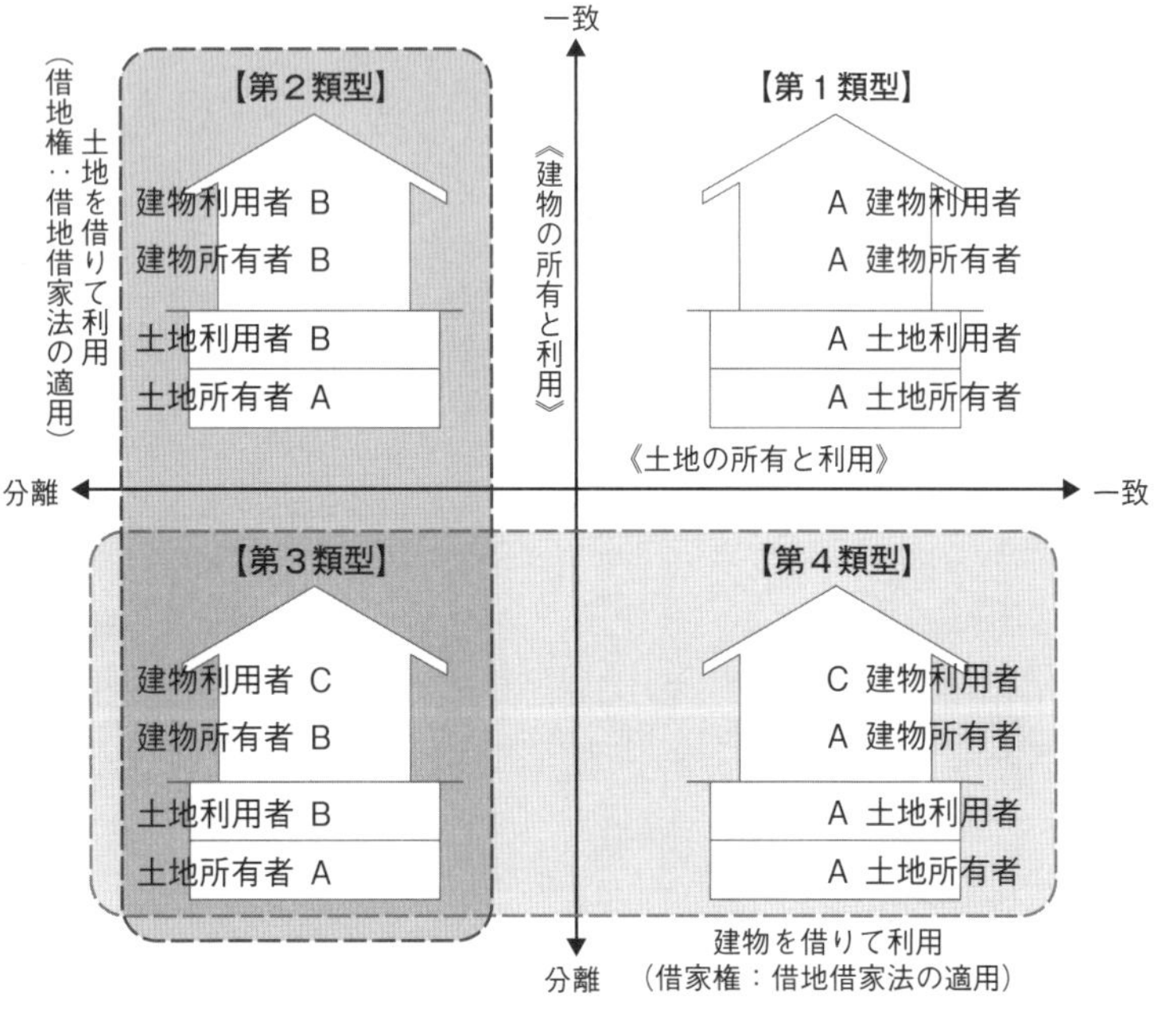

権に基づいて借地上に建物を所有して利用します。土地を所有しないために土地価格の下落のリスクは負わないことになります。半面、地代が上昇するリスクがあります[61]。建物は所有するため、経年により資産価値が下落するリスクはありますが、減価償却費を再投資に回すことができ、適切に維持管理すればリスクを回避することも可能です。広大な土地を必要とする郊外型ショッピングセンターや工場、多くの営業拠点を展開するチェーン店舗などで利用されます。

持たざる経営は不動産価格の変動リスクを回避できる一方、不動産を担保に融資を受けることができない点や、所有不動産を処分して換金し、企業活動の不調時を乗り切ることや積極経営を目的とする資金調達手段として利用できないなどのデメリットがあります。

IT分野を中心に技術革新が急速に進むことに加え、環境配慮のための建物の省エネ性能やBCP[62]のための建物性能の要求水準の向上、さらには、都市再生によるオフィス立地の多様化などを背景として、入居する場所を選択し、相対的に廉価な負担で移転できる、持たざる経営の〝身軽さ〟には新たな長所も加わっています。

＊60　無償で利用する使用借権も考えられますが、営利を目的とする企業活動においては一般的とはいえません。
＊61　一般に地代は土地価格の数パーセントのため、土地価格の変動と比較すれば地代の変動は少なくなります。
＊62　事業継続計画（Business Continuity Planning)。

２ 不動産を持たない不動産ビジネス

不動産業は、開発、投資、経営、金融、流通、管理などの要素に区分することができます。

実際には、これらを組み合わせた開発・分譲（流通）業などの業態をとることもあり、１つの企業、または企業グループで複数の業態を展開することもあります。不動産業の主たる業態は、不動産の利活用の現業に関与しますが、不動産コンサルティングなど、不動産に関連するソフト産業もあります。

ビル経営や賃貸マンション経営などの不動産経営は代表的な不動産業で、土地と建物を所有して賃貸し、経営します。日本では、賃貸経営の主体が、当該不動産を開発するところから管理まで一貫して手掛ける、開発・流通・経営・管理の業態をとることも多く、不動産業の中でも華やかなイメージがあります。

所有する不動産を経営することから、アセットビジネスといえます。

これに対して、一般に不動産コンサルティング業といわれる業態は不動産を所有しないノンアセットの不動産業です。不動産コンサルティングは、遊休不動産の利活用のアドバイス、共同ビル事業や市街地再開発事業のコーディネートなど、広く資産相談を行います。[*63]

土地所有者が賃貸用建物を建設して賃貸経営する場合、土地所有者は、①賃貸事業の組み立て方を考え（事業構築）、②賃貸事業を経営し（事業経営）、③賃貸不動産を運営管理し（事業運営）、④不動産所有者としてリスクを負います（不動産所有）。小規模な事務所ビルやアパートなどでは、これらの4つの機能は分離することなく土地所有者が一体的に担います（図表25の上図）。

これに対して、土地所有者が十分な不動産リテラシーを持ち合わせない、複数土地所有者等が参加する共同事業で調整が必要である、立地条件が十分でなく事業の成立性に確信が持てないなどの場合に、不動産コンサルティングによって不備や不安に対処すること

＊63　不動産コンサルティングの基本はアドバイスですが、ここでは、委託を受けて機能の担い手になることを含んでいます。

図表6-25　不動産事業の機能と役割の分担

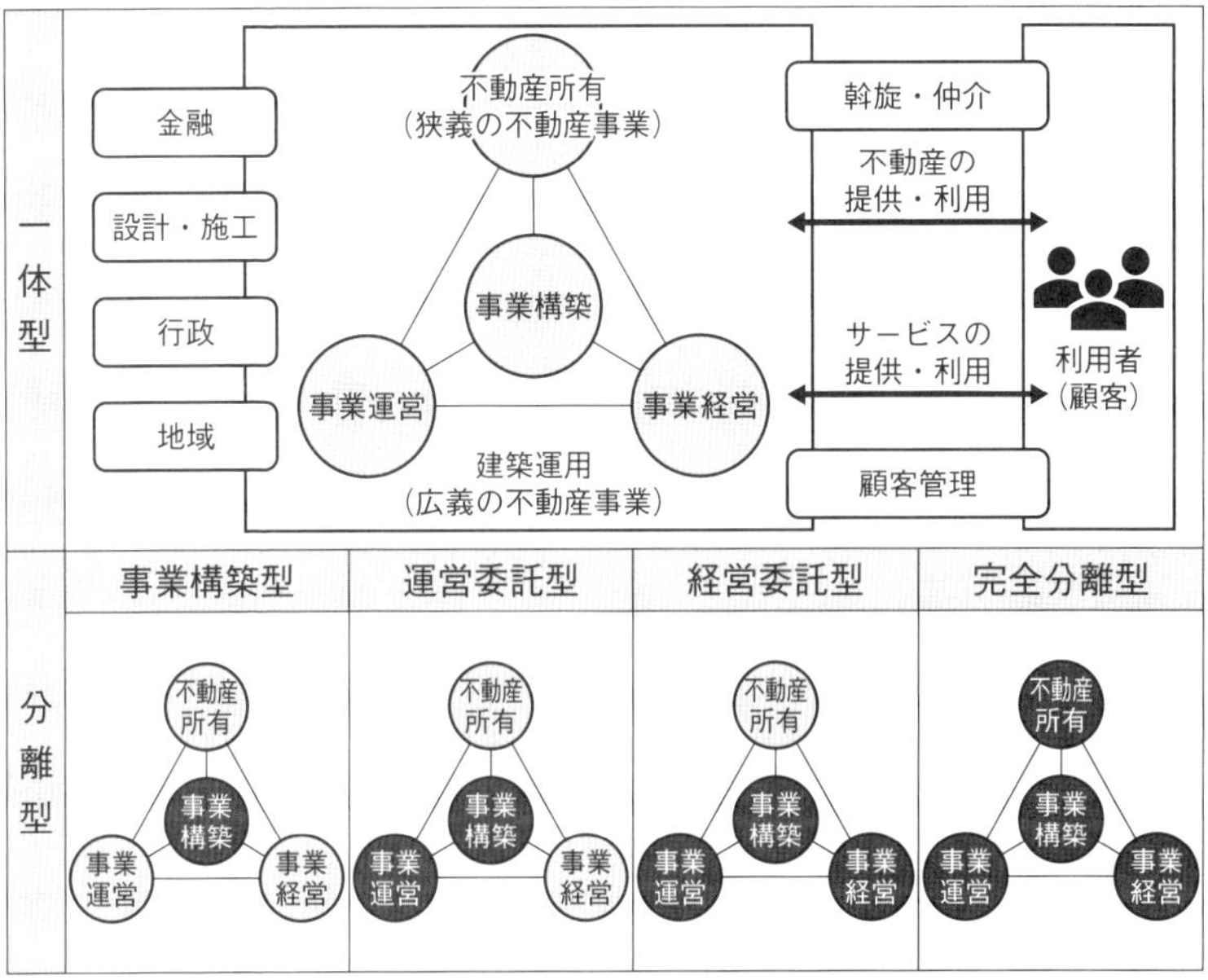

※黒塗り部分の機能が分化を示しており、分化した機能は一括もしくは個別に外製化

になります。不動産コンサルティングの役割を見ると、①賃貸事業の組み立てに係る相談業務（事業構築型）、②賃貸経営に係る相談業務（運営委託型）、③賃貸事業の運営管理に係る相談業務（経営委託型）があります。不動産証券化の場合は、④形式的な所有の受け皿機能を担う（完全分離型）こともあります。

持たない不動産業が注目されるようになった主な背景は、1991（平成3）年の地価バブル崩壊後の地価下落リスクの顕在化であり、地価バブル崩壊後の金融不全を解消するために導入された不動産証券化に組み込まれた、不動産マネジメント業の役割も注目を集める契機となりました。不動産マネジメント業は不動産所有者から委託を受けて不動産事業（広義）に含まれる機能の一部を担うビジネスです（図表25の下）[*64]。

3 不動産マネジメントビジネス

不動産マネジメント会社は、所有者との間で、建物とその敷地（不動産）を良好な状態に保持することを目的とするマネジメント契約を結びます。賃貸アパート等の収益用不動産にあっては、家賃収入を向上させるとともに、維持修繕等の費用を低減させ、純収益を増加させて不動産の資産価値を向上させます。マネジメント報酬は通常、家賃収入に比例するため[*65]、高い収益性を保つことは、マネジメント会社の利益にも適い、所有者とマネジメント会社の利害が一致します。市場のメカニズムを利用して、良好にマネジメントすることにインセンティブが与えられます。

マネジメント会社の主なプレーヤーは、アセットマネジャーとプロパティマネジャーです。

不動産所有者から委託を受けて資産の運用を行うことをアセットマネジメント（AM）といいます。アセットマネジャーが資産全体を統括し、保有資産の追加投資や売却、新規資産の取得の計画を策定し実行します。

資産の運営・管理を行う業務をプロパティマネジメント（PM）といいます。プロパティマネジャーは、入居者を募集し、条件交渉等を行ったうえで賃貸借契約を締結します。入居者と日常的に接点をもち、良好な関係を築くよう努めます。[*66] 建物管理の面では建築や設備のメンテナンス計画を自ら、あるいは別会社に委託して実行します。予算計画の作成や決算報告等の会計管理も重要な業務です。小規模な工事の発注などはマネジメント会社が代理人として判断し、実行することが認められるなど、日本の伝統的な賃貸管理と比較すると、所有者の代理人としての色彩、言い換えると、専門家としての信頼性が高いのも特徴です。

マネジメント会社ではアセットマネジャーを中心とするマネジメントチームを編成し、重要な事項については情報、財務、総務などの部門がバックアップします[*67]（図表26）。

マネジメントの役割は収益性の極大化だけでなく、資産の長寿命化、歴史や景観への配慮、地域

＊64　以下では、図表25の下図の経営委託型を念頭に置きます。

＊65　賃貸事務所ビルの場合で年間賃料収入の4～5％程度です。

＊66　face to faceの関係を築くことで入居者満足を高めます。高い入居者満足が退去を予防して長期入居につながります。マネジメント会社の役割の1つは、入居者満足を高めて退去率を下げ、稼働率を高くすることにあります。

の価値を高めることへの貢献、環境問題への貢献など、より多目的化することが考えられます。

＊67 マネジメント会社は所有者（依頼者）の収益の極大化のために働く専門家で、その専門性に対してマネジメント報酬を得ています。この役割に反して退去者が続出し、新規入居者募集によって別途媒介報酬を得ることは利益相反となることから、マネジメント会社はリーシングをしないことが基本です（米国）。退去に伴う入居者募集はマネジメント報酬の範囲内の業務として行いますが、自社で賃貸不動産を所有することは自社所有不動産への入居を優先させる可能性が否定できない（利益相反）ことから、マネジメント業務を行っている地域で賃貸不動産を所有しないか、所有する場合は、ほかのマネジメント会社にマネジメントを依頼することが基本です（米国）。

図表6-26　米国の不動産マネジメント会社の組織構成の例

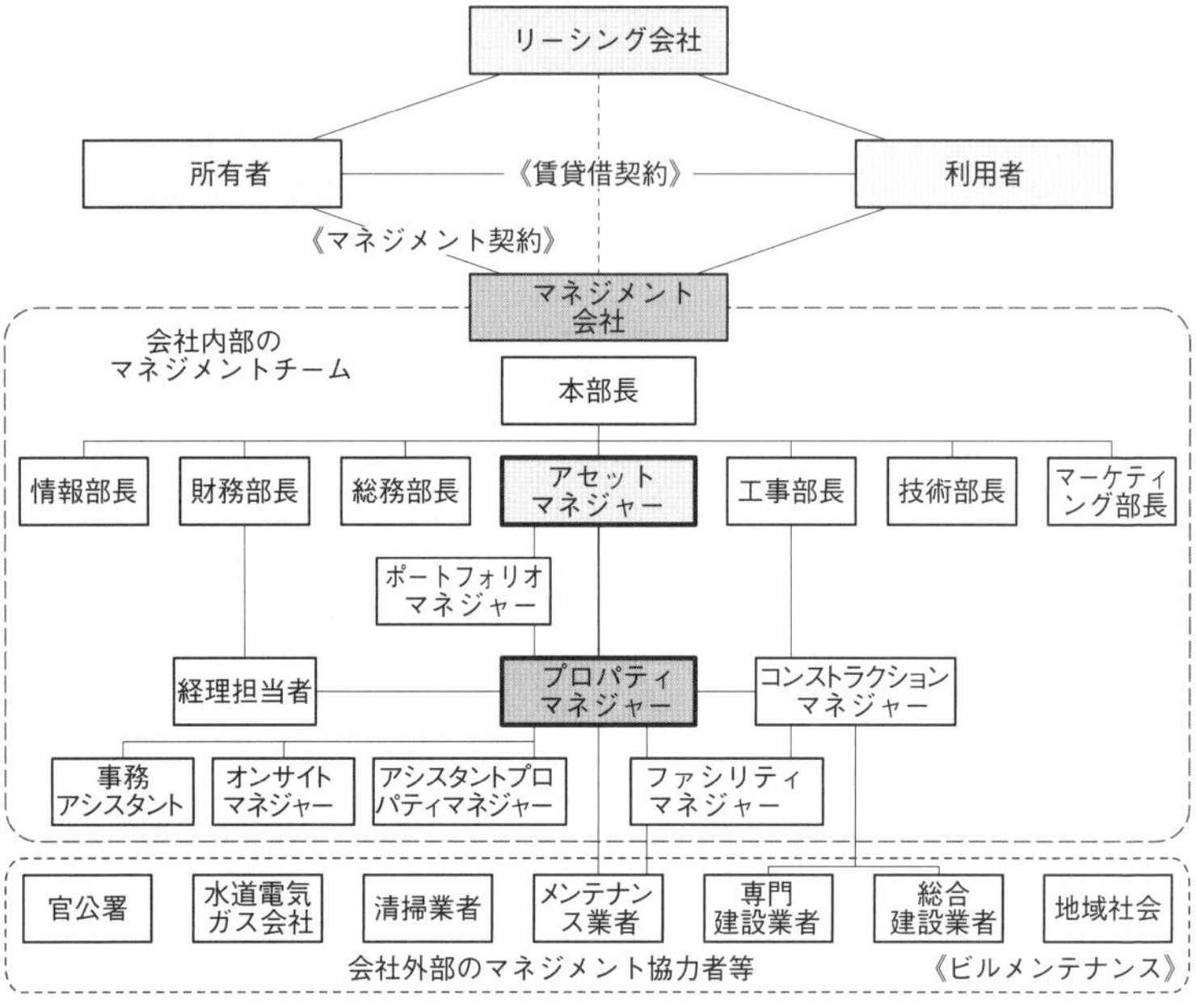

REAL ESTATE 7

企業買収と不動産

かつて地価が継続的に上昇した時代には、多くの土地を所有することは優れた企業の代名詞でした。そのような企業は社員の福利厚生にも厚く、社宅や保養所、グラウンドや体育館など、非事業用の不動産も多く所有しました。

事業用不動産で利用効率が悪いものや遊休化したものがあっても、土地自体が含み益を生む有利な資産であることから、急いで対策をする必要性を感じることもありませんでした。

地価バブル崩壊とその後の〝失われた30年〟の間に不動産市場のみならず、企業経営の考え方も大きく変容しました。今日重視される企業価値の代表的な評価法であるＤＣＦ法では、営業によって生み出すキャッシュフローを現在価値に換算して企業価値を求めます。

保有する不動産は、経営資源である不動産を利用して得られるキャッシュフローを推定します。開発余地があるのに放置するなど、所有する不動産を有効活用できていない企業は、買収後に開発して企業価値を高められることが見込めるため、企業買収（Ｍ＆Ａ）の対象となる可能性があります。[*68]

企業買収は、事業拡大にかかる時間の短縮や経営資源等を取得する目的で行われます。不動産等の資産が豊富で純資産の時価総額が株式の時価総額よりも高額となる株式公開企業が、Ｍ＆Ａのターゲットにされやすくなります。また、簿価が低い不動産を所有している企業では、収益性が低い不動産を問題視しない傾向があります。投資家はそのような企業を買収して事業を廃止し、不動産を売却して利益を得ることを目論んで、敵対的企業買収の対象とします。

企業不動産を大量に所有していて、敵対的買収に遭う可能性がある企業は、ＣＲＥ戦略によって企業不動産の利用効率と資本効率を高め、企業価値を高めることで敵対的企業買収を困難にすることが求められます。

＊68 企業の本業の買収というよりは、企業が所有する不動産の取得とその有効活用や売却による利益の獲得を目的とする「不動産Ｍ＆Ａ」が行われます。このような動きが、社宅やグラウンドなどの非事業用の不動産を売却する傾向を生んだ背景の1つとなりました。

第7章　税金の使われ方と不動産

第7章◆はじめに

不動産は、①取得時、②保有時、③売却（収益）時、それぞれに税金が発生します。

ここでは、地価公示価格や相続税路線価の資料の読み方に触れながら、不動産に関わりのある税金の種類と、税額の求め方について紹介します。

また、行政財産や廃校の利活用についても触れて、公的な不動産について見ていきます。

REAL ESTATE 1

不動産と課税

1 不動産課税の概要

土地や建物の取得、保有、収益などに対して、税金が課税されます。代表的な税金は図表1のとおりです。また税額は、一般に、【9式】で算出します。

○税額＝課税上の評価額×税率…【9式】

一般式によるもののほか、税額が一定額に決められているものや、土地や建物以外の収益等と一体的に課税されるものもあります。評価額、税率、税額のそれぞれに例外規定が設けられることも少なくありません。

例外規定は土地・建物別、新築・既存別に規定されることもあり、社会情勢や政策推進のために見直される可能性もあります。*1

図表7-1　不動産にかかる税金の区分

取得にかかる税金		不動産取得税、相続税など
保有にかかる税金		固定資産税、都市計画税など
収益にかかる税金	法人	法人税
	個人	所得税

2 固定資産税

固定資産税は保有にかかる税金で、不動産を所有していれば毎年課税[*2]されます。発生時期に応じて課税することとなる不動産取得税や相続税、収益がなければ課税されない所得税などと比較すると、固定資産税は、不動産課税でもっとも中核となるものです。

課税庁は市町村で、土地、建物[*3]と償却資産[*4]に課税されます。[*5]多くの市町村にとって固定資産税は最大の独自財源となる貴重な税収で、担当部署を設けて適切な徴税に努めます。

また、固定資産税は税収の使途が定められていない普通税で、住民等の日々の生活を支える財源として活用されます。

道路、学校、公園など、日々の生活で利用する公共施設の整備のほか、介護・福祉などの行政サービスにも使われます。[*6]

3 固定資産税額の求め方

上述【9式】のとおり、税額は「課税上の評価額×税率」で算出されます。その求め方について、順を追って解説していきます。

A：課税上の評価額

(1) 土地

売買の対象となっていない土地の価格を評価することは一般に容易ではありません。

課税庁においては、客観的で公平な課税のためにこの課題に対応する必要があります。固定資産税に

＊1 以下に示す税率は原則税率です。必要に応じて各時点で適用されている特例税率などを確認する必要があります。

＊2 国、都道府県、市町村などのほか、一定の学校法人、宗教法人、社会福祉法人などは非課税となります。また、免税点（土地30万円、建物20万円）未満の場合は課税されません。

＊3 固定資産税では家屋と表現します。ここでは支障がない限り家屋を建物と表記します。

＊4 ここでは償却資産についての説明は省略します。

＊5 土地については一筆、建物については一棟ごとに評価します。

＊6 米国では、地方税の納税によって受けられる行政サービスが十分でないと住民が感じると、適切な行政サービスが受けられる自治体に移住する傾向があります。これを〝脚による投票〟と呼び、人気の自治体を測るバロメーターとなります。

図表7-2　地価公示の標準地と標準価格

出所：国土交通省　不動産情報ライブラリ（https://www.reinfolib.mlit.go.jp/map/）
「国土地理院　国土交通省地価公示」（国土交通省）をもとに著者作成

図表7-3　地価公示の公示内容（浦安８（2024年））

標準地番号	浦安-８
調査基準日	令和６年１月１日
所在及び地番	千葉県浦安市富岡４丁目５番29
住居表示	富岡４－１４－４
用途区分	住宅地
交通施設、距離	新浦安、1,700m
価格（円／㎡）	300,000（円／㎡）
対前年変動率（%）	9.5（%）
地積（㎡）	153（㎡）
形状（間口：奥行）	（1.0：1.2）
利用区分、構造	建物などの敷地、W（木造）２F
利用現況	住宅
給排水等状況	ガス・水道・下水
周辺の土地利用現況	中規模住宅が建ち並ぶ比較的古い分譲住宅地域
前面道路の状況	南東　4.4m　市道
その他の接面道路	
都市計画区域区分	市街化区域
用途区分、高度地区、防火・準防火	第一種低層住居専用地域
建蔽率（%）、容積率（%）	50（%）、100（%）
森林法、公園法、自然環境等	

おいては、国[*7]が公示する標準地の正常な価格（地価公示価格）をもとにし、その7割を目途に市町村が決定することになっています。[*8]

■地価公示価格

適正な価格がわかりにくい土地取引で不当な利得や損失が生じることがないよう、土地取引の指標とするための公的なデータが提供されています。地価公示法（1969（昭和44）年）に基づく土地価格の公示制度がその代表です（地価公示）。

全国で2万数千か所の標準地について、1月1日の価格が公示され、状況が類似する標準地の価格から土地価格を類推することができます。地価公示は図表2や図表3のような情報を得ることができます。

地価公示の役割は、①一般の土地取引に対して指標を与える、②不動産鑑定や公共事業用地の取得価格算定の規準となる、③土地の相続評価及び固定資産税評価の基準となることなどです。もとより、地価公示価格等に相当する価格で取引すること価格水準は実際の取引価格[*9]相当です。

＊7　正確には国土交通省土地鑑定委員会

＊8　地価公示は全国の2万数千か所で行われるもので、全国のすべての土地価格を公示するものではありません。市町村では固定資産課税のために地価公示価格を参考に、すべての土地の評価額を決定するための作業を行います。

＊9　実勢価格ということがあります。

が義務づけられているわけではなく、地価上昇局面では先高観から地価公示価格等よりも高い価格で取引されることがある一方、地価下落局面では低い価格で取引されることもあります。

地価公示と類似の制度に地価調査があります。地価急騰期には騰貴する地価抑制のために土地取引予定価格の届出制が導入され、届出価格の妥当性を判断するために国土利用計画法（1974（昭和49）年）に基づき土地価格が公表されます（地価調査）。地価調査の価格時点は7月1日[*10]で、全国で2万数千か所の価格が公開され、地価公示と同様に利用できます。

○固定資産税評価額＝
　地価公示の価格×70％（目安）…［10式］

■固定資産税課税上の評価額

地価公示の役割の1つは、相続評価と固定資産税評価の基準となることです。固定資産税については、地価公示の7割を目途に評価する[*11]ことになっています。

住宅用地（土地）については、特例があり、特例適用後の価額を固定資産税課税標準額といいます。[*12]

固定資産税は毎年課税することから、その評価額は、常時、課税上の適切な時価を示すものとして整備しています。[*13]任意の時期に課税する登録免許税（国税）や不動産取得税（都道府県税）が、独自の課税評価額を常時準備しておくことはコスト倒れになることから、これらの税金では固定資産税評価額を利用して課税します。[*14]

(2) 建物（家屋）

建物の評価は、再建築価格を基準とします。

同一の建物を、同一場所に新築する場合に必要となる建築費として再建築価格を求め、これに時間の経過で生ずる損耗の状況による減価を考慮し、必要に応じて需給状況による減価等を考慮して、建物の価格を算出します。もっとも、価格に換算するのは最終段階で、前段では評点数[*15]で計算し、

---

*10　地価高騰期に、1月1日時点の価格を公示する地価公示制度では、その年の後半の土地価格を適切に反映できないことから、時点を半年ずらした7月1日の価格を示す地価調査の制度を新設しました。

*11　地価高騰期の評価額は実勢価格（実際の取引価格）と比較して随分と低いものでした。土地の保有コストが低いことが、土地は有利な資産であるとの認識につながり、地価高騰を助長したとの反省から、70%に引き上げられました。この際、急激な増税を緩和するため、負担調整措置が取られました。

*12　200㎡までは評価額を6分の1に、200㎡を超える場合は超えた部分について3分の1に評価します。この特例があることにより、利用する予定もない、利用するには朽廃が進んでいる空き家が解体されずに放置されることにつながる弊害があり、一定の空き家については特例を適用しないようになりました。

*13　土地、建物とも3年ごとに評価替えします。評価替えの翌年度、翌々年度は直前の評価替えに依存し、価格が据え置かれることが基本ですが、地価の下落があるなど、据え置くことが適切でない場合、価格が修正されることがあります。

*14　固定資産税と同様、保有にかかる税金である都市計画税（毎年課税）も固定資産税評価額を利用します。相続税は任意の時期に発生する点では不動産取得税などと同様ですが、課税庁（国税庁）が独自に相続税路線価を準備して利用することが行われます。固定資産税や不動産取得税が賦課課税（課税庁が納めるべき金額を計算し納税者に通知する方式）であることに対し、相続税は申告納税（納税者が納めるべき金額を計算して納税する方式）です。申告納税では資産の時価を納税者が評価することが基本ですが、土地の時価について納税者が適切に評価することが困難なことから、相続税では課税庁が路線価を開示して利用することが一般化しています。

これに1点当たりの価格[16]を乗じて評価額とします（図表4）。

評点基準表に基づく評価方法は、かつて、建物の多くが低層木造建築物で、かつ建物の構法、材料や設備などがおおむね画一的だったことを背景に整備された方法です。

今日では構法、材料や設備が多様化し、かつ、新たな方式も続々と登場します。多様化が進む建築方式について評点基準表に盛り込むことは不可能で、評価方式と建築技術の進展の乖離が大きくなっています。

木造以外は非木造と表現し、評価方法として明確計算と不明確計算の2つがあります。

工事見積書等により資材の施工量が明確に把握できる場合に明確計算し、できない場合は不明確計算で算出します。超高層建築物などの大規模建築物で不明確計算をする場合には膨大な時間が必要となり、迅速な課税が困難となる側面もあります。[17]

日本の不動産の取引市場では、中古建物の価格は低

図表7-4　固定資産税における建物の評価方法

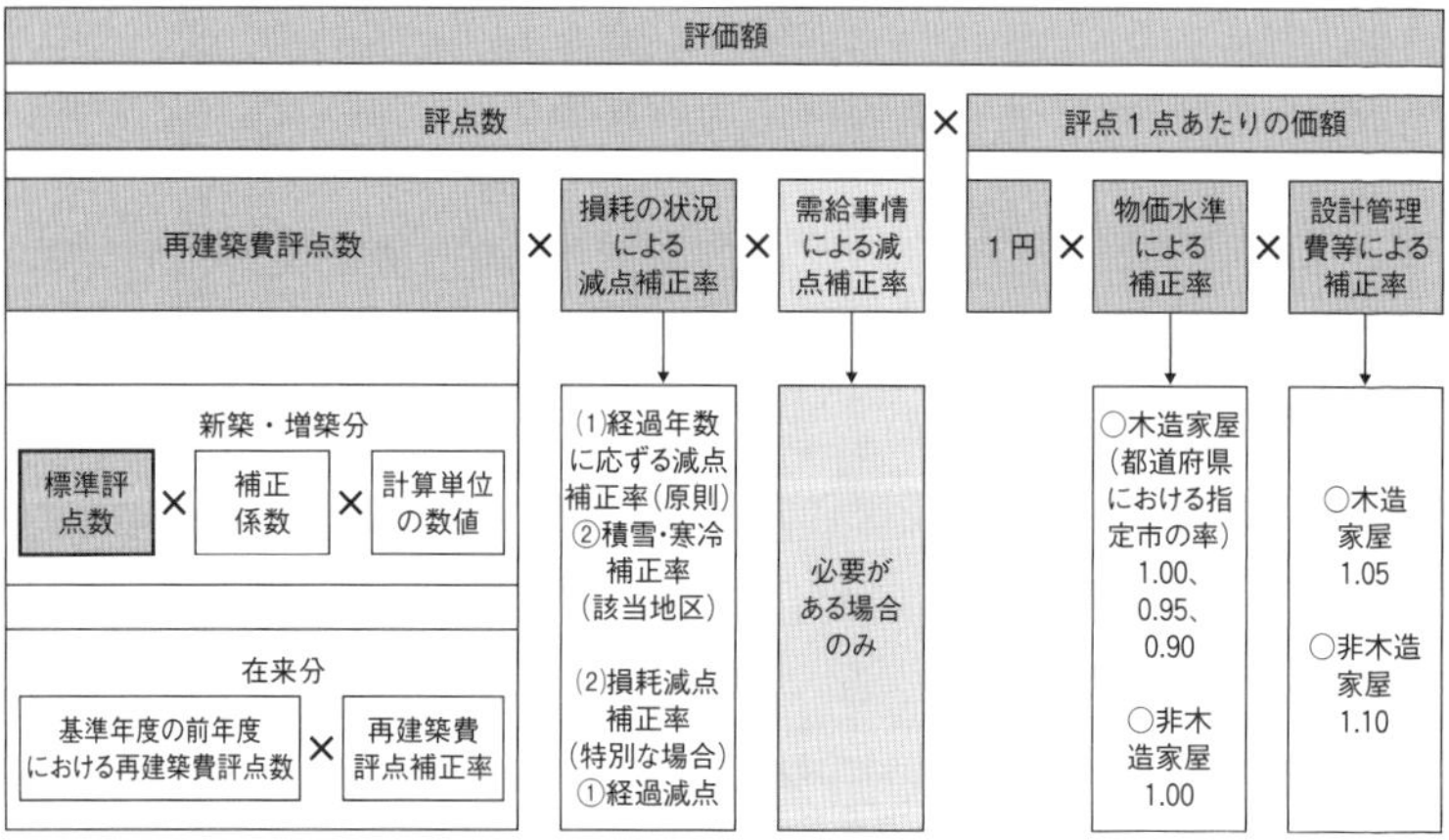

く、ゼロ、または、解体費相当額のマイナスの価値で評価されることもあります。これに対して固定資産税では長期経年した建物であっても新築の20％で評価します。[*18]

ＳＤＧｓの観点から建物を長期に利用することが重視される時代となったことから、古い建物の価値を評価することは是認できる半面、課税上の評価額は実勢価格以上では評価しない[*19]、換言すると、過重に課税しない原則からすると課題もあります。

B：税率

固定資産税の税率は、標準税率が1・4％で、市町村は条例で異なる税率を定めることができます。

＊15　準備されている評点基準表に基づいて評価します。
＊16　基本的に1点＝1円ですが、物価水準や設計管理費等による補正を行います。
＊17　CADやBIMの利用が普及するなど、建築設計手段の電子化が進み、行政のデジタル化も要請されることから、時代に即応した評価方法への抜本的な見直しが求められています。
＊18　木造で27年以上、非木造で45年以上
＊19　土地の固定資産税を地価公示価格の7割、相続税の路線価を同8割で評価するのは、計算上の誤差や地価の下落を考えてもなお、実勢価格以上に評価しないためといえます。同様に、新築建物の固定資産税評価額は、実際の建築工事費の6割程度の評価にとどまることが一般的です。

C：税額

固定資産税課税標準額[*20]に税率をかけて税額を算出します。

固定資産税は、ほかの不動産税と比較すると、政策目的のために特例を設けることは少ないといえますが、新築住宅について税額について減額措置がとられることがあります。

4 相続税の求め方

固定資産税に加えて、不動産課税の代表的な1つである相続税の求め方も紹介します。

A：相続税の評価額

(1) 土地（宅地）

相続税は納税者の申告に基づいて課税する税（申告税）で、納税者が財産額を評価する前提ですが、評価が困難なことから財産評価基本通達が定められ、これを利用することが一般化しています。

宅地の評価は、路線価方式か固定資産税評価額に一定の倍率を乗ずる方式（倍率方式）で行われ

図表7-5　相続税路線価図

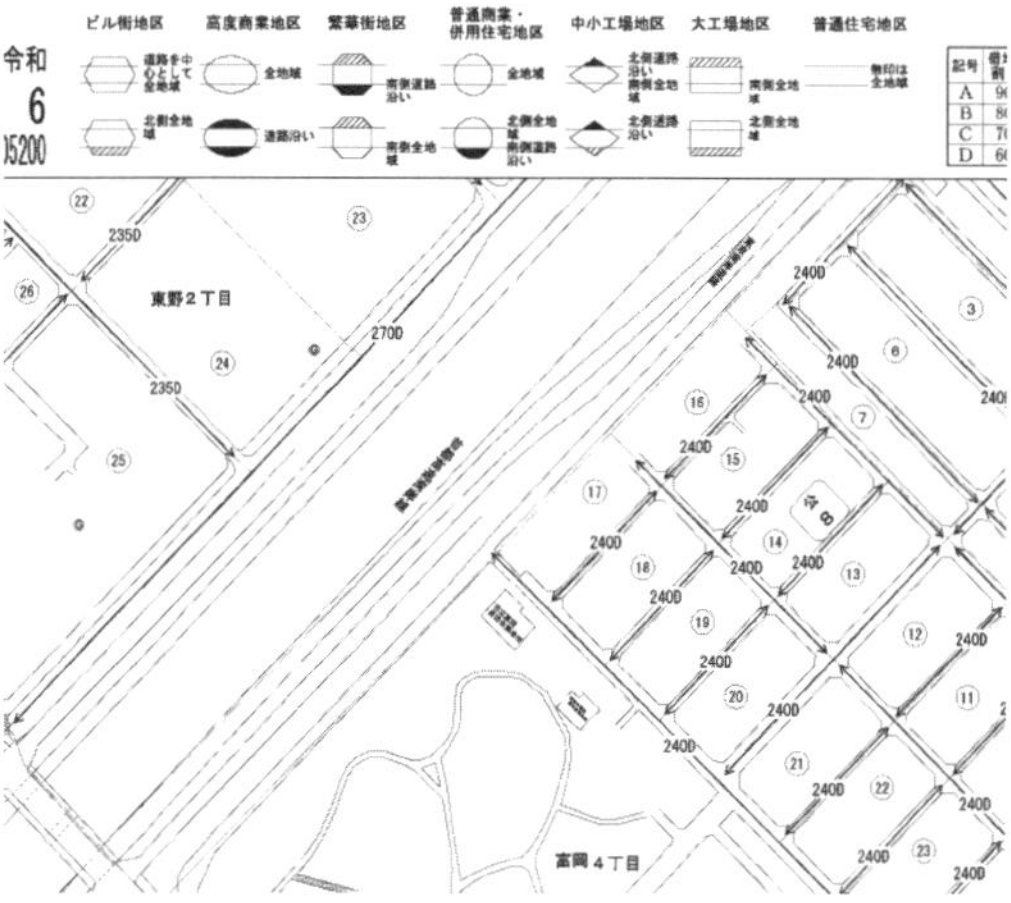

出所：国税庁（令和6年路線価図）※背景地図／©ZENRIN Co., LTD.

ます。前者は市街地で、後者はほかの地域で用います。

路線価方式は、路線（道路や水路）に面して想定した標準的な宅地の課税上の価格（時価）を示す路線価図を用います（図表5）。

路線価は地価公示価格の80％を目途としています。[*21] 路線価発表から相続までに地価下落がある可能性や評価の誤差を考慮してもなお、評価額が実勢価格を上回らない、言い換えると税金を取りすぎないための配慮です。

宅地の奥行きが長い、角地である、不整形などの個別的要因がある場合、準備された補正率表等を使い、補正などを行います。

補正率は路線価図の上段に示された地区によって異なります。例えば、高度商業地区では土地の奥行きが長いことはデメリットではなく、むしろ大型の建物が建築できる有利な土地ですが、普通住宅地では利用効率が悪い部分を含むことになります。これを数値化したものが補正率表です（図表6）。

路線価に該当する地区の補正率を乗じて単価を求め、これに土地面積を乗じて求めた総額が評価額となります（図表7）。

＊20 ［9式］に住宅用地の特例等を加味した価額。

＊21 図表5中に「公8」とあるのは、この場所が地価公示における浦安8の標準地になっていることを示します。浦安8の地価公示価格は（図表2）のとおり300千円／㎡です。この場所の路線価は240千円となっていますので、ちょうど80％で評価されています。

図表7-6　宅地の形状と補正率

宅地形状と路線価図の情報

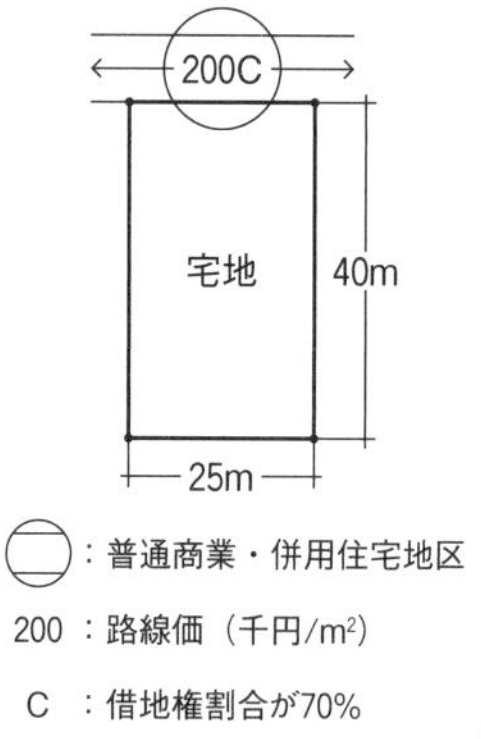

奥行価格補正率

奥行距離（m）	地区区分		
	高度商業地区	普通商業・併用住宅地区	普通住宅地区
4未満	0.90	0.90	0.90
4以上　6未満	0.92	0.92	0.92
6〃　8〃	0.95	0.95	0.95
8〃　10〃	0.96	0.97	0.97
10〃　12〃	0.98	0.99	1.00
12〃　14〃	0.99	1.00	
14〃　16〃	1.00		
16〃　20〃			
20〃　24〃			
24〃　28〃			0.97
28〃　32〃			0.95
32〃　36〃		0.97	0.93
36〃　40〃		0.95	0.92
40〃　44〃		0.93	0.91

図表7-7　相続税路線価を用いた土地価格の評価の例

路線価（千円/㎡）①	奥行価格補正率②	単価（千円/㎡）③＝①×②	面積（㎡）④	総額（千円）⑤＝③×④
200	0.93	186	1,000	186,000

路線価方式を使った財産評価や納税申告は、税理士に依頼することも少なくありません。路線価方式による評価額が適切な時価を反映しない場合は、不動産鑑定士に不動産鑑定評価を依頼し、鑑定評価額を時価として納税することも可能です。この方法は、申告納税の基本に立ち返ったものと

いえます。

倍率地区は固定資産税の評価額に場所ごとに定められた倍率をかけたものを相続税の評価額として用います。固定資産税が地価公示価格の7割、相続税路線価が地価公示価格の8割を目安とすることから、固定資産税評価額×8／7が相続税評価額相当となりますが、実際に用いられている倍率は、1・0や1・1が多くなっています。

(2) 建物

建物は固定資産税の評価額を用います。土地の倍率地区のように一定の倍率をかけることはせず、そのまま使います。

B：法定相続人

相続は人の死亡によって開始します。死亡者を被相続人といい、その財産を相続する者

図表7-8　法定相続人の範囲

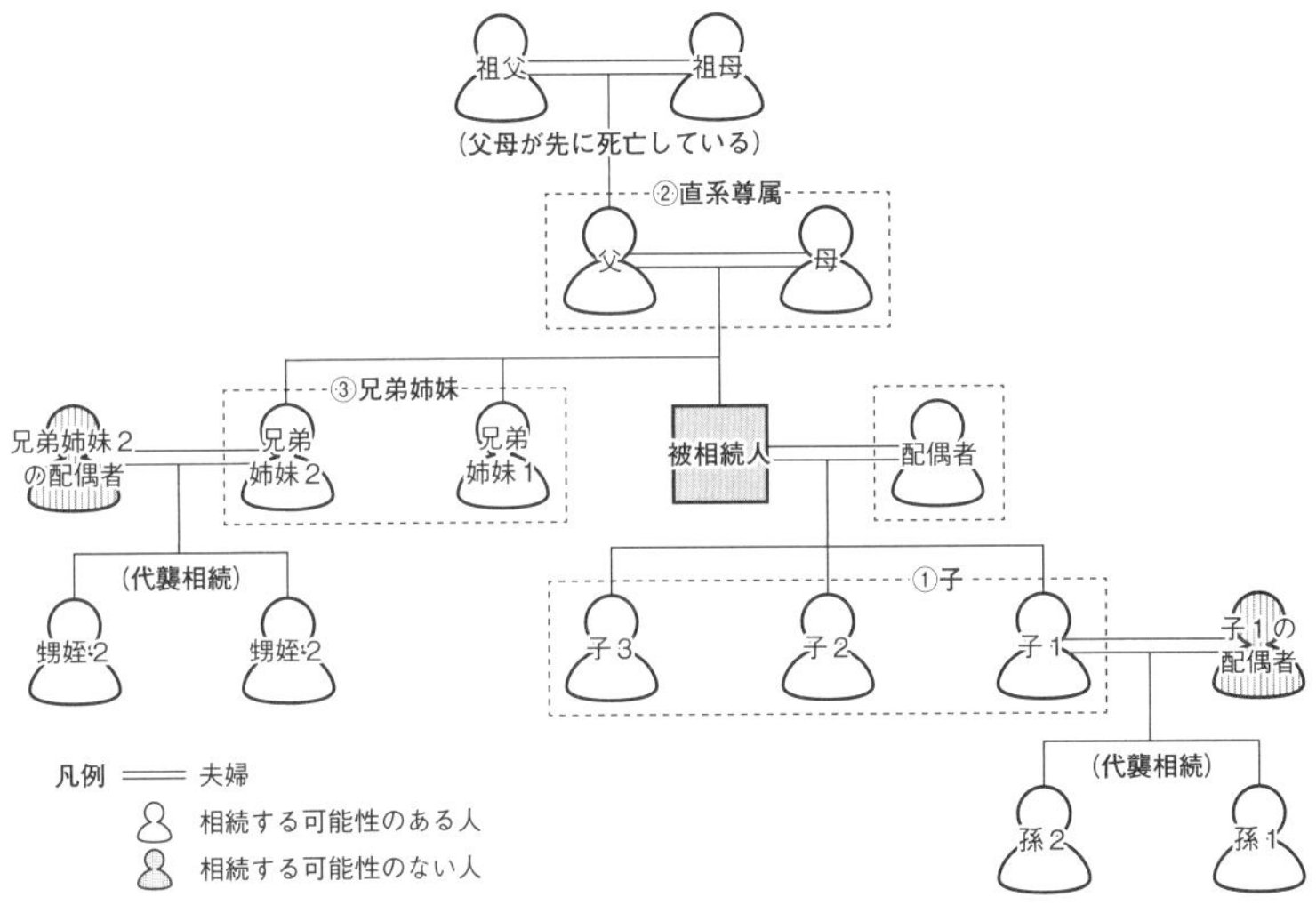

を相続人といいます。相続人は、被相続人の配偶者と、①子、②直系尊属（父母、祖父母等）、③兄弟姉妹で、これ以外の者は相続人になりません（図表8）。配偶者は、生存している限り常に相続人となり、①②③の順位で相続人となります。

配偶者がいる場合の相続分を図表9に示します。子、直系尊属、兄弟姉妹が複数のとき、同順位の各相続人は等しく相続します。子は実子と養子の別、嫡出子と非嫡出子の別を問わず相続分は同じです。

直系尊属は、親等の近い者が相続し（祖父母と父母が生存の場合は父母）、実親と養親の区別はありません。兄弟姉妹は、父母の一方が同じ兄弟姉妹の相続分は、双方が同じ兄弟姉妹の2分の1となります。

被相続人の死亡前に死亡している子は相続人となりませんが、その者に子（被相続人の

図表7-9　相続の順位と相続割合

順位	内容	配偶者がいる場合		
		相続人	相続割合	同順位が複数の場合
①	第一順位の子が１人でもいれば、第二順位の直系尊属、第三順位の兄弟姉妹は相続人とならない。	配偶者と子	1：1 (1/2：1/2)	子供間で等分で 子が３人の場合 1/2×1/3＝1/6
②	第一順位の子がいないときは、第二順位の直系尊属が相続人となり、第三順位の兄弟姉妹は相続人とならない。	配偶者と直系尊属	2：1 (2/3：1/3)	直系尊属で等分で 父母２人の場合 1/3×1/2＝1/6
③	第一順位の子、第二順位の直系尊属がいなかったときに限り、第三順位の兄弟姉妹が相続人となる。	配偶者と兄弟姉妹	3：1 (3/4：1/4)	兄弟姉妹で等分で 兄弟姉妹が３人の場合 1/4×1/3＝1/12 （半血の兄弟の例外あり）

孫）があれば、その子が死亡している親（被相続人の子）に代わって相続します。これを代襲相続といいます。代襲相続分は、親が生きていたら相続したであろう相続分です。

相続人は被相続人が有していた財産を相続します。上述のとおり、法定相続人と法定相続分が決められていますが、実際にこの通り相続することが義務づけられているわけではありません。

相続人が複数の場合、相続人の相続分が決まる（遺産分割）まで相続財産は相続人が共有し、分割により各人が取得します。

遺産分割の優先順位は図表10のとおりです。遺言によって指定する指定分割の優先順位がもっとも高くなります。

また、遺産分割の方法は図表11のとおりです。不動産を分割することなく特定の相続人に相続させる場合は、指定分割によって現物分割する方法が適します。

図表7-10　遺産分割の順位

順位	名称	内容
1	指定分割	遺言によって指定された分割方法に基づく分割
2	協議分割	共同相続人の協議による分割
3	調停分割	審判分割に先立って家庭裁判所が行う調停
4	審判分割	相続人の申し立てにより家庭裁判所が分割する

図表7-11　遺産分割の方法

方法	内容
現物分割	一筆の土地を相続分に応じて分割する、相続人Ａはある遺産を取得し相続人Ｂは別の遺産を取得する、など
価格分割	全財産または一部を金額に換算して配分する
代償分割	１人が全財産を取得する代わりに、ほかの相続人に対して相続分相当の債務を負い、一定期間の年賦で支払う、など

相続によって所有権が移転した場合、相続を登記原因とする所有権移転登記を行うことが義務づけられました[*22]。

C：税額計算

相続税は不動産のほか、現金、有価証券、貴金属、骨董品などの実際の相続財産のほか、みなし相続財産が課税対象となり、死亡7年以内の贈与財産も含まれます。みなし財産は、死亡保険金、死亡退職金や、年金の受給権などです[*23]。

各相続人等が納付する税額は図表12の手順で計算します。課税価格①は、上述の財産から生命保険金の非課税枠等の非課税財産と債務や葬儀費用を除いた財産の価格で、そこから法定税相続人の数から求めた基礎控除額[*24]を引いた課税遺産総額を求めます②。課税遺産について法定相続人が法定相続分相当額を取得する場合の取得金額を求め③、その取得額に適用されるそれぞれの税率をかけた額を求め④、それを合計して全体の税額を求めます⑤。そのうえで、その金額を各人が相続した財産の価格割合で按分します⑥。税額控除できる場合はこれを控除した額が各人の納付税額になり

図表7-12　相続税納付額の計算手順

番号	内容	方法
①	課税価格を合計	財産を取得した人ごとに課税価格を計算し、その合計を求める
②	課税遺産総額の計算	①から基礎控除額を控除して求める
③	法定相続人ごとの取得金額に換算	②を法定相続人が法定相続分で取得するものとして取得金額を計算する
④	税額の仮計算	③に法定相続人ごとの税率を乗じて税額を計算する
⑤	相続税額の総額	④を合計する
⑥	相続人ごとの税額	⑤を取得した課税価格割合で按分する
⑦	相続人ごとの納付税額	⑥から各種の税額控除を控除して納付税額を計算する

ます⑦。

配偶者には特例があり、法定相続分相当額など一定額までは相続税がかかりません（配偶者の税額軽減）。また、小規模宅地の評価減があり、居住していた宅地を配偶者や同居していた親族が取得するなどの場合に評価額が減額されます。[*25]

＊22 令和6年4月1日以降適用されています。相続により不動産の所有権を取得した相続人は、自己のために相続の開始があったことを知り、かつ、その不動産の所有権を取得したことを知った日から3年以内に相続登記の申請をすることが義務付けられました（不動産登記法76条の2 1項）。日本の不動産登記制度は、権利の登記を義務づけていませんが、相続による所有権移転の登記をしないことが所有者不明土地拡大の原因となることに対応して改正されました。

＊23 相続前に贈与して贈与税を支払っている場合、選択した贈与税の課税方法によって贈与財産が相続財産に加算される場合があります。

＊24 法定相続人の人数に応じて計算します。数値については国税庁のホームページで確認できます。

図表7-13　相続する不動産の権利の分類

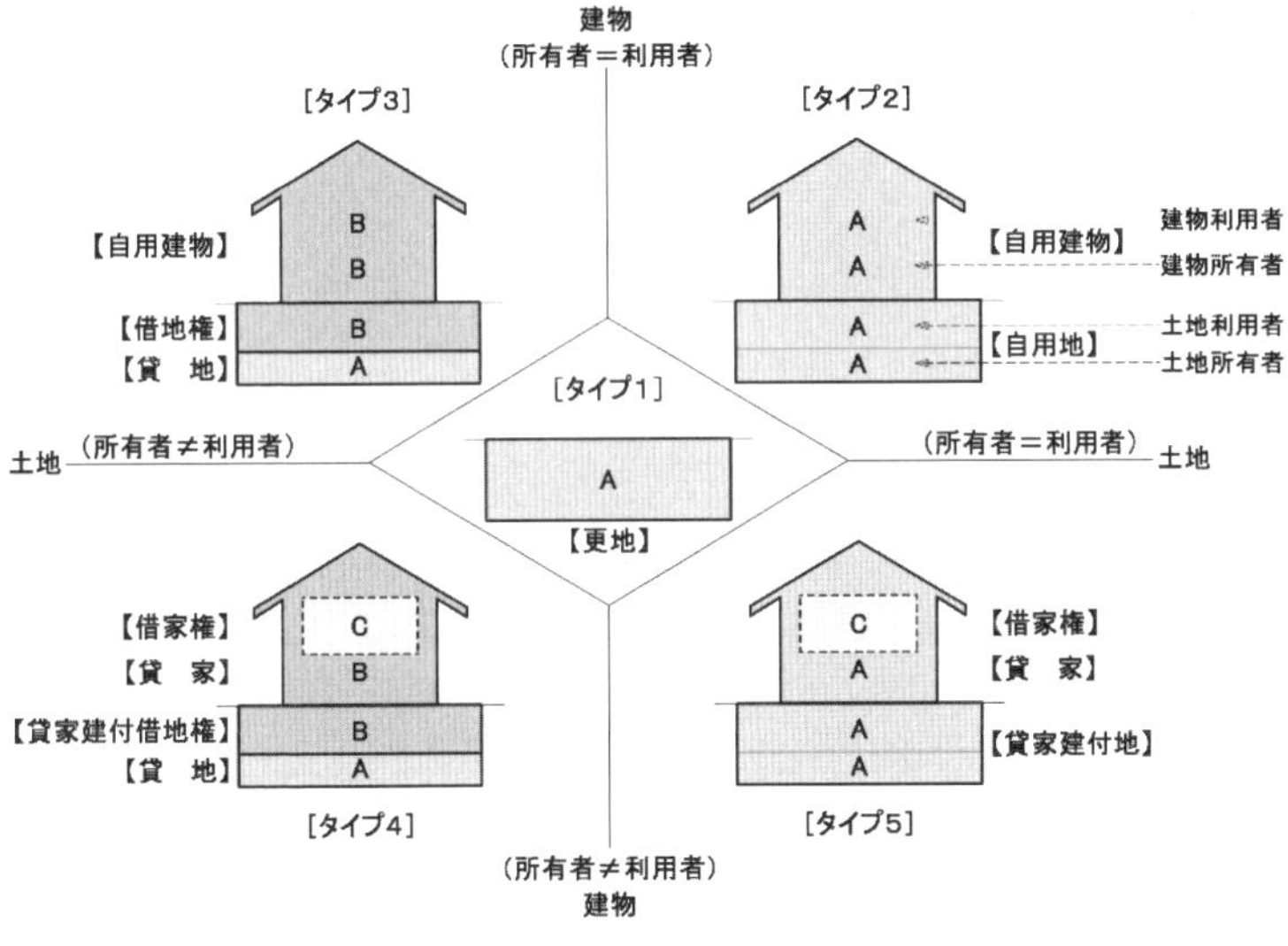

相続税の申告期限は、納税義務者が相続等の開始を知った日の翌日から10か月以内です。申告期限までに各相続人の相続分が決定できないときは、法定相続分で相続したと仮定するなどの方法で納付します。金銭納付が困難な場合は延納や物納などの制度があります。

D：所有権以外の権利の評価

相続する不動産の権利には所有権のほか、借地権や借家権などがあり、これらも相続財産として課税の対象となります。一方、これらの権利がついている所有権の価格は安く評価されます。不動産の権利の価格は不動産市場の実態をもとに評価することが基本ですが、簡便性や公平性など、課税上の要請から、相当程度割り切った評価方法が採用されます。[*26]

土地と建物の所有と利用の関係を図表13に示します。

タイプ1の更地は建物がなく他人の権利が設定さ

図表7-14　相続する不動産の権利と価格割合

権利者		タイプ1	タイプ2	タイプ3	タイプ4	タイプ5
建物	A	***	100%（自用建物）	***	***	70%[※6]（貸家）
	B	***	***	100%（自用建物）	70%[※6]（貸家）	***
	C	***	***	***	30%（借家権）	30%（借家権）
土地	A	100%（更地）	100%（自用地）	30%[※2]（貸地）	30%[※2]（貸地）	79%[※4]（貸家建付地）
	B	***	***	70%[※1]（借地権）	49%[※5]（貸家建付借地権）	***
	C	***	***	***	21%[※3]	21%[※3]

※1：借地権割合（X）が70%の地域を想定。※2：100%－X　※3：X×30%（借地権割合）
※4：100%－（※3）　※5：X－（※3）　※6：100%－30%（借家権割合）
注）土地・建物それぞれ合計は100%

れていない状態です。タイプ2～5は建物が立っている場合で、土地の所有者が土地を自分で使っているか借地人が使っているか、建物の所有者が建物を自分で使っているか借家人が使っているかの別で区分したものです。

借地権は相続税路線価図に示された借地権割合を用いて計算します。借地権割合は地域によって異なりますが、借家権割合は全国一律の30％を用います。借地権割合が70％の場合の所有権、借地権、借家権の価格割合を図表14に示します。

全タイプで土地所有者はAですが、評価額を見ると、「更地」（タイプ1）と「自用地」（タイプ2）は100％、「貸地」30％（タイプ3、4）、「貸家建付地」79％（タイプ5）と異なります。借地権者Bは建物を自用しているタイプ3では「借地権」は70％ですが、建物を賃貸している「貸家建付借地権」（タイプ4）は49％になります。

建物も同様に借家権が付いている場合（タイプ4、タイプ5）、所有権は借家権の30％を控除した70％で評価されます。同じ土地と建物でも自分で利用している場合（タイプ2）と建物を賃貸している場合（タイプ5）を比較すると、後者では所有者Aの相続税評価額が相当程度低くなることがわかります。これが、賃貸アパートが節税に有効といわれる理由の1つです。

＊25　そのほか、未成年者の税額控除、障害者の税額控除、相次相続控除などがあります。
＊26　借地権や借家権は、用途や契約期間、賃料や契約一時金（権利金、保証金、敷金など）の賃貸条件などのほか、実際に取引される慣行があるかなど、多様な要素を背景として価格が決まります。個別性の高いこれらの権利価格のそれぞれについて個別、かつ、適切に評価することは、相続税の課税では困難といえます。

借地権や借家権のように、所有者以外が使用収益（利用）することを認める他人の権利があり、所有者の使用収益（利用）が制約される場合、他人の使用収益（利用）する権利に価値が発生し、その価値の分だけ所有権の価値が減少します。相続税評価ではそれを単純化して評価しています。[*27]

5 取得にかかる税金

不動産を取得すると、図表15のような税金がかかり、不動産取得税、登録免許税、印紙税が主なものです。不動産取得税は、土地と建物の取得に対してかかる都道府県税です。売買、交換、贈与、建築等によって取得した場合に課税されます。[*28] 課税評価額は市町村の固定資産税評価額を用い、標準税率は４％です。[*29]

登録免許税は不動産登記簿に所有権移転等の登記をする際に支払う国税です。所有権移転等の権利の登記は義務ではありませんが、[*30] 第三者対抗力を備える、銀行から融資を受ける場合に求められる抵当権を登記するためには、その前提として必要となるために、登記をすることが一般的です。登録免許税も課税評価額として市町村の固定資産税評価額を用い、売買による土地所有権の移転の場合の標準税率は２％です。[*31]

図表7-15　不動産の取得にかかる税金

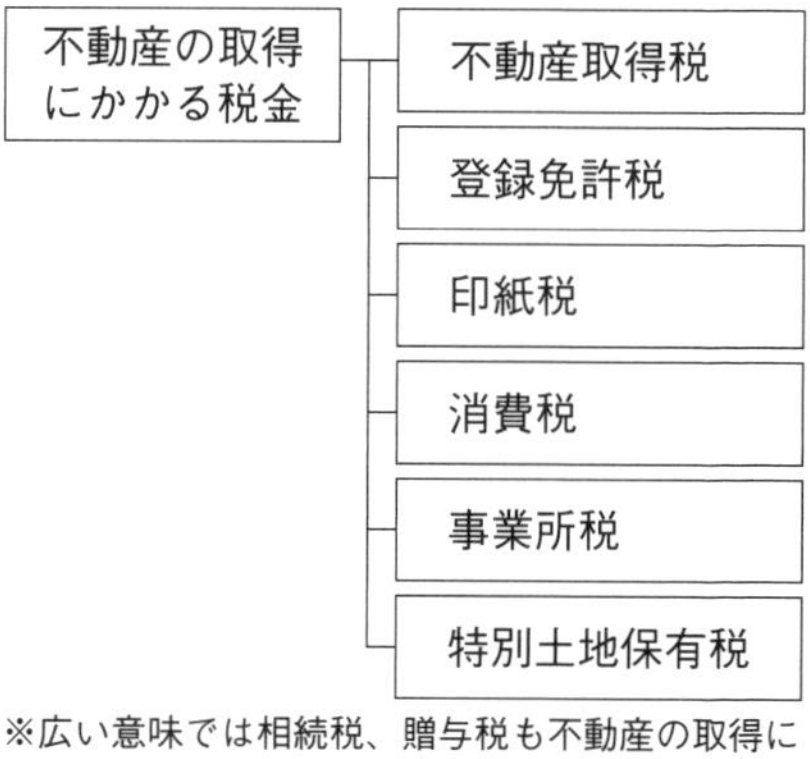

※広い意味では相続税、贈与税も不動産の取得にかかる税金です

印紙税は、売買契約書や請負契約書作成の際にかかる国税です。契約書に収入印紙を貼り消印することにより納付します。税額は、売買契約と請負契約で規定が異なり、それぞれ契約金額に応じて決定[*32]されます。銀行融資を受ける際の金銭消費貸借契約などにも課税されます。

消費税は、土地の売買は非課税、土地の賃貸は原則非課税[*33]ですが、建物の建設、売買、賃貸は原則として課税されます。ただし、住宅用建物の賃貸は非課税です。税率は10％です。

＊27　借家権を相続すると、図表13のタイプ5では建物価格の30％、土地価格の21％の財産を得ることになります（借地権割合70％の場合（図表14参照））。これに対して、相続課税では、借家権が権利金等の名称をもって取引される慣行のない地域にあるものについては、評価しないとされています。現在の日本では一部例外を除いて借家権が取引（売買）される慣行はないため、借家権を相続したり贈与を受けても、ほとんどのケースで相続税や贈与税は課税されません。

＊28　有償、無償の別、登記の有無にかかわらず課税されます。

＊29　不動産取得税は使い道が特定されていない普通税です。不動産取得税がどのように使われるか、言い換えると納税者はどのような恩恵を受けるか不明な一方で、4％の税率で課税することは理解が得にくく、不動産流通の阻害要因になるとして、いろいろな特例が設けられています。

＊30　例外的に、２０２４（令和６）年4月から相続によって不動産を取得した相続人には登記が義務づけられました。

＊31　登録免許税は納税することによって第三者対抗力を備えることができる、銀行からの融資を受けることができるなど、納税者に直接的な利益があります。

＊32　税額の基本式［9式］によらない税金です。

＊33　土地を駐車場として貸し付けるなど、一定の場合は課税されます。

6 保有にかかる税金（都市計画税）

土地や建物の保有にかかる主な税金は固定資産税と都市計画税です。固定資産税については上述のとおりです。

都市計画税は、都市計画事業や土地区画整理事業などに必要となる費用にあてる目的で、都市計画区域内の土地と建物に課税[*34]される市町村税です。[*35]都市計画税を課税するかどうかは、それぞれの地域の都市計画事業等に応じて、市町村の判断に委ねられます。

課税評価額は固定資産税評価額で、税率の上限は0・3％です。固定資産税と同様、住宅用地の課税標準額に特例があり、200㎡までは3分の1、それを超えた部分は3分の2まで減額されます。

7 収益にかかる税金

(1) 法人

法律上の人格をもち、権利や義務の主体として法律行為をすることができる「人」には、自然人と法人があります。自然人

図表7-16　不動産の保有にかかる税金

不動産の保有にかかる税金	固定資産税
	都市計画税
	特別土地保有税

図表7-17　個人と法人の税

不動産の収益にかかる税金	個人	所得税
	法人	法人税

は生きている人間です。法人は、民法その他の法律の規定によって成立し（民法33条）、法令の規定に従い、定款その他の基本約款で定められた目的の範囲内において、権利を有し、義務を負います（民法34条）。

法人が不動産で利益を得た場合、ほかの収益と合算して法人税が課税されます。ただし、土地の譲渡益がある場合は、通常の法人税のほかに、当該譲渡益だけを抽出し、長期譲渡と短期譲渡に区分して課税します。土地の転売により利益を得る、土地転がしを抑制するための税制です。

図表7-18　所得税の所得区分

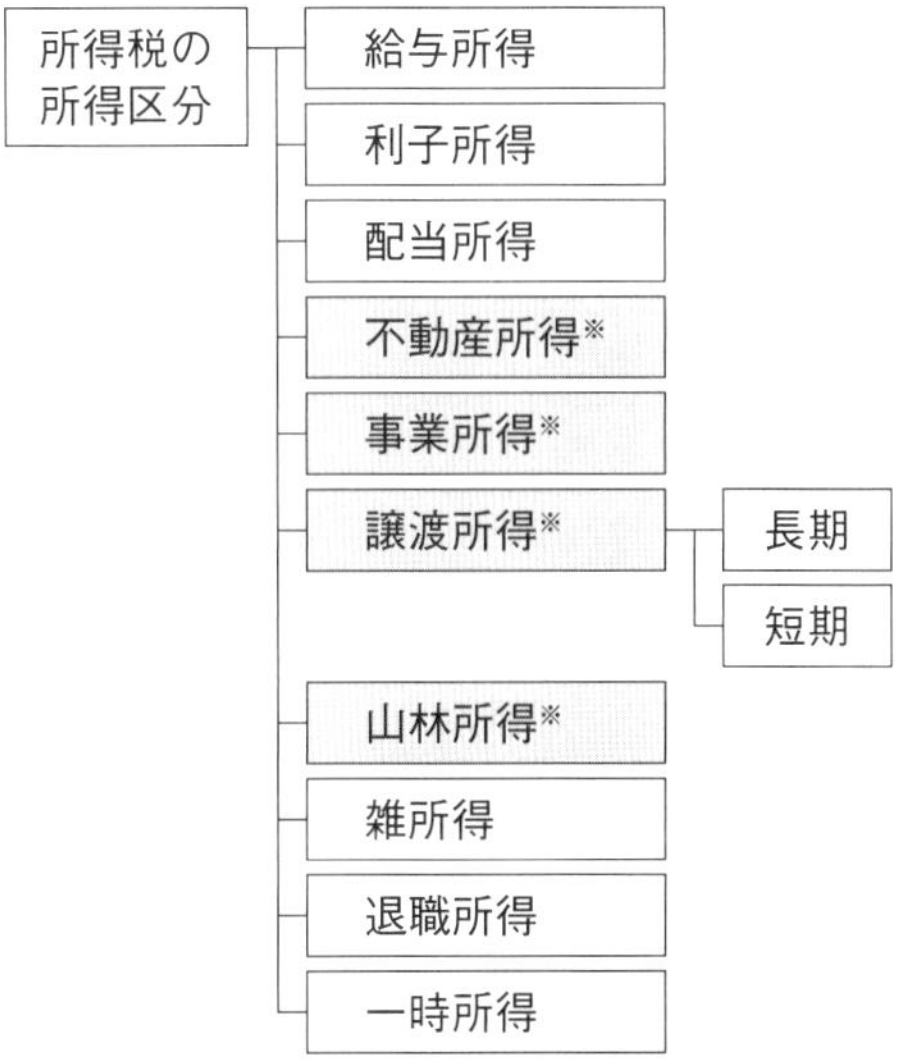

※その所得の赤字を、ほかの所得の利益から控除する損益通算が可能な所得

＊34　原則として都市計画区域のうち市街化区域内の土地、建物に課税されますが、市街化調整区域や非線引き区域で課税されることもあります。

＊35　使途が定められている目的税です。

(2) 個人

個人の不動産収益、つまり土地や建物の売買や賃貸などで利益を得た場合の税金は、ほかの利益と合算するなど、所得税独自の方法で課税されます。

A：土地や建物を貸しているときの税金

①10種類に分けて所得を計算する（図表18）

個人が1月1日から12月31日までに稼いだ所得に対して所得税が課税されます。所得税では所得を10種類に区分して所得計算します。

所得に対する課税方法は、合算して1つの課税所得金額を求め、それに税率をかける総合課税と、単独で税額を計算する分離課税とがあります。総合課税される所得のうち、不動産所得、事業所得等では、ほかの所得の黒字からその所得の赤字を控除する損益通算が認められます。

②不動産所得として総合課税（図表19）

土地や建物を貸した場合の所得は不動産所得として総合課税されます。不動産所得は収入金額から必要経費を控除した額です。地代、家賃、権利金、更新料等が収入金額になり、固定資産税や減価償却費、建築費

図表7-19　不動産所得の内訳

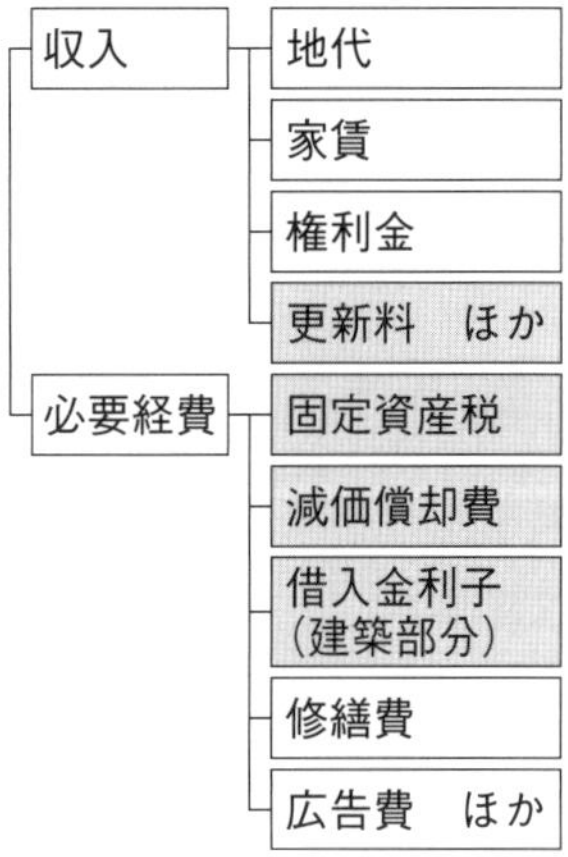

のための借入金利子、修繕費、広告費などが必要経費となります。

不動産の貸付けが事業といえる程度の規模[*36]で行われている場合は、従業者の給与が必要経費に認められる（事業専従者控除）などのメリットがあります。[*37]

B：土地や建物の売却利益に対する税金

土地建物を売却するなどによって得た所得は譲渡所得に区分され、分離課税されます。

①譲渡所得金額

課税の対象となる課税譲渡所得を［11式］で、求めます。

中古の建物を譲渡した場合の取得費は、建築費（新築した場合）や購入代金（購入した場合）ではなく、所有期間中の経年減価分を控除した金額になります。譲渡費用には、譲渡のための媒介手数料、登記費用、測量費、借家人に対する立退き料などが含まれます。特別控除額は、居住用財産を売った場合、公共事業などのために土地や建物を売った場合などで認められます。

○課税譲渡取得＝譲渡収入金額－（取得費＋譲渡費用）－特別控除額…［11式］

＊36　独立家屋で5棟以上、アパートの場合10室以上で該当します。
＊37　個人事業税が発生する、配偶者控除ができなくなるなどのデメリットも考えられます。

②税率

譲渡した年の1月1日で所有期間が5年を超える不動産の譲渡（長期譲渡所得）の税率は15％[*38]（住民税を合わせると20％）です。長期譲渡所得に該当しない場合（短期譲渡所得）の税率は30％です（住民税を合わせると39％）です。

③税額

課税譲渡所得に税率をかけて税額を計算します。

④買換え

買換えは所有する不動産を売却し、新たに不動産を購入することをいいます。売却した時点で譲渡益が発生すると課税され、買換えに使うことができる金額が減少します。

マイホームなどの買換えを促進する観点から、買換え時の譲渡益課税を行わず、課税を将来に繰り延べる方法（課税の繰り延べ）が適用されることがあります。

図表7-20　アパート建設と税制

税金	内容
固定資産税	課税標準の特例（1住戸当たり土地面積200㎡まで1/6）
不動産取得税	課税標準の特例（1住戸ごとに一定額を控除）
所得税	減価償却、損益通算によって所得税の節税が可能
相続税	土地評価額が地価公示価格の80％ （現金を保有するより有利）
	貸家建付地の評価減（借地権割合×借家権割合30％） （土地評価額が上記よりさらに安くなる）
	建物評価額が工事費の60％程度 （現金を保有するより有利）
	貸家の評価減（借家権割合30％を控除）
	借り入れた建設資金を負の財産として評価

コラム なぜ不動産は相続で揉めやすいのか？

住宅用の家屋は、そこで暮らした思い出や先祖から引きついだ財産といった内面の要素も加わり、相続で揉めやすい傾向にあります。特に、遺産分割の方法のうち、遺言どおり分割する指定分割より、協議分割では協議が整わず、揉めやすい傾向にあります。[*39]

揉める理由としては、長子相続[*40]から均等相続に移行したあとも長子相続の名残がある、家業等を承継するためには特定の財産を特定の相続人が相続することが望ましいなどがあります。

協議の成立を困難にする理由の1つは、評価額です。金融資産であればどのように分割しても資産の合計額は変わりませんが、土地は分割すると利用効率が悪くなり、分割によって資産総額が減少します。

さらに、金融資産のように任意の割合で分割することもできません。土地は、適正課税のために、実際の取引価格より安く評価されますが、古い建物は高く評価されることも少なくありません。また、実際に売却できる価格を求めることは容易ではないため、相続税評価額で相続すると必ずしも公平にはなりません。[*41]

分割することなく複数相続人で土地を共有すれば、土地の価値は保持できます。しかし共有した

＊38　復興特別所得税を除く税率。優良住宅地等の造成のための譲渡、マイホームを売ったときなどで税率が軽減されます。

後、共有物の変更や処分をする際は全員の賛成が必要となるため、将来的に揉めごとが生じる可能性があります。

＊39　法定相続分どおりに相続しなければならないわけではなく、協議によって相続分を決めることができます。

＊40　明治時代の民法では長男が全財産を相続するとしていました。

＊41　空き家や空き地の問題を抱える地域にあっては、土地の需要がなく、相続税評価額では売却できないケースもあります。

REAL ESTATE

2 PRE (Public Real Estate)

1 公的不動産とPRE戦略

国や地方公共団体が保有する公的不動産は約５８０兆円で、日本全体の不動産価格約２５００兆円のおおよそ23%に相当し、面積では国土の約36%を占めます。[*42] 公的不動産の内訳では地方公共団体が70%超に相当する約４２６兆円保有しています。

厳しい財政状況の中で、公的不動産に対して社会の関心が高まり、国は、国有財産行政の改革により、庁舎等の有効活用、民間開放や国有財産の売却を進めています。地方公共団体では、所有する公的不動産[*43]（ＰＲＥ（Public Real Estate））の利活用を戦略的に行うＰＲＥ戦略が注目されています。ＰＲＥ戦略は、公的不動産の公共、公益

図表7-21　公的不動産の規模

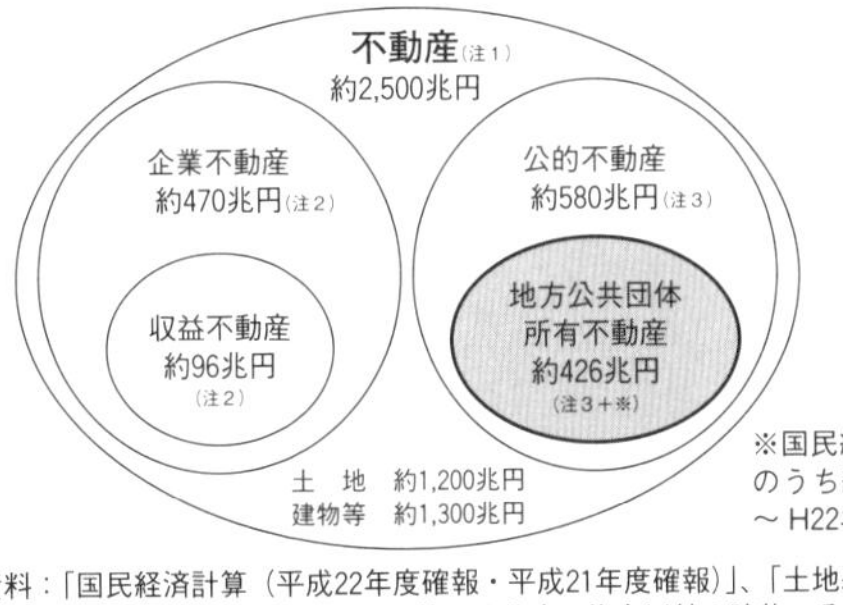

※国民経済計算における公的総資本形成のうち総固定資本形成累計額（S55年度～H22年度）の比率から按分

資料：「国民経済計算（平成22年度確報・平成21年度確報）」、「土地基本調査総合報告書（平成23年）」
（注１）国民経済計算確報に基づく住宅、住宅以外の建物、その他の構築物及び土地の総額（平成22年末時点）
（注２）土地基本調査に基づく時価ベースの金額（平成20年１月１日時点）
（注３）国民経済計算確報に基づく固定資産及び土地の総額（平成22年末時点）
出所：国土交通省「PRE戦略を実践するための手引書」

的な目的を踏まえながら、経済の活性化と財政健全化を念頭に、適切で効率的な利活用を実現する構想とその展開です。

行政の将来像を効果的に実現するために、地方公共団体が、公的不動産を戦略的にマネジメントすることが必要な背景として、（1）地方公共団体を取り巻く状況、（2）不動産を取り巻く状況、及び、（3）公的不動産を取り巻く状況があります。

（1）地方公共団体を取り巻く状況

①人口構造の変化

日本の総人口は2008（平成20）年の約1億2808万人[*44]をピークに減少に転じ、2056年には1億人を割ると予測されています。

65歳以上人口の割合は増加傾向にあり、2038年には総人口の34％に達すると予測されています[*45]。高齢人口の増加は、医療、福祉に関連する行政需要の増大につながり、高齢者の生きがいや生活環境整備など超高齢社会への対応など、新たな行政需要を生みます。

②社会環境の変化

高度情報化の進展、国際化の進展、地球環境問題の深刻化など、急速な社会環境の変化に対する、柔軟で迅速な行政サービスを提供する仕組みが求められます。

③日常生活圏の広域化

交通、情報通信手段の発達や住民ニーズの多様化を背景として、通勤通学、買い物などの日常生活の活動範囲が広域化し、行政区域を越えて拡大する傾向があります。日常生活圏を構成する複数の市町村が連携し、広域的な行政サービスを展開することが求められます。

④課題の広域化

防災体制の強化、河川の水質改善、ごみの効率的な処理、介護認定事務の共同処理体制の整備など、さまざまな行政分野において、広域的な処理体制の整備が求められています。

⑤財政健全化の取り組み

厳しい財政状況を背景に、地方公共団体では、地方公共団体の財政の健全化に関する法律（財政健全化法）による財政健全化の取り組み[*46]と地方公会計制度改革の取り組みが進められています。

＊42　国土交通省「ＰＲＥ戦略を実現するための手引書」２０１０改訂版

＊43　公的不動産には、地方公共団体のほか、地方公営企業、地方三公社、地方独立行政法人（公立大学法人、病院等）、第三セクターなど、地方公会計制度上、連結対象となる関連団体が所有・利用する不動産も含まれます。

＊44　総務省統計局。5年に1度の国勢調査をもとに増減した10月1日の人口。住民基本台帳人口（3月1日）では２００９（平成27）年の1億２７０８万人がピーク。なお住民基本台帳人口は２０１３（平成25）年から外国人住民も対象としています。

＊45　国立社会保障・人口問題研究所「日本の将来推計人口（令和5年推計）」の出生中位推計

財政健全化は、健全段階では指標の整備と情報開示の徹底を、早期健全化段階[*47]では自主的な改善努力による財政健全化、再生段階[*48]では国等の関与による確実な再生への取り組みが求められています。

地方公会計制度改革は、「地方公共団体における行政改革の更なる推進のための指針[*49]」ほかに基づいて、公会計を整備し、財務書類の整備や作成に必要な情報の開示が求められます。財務書類の作成と活用を通じて資産と債務に関する情報開示と適正管理を進める狙いです。未利用財産の売却や資産の有効活用などを含む具体的な施策の策定が求められます。

(2) 不動産を取り巻く状況

①土地神話の崩壊

日本の地価は、一時的な例外はあるものの第二次世界大戦後一貫して上昇を続け、土地は有利で安全な資産という「土地神話」を生みました。高度経済成長の末期である昭和の終盤から平成の初期にあたる1980年代後半には、土地神話がピークに達する形で地価が急騰しました。

1991（平成3）年を境にバブルが崩壊して以降、長期にわたり地価は下落して土地神話は崩壊し、土地は安全資産とはいえなくなりました。

②不動産のリスク資産化

地価下落に加えて、耐震性能の不足、PCBやアスベストの含有、土壌汚染など、さまざまな問題が顕在化し、不動産固有のリスクがあると認識されるようになりました。

③低・未利用地の増加

人口・世帯数が減少する地域、社会情勢や産業構造の変化を背景に土地需要が縮小する地域が増加するなど、空き地や空き家などの低・未利用地が増えています。

④利活用手法の多様化

土地は所有するものから利用するものへ[*50]と考え方が変容し、利用を促進する仕組みが生まれています。定期借地権制度、不動産の証券化、ＰＦＩなどはその例で、所有と利用を異なる主体が分担する、民間活力、民間資金や投資金の導入などによって利活用を図ります。

＊46　地方財政再建促進特別措置法（１９５５（昭和30）年）を見直し、地方公共団体の財政の健全化に関する法律（２００７（平成19）年）が規律されました。従来の制度では、わかりやすい財政情報の開示が不十分なこと、財政再建団体の基準のみで早期是正機能がなく、国などに対し赤字団体からの申出がないと財政再建に取り組めなかったこと、普通会計を中心にした収支の指標のみで、ストック（負債等）の財政状況に課題があっても対象とならないこと、公営企業に早期是正機能がないこと、などを見直しました。財政情報が健全な段階からフローとストックの財政指標を整備し、監査委員の審査、議会報告、公表を義務化して、情報開示を徹底しました。公営企業についても経営状況の判断指標を開示することになりました。

＊47　財政指標が一定程度悪化した場合（黄信号）。

＊48　さらに財政状態が悪化した場合（赤信号）。

＊49　総務事務次官通知２００６（平成18）年。

＊50　１９８９（平成元）年土地基本法の指針。

コラム　国公有財産の払い下げ

英国では、1960〜1970年代、長期に経済の停滞が続く状況に対して、英国病と評されることがありました。停滞する国力を改善することに力を発揮したのは「鉄の宰相」サッチャーでした。効率が低下した国有・公有企業を民営化して生産性を高める、公共用不動産を払い下げて財政難の公共団体の収益としつつ民間活力を利用して行政目的を達成する（PRE）などはその例です。

情報警察機関の庁舎が分譲マンションにコンバージョンされた例では、外見からはとても情報警察の庁舎だったとは思えない巧みなデザインが目を引きます。上部に増築したペントハウスのデザインがマンションの風格を高めるとともに、中間階の2倍程度の価格で販売して、事業者の採算性の確保に寄与しています。公共施設の払い下げによって一定の富裕層だけが便益を得ることには抵抗もあります。この例では、低層部にアフォーダブルハウジング[*51]を設けて社会貢献することが評価されました。

英国はPFIの発祥の地で、盛んに利用されます。民間活力を効果的に生かすために、あらかじめ提示する行政目的を達成できれば、民間が利益を上げることを容認する姿勢が望ましい公民連携を実現しています。

（3）公的不動産を取り巻く状況

①人口構造・都市構造の変化による施設ニーズの変容

高度成長期の人口急増や市街地の拡大などから、1960年代から1970年代初頭にかけて大量の公共施設が建設されました。近年は、少子化による人口減少の一方で高齢人口が増加して人口構造が変化しています。また、郊外部の都市化によって中心市街地が空洞化するなど、公共施設の需給バランスが崩れています。

少子化に伴って需要が減退した小中学校など、統廃合を余儀なくされる公共施設が散見されます。他方、ライフスタイルの多様化が進んで公共施設に対するニーズにも変化がみられ、高齢者の居場所づくりや子育て支援など、公共施設の機能を見直す必要も生まれています。

拡大した市街地や広範囲におよぶ行政サービスの効率化のためにコンパクトシティをめざすなど、都市構造の見直しも進んでおり、このような変化に応じた施設の統廃合や再配置が求められます。

②公共施設の遵法性

廃校になった小中学校の利活用のために民間活力を導入しようとしても、現行の新耐震基準適用前の建築物[*52]のため、民間が他用途に転用して利用することを断念する事案が少なからず存在します[*53]。そのような建築物は地方公共団体も民間の利活用に積極的にならず、また、なれない状況とな

＊51　低廉な家賃の賃貸住宅。24時間勤務が求められる警察官や看護士など都心部に住むことが合理的な一方、給料が必ずしも高くない労働者などの住まいとして供給します。

り、遊休化したままで維持管理の費用のみ発生することになります。
以前は問題とされなかった浸水被害防止区域[*54]内の公共施設などを現行法の趣旨に合致するよう改修することも望まれます。

③低・未利用地の有効活用

財政健全化や公会計制度に対応し、所有資産にかかる資産台帳を整備し、適正に資産価値を評価し、適切に資産活用することで財政と行政サービスの改善に努めることが求められています。低・未利用地は、必要性を見極めたうえで、売却するなどの方法で適切に活用することが求められています。

＊52　１０８１（昭和56）年5月31日以前に建築確認を得て建築された建築物は耐震基準に関して既存不適格建築物になっている可能性があります。

＊53　消防庁「防災拠点となる公共施設等の耐震化推進状況調査報告書」（２０１１（令和５）年9月に公表）は、新耐震基準の適用前に建築された建築物の棟数は、都道府県41・1％、市町村が44・5％です。施設別内訳では、「文教施設（校舎、体育館）」の割合が高くなっています。

＊54　高齢者等の要配慮者をはじめとする人の生命・身体を保護するため、洪水が発生した場合に著しい被害が生ずるおそれがある区域を、都道府県知事が市町村長からの意見聴取等を実施したうえで、「浸水被害防止区域」として指定し、開発規制・建築規制を措置することができる制度（特定都市河川浸水被害対策等の一部を改正する法律（２０１９（令和３）年）。

REAL ESTATE 3

行政財産と普通財産

1 公有財産の区分

公有財産は、地方公共団体[*55]の所有に属する財産のうち不動産等をいい、[*56]行政財産と普通財産とがあります。

(1) 行政財産

行政財産は、公用、または公共用に供する財産です。

公用財産は、地方公共団体が直接に公務のために使用する財産で、庁舎、議事堂等が該当します。公共用財産は、住民の使用や利用に供することを目的とする財産で、学校、住民が利用する会館、図書館、道路、公園等の施設と建物をいいます。

＊55 正確には普通地方公共団体。地方公共団体には普通地方公共団体のほか、特別地方公共団体（大都市の一体性、統一性の確保の観点から導入する特別区や地方公共団体の組合、財産区）があります。以下、この節で同様とします。

＊56 国有財産法が規定する国有財産にも同様の規定がありますが、ここでは公有財産について考えます。

(2) 普通財産

普通財産は、行政財産以外の一切の公有財産をいいます。普通財産は、行政遂行のために直接利用する財産ではなく、主としてその経済的価値を発揮することにより間接的に行政に貢献するものです。

2 公有財産の管理及び処分

地方公共団体の財産は、常に良好の状態でこれを管理し、その所有の目的に応じてもっとも効率的に、これを運用しなければなりません。*57 この基本原則により、行政財産と普通財産は、管理及び処分に根本的な相違があります。

(1) 行政財産

行政財産は行政目的に利用されることから原則として、貸し付け、交換、売り払い、譲与、出資の目的とすることができず、信託や私権を設定することもできません。*58 行政財産は本来、私権の設定の対象となり得ない財産です。そのため、地方自治法（1947（昭和22）年）では、公有財産の管理や処分に関する規定はなく、地方公共団体の条例に委ねていました。しかし、その後の経済状況の変化を背景として、行政財産の用途や目的を妨げない限度で貸付や地上権を設定できる場合が規定され*59 ました。さらに、行政財産を効率的に有効利用できるようにするため、その用途や目的を妨げない限度において貸付や私権を設定することができる場合が拡大され[*60]、庁舎等の空地スペースを貸し付けることなどが可能となりました。

庁舎などの行政財産には、行政財産の用途目的外使用許可の制度の適用を受けて、食堂、売店、自動販売機などが設置されることがあります。使用許可は、行政財産の用途や目的を妨げない限度において、その使用を許可するものです。ただし、使用許可においては、借地借家法の規定は適用されません。[*61] 行政財産をその用途目的以外に使用しても、行政財産の効用を減少することがない場合や、使用を認めることが行政財産の効用を増加させて行政効率を高めるような場合に、一時使用を認めます。

(2) 普通財産

普通財産は、特別の用途や目的を有しない財産で、貸し付け、交換、売り払い、譲与することが

＊57 地方財政法（1948（昭和23）年）8条。

＊58 地方自治法238条の4。この規定に違反する行為は、無効となります。

＊59 1974（昭和49）年改正。

＊60 2006（平成18）年改正。

＊61 使用許可制度は、契約関係（私法）ではなく、行政処分（公法）ですので、私法としての借地借家法の適用はありません。借主保護を旨とする借地借家法が想定する、契約の更新、借賃増減請求、建物買取請求などの規定は適用されないことになります。行政財産が本来の用途や目的のために、適正に使用される必要があることから、使用許可部分を使用する必要が生じたときは、速やかに新たな用途や目的のために使用することが要請されます。

でき、出資の目的とすることや私権を設定することができます。

貸付期間中に地方公共団体で、公用や公共用に利用する必要が生じたときは、地方公共団体の長は、契約を解除することができることになっています。[*62] この場合、借受人は解除で生じた損失の補償を求めることができます。

3 補助金を受けた公有財産

公有財産は整備に際して補助金を受けている場合も少なくありません。
補助金は国民から徴収された税金など、貴重な財源で賄われていることから、目的に即して適切に利用される必要があります。このため、補助金を支給された事業者（補助事業者）は、補助事業で取得した財産を、各省庁の長の承認を受けずに、補助金の目的に反して使用、譲渡、交換、貸し付け、担保に供することはできないと規定されています。[*63]
財産処分を承認する際に、国庫納付を求められる、転用の用途や譲渡先などを制限される、承認基準や手続きにばらつきがあるという問題点がありました。加えて、急速な少子・超高齢社会の進行、産業構造の変化、市町村合併など社会情勢が大きく変化する中、有効活用されていない公有財産を利用して地域の活性化を図ることが求められるようになりました。
補助対象財産の転用等の弾力化が図られ、承認基準が整備されました。[*64]

REAL ESTATE 4

不動産の有効活用

財政や経済社会の変容に対応して持続可能な国民生活を実現するために公的不動産の再編と適切な利活用が求められます。

1 公的不動産の再生利用

財政状況が厳しさを増す中、人口減少等を踏まえた公共施設の集約や再編などを効果的に行って持続可能な社会の実現に必要な社会資本を整備し、公共サービスを安定的に提供する公的不動産の再生利用（PRE戦略）が求められます。

PRE戦略は公的セクターに負うことは当然として、財政、経済や社会の変容を踏まえれば、民

＊62 地方自治法238条の5。貸し付けについては借地借家法が適用されます。

＊63 補助金等に係る予算の執行の適正化に関する法律（補助金等適正化法）3条。ただし、政令で定める場合は、この限りではありません。

＊64 2008（平成20）年。補助対象施設の転用等について、①10年経過した補助対象財産は、原則、報告等で国の承認があったものとみなし、用途、譲渡先を問わず、国庫納付も求めない、②10年経過前でも、市町村合併や地域再生等の施策に伴う場合も同様の扱いとする、ことになりました。

間活力の利用も不可避となります。中でも、人口減少と少子高齢化によって全国で多数発生する廃校のPRE戦略は喫緊の課題です。

廃校のPRE戦略に際し、地方公共団体が公共サービスの提供を重視する観点からは、①旧学校以外の行政目的に用途変更し、行政財産として継続利用することが優先され、次いで、②地域のニーズのうち公共の福祉や地域貢献が期待できる行政財産若しくは普通財産としての利用が優先されます。財政への貢献を重視する場合で、それが可能な状況であれば、③民間企業等による利用を優先することも考えられ、複数の目的を同時に達成できる内容であれば優先順位は高まります。

廃校のPRE戦略では、行政財産と普通財産の別、及び、権利の設定方法により売却と貸付の別があり、両者を組み合わせた4類型が考えられます。しかし、廃校活用が地方自治法238条の4第1項の例外規定に該当する可能性は低く、行政財産の目的外使用許可という行政の裁量行為で許される使用許可については借地借家法等の私法の一般的適用はないことに加え、通常1年以内が原則であることから事業者の利用権限は不安定なものに留まります。

2 廃校利活用の状況

2002（平成14）年度から2020（令和2）年度に8580校の公立小中学校等が廃校となりました。

図表22のように、遊休化している廃校の利活用はPRE戦略の優先課題の1つとして利活用が進

められています。施設が現存している廃校7398校のうち活用されているもの5481校（74・1%）、活用されていないもの1917校（25・9%）で、取壊し予定2・9%、活用用途が決まっている3・8%を除く1424校（19・2%）が活用の用途が決まっていません。

主な活用用途は学校（大学を除く）3948校がもっとも多く、次いで社会体育施設1756校、社会教育989校、企業や法人等の施設947校となっています。活用数を校舎と屋内運動場で比較すると5109校と4999校で拮抗しますが、社会体育施設では屋内運動場を利用することが多くなっています。

活用の用途が決まっていない1424校の理由をみると、建物が老朽化しているがもっとも多く、次いで地域等からの要望がないが多くなっています。立地条件が悪い、財源が確保できないほか、活用の検討を行っていない、活用方法がわからないも存在し、活用実現に向けて需給両面に課題を抱えています。

7校が同時廃校の地方都市では計画的に取り組むものの、脆弱な需要の中で応募案を貴重な提案として受け入れる側面があります。補助金を受けた建物を解体すると補助金の返納を求められることもあり、公的不動産の利活用と不動産市場の不一致も課題となっています。

図表7-22　廃校利活用の状況

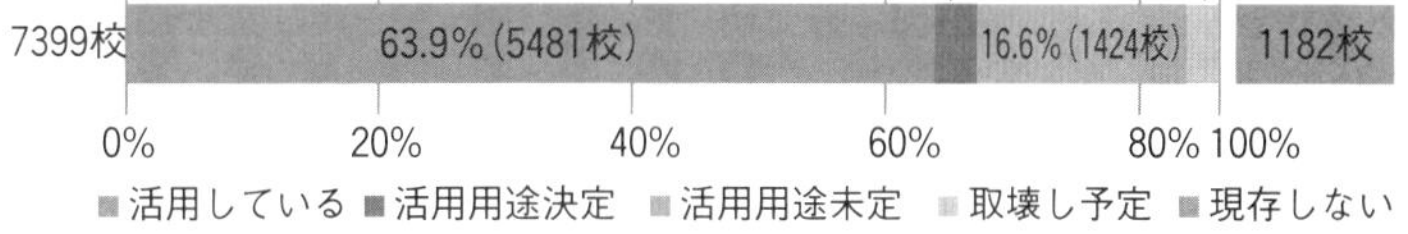

出所：「令和３年度　公立小中学校等における廃校施設及び余裕教室の活用状況について（文部科学省）をもとに著者作成

図表7-23　利用の用途が決まっていない理由

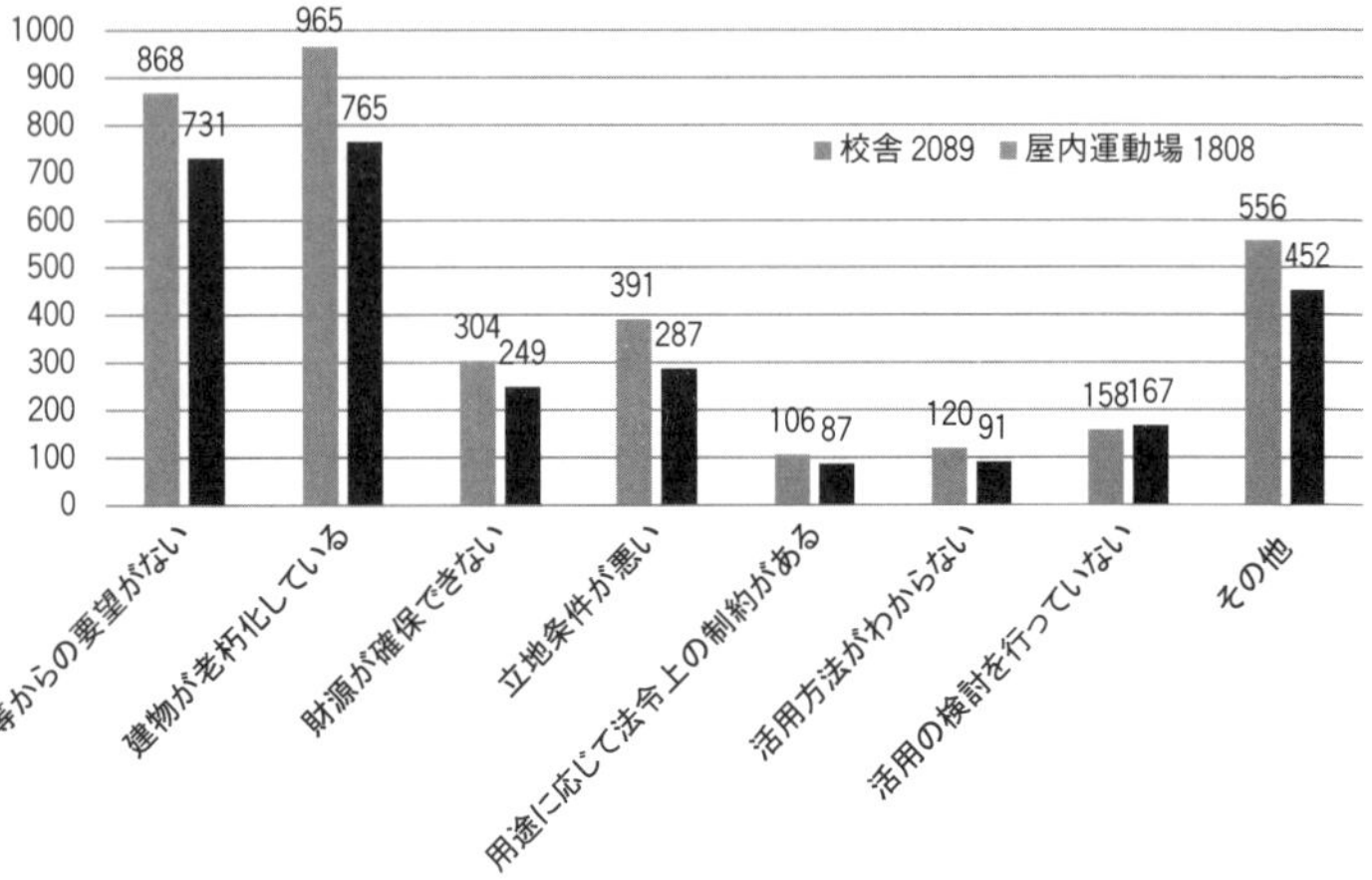

出所：「令和３年度　公立小中学校等における廃校施設及び余裕教室の活用状況について」（文部科学省）をもとに著者作成

図表7-24　校舎と屋内運動場別の利用用途

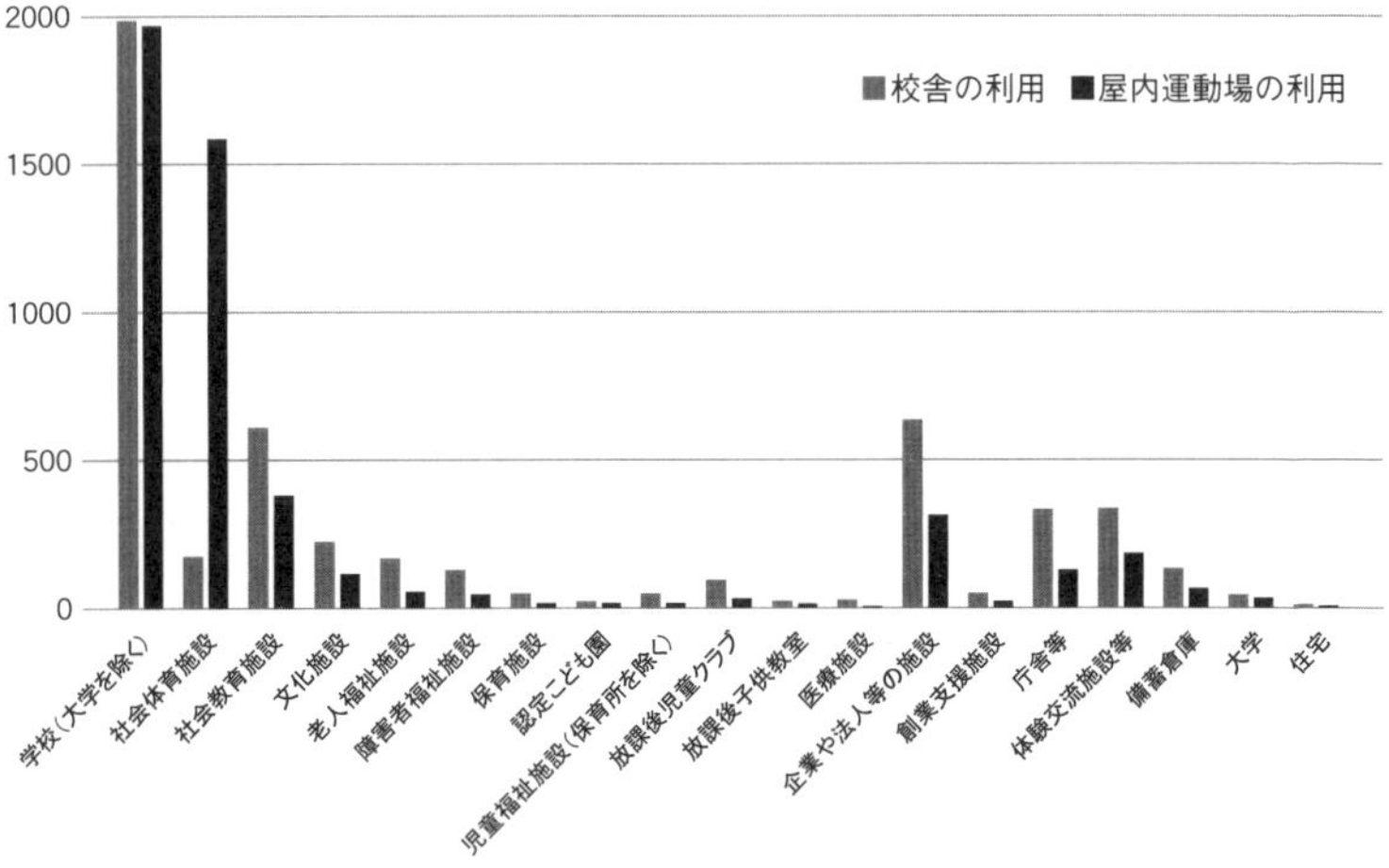

出所：「令和３年度　公立小中学校等における廃校施設及び余裕教室の活用状況について」（文部科学省）をもとに著者作成

3 PRE戦略と不動産の法制度

民間事業者が利活用する際は、行政財産としての用途を廃止し、売却、貸付などの処分や権利設定が可能な普通財産に変更することになり、貸付については一時使用が明確な場合や無償の場合等を除き借地借家法（私法）が適用されます。また、都市計画法等の公法上の制限の適用を受けます。

この結果、例えば行政から土地の貸付を受けた事業者が、その土地上の校舎等の建物を買い取る場合やその土地上に建物を建築する場合は借地借家法が適用され、一般定期借地権であれば50年以上、更新可能な普通借地権であればより長期に、土地と建物を利用できることが、不動産市場のプレーヤーの常識であり前提となります。[*65]

開発行為や建築行為が制限される市街化調整区域の廃校は、行政では問題とならない開発許可や

＊65 普通財産貸付については、原則として民法その他の一般私法の規定が適用され、貸付の目的等について地方自治法上の制限は特段規定されていません。しかし、普通財産を貸し付けた場合において、その貸付期間中に国、地方公共団体その他公共団体において公用又は公共用に供するため必要を生じたときは、普通地方公共団体の長は、その契約を解除することができる（地方自治法238条の5）と規定されています。この規定は公的不動産を借り受けて有効活用しようとする民間事業者には大きなリスクに映ります。土地を借り受けて建物を建てる場合はその投資額が多くなり、利用できる建物を解体することは社会的な損失につながることなどから、借地借家法で借地権を保護しています。借地権がなくなって土地を利用する権限（敷地利用権）がなくなると建物は存続できず解体を余儀なくされることにもなります。借地借家法は建物を保護し、継続利用を可能にするために借地権を保護しています。

建築許可が得られるか不確実です。日本の不動産法制や不動産市場を前提に事業の成果を想定する民間事業者には、さまざまなリスクがあり、それがＰＲＥ戦略への参加を躊躇することにつながる側面があります。

4 官民連携事業の方式

民間活力を利用したＰＲＥ戦略では需要の把握と事業者の選定が課題となります。需要の把握に際して行う事業者との対話方式に、①マーケットサウンディング型、②提案インセンティブ付与型、③選抜・交渉型があり、事業者選定方式に、総合評価一般競争入札方式と公募型プロポーザルがあります（図表25）。

国土交通省は公的不動産の有効活用を促進するために公的不動産（ＰＲＥ）ポータルサイトを開設し、地方公共団体が募集しているＰＲＥに関する総合評価一般競争入札や公募型プロポーザル情報を提供しています。

２０２２（令和４）年6月11日現在、活用用途を募集している廃校施設は３２０校で、地方によらず募集が行われています。

図表26は相対的に需要が旺盛と考えられる関東地方の47事例で民間活力を利用する目的です。地域の活性化や雇用促進がもっとも多く（19校）、地域貢献（10校）、周辺環境調和（10校）、地域の理解（9校）、事業の継続性（8校）が多くなっています。

募集の形態は、サウンディング型市場調査（16校）がもっとも多く、公募型プロポーザルを含めると22校（46・8％）です。事業提案（貸与）（9校）、アイデア募集6校も多くなっています。これらは図25の2）提案インセンティブ付与型、3）選抜・交渉型に移行する可能性が高いといえます。

民間活力を利用した公的不動産の利活用では、求められる説明責任と親和性が高いサウンディング型市場調査と公募型プロポーザル方式が採用されることが多くなっています。ただし公募型プロポーザルの要項を見ると利用者の権利義務と経済的負担が不確定など、不動産法制度や取引慣行と乖離する内容が含まれることがある点は改善が必要です。

上述の国土交通省の公的不動産（PRE）ポータルサイトにはPRE戦略に参加を呼び掛ける多くの情報がよせられています。総じて、狙い通りの利活用を実現することは容易でない状況があります。

図表7-25　官民連携事業における対話と事業者選定の方式

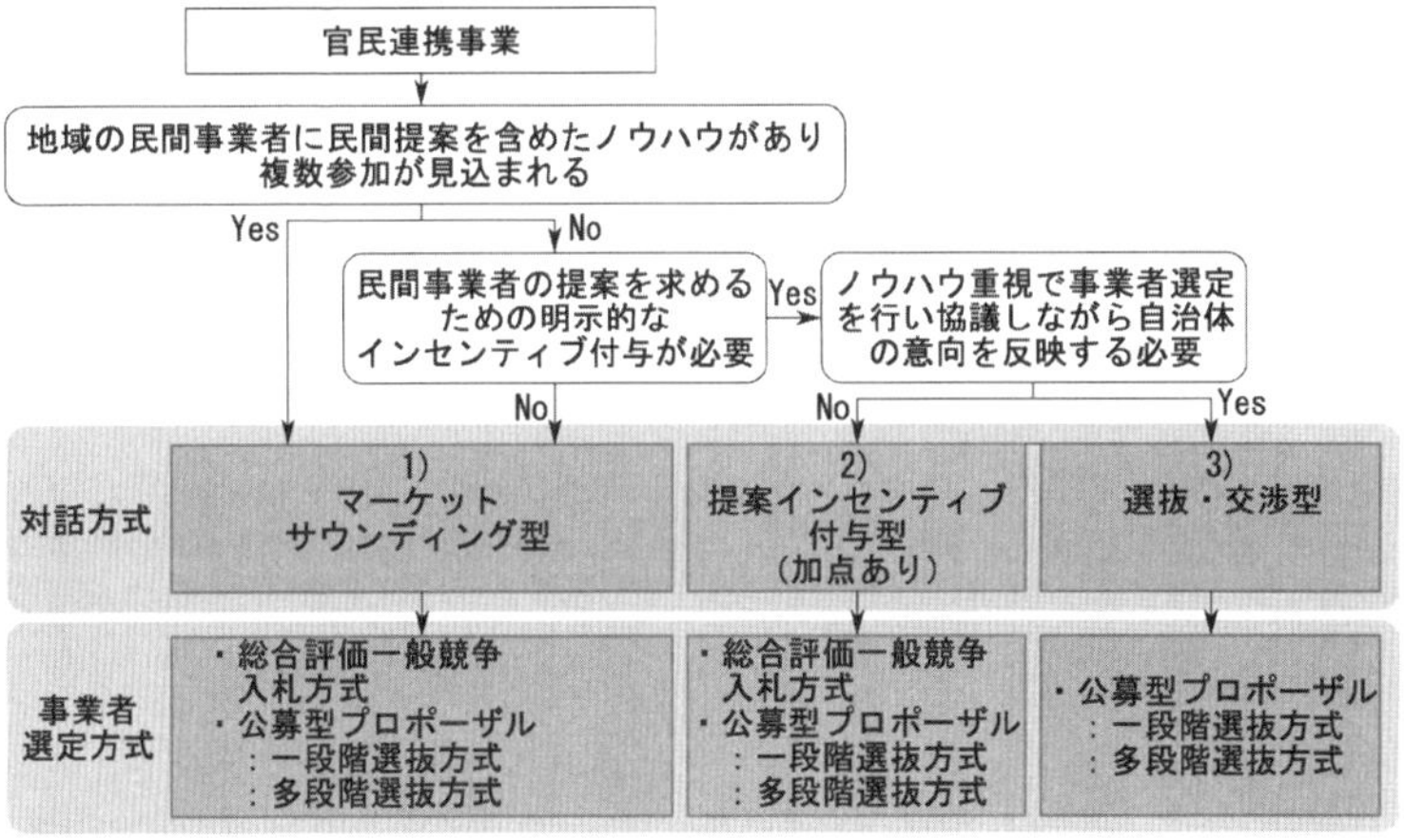

出所：「PPP事業における官民対話・事業者選定プロセスに関する運用ガイド」平成28年10月（内閣府、総務省、国土交通省）をもとに著者作成

図表7-26　廃校活用で民間活力を利用する目的（関東）

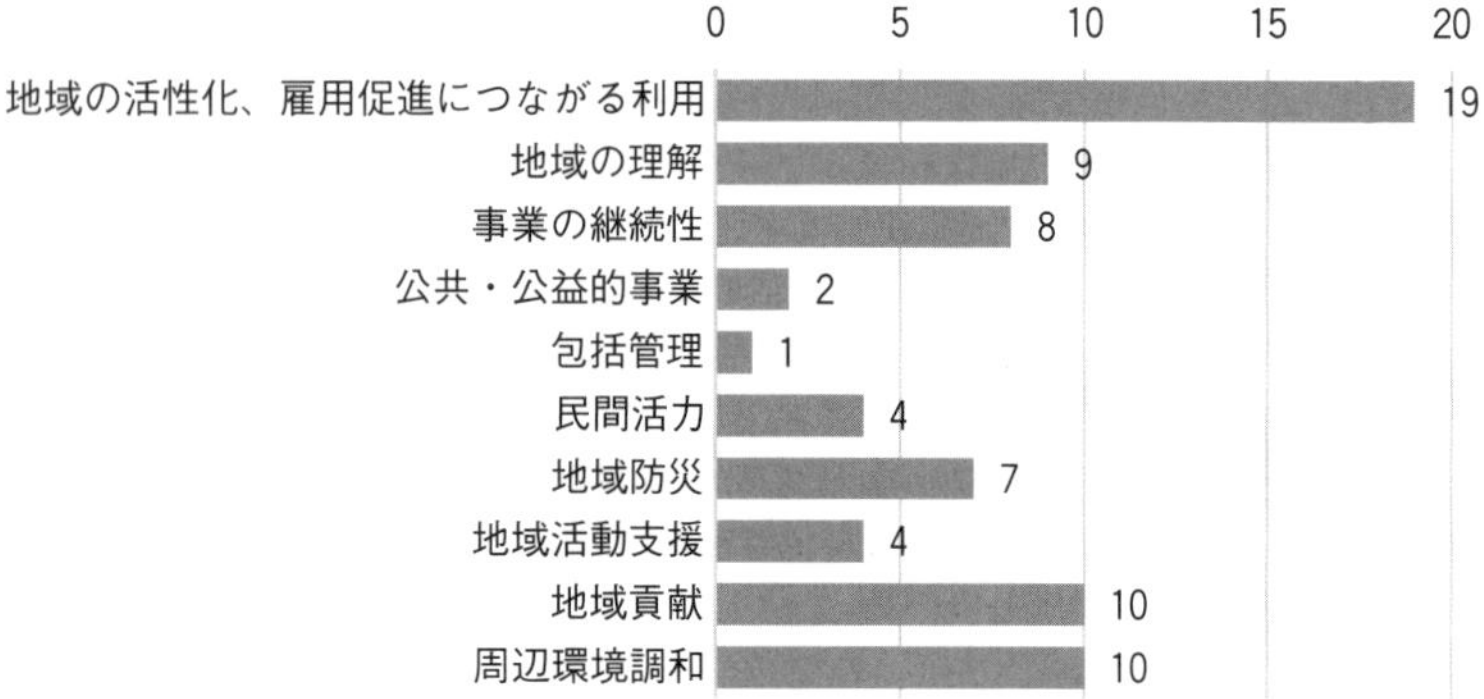

出所：公的不動産（PRE）ポータルサイト（国土交通省、令和４年６月11日時点）をもとに著者作成

図表7-27　廃校の募集の形態（関東）

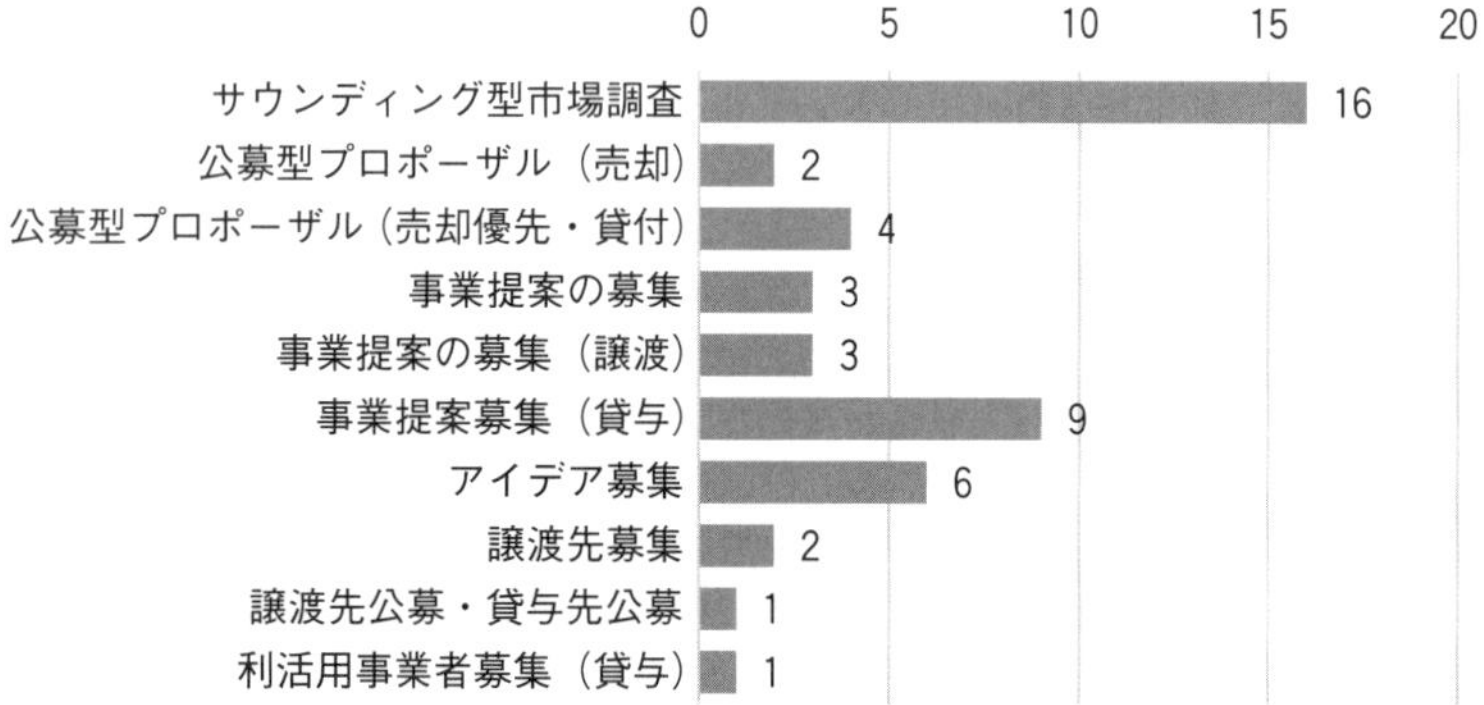

出所：公的不動産（PRE）ポータルサイト（国土交通省、令和４年６月11日時点）をもとに著者作成

コラム　米国における不動産取引のための情報提供

米国では生涯に何度も住宅を購入することも一般的で、国民の多数は不動産に関して高いリテラシーを有します。契約社会で、また訴訟社会でもあることから、契約などの法律行為に際しては、契約当事者として必要な知識と行動規範を備えることが必要不可欠となります。不動産の取引では〝買主注意せよ〟の法理のもと、リスクは買主が負うことから、欠陥等がないかどうか、買主は自らの負担と責任において調査して自己の利益を守ることが求められます。[*66] 他方、専門家ではない買主には必要な建築知識がないことから、建物の状況については、建築の専門家に依頼してインスペクションをします。

契約当事者として適切な情報に、より多く、より早く、より確実に接することができることを評価する社会背景があり、米国では不動産情報を幅広く提供するサービスが普及しています。

カリフォルニア州など米国の多くの州では、売買両当事者はそれぞれ代理人としてエージェントを雇用し、エージェント同士の交渉を通じて売買交渉を進めます。エージェントは専門家として依頼者の利益のために働きますが、適切な不動産情報を提供することは最も重要な役割の1つです。

＊66　欠陥のある商品を買ったとしてもそれは買主の自己責任です。日本の民法が、契約後に欠陥が見つかった場合に、買主に契約解除や損害賠償請求などを認める、「売主の契約不適合責任」（2020年民法改正前の「売主の瑕疵担保責任」に相当）とは逆の考え方です。

エージェントは、活動地域のＭＬＳ（Multiple Listing Service）に加入して会員となり、ＭＬＳから不動産情報を得て依頼者に提供します。

数百人から数万人規模まで、大小さまざまなＭＬＳが全米でおよそ９００存在するといわれています。ほとんどは全米リアルター協会（ＮＡＲ（National Association of Realtors®））傘下の地方組織が運営しています。

ＭＬＳにはほぼすべてのエージェントが加盟し、取引市場にある不動産情報が集約されています（リスティングシステム）。ポケットリスティング（非公開）が禁止されているため情報の集約が可能で、ＭＬＳに加盟しているエージェントならば、どこからでも網羅的な不動産情報が閲覧可能です。ＭＬＳのルールを守らないと勧告、罰金、除名などの罰則が適用されます。[*67]

ＭＬＳには成約を待つ不動産情報を提供するだけでなく、①取引の意思決定に影響を与える関連情報を提供する、②エージェントの業務を支援するツールを提供する、③一般消費者が利用できるポータルサイトに情報を提供するなどの機能も備えます。[*68]

①は、対象不動産にかかる過去の売買履歴、所有者と売買価格、ローンの額や債権者名、固定資産税の評価額などの不動産履歴情報のほか、公図、洪水マップ、デモグラフィー情報[*69]、学校区情報、マーケット情報などの周辺情報を提供する民間企業[*70]と連携して利用に供するものです。②は、電子サインシステム、顧客管理システム、ローンシュミレーター、教育システムなどです。③は、ＺＩＬＬＯＷ、truliaなどの不動産テック企業[*71]にデータを有料で提供して一般消費者が利用できる状態を作ることに間接的に寄与します。

ＭＬＳのデータのほか、公的機関や民間企業が有するデータを円滑に利用するために、データ互換技術を用いたデータ連携（ＩＤＸ）が発達しています。また、ＡＩを活用した価格査定やビッグデータによる予測分析などのサービスも提供されています。

＊67 エージェントにとってＭＬＳから除名されるとビジネスの遂行が極めて困難になることから、ルールが順守され、結果として情報の透明性と網羅性が担保されます。

＊68 ＭＬＳによって提供するサービスは異なります。

＊69 周辺地域の居住者の年齢、収入、家族構成、職業などの属性や特徴を定量的に分析するための人口統計的なデータをさします。これにより、地域の市場特性や傾向を理解することが可能となります。

＊70 パブリックレコードやオープンデータを収集、データ化して提供する企業をデータブローカーと呼んでいます。

＊71 Redfinも有力な不動産テック企業ですが、不動産の資格をもっていてＭＬＳを直接利用できる点が異なります。

第8章　投資としての不動産

第8章◆はじめに

不動産投資の方法が多様化しており、その受け皿として投資商品の開発が行われています。

1棟の土地と建物を所有して賃貸経営する伝統的な方法のほか、投資用に企画開発して分譲された区分所有のマンションを購入して賃貸する方法があります。不動産の収益の目論見を開示して投資家からの投資を募る不動産投資信託も普及しています。また、身近な不動産投資としては、購入した住宅の価値を高め、売却時に収益を得る方法があります。

個人が持ち家を持つことも不動産投資の一形態ということができます。地域や建物を良い状態に保てば売却益を得ることもできます。長寿社会では老後の生活の場所や費用が課題となりますが、持家は建物として住む場所であると同時に、資産として生活資金を捻出する手立てともなりえます。年金だけでは生活が困難なことが予測されることから、個人年金として不動産投資をして収益を得る、税制の特性を利用して税金の負担を少なくするなども行われています。

REAL ESTATE 1

個人年金

1 老後の生活を豊かに過ごす

長寿社会で長くなる老後の生活に必要な資金を年金や貯蓄だけではまかないきれない可能性があります。不動産投資によって不足分を補い、豊かでゆとりのある老後の生活に備える必要性が高まっています。

英国では、住宅等の不動産は、日本の所有権に相当するフリーホールドか賃借権に相当するリースホールドを権限として利用しています。建物に独自の所有権はなく土地所有権に含まれる、言い換えると、土地と建物を同じ人が所有する英国では、リースホールドは建物と土地を借りて使う権利を意味し、借家権と解すべきですが、長期のリースホールドは譲渡可能で、購入者は金融機関から融資を受け

図表8-1　英国の借家権の売買と賃貸

写真：著者撮影

ることができます。借家権の譲渡は現在の日本ではほとんど行われませんが、建物を長期に利用することと、賃借権が多様に展開できることを組み合わせて、不動産を個人年金の原資にすることが行われます。

世帯の小規模化[*1]は世界的な傾向ですが、図表1は、高齢の夫婦がフリーホールドを持つ庭付き2階建のセミデタッチハウス[*2]を、需要に合うように上下別々の住戸（フラット[*3]）に分割し、下階を1年のリースホールド（月額120ポンド）で賃貸し、高齢所有者の生活資金にあてると同時に、上階に125年のリースホールドを設定し、約18万ポンドで賃貸[*4]して、人生最後の世界一周クルージング費用にあてた例です。若い頃に取得した住宅をいわば資産価値の〝蓄電池〟として利用し、高齢期の生活の安心と豊かさに利用しています。

日本では2014（平成26）年にNISA[*5]（ニーサ）といわれる少額投資非課税制度が創設されました。少額からでも投資を促し資産形成を支援するものです。金融商品に投資して利益や配当を受け取ると約20％の税金がかかりますが、NISA口座で投資した場合は非課税となります。

NISAは制度を拡充し、2024（令和6）年からは年間の投資枠が拡大されました。金融商品に投資して資産形成を促す制度ですが、この制度を契機に国民の投資に関する取り組みが変化することが予想されます。

将来は金融商品のみならず、不動産の投資にも関心が高まり、不動産投資市場が成長することが見込まれます。

REAL ESTATE 2

投資のタイプ

不動産投資の方法が多様化しています。

1棟の土地と建物を所有して賃貸経営する伝統的な方法のほか、投資用に企画開発して分譲された区分所有のマンションを購入して賃貸する方法や不動産の収益の目論見を開示して投資家からの投資を募る不動産投資信託も利用できます。購入した住宅の価値を高め、売却時にキャピタルゲイ

＊1 晩婚化や生涯独身者の増加のほか、長寿化に伴い、高齢期に夫婦だけ、あるいは、1人で暮らす時間が増えたことなどが背景にあります。

＊2 英国ではHouseは土地付きの住宅を意味します。Semi-detached Houseは一棟の中に2戸の住宅を持つ二戸建て住宅です。階数にかかわらず、庭を持つ1つの住宅として所有します。

＊3 Flatは土地を持たず、1つの階で完結する住戸をいいます。セミデタッチハウスやテラスハウスをフラットに転用したものをコンバーテッドフラットといいます。英国では1つの住宅タイプとして統計にも位置づけられています。

＊4 リースホールド（借家権）ですので「賃貸」ですが、実質的には「譲渡（売却）」ということができます。当該金額は設定した借家権の権利金に相当します。高齢の夫婦が125年間家賃をもらい続けることはできませんので、家賃の前払いとして一時金（権利金）を収受します。この結果、毎月の家賃は極めて低額になります。借家権を入手したリースホールダーが利用する必要がなくなった場合はその時点で残っている期間に見合う価格で譲渡（売却）します。不動産市場で住宅価格が高騰しているなどの場合、借家権者もキャピタルゲインを得ることができます。

＊5 Nippon Individual Savings Accountの略。英国のＩＳＡ（Individual Savings Account；個人貯蓄口座）をモデルに創設しました。

ンを得る方法は身近な不動産投資ということができます。

1 投資用マンションを購入して賃貸する（1住戸分の区分所有権を所有する）

マンションの区分所有権を購入し、その住戸を賃貸して収益を得る方法です。

賃貸することを前提に分譲する投資用マンションでは、開発事業者が分譲、賃貸、管理を一括して行い、所有者は投資家として収益を受け取ります。比較的少額で投資できる、所得税の節税につながる側面があることなどから普及が進み、不動産投資の一形態として認知されています。

投資用マンションの開発事業者は、企画段階から賃貸収益を目的とする投資家

図表8-2　分譲マンションと不動産投資

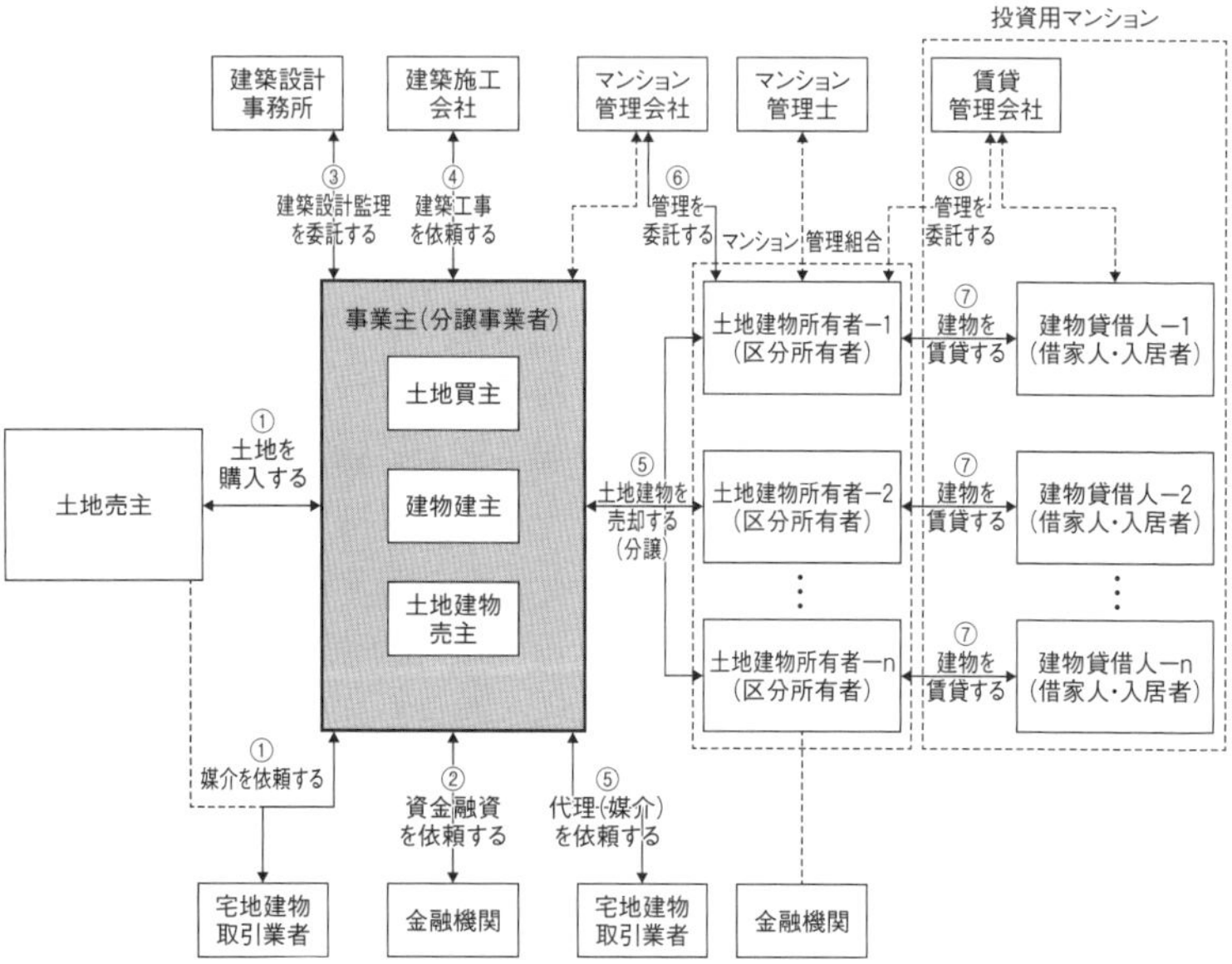

に住戸ごとに販売することを前提に設計、建設します。

また、開発事業者は、購入した投資家の賃貸経営が円滑になるよう、賃貸募集や賃貸管理を支援します。

投資家が区分所有権を購入して建物の区分所有者となり、管理組合を構成して運営に参加する仕組みは一般の分譲マンションと同様ですが、管理組合が行うマンション管理も開発事業者が支援して、投資家にとっては面倒に思えるマンション管理に関与する程度を軽減します。

投資家が得る収益には、賃貸で得るインカムゲインと売却で得るキャピタルゲインがあります。インカムゲインは家賃収入から固定資産税、管理費等の必要諸経費等を引いた純収益です。購入時に金融機関から融資を受ける場合は、返済を含めた収支計画で投資の適格性を確認します。

キャピタルゲインはマンションの売却額が購入額を上回る場合の利益です。建物が古くなったとしても、立地が良い、稀少性が高い、管理が良い、賃貸条件が良いなどの条件があればキャピタルゲインを得ることも可能です。他方、値下がりすればキャピタルロスが生じます。

投資する際はインカムゲインとキャピタルゲインのほか、所得税の節税などの効果も合わせて投資の適否を判断します。

2 賃貸アパートを経営する（賃貸用の建物全体を所有する・賃貸用不動産を購入する）

1棟の賃貸用不動産への投資には、完成している土地建物を購入する方法と準備した土地に建物を新築する方法があります。

　前者はさらに、新築を購入する方法と既存の賃貸用不動産を購入する方法があります。

　既存の賃貸用不動産を賃借人が入居している状態で購入する場合は、実際の家賃収入がわかる点がメリットです。建物を新築する方法では、準備した土地がある場合はそれを利用できますが、そうでない場合は購入するなどにより、土地を入手する[*6]ところから始めます。

■賃貸用建物を新築して賃貸する

　土地を購入して建物を新築する場合、投資家（事業主・賃貸経営者）は、①宅地建物取引業者に土地の媒介を依頼して②土地を購入します。

　そして、③土地代金を支払うために金融機関から資金融資を受け、④建築設計事務所に建築設計監理を委託し、⑤完成した図面をもとに建設業者に新築工事を依頼します。

図表8-3　購入した土地に賃貸建物を新築して経営する

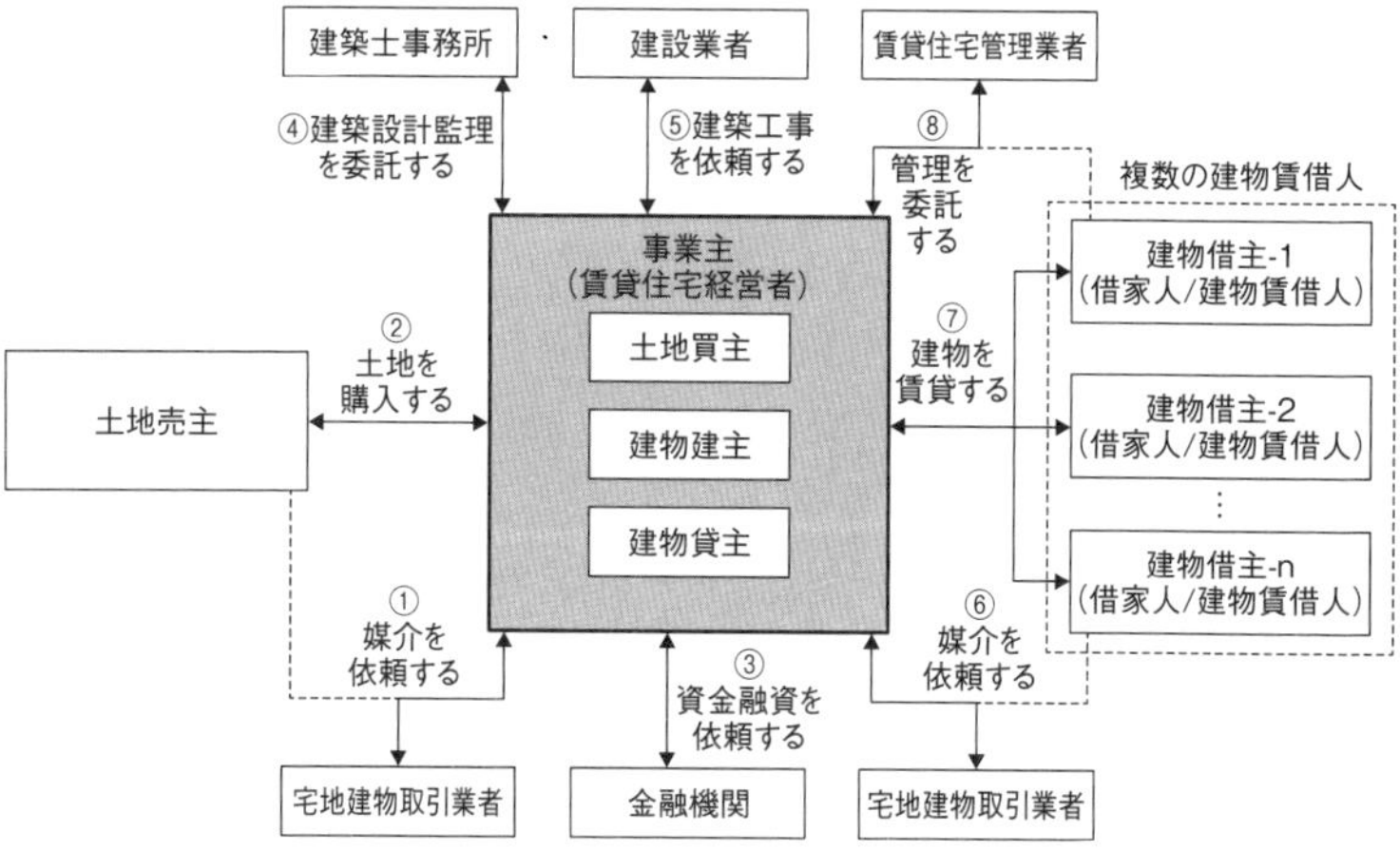

その後、⑥完成した建物の賃貸の媒介を宅地建物取引業者に依頼して、⑦建物を賃貸し、⑧賃貸住宅管理会社に管理を委託して賃貸経営を行います。

■建設型サブリース方式

ハウスメーカー等の事業者が、新築した建物1棟全体を借り上げることを約束して賃貸住宅の建設を勧める方法がとられることもあります。

事業者は賃借人として借りた建物を転貸人として転貸[*7]します。この方式の特徴は、サブリース会社は自ら、もしくは関連会社等と連携して、建築設計、建築施工、賃貸媒介、賃貸管理を行うことです。また、1棟借り上げる賃貸借契約が20年な

＊6　一般には購入により土地所有権を取得します。その他には、贈与や相続で所有権を入手するほか、借地権を入手することもあります。

＊7　一般的な賃貸借契約では（無断）転貸を禁止しますが、サブリース方式では転貸することを前提とし、転貸を認めることを当初より認めることを明示して契約します。この方式は米国の不動産市場で行われるサブリースとは異なるもので、日本独特の方法です。

図表8-4　建設型サブリース方式の仕組み

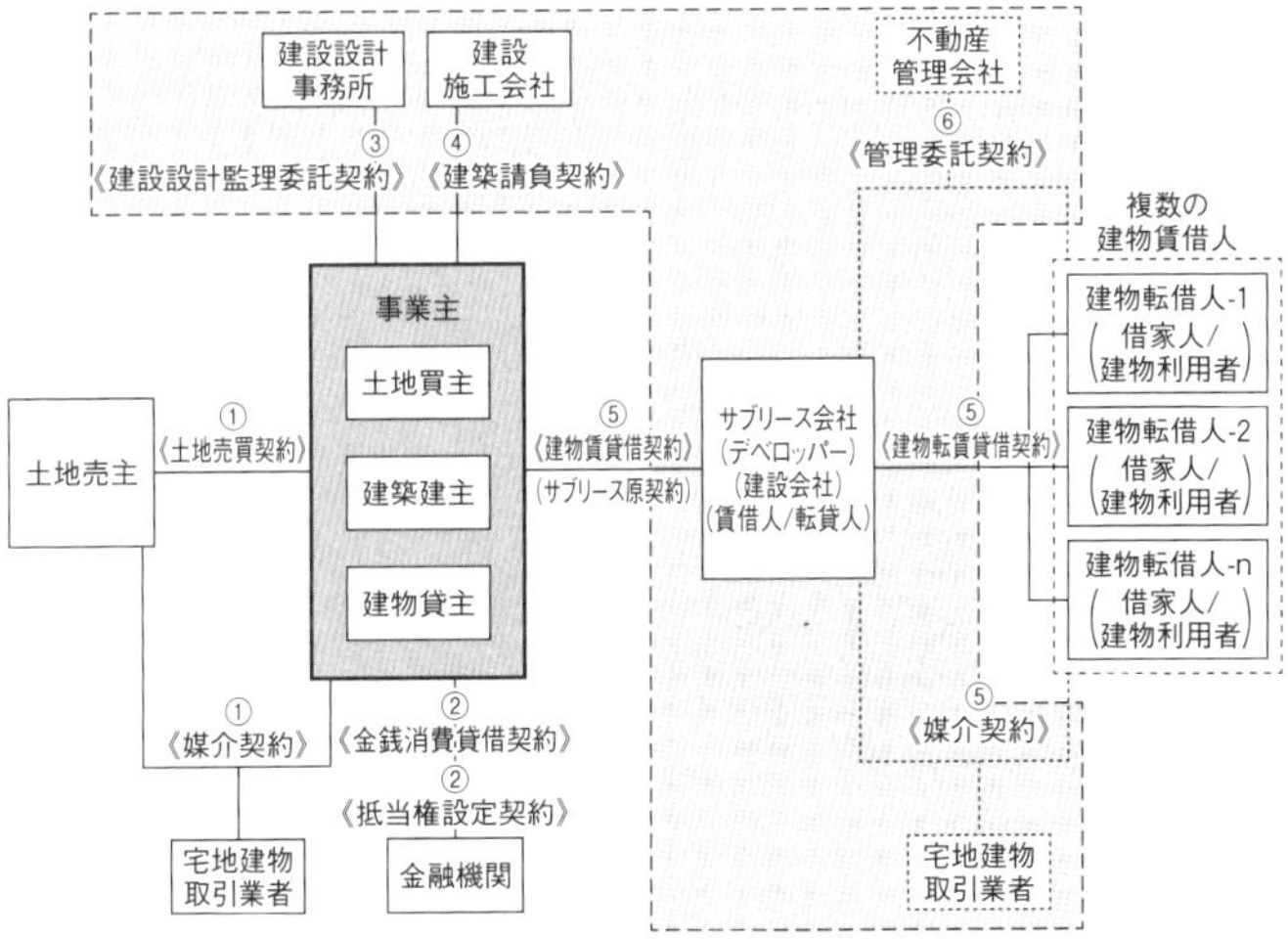

どの長期に及ぶことも特徴です。事業者は建築するところから20年等の長期にわたって賃貸住宅に関与します。依頼者には1社と契約すること（ワンストップ）で賃貸住宅の建設や経営に関連するすべてのことを事業者が行ってくれる簡便さがあります。半面、家賃の改定でトラブルが生じることもあり、賃貸住宅管理業法を創設する一因[*8]となりました。

コラム　逆説のサブリース

投資家の投資を誘引するため、投資家が所有する投資用不動産を一定期間借り上げて転貸するサブリースが普及しています。[*9] サブリース型の不動産投資では、投資家（賃貸人）が入居者（賃借人）と賃貸借契約を結ぶのではなく、投資家（賃貸人）と事業者（賃借人）が賃貸借契約を結び、事業者（賃借人＝転貸人）が入居者（転借人）に転貸します。投資家には、入居者募集や管理など専門的で煩わしいことを事業者が行ってくれる、長期に1棟全体を借りてもらえるなどのメリットがあります。他方、契約期間と賃料を明記して賃貸借契約を結んだことで、将来の収入額が確定されている（家賃保証）と投資家が誤認してトラブルになる事象が起きています。借地借家法は経済情勢などに変動があった場合、借家人に家賃減額請求権を認めています。家賃減額請求権は契約書に記載しなくても認められる法律上の権利で、契約内容に優先します。[*10]

事業主である賃貸人が必要十分な知識を持たないまま賃貸経営する危うさが露呈しました。そのこと自体、改善すべき課題ですが、弱い立場の賃借人を保護する趣旨の借地借家法の規定を、専門知識をもつ「強い」事業者が賃借人となって援用する法と現実の逆説が生じたといえます。

サブリースは土地所有者にアパート建設を勧める場合に多く用いられるほか[*11]、賃貸用建物の建設費の出資を勧める場合に用いられることもあります。そのような場合でも同様の注意が必要です[*12]。

トラブルを予防するため、２０２０（令和２）年賃貸住宅管理業法が制定されました。

この法律により、事業者は家賃保証という表現をしてはいけないことや将来家賃が下落する可能性があることを説明するようになりました。

＊8　かぼちゃの馬車の事件の仕組みは細部では図と異なるものの、サブリース方式において、サブリース会社が破綻して投資家が破産するなどの被害が生じました。

＊9　米国等では、安く借りて高く転貸することは利益相反にあたるとして回避することが一般的です。なお、サブリースはここで取り上げる投資用不動産の場合のほか、建築再生や空き家再生などでも用いられることもあります。両者は基本的な考え方が異なることに注意が必要です。

＊10　借地借家法は一定の規定について法律よりも借主に不利な契約を結ぶことを禁止しています。このような規定を強行規定といいます。

＊11　サブリースが普及している一因には、借入金で賃貸アパートを建てると相続税が節税できることがあります。

＊12　２０１８年に社会問題化したかぼちゃの馬車事件は、長期に借り上げて家賃保証するとして女性用シェアハウスのサブリース事業を展開していた事業者が破綻したことで顕在化しました。事業者は女性用シェアハウスを建てることを土地所有者に持ち掛け、その土地上に投資家の出資金で建物を新築したうえで、長期に借り上げて転貸する一方、投資家には「家賃保証」するとしていました。事業者が破綻し、投資家は家賃が入らなくなる一方で、ローンの返済は避けられず、苦境に陥ることになりました。この事案では投資家に対する不適切な融資も問題でした。

3 投資家に出資を募って収益用不動産を取得する

後ほど詳しく取り上げますが、証券化不動産のように投資家に出資を募って大きな資金を準備して収益用不動産を取得するタイプの投資も活発化しています（図表5）。

収益用不動産を開発する際に必要な資金の主な供給者は銀行等の金融機関[13]ですが、開発の段階から投資マネーが投入される開発型不動産投資も増えています（図中②）。

このタイプの不動産投資は完成後、早期に売却することを念頭に置くものもあります。

*13 開発プロジェクトへの直接的な資金提供は金融機関が行いますが、金融機関が提供する融資金は預金者から集めた預金で、融資や預金には利息がつきます。この点で金融機関に預金する一般の預金者も広義に投資家ということもできます（間接金融）。

図表8-5　収益用不動産開発

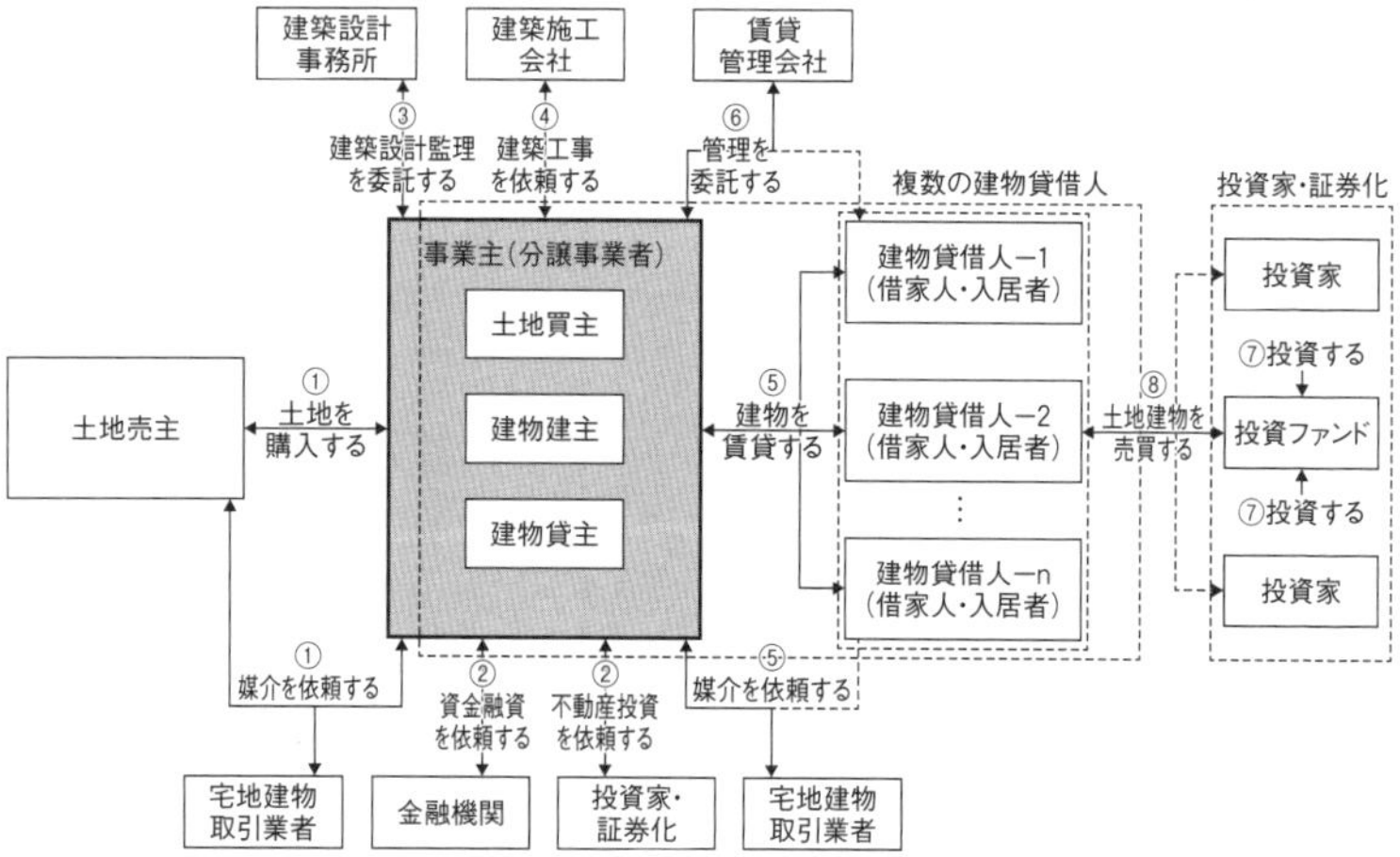

REAL ESTATE 3

節税

第7章でも、不動産の税金について触れましたが、ここでは投資に関係する不動産の税金、特に節税について紹介します。

不動産の取得、保有、譲渡、貸付け、贈与、相続などに対して、税金が課税されます。税額は、一般に「税額＝課税評価額×税率」で算出します。

評価額、税率、税額のそれぞれに例外規定が設けられることも多く、例外規定は土地・建物別、新築・既存別に規定されることも多いので注意が必要です。

1 不動産の保有にかかる税金

保有にかかる税金でもっとも一般的なものは固定資産税です。毎年1月1日時点の所有者に課税される[*14]市町村税で、市町村の重要な収入源となっています。課税評価額は市町村が土地建物別に評価しており、3年ごとに評価額の見直しを行います。税率は市町村の条例で定められ、一般に1・

＊14　固定資産税は毎年課税します。

4%が採用されています。

時価に対して課税するのが原則です。ただし地価急騰期、課税上の価格が実勢価格とかけ離れて安いことから土地が有利な資産となって地価上昇を招いていることを見直す必要があるとして、土地について、課税標準額が地価公示価格の70%程度まで高められました。この際、急激な税額の上昇を緩和するため、負担調整措置が導入されました。住宅用地については、面積200㎡以下は評価額が6分の1となり、それを超えた部分は3分の1となります。[*15]

建物については木造と非木造に分けて評価する仕組みで、準備された評点表に基づいて評価を行います。経年による減価についても考慮しますが、物価上昇がある、耐用年数を超えた場合の利用価値を評価[*16]することなどのため、会計上の減価[*17]ほど、また、実際に取引される際の売買価格[*18]ほど急激な減価とはならないことが一般です。

固定資産税は、ほかの税金ほど特例は多くありませんが、新築住宅や耐震改修を行った建築物などで税額の特例が認められることがあります。

都市計画税は都市計画事業を行うために、原則として市街化区域内の土地と家屋に課税されます。課税評価額は固定資産税評価額で税率の上限は0・3%です。住宅用地の課税標準額について、200㎡までは3分の1、それを超えた部分については2分の3まで減額されます。

2 相続したときの税金

相続税は被相続人が財産を残して亡くなった場合に、相続財産の額に応じて課税される国税です。

■法定相続人

法律上相続人になることができるのは、被相続人の配偶者、子、親、兄弟姉妹です。配偶者は必ず相続人になりますが、そのほかの者については以下の順位によります。

被相続人に子がいる場合は子が第1順位となります。被相続人より先に子が死亡している場合は、子の子（被相続人の孫）が代襲相続します。

図表8-6　法定相続人

法定相続人	配偶者	
	第1順位	子
	第2順位	親
	第3順位	兄弟姉妹

＊15 土地の広さは1住戸分について判断します。このため1000㎡の土地に住戸数10の賃貸住宅が建ってる場合は6分の1で計算します。

＊16 耐用年数経過後に継続利用する場合の残価率を20％としています。

＊17 企業会計原則では、構造ごとに規定された耐用年数で減価償却します。減価償却には節税効果があることから各年の償却額を多くしたい、資産を早期に更新して企業の競争力を保持したいなどの要因から、早期に償却して簿価を安くする傾向があります。また、残価を1円として、償却額を多くするなどが行われます。

＊18 日本の不動産取引では建物価格が安いことが問題として指摘されています。

配偶者と子全員の法定相続分は1：1です。

被相続人に子がいない場合で、親が生きている場合は第2順位の親が相続します。この場合、配偶者と親の法定相続分は2：1です。

第1順位の子、第2順位の親がいない場合で、被相続人の兄弟姉妹がいる場合は第3順位の兄弟姉妹が相続します。配偶者と兄弟姉妹全員の法定相続分は3：1です。

■相続税の対象となる財産

相続税の対象となる財産には、実際の相続財産のほか、みなし相続財産及び死亡前3年以内の贈与財産が含まれます。みなし財産とは、生命保険の死亡保険金や死亡退職金、年金の受給権などです。[*19] 被相続人に借金や未払いの税金等があれば、相続財産から控除します。

以上によって求めた正味の遺産額から、基礎控除額[*20]を控除して課税遺産総額を求めます。また、小規模宅地の特例があり、一定の居住用宅地や事業用宅地を相続した場合、評価額を減額することができます。

図表8-7　相続税の対象となる財産

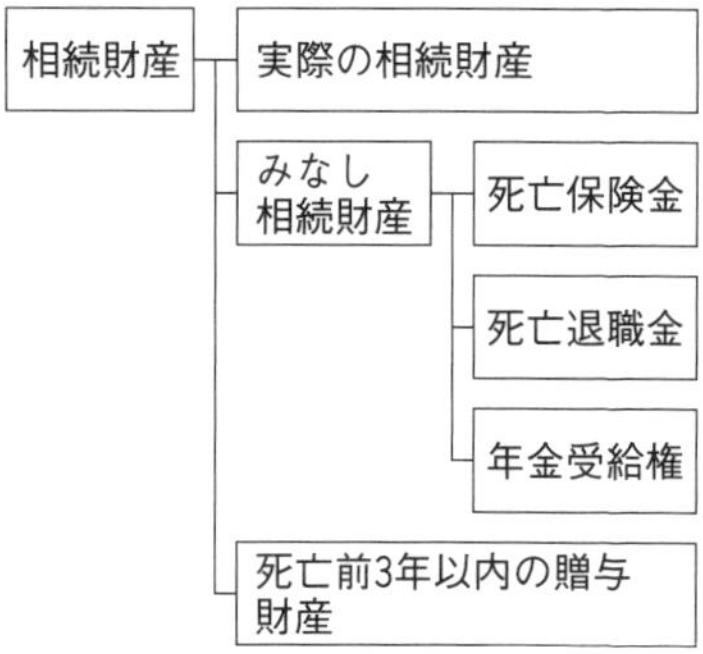

■税額計算

課税遺産総額を相続人が法定相続分を相続すると仮定して、速算表に基づいて税額を計算し、これを合計して相続税総額を求めます。

次に、総額を実際に各相続人が相続した財産の価格割合により配分し、税額控除がある場合はこれを差し引いて相続人ごとの相続税額を求めます。

税額控除としては、配偶者の税額軽減、未成年者控除、障害者控除、相次相続控除などがあります[*21]。

配偶者の税額控除では、配偶者の法定相続分または1億6000万円のいずれか多いほうに対応

図表8-8　アパート建設と税制の関係

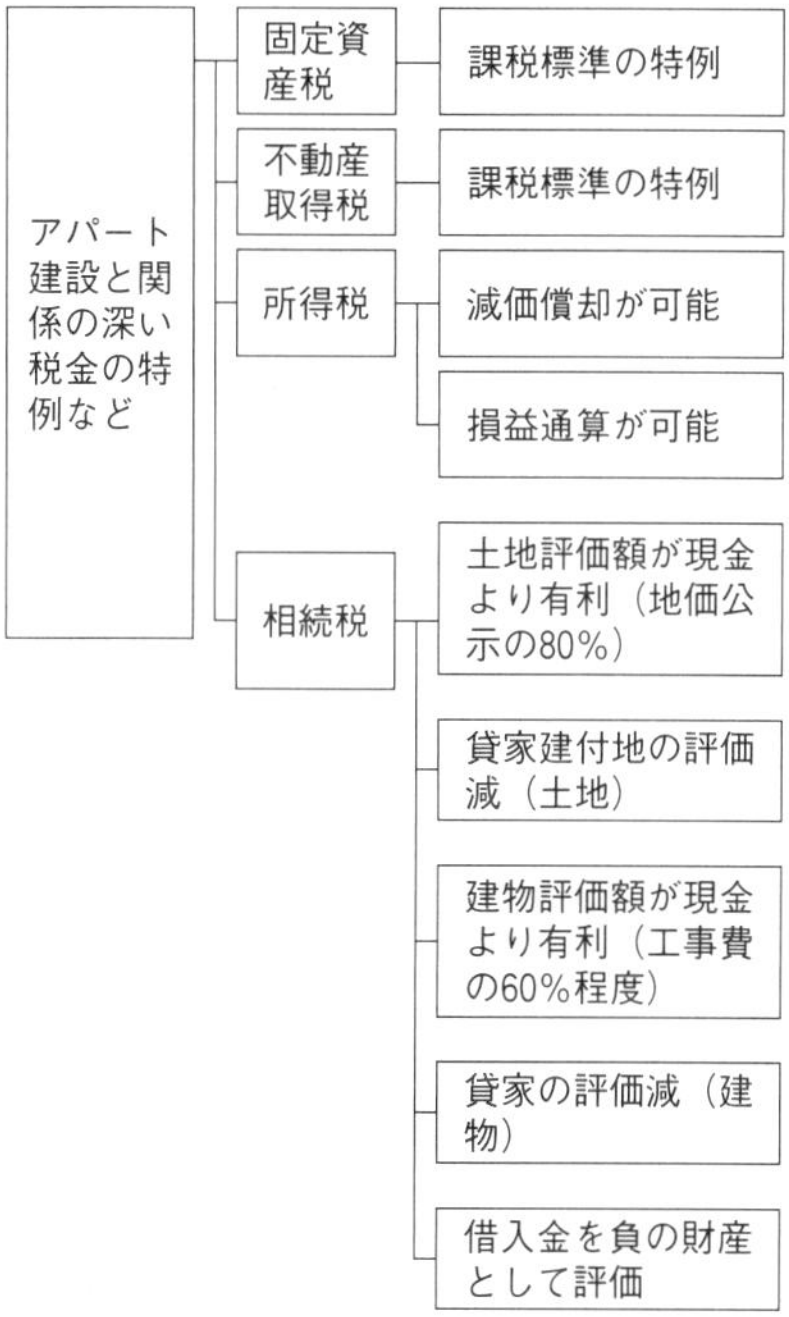

＊19　保険金や退職金は500万円×法定相続人数で求めた額までは非課税となります。

＊20　基礎控除額は、1987（昭和62）年までは2000万円＋400万円×人数、1988（昭和63）年から4000万円＋800万円×人数、1992（平成4）年から4800万円＋950万円×人数、1994（平成6年）から5000万円＋1000万円×人数、2015（平成27）年から3000万円＋600万円×人数です。基礎控除額は土地価格の変動も影響しています。

＊21　特例にはいろいろのものがあり、随時見直しされます。本稿で記載したものは特例等を網羅したものではありません。

する税額を控除することになっています。

3 不動産税制と土地利用

■借入金によるアパート経営

不動産の税金は取得、保有、譲渡、貸付け、贈与、相続などに課税されます。相続税等の節税目的で生前に借入金でアパートを建設することがあります。

土地所有者が建築費を借り入れてアパートを建設するケースについて税制との関係で整理すると次のとおりです。

固定資産税については住宅用地に該当し、かつ1住戸あたりの土地面積は200㎡以下のことがほとんどのため、課税標準が固定資産税評価額の6分の1に減額されます。

不動産取得税については、住戸面積40㎡～240㎡の新築住宅について、1戸あたり評価額から1200万円控除されるため、1LDKから2LDK程度で一般の仕様のアパートの税額は0となることが多くなります。所得税ではキャッシュアウトしない（誰かに支払うわけではない）減価償却額が費用として認められる、賃貸経営による不動産所得の損失を、ほかの所得と損益通算すること

図表8-9　貸家建付け地の評価減

建物
- 貸家として評価
- 自用の建物価格×（1－借家権割合）
- 自用の建物価格：建設費の60％程度で評価
- 借家権割合30％（土地にも適用）
- 60％×70％＝42％→建設費より50％以上安く評価

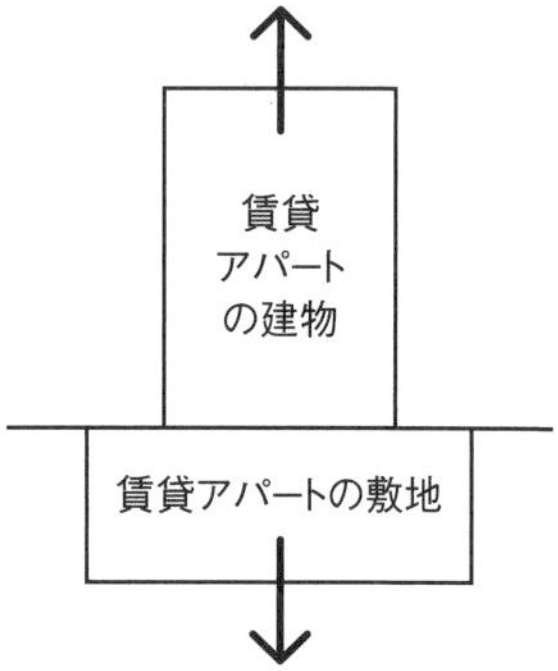

土地
- 貸家建付地として評価
- 自用地価格×（1－借地権割合×借家権割合）
- 自用地価格：取引価格の70％で評価
- 借地権割合60％の場合：
  70％×（1－60％×30％）＝57％
  →取引価格より40％以上安く評価

ができるなどが期待できます。

相続税では、土地について貸家建付け地の評価、建物について貸家の評価となります。貸家建付け地の評価額は、「更地の評価額×（1－借地権割合×借家権割合（30％））」で、更地に対して15％から20％程度安くなります。貸家の評価額は、「建物の固定資産税評価額×（1－30％）」で、30％安く評価できます。また、建設費に対する借入金が債務控除できます。

このような相続税ほかの節税効果を期待して、土地所有者が賃貸アパートを借入金で建設することが行われます。[*22]

相続税を節税した後も借入金の返済は続きます。賃貸経営が不調で返済が滞ると、抵当権者が抵当権を実行します。抵当権は強制的に不動産を売却して融資金を回収する権利で、金融機関は競売にかけることができます。競売の競落人が所有者となり、相続人は土地と建物の所有権を失うことになります。過大な借入金による賃貸経営は高いリスクを伴います。長期に及ぶアパート経営の事業性の慎重な検討が求められます。

＊22　賃貸市場の需給にかかわらず、相続税の節税目的で賃貸住宅が供給されることが空室率の上昇などにつながります。建物の賃貸収入が期待を下回って借入金の返済が滞ると抵当権が実行され、結果的に土地建物の所有権を失います。建設後の賃貸経営を十分考慮したうえで相続税対策を考えることが重要です。建物を賃貸することで可能となる節税は投資用マンション（区分所有建物）を購入して賃貸する場合も基本的に同じです。分譲マンションの市場価格は上階が高い一方、固定資産税や相続税の負担割合は専有面積によることが基本となっていることから、超高層マンションの上階ほど節税効果が高いという特性があります。この特性を利用した過度の節税を防ぐため2023（令和5）年の税制改正によって修正が図られました。

REAL ESTATE

4 リスクと利回り

1 賃貸用不動産に投資する際の留意点

投資用不動産の販売や建設を行う事業者が、家賃保証による安心感や利回りの高さを示して不動産投資を促すことがあります。

■サブリース方式による家賃保証の意味を理解する

賃貸用の不動産投資では、投資家（賃貸人）が直に入居者（賃借人）と賃貸借契約を結ぶのではなく、投資家（賃貸人）と事業者（賃借人）が賃貸借契約を結び、事業者（賃借人＝転貸人）が入居者（転借人）に転貸するサブリース方式が用いられることがあります。

投資家には、入居者募集や管理など専門的で煩わしいことを事業者が行ってくれる、長期に借りてもらえるなどのメリットがあります。

他方、契約期間と賃料を明記してサブリース契約を結んだことで、将来の収入額が確定されている（家賃保証）と投資家が誤認してトラブルになる事象が起きています。

借地借家法は経済情勢などに変動があった場合、借家人に家賃減額請求権を認めています。[*23]家賃減額請求権は契約書に記載しなくても認められる法律上の権利で、契約内容に優先します。[*24]弱い立場の賃借人を保護する趣旨の借地借家法の規定を、事業者が自らの利益のために適用することを織り込んで契約することで生じるトラブルということができます。

サブリースをめぐっては投資用不動産購入資金の不適切な融資やサブリース事業者が破綻するトラブルもあります。

このようなトラブルを予防するため、2020（令和2）年に賃貸住宅の管理業務等の適正化に関する法律（賃貸住宅管理業法）が制定されました。家賃保証は実務上、用いられてきた用語ですが、同法により使用が禁じられました。

■投資の利回り

不動産投資を勧める際に〝利回り10％〟などと表現することがあります。利回りは投資の優劣を判断する重要な指標ですが、不動産の利回りが多様な計算方法で計算されて一義的でないために混乱が見られます。

利回りは収益を投資額で割って求めますが、収益は必要諸経費や借入金返済額を引いた正味の手

＊23　借地借家法は、借賃増減請求権を規定して、増額も認めています。借主が賃料の増額請求をすることは考えにくく、もっぱら、賃料減額請求が問題となります。

＊24　強行規定で、仮に契約書に賃料減額請求権を認めないと規定しても、借主に不利な特約として無効となります。

取り額を用い、投資額は土地建物を取得するために要する費用の合計を用いることが基本です。〝利回り10％〟は必要諸経費等を引く前の収益を建物価格で割っている可能性があり、[*25]実際よりも著しく有利と思える可能性があることに留意が必要です。提示された利回りの計算方法を確認する、基本通りの利回りを提示してもらうなど、あいまいさを排除して適切に投資判断することが重要となります。[*26]

さらに、不動産の利回りは単年度の場合もあれば、投資期間を通じた利回りが用いられる場合もあります。前者は年によって変動する断片的なものであることに対し、後者は包括的な利回りです。適切な投資判断には投資対象不動産を手に入れてから手放すまでの全期間を通じた利回りを客観的に求めることが前提となります。

＊25 すでに土地を持っている地主に対してこのような説明がされます。すでに土地を持っている場合、土地を現物出資することから当該出資額を考慮することが基本となります。土地価格を無視（ゼロとする）ことで、見かけ上の利回りは高くなります。

＊26 不動産の利回りは単年度の利回りが示されることが多いですが、それでは年によって変化します。不動産投資に際してはその不動産に投資する全期間を通じた利回りで判断することが重要となります。その際の判断指標のひとつに内部収益率（ＩＲＲ）があります。

REAL ESTATE 5

出口戦略

不動産の所有権を取得するタイプの不動産投資は、所有権が含む使用権、収益権、処分権を組み合わせます。つまり、他人が利用することを認めて対価を得るとともに、一定期間後に所有権を売却して対価を得ます。

他人が利用することを認める対価を「賃料」、一定期間後に所有権を売却する対価を「価格」といい、不動産投資では前者の利益を「インカムゲイン」、後者の利益を「キャピタルゲイン」といいます。

インカムゲインは、家賃収入から固定資産税、管理費などの必要諸経費を引いた純収益です。購入時に金融機関から融資を受ける場合は、返済を含めた収支計画で投資の適格性を確認します。キャピタルゲインは売却額が購入額を上回る場合の利益です。建物が古くなったとしても、立地が良い、稀少性が高い、管理が良い、賃貸条件が良いなどの条件があればキャピタルゲインを得ることも可能です。他方、値下がりすればキャピタルロスが生じます。

投資する際はインカムゲインとキャピタルゲインのほか、所得税の節税[*27]などの効果も合わせて投

＊27　不動産投資の赤字を給与所得などのほかの所得と相殺する、損益通算が認められています。

資の適否を判断します。

投資用不動産に投資する際は、売却時に確実に、そして高額で売却できる不動産かを見極める出口戦略を持つことが重要です。

土地に稀少性があり価格が上昇し続けると考えられた時代の不動産所有の概念は〝いつまでも売らずに持ち続ける〟ことにありましたが、土地価格が下落することも普通のこととなりました。また、日本の賃貸市場では建物が古くなると家賃が下がるなど収益性が低下する傾向があります。負の要因が重なると売りたくても売れない状況も発生します。

投資用不動産の収益性は、その不動産に投資している全期間を通じた収益性で判断します。高い価格で売却できることは収益性を高めるための重要なポイントです。購入価格よりも高い価格で売却できること（キャピタルゲインを得る）が大切で、仮にキャピタルロスが生じる場合でもその程度が少ないことが望まれます。

長期に所有し続ける予定だったところ何らかの理由で急遽売却する状況に至ることもあります。このような場合は、確実に売却できること[*28]が重要となります。

売却価格は土地価格の変動など外的要因にも影響を受けますが、投資用不動産の価格はその不動産の収益性が大きく影響します。収益性を高めるのは、インカムゲインを高めることだけでなくキャピタルゲインを高めることにつながります。収益性を高めるためのアセットマネジメントやプロパティマネジメントを取り入れることが出口戦略にとっても重要です。

コラム　リースバック

リースバックは、住宅（持家）をリースバック事業者に売却して売却代金を受け取る売買と、リースバック事業者にリース料（家賃）を支払って、自宅に住み続ける賃貸を組み合わせたパッケージ型の仕組みです。[*29] 利用者の年齢に制限は設けないことが一般的で、必ずしも高齢者向けということではありませんが、年金等の収入では生活費をまかなうことができない高齢者が利用することを念頭にした商品が供給されています。[*30]

対象となる住宅は事業者によって異なり、地域も対象不動産も問わない商品もあれば、首都圏や主要都市にエリアを限定する場合もあります。戸建て、マンションともに対象となります。

賃貸借契約は、普通借家契約、定期借家契約のいずれかをあらかじめ指定している商品のほか、選択できるものもあります。普通借家契約は賃貸人からの中途解約や契約更新の拒絶がしにくく、[*31]

＊28　米国では自宅も含めて不動産投資家は頻繁に売買します。売買の容易さは需要が多い立地であることと密接に関係しますので、米国では一に立地、二に立地、など、立地を重視する傾向があります。立地のほか、建物の仕様や賃貸不動産としての競争力、維持管理の程度が売りやすさに関係します。

＊29　企業が本社ビルなどの自社所有不動産の売却で得られる収入を財務体質の改善に充てるとともに、売却した不動産を賃借して、その後も引き続き営業拠点として利用する方法として利用されてきました。

＊30　国土交通省は、リースバックを、「住宅を売却して現金を得て、売却後は毎月賃料を支払うことで、住んでいた住宅に引き続き住むサービス」と定義しています（「住宅のリースバックに関するガイドブック」（2022年6月））。

借り手に有利な側面があります。定期借家契約は約定の賃貸借期間が満了すると契約が終了し、[*32]継続して利用する場合は新たに契約をすることになります。新たに契約するかどうかは両当事者の合意によりますので、賃貸人が再契約を希望しない場合は継続利用ができなくなります。[*33]再契約を希望しないことに正当事由は必要ないので、契約期間満了後の継続利用は必ずしも保証されません。

売却した自宅を買い戻せる場合がありますが、一般の売買交渉と異なり、交渉当事者が限定されていますので、[*34]客観的な金額で買戻し可能なことがポイントとなります。

国土交通省は、健全なリースバックの普及に向け、「住宅のリースバックに関するガイドブック」を公表しました（２０２２（平成４）年）。ガイドブックは、リースバックの主な特徴、リースバックの利用例、トラブルの例、消費者がリースバックを利用する際のポイント等を整理しています。

＊31　正当事由が必要となります。

＊32　契約を終了させるには文書による事前の説明など一定の手続きが必要です。期間満了により自動的に契約が終了するわけではありません。

＊33　再契約を希望しないことに特段の理由は必要ありません。

＊34　一般的な売買（買主）であれば、交渉不調なら他の売り物件を探索してそちらを購入することができます。そこには市場原理が働きますが、買戻しの場合は、購入する住宅が限定され、その所有者と交渉するほかありません。一般論として市場原理が働きにくくなります。

REAL ESTATE 6

投資分析

1 3つの要素を分析する

賃料収入などを得る賃貸型プロジェクトに対する投資の可否を判断する要素には、賃料、価格、利回りがあります。

これらは相互に関係し、ある要素を求めるために、ほかの2つの要素を既知または推定する点で共通します。

例えば価格（収益価格）は、賃料を推定し、それを利回りで割ることで求めることができます。[*35]

＊35 基本的な考え方を示すものです。収益価格の求め方にはいくつかの方法がありますが、賃料と利回り（割引率）を用いることは共通です。

図表8-10　投資判断の三要素

	価格（元本）	利回り	賃料（果実）
関係	価格（元本）	利回り	賃料（果実）
判断	投資対象不動産から得られる収益を価格に換算するといくらかを分析する	投資に対する利益の割合を分析する。この場合の利回りは高いほうが良い	プロジェクトから得られる賃料収支の状況を把握して分析する
基本式	価格＝賃料÷利回り	利回り＝賃料÷価格	賃料＝価格×利回り
手法例	NPV法	IRR法	累積赤字解消年

2 自己資金の収益率を考える

賃貸型プロジェクトの利回りが借入金利よりも高い場合、自己資金の収益率がプロジェクト全体の利回りよりも高くなることをレバレッジ効果といいます。

総投資額100億円（①）、利回り5％（②）で年間収益が5億円（③）の建築プロジェクトで、借入金60億円（⑤）のケース1では、借入金利3％とすると返済利息は1・8億円（⑦）となります。年間収益から返済利息を引いた3・2億円（⑧）が自己資金の利益で、収益率は8％（⑨）となります。

図表8-11　自己資金の収益率（レバレッジ効果）

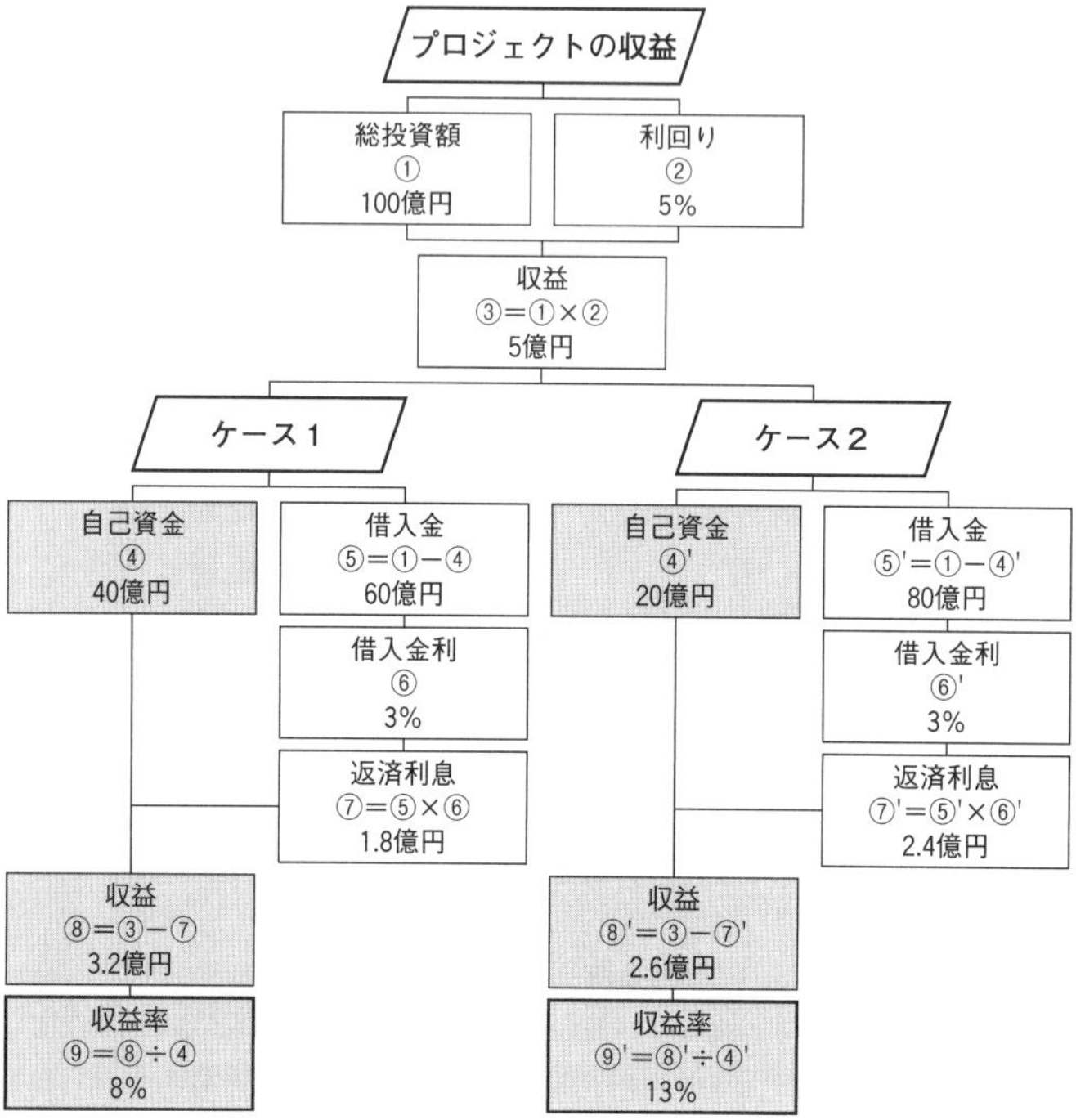

借入金80億円（⑤'）のケース2の収益率は13％（⑨'）となりますので、自己資金を少なくするとレバレッジ効果が高まります。半面、年間収益が2・4億円（⑦'）を下回ると利息返済ができなくなってプロジェクトの破たんに直面してしまいます。小さな自己資金で大きなプロジェクトを手掛けられるのは不動産投資の特色の1つですが、レバレッジ効果を高めすぎると収益の下振れによって破たんにつながるリスクが高まります。[*36]

3 投資分析のプロセス

投資分析では、将来プロジェクトを売却して手じまいすることを想定し、投下する自己資金と投資期間を通じて得られる収益を対比して投資の適否を判断します。[*37] その際、異なる時期に発生する賃貸経営の利益や売却による将来の利益を現在時点の金額に換算して分析します。投資分析のプロセスは、次のとおりです。

＊36 賃貸型プロジェクトではレバレッジ効果を確保しつつ、事業破たんを招かない、適切な自己資金の投入が必要となります。

＊37 資金の調達に不安がない企業等においては借入金を想定せず、全額自己資金で投資する場合について分析することもありますが、多くの場合は自己資金と借入金を組み合わせることになります。この場合、自己資金の収益性が重要となります。

プロセス1：将来の賃貸経営の利益を予想する
プロセス2：将来の売却の利益を予想する
プロセス3：上記1と2を現在価値に換算する
プロセス4：投資分析の手法を用いて自己資金の利回りを求める
プロセス5：投資分析の手法を用いて自己資金の回収の可能性（程度）を判断する

4 将来の価値と現在の価値を換算する

上記のプロセスの中で特に重要なものはプロセス3です。

銀行に預金すれば預金額（元金）に利息が付いて複利で増えることはよく知られています。

元金Pv（Present value）をn年間銀行に預け、その間、銀行が利回りrで利息を付けるとすると、n年後の元利合計額Fv（Future value）は、上の①の換算式で求めることができます。この式にある$(1+r)^n$を複利終価率といいます。複利終価率は、現在の1円がn年後にいくらになるかを示します。

①の換算式の両辺を$(1+r)^n$で割ると、②の換算式になります。②を計算することで将来価値を現在価値に換算することができます。複利終価率の逆数の$1/(1+r)^n$を複利現価率といいます。複利現価率は将来の1円を現在の価値

将来の価値：Fv	①→ ←②	現在の価値：Pv
$Fv = Pv \times (1+r)^n$		$Pv = Fv \times \frac{1}{(1+r)^n}$
《①の換算式》		《②の換算式》

に換算するといくらになるかを示します。

金融や不動産の分野では異なる時期に発生する費用や収入をその時点の実額（キャッシュフロー）で捉えたうえで、同時期に発生するものとして換算して集約し、優劣を判定するなどが必要となります。複利終価率や複利現価率はそのような場面で必須の概念です。

5 投資期間を通じた分析

投資の適否は投資期間を通じた分析結果に基づくことが大切で、投資期間中のキャッシュフロー全体を分析の対象とします。異なる時点で発生する収支を比較するため、基準時点を定めて収支額を基準時点の額に換算します。基準時点は一般に、プロジェクトの着手時を「現在」とし、その後、発生する収支に複利現価率を乗じて「現在価値」に換算して集計します。将来の金額を現在価値に換算することを割り引くといい、投資分析手法として割引キャッシュフロー（DCF：Discounted Cash Flow）法を用います。

DCF法では、投資する不動産の賃貸経営を永久に所有するのはなく、一定期間の賃貸経営の後、土地建物を売却して手じまいすると仮定します。このため、賃貸経営期間中の賃貸収支と賃貸期間を終えた時点の売却収支の両者を合理的に予想することが重要となります。

6 正味現在価値法と内部収益率法

DCF法による投資分析には、建築プロジェクトに対する投資額と将来収益の現在価値を比較する正味現在価値（NPV：Net Present Value）法と建築プロジェクトの利回りを求める内部収益率（IRR：Internal Rate of Return）法があります。[*38] 正味現在価値法は、上の［12式］で示すNPVが正であれば投資適格と判断します。[*39]

内部収益率法は［13式］を成立させる内部収益率iを求め、投資家が期待する利回りより内部収益率が高ければ投資適格と判断します。[*40]

○$NPV=\sum_{i=1}^{n}\frac{CF_t}{(1+i)^t}+\frac{R_n}{(1+i)^n}-I_0$ …［12式］

NPV：正味現在価値　n：投資期間

CF_t：t期のキャッシュフロー

i：割引率（投資家の最低必要収益率）

R_n：n期の売却純収益　I_0：初期投資額

○$NPV=\sum_{i=1}^{n}\frac{CF_t}{(1+i)^t}+\frac{R_n}{(1+i)^n}-I_0=0$ …［13式］

NPV：正味現在価値　n：投資期間

CF_t：t期のキャッシュフロー

i：内部収益率（NPVを0にする割引率）

R_n：n期の売却純収益　I_0：初期投資額

7 計算してみましょう

ここまで、紹介してきた投資分析について、1つのケーススタディを進めてみましょう。ここでは、図表

14の土地を取得し、賃貸用建物を新築して賃貸する賃貸型の建築プロジェクトを想定して、DCF法で投資の適否を判断します。

建物は地上8階建ての事務所で、図表13に基準階平面図、図表14に開発費用と資金調達、図表15に各階の床面積と賃貸条件を示します。

＊38 NPV法は果実と利回りを与件として元本によって判断し、IRRは元本と果実を所与として利回りで判断する方法といえます（[12式]［13式]）。

＊39 ［12式］右辺の第1項は投資期間中の賃料収入の現在価値の合計、第2項は投資を手仕舞いする際の売却収益の現在価値を示します。両者の合計がプロジェクトから得られる全収益の現在価値を示しています。第3項はこの収益を得るために現時点で投入する資金を示していますので、NPVが正であれば投下資本に期待以上の収益があったことを示します。

＊40 ［13式］は［12式］をゼロにする収益率:i（IRR）を求めるものです。IRRはプロジェクトから得られるキャッシュフローの現在価値の合計と投資額（自己資本）を等しくする収益率（割引率）です。言い換えると投資額（自己資本）がどれだけの利回りで回っていたかを示します。求めたIRRが投資家が期待する利回り以上であれば投資しても良いと判断します。

図表8-12　計画対象地

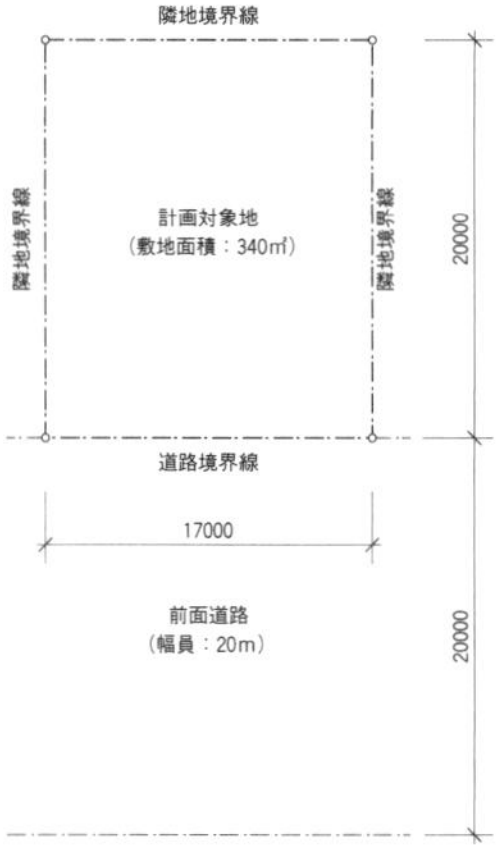

図表8-13　基準階平面図

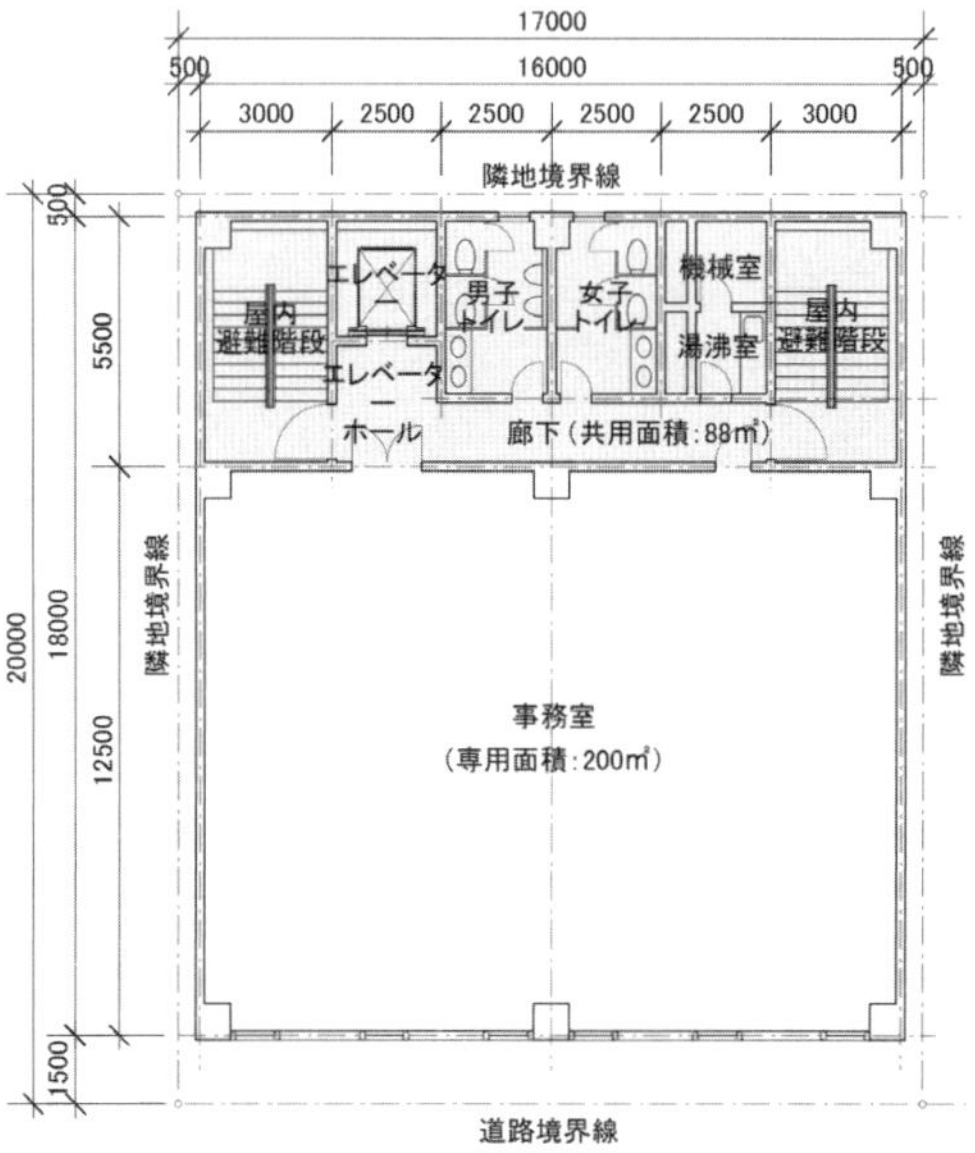

図表8-14　開発費用と資金調達

開発費用		
土地	単価（千円／㎡）	2,059
	面積（㎡）	340
	金額（千円）	700,000
建物	単価（千円／㎡）	300
	面積（㎡）	2,336
	金額（千円）	700,000
付帯費用（千円）		214,562
合計額（千円）		**1,614,562**
資金調達		
自己資金（千円）		1,000,000
借入金額（千円）		614,562
借入条件		（20年・4%）
合計額（千円）		**1,614,562**

図表8-15　各階床面積と賃貸条件

	用途	専用面積（㎡）	共用面積（㎡）	床面積（㎡）	支払賃料（円/㎡）	敷金（月）
塔屋	機械室	0	32	32	—	—
8	事務室	200	88	288	6,000	10
7	事務室	200	88	288	6,000	10
6	事務室	200	88	288	6,000	10
5	事務室	200	88	288	6,000	10
4	事務室	200	88	288	6,000	10
3	事務室	200	88	288	6,000	10
2	事務室	200	88	288	70,000	10
1	事務室	130	158	288	10,000	20
合計	—	1,530	806	2,336	—	—

容積率	687%	有効率	65%

図表8-16　収益価格（永久還元）

支払賃料（月額）（千円）	実質賃料（月額）※（千円）	総収益（年額）（千円）	総費用（年額）（千円）	純収益（年額）（千円）	還元利回り（%）	収益価格（千円）
9,900	10,180	122,160	36,648	85,512	6.0%	1,425,200

※支払賃料（月額）に敷金の運用益（3%）を加算

$$\bigcirc P = \frac{B}{r} \qquad \cdots[14式]$$

P：収益価格　B：純収益（各期一定）　r：還元利回り

(1) 収益価格による資産価値の評価

投資分析の前にもっとも簡単な収益還元法を適用して予想される賃貸収入に基づく収益価格を試算します。

もっとも簡便な収益還元式は上の［14式］で、この式を用いて収益価格を求める方法を直接還元法（永久還元）といいます。

図表16がこの方法を用いて求めた収益価格です。

還元利回りを6・0％として求めた収益価格は、14億2520万円で、土地価額（7億円）と建物価額（7億円）の合計額に相当します。

積算価格と収益価格は均衡しており、プロジェクトに投じたコストと収益から得られるインカムとの関係は整合的です。この限りで費用対効果は適切なプロジェクトといえます。

(2) 賃貸事業収支による検証

想定する賃貸条件に基づいて賃貸事業収支を計算したものが、図表17です。2年目に減価償却後税引後の単年度利益が黒字に転換しており、健全な事業であることがうかがえます。[*41]

＊41　賃貸事業収支による判断のためには、より長期の収支計画を作成し、累積赤字解消年などの項目で判断します。

図表8-17　賃貸事業収支

（単位：千円）

	基本項目		準備期間	1	2	3	4	5	6	7	8	9	10
収入	家賃		0	89,100	101,182	113,312	113,539	113,766	113,993	114,221	114,450	114,678	114,908
	更新料		0	0	0	0	2,996	3,002	3,008	3,014	3,020	3,026	3,032
	敷金等運用利息※1		0	2,520	2,857	3,194	3,195	3,196	3,197	3,199	3,201	3,203	3,205
	合計		0	91,620	104,039	116,506	119,730	119,964	120,198	120,434	120,671	120,907	121,145
支出	保有税	（土地）	0	8,330	8,430	8,531	8,633	8,737	8,842	8,948	9,055	9,164	9,274
		（建物）	0	7,140	7,226	7,313	7,401	7,490	7,579	7,670	7,762	7,856	7,950
	維持修繕費		0	7,000	7,084	7,169	7,255	7,342	7,430	7,519	7,609	7,700	7,792
	損害保険料		0	1,400	1,417	1,434	1,451	1,468	1,486	1,504	1,522	1,540	1,558
	借入金支払利息		0	24,582	23,757	22,898	22,006	21,077	20,111	19,107	18,062	16,976	15,846
	その他の支出		0	500	500	500	500	500	500	500	500	500	500
	合計		0	48,952	48,414	47,845	47,246	46,614	45,948	45,248	44,510	43,736	42,920
収支	償却前利益		0	42,668	55,625	68,661	72,484	73,350	74,250	75,186	76,161	77,171	78,225
	減価償却費	（本体）	0	18,620	17,912	17,232	16,577	15,947	15,341	14,758	14,197	13,658	13,139
		（附帯）	0	29,820	25,586	21,952	18,835	16,161	13,866	11,897	10,207	8,758	7,514
		（開業費）	0	2,520	2,520	2,520	2,520	2,520	0	0	0	0	0
	償却後税引前利益		0	−8,292	9,607	26,957	34,552	38,722	45,043	48,531	51,757	54,755	57,572
	法人税（収益税）※2		0	0	2,402	6,739	8,638	9,681	11,261	12,133	12,939	13,689	14,393
	税引後利益	（単年度）	0	−8,292	7,205	20,218	25,914	29,042	33,782	36,398	38,817	41,067	43,179
		（累計）	0	−8,292	−1,087	19,131	45,045	74,087	107,869	144,267	183,084	224,151	267,330
キャッシュフロー（賃貸）			0	106,030	42,981	50,845	40,660	39,564	37,926	36,994	36,126	35,309	34,537
自己資金			1,000,000	0	0	0	0	0	0	0	0	0	0
借入金残高			614,562	593,924	572,460	550,138	526,923	502,779	477,670	451,556	424,398	396,153	366,779

図表8-18　キャッシュフローによる投資分析

（金額の単位：千円）

年度	0	1	2	3	4	5	6	7	8	9	10
投資額	−1,000,000	0	0	0	0	0	0	0	0	0	0
キャッシュフロー（賃貸）	0	106,030	42,981	50,845	40,660	39,564	37,926	36,994	36,126	35,309	34,537
キャッシュフロー（売却）	0	0	0	0	0	0	0	0	0	0	1,096,738
キャッシュフロー（合計）	−1,000,000	106,030	42,981	50,845	40,660	39,564	37,926	36,994	36,126	35,309	1,131,275
複利現価率	1.0000	0.9434	0.8900	0.8396	0.7921	0.7473	0.7050	0.6651	0.6274	0.5919	0.5584
現在価値	−1,000,000	100,029	38,253	42,689	32,207	29,566	26,738	24,605	22,665	20,899	631,704
NPV	−1,000,000	969,355									
	−30,645										

割引率	6.0%

指標	判断基準	結果			判定
NPV	正ならば投資適格	−30,645	<	0	投資不適格
IRR	割引率より大ならば投資適格	5.6%	<	6.0%	投資不適格

（３）投資価値の試算（ＮＰＶとＩＲＲ）

図表18上のキャッシュフローをもとにＤＣＦ法で投資価値を求めたものが図表18下です。10年目のキャッシュフロー（売却）は、10年目の最終日に直接還元法（永久還元）による収益価格で譲渡すると想定した金額です。[*42]

割引率６・０％でＮＰＶを求めると負の値（▲３０６４万５０００円）となり、ＩＲＲを求めると[*43]割引率より小さい（５・６％）となります。ＮＰＶは正であることが、ＩＲＲは投資家が期待する収益率（ここでは割引率として用いた６・０％）よりも高いことが投資適格の判断基準です。ここではいずれの指標でも、投資不適格となります。[*44]

（４）リスクの見込み

上記のとおり、利回り６・０％を期待する投資家にとって、この建築プロジェクトは適切な投資対象とはいえません。なお、割引率５・０％で計算するとＮＰＶは正の値（４４６２万８０００円）となり投資適格となります。ＩＲＲは５・６％で変わらず、想定する割引率（ここでは５・０％）より高く、ＩＲＲの指標でも投資適格となります。

投資対象と利回りの関係は、「ハイリスク・ハイリターン」「ローリスク・ローリターン」です。同一の建築プロジェクトで同一の賃貸条件を想定しているにもかかわらず、投資家によって想定する割引率が６・０％、５・０％などと異なるのは、主にリスクを見込む程度の違いによります。競争力が持続できない建築プロジェクトと判断する場合はハイリスクであり、高い割引率を設定します。

リスクは将来にわたって競争力を保持できる不動産であるか否かの見込みに応じて設定し、社会経済全般にわたる一般的要因、地域の発展や衰退などの立地に係る要因、建物敷地の状況など、建物以外の要因もかかわります。

一方で、建物の意匠、構造、設備に係る性能の高さや土地建物一体としての稀少性の高さにより、不動産市場の競争力を高めることができます。言い換えれば、建物の性能によってリスクを低くし、投資価値を高めることができます。

＊42 売却価額についても客観的に査定する必要があることから、理論的で投資家が重視する収益価格を売却価格とします。

＊43 例えば表計算ソフトＥＸＣＥＬ（マイクロソフト社）に収蔵されている関数ＩＲＲを利用します。

＊44 内部収益率は、ほかの建築プロジェクトに投資する場合や建築プロジェクト以外に投資する場合の収益率と比較する際の利回りとして利用できるため、投資分析の手法としては汎用性が高いといえます。

REAL ESTATE 7

持ち家による資産形成

多くの人々にとって住まいを購入することは一生で経験するもっとも高額な不動産投資といえます。

高い資産価値を保つことで、将来の売却はもとよりリバースモーゲージやリースバックを好条件で進めることができれば不動産投資として成功です。定期点検や維持更新に心掛けるとともに、それらの情報を残すことで住まいの資産価値を高めることができます。

1 住まいの資産価値を高めて住み替える

多くの人々にとって、もっとも身近な資産形成の1つは、所有する住宅の魅力を高めることです。日本ではなじみが少ないですが、米国では手入れの程度が劣る中古住宅を安く入手し、住みながら日曜大工などの方法で手を加え、魅力ある住宅に変えて資産価値を高めます。時期を見て転売してキャピタルゲインを得て、それを元手にグレードの高い住宅に移り住みます。持ち家を使った資産形成が実践されています。

中古住宅流通市場の成熟に伴い、日本でも資産価値や資産形成に対する意識が高まり、持ち家で資産形成する動きが強まると予測されています。長寿社会の老後を豊かに過ごす方法として、持ち家を使ったリバースモーゲージやリースバックなどが注目されていますが、その際も持ち家が高い資産価値を保有していることが重要です。

2 追加投資で資産価値を高める

日本では、建物の価格は新築時がもっとも高く、時間の経過に伴って下落すると考えられています。

新築時から耐用年数到来時まで価格が一定額で低下すると考えると、時間の経過と建物価格の関係は図表19の価格直線C1で示すことができます。

T3時点で追加投資を行うと、価格はP2からP4へ上昇し、直線は上方のC2にスライドします。追加投資を繰り返すと価格直線はC3、C4へ移行して価格が維持され、耐用年数も延長できます。

T3時点で行う追加投資は、経過年数をT3からT1に減少させる効果もあります。米国の既存住宅評価では、追加投資が建物を〝若返らせる〟ことに注目し、

図表8-19　時間の経過と建物の価格

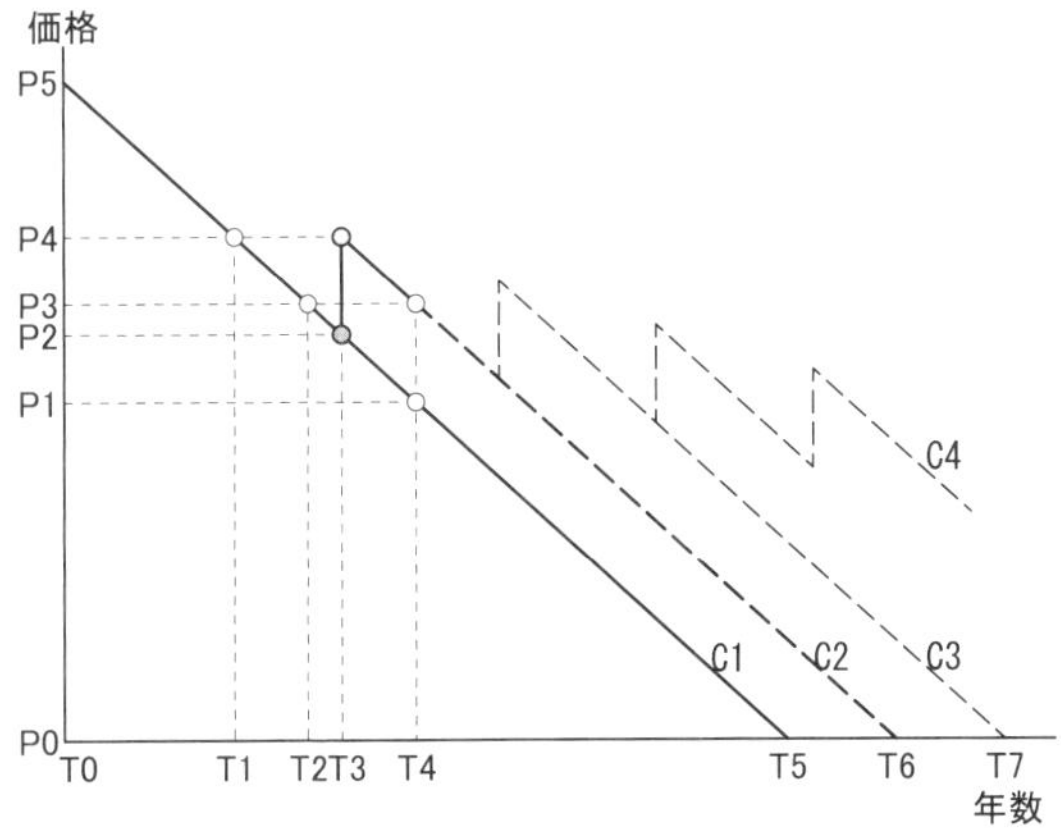

実際の経過年数ではなく、実質上の経過年数を用いて評価しています。

追加投資を繰り返して実現する建物の長期利用は、短期で建て替える方法と比較して建築材料をつくるための森林資源の消費や建設工事の車両や重機による二酸化炭素の排出が少なく、地球環境の持続可能性を高める側面があります。

3 住宅の履歴情報を残す

建物の価格は建物が持っている性能をもとに評価します。
建物の性能には外観調査で把握できるものもありますが、土の中の基礎や壁の中の柱の状態、1階の床下、天井内部など把握が困難な部分も少なくありません。これらの部分はもとより見える部分も含めて、新築時の設計図書や入居後のリフォーム図面などを確認することで住宅性能を正確に評価できます。そのために資料を保存しておくことが重要となります。[*45]
2018（平成30）年の宅地建物取引業法の改正によって、住宅取引時に建物状況調査について説明することが義務づけられ、利用の促進が図られています。
住宅履歴情報があれば、建物状況調査における建物性能の把握をより正確に行うことができ、結果的に円滑な住宅取引につながります。図面等の保存の状態を説明することが追加されたこともあり、情報の有無が資産価値の高さと関係するようになっています。

コラム　不動産情報の生成と開示「建物状況調査」「いえかるて」「告知書」

不動産、特に建物の取引では取引しようとする不動産がどのような状態にあるか、十分な情報がないまま意思決定をしなければならないケースがあります。建物の床下、壁の中、天井裏などについて使用資材や劣化状況が確認できないなどがその例です。また、売主が把握している状況が、買主には適切に伝えられないこともあります。このような状況を改善し、不動産取引の意思決定を根拠に基づいて、客観的に行える環境を整備することが求められています。

宅建業者は既存の建物の取引時の情報提供の充実を図るため、媒介の依頼者に対し、建物状況調査をする者を斡旋する、建物状況調査の結果の概要等を重要事項として説明する、売買等の契約の成立時に建物の状況について両当事者が確認した事項を記載した書面を交付するなどを実施する制度が2018（平成30）年から施行されています。

建物状況調査は、研修を受けた建築士が建物の状況を調査し、調査結果を報告書にまとめます。買主は専門家の調査結果を取引の意思決定に利用するほか、瑕疵担保保険の加入に利用します。瑕

＊45　これらの資料を新築時の建て主が保存し、売買等で所有者が交代する場合には、住宅とともに資料が引き継がれることが望ましいのですが、実際はなかなか実行されず、社会的にもそのような慣行が定着しているとはいえません。その状況を改善する試みとして、必要な時に必要な情報を利用することを想定し、一定のルールに基づいて住宅の履歴情報を蓄積する「いえかるて」の取り組みがあります。

疵担保保険は売主の担保責任が機能しにくいこと[*46]を補完する制度で、売買した建物に瑕疵が見つかったときに、買主に保険金が支払われます。売主が保険に加入する際、保険加入基準を満たす建物であることを確認するために建物状況調査が行われます。

どのような住宅であるかを示す情報を新築時から蓄積しておけば、その後に発生する取引やリフォームの判断材料として利用できます。建築設計図書や建築確認申請図書など、一定期間保管することが義務づけられているものもありますが、保管する主体がさまざま、保管する期間が短い、利用しようとしても制約があるなどの課題があります。一方で、所有者が全般的に保管する社会慣行もないため、情報の散逸が免れません。

既存建物を長期に継続利用する要請が高まるに伴い、建物情報を蓄積利用する重要性も高まっています。「いえかるて」はこれに対応することを目的に、統一的なルールに基づいて住宅履歴情報の蓄積と活用推進を図るものです。蓄積する情報項目は新築時だけでなく、新築後に及び、取引の意思決定やリフォーム工事で利用します。

２０１８（平成30）年改正の宅建業法により、重要事項説明事項として、設計図書、点検記録その他の建物の建築及び維持保全の状況に関する書類の保存の状況が追加されました。住まいの買主としてこれらの説明を受けることで、情報の非対称性の解消を目指すものです。購入した住まいは後日、売主となって売却する可能性もあります。その際にはしっかりと保存された書類を提供できることが流通の促進につながります。購入後は維持保全の記録をしっかりと保管することが大切となります。

情報の非対称性を解消する仕組みの1つに告知書があります。売主は自分の住宅として多くの情報を持っている半面、買主は不知のまま購入することは意思決定や価格決定に際して、公平に欠けることから、売主が知っている情報を告知書として買主に提供するものです。維持保全の記録とあわせて告知書を提示することも売却時には重要となります。

*46　2020（令和2）年改正前の民法が規定していた売主の瑕疵担保責任が認められた場合でも、売主が無資力な場合には規定の実効性がないなどの問題がありました。例えば、偽装の構造計算書に基づいて分譲マンションを建設して販売した事案（マンション構造計算書偽装問題（2005（平成17）年）です。

REAL ESTATE 8

不動産の証券化

不動産の開発や購入に必要な資金を金融機関から借り入れる方法のほかに、投資家からの投資金を募ってまかなう方法があります。これは、不動産投資ファンドが受け皿になります。

不動産投資ファンドに投資した投資家は、不動産の収益から配当を受ける権利を証する証券を受け取ります。証券は売買することができ、売却益も期待できます。不動産を所有して経営する方法よりも換金が容易で、少額の資金で大型の不動産投資に参加できる特徴があります。

1 間接金融と直接金融

一般的な不動産投資では、不動産の取得に必要な資金のうち自己資金で足りない部分を金融機関から融資を受けます。一般の預金者（投資家）が金融機関に資金を預け、その資金を金融機関から不動産プロジェクトに貸し付ける、この資金の流れを間接金融といいます。

図表8-20　間接金融と直接金融

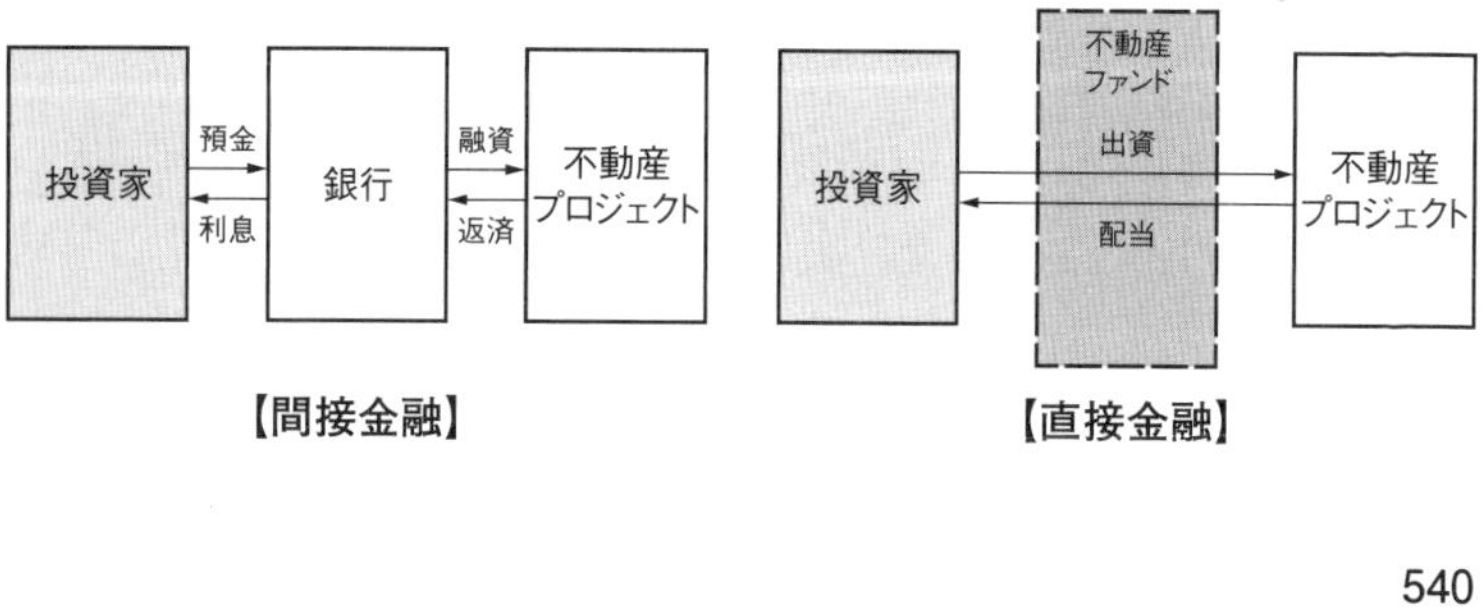

間接金融では金融機関が投資分析を行い、適切と判断するプロジェクトに融資します。預金者は金融機関を信頼して預金する一方、どのようなプロジェクトに融資するかには関与しません。

直接金融は投資家がプロジェクトの内容を自ら分析して判断し、不動産に直接投資します。投資と引き換えに不動産の運用益を投資家へ分配することを記載した証券を受け取ることから、不動産証券化といわれています。

2 不動産証券化の仕組み

不動産証券化では投資家保護のため、投資を募る不動産投資ファンドは、不動産プロジェクトの透明性を高め、投資判断に必要な情報を開示します。日本の上場不動産投資信託であるＪ－ＲＥＩＴ（Japan-Real Estate Investment Trust）では、投資法人は不動産を所有するだけで、一般事務、資産保管、資産運用などを外部業者に委託することが求められています（図表21）。これらの機能を内製化するとその業務のために余計なコストをかけ、投資家に少しでも高い配当を渡すという不動産投資ファンドの役割を果たさない可能性があるからです。

証券化は不動産市場と金融市場を結びつける仕組みが機能するよう役割分担を明確にするとともに、仕組みが安定的、効率的に機能するようにルールが定められていることから、仕組み金融（Structured Finance）といわれます。少額で大型不動産の投資に参加できる特徴があり、多くの投資家かからの投資を集約して多額の投資を行います。

上場されているＲＥＩＴ商品はいつでも購入でき、売却できます。保有期間中は配当を受けることができ、売却時に売却益を得ることも期待できます。証券化不動産への投資は一般に、ミドルリスク・ミドルリターンといわれます。預金などのローリスク・ローリターンの投資と株式などのハイリスク・ハイリターンの投資の中間に位置づけられますが、配当の優先順位の決め方により、ハイリスク・ハイリターン型のものもあり、商品の内容を理解したうえで出資する必要があります。

不動産投資ファンドに投資して証券を受け取って利益から配当を受ける仕組みは、不動産を運用する不動産会社の株式を買って配当を受ける株式投資と共通点があります。株式の配当は企業が得た利益に対して課税される法人税を引いた税引き後利益を原資としますが、ＲＥＩＴでは課税前の利益を原資とするなど、より多くの配当が可能な制度となっています。

図表8-21　不動産証券化の仕組み（投資法人型）

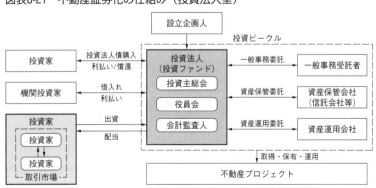

な行

は行

ま行

や行

ら行

わ行

た行

さ行

索　引

数字・アルファベット

あ行

か行

中城康彦（なかじょう　やすひこ）
明海大学不動産学部長。不動産学研究科長。一級建築士。不動産鑑定士。FRICS(UK)。1977年名古屋工業大学建築学科卒業。1979年名古屋工業大学大学院工学研究科建築学専攻修士課程修了。福手健夫建築都市計画事務所、財団法人日本不動産研究所、Varnz America Inc.、株式会社スペースフロンティア代表取締役を経て、1996年明海大学不動産学部専任講師、現在は明海大学不動産学部教授、博士（工学）。2004年～2005年にケンブリッジ大学土地経済学部客員研究員。明海大学で4つの講義を担当。著書に『建築実務テキスト　建築プロデュース』（市ケ谷出版社）、共著に『暮らしに活かす不動産学』（放送大学教育振興会）、『建築再生学』（市ケ谷出版社）がある。

教養《きょうよう》としての「不動産《ふどうさん》」大全《たいぜん》

2025年3月20日　初版発行
2025年6月20日　第3刷発行

著　者　中城康彦
©Y.Nakajo 2025
発行者　杉本淳一

発行所　株式会社日本実業出版社　東京都新宿区市谷本村町3−29 〒162-0845

編集部　☎03-3268-5651
営業部　☎03-3268-5161　振　替　00170-1-25349
https://www.njg.co.jp/

印刷／木元省美堂　製本／共栄社

本書のコピー等による無断転載・複製は、著作権法上の例外を除き、禁じられています。内容についてのお問合せは、ホームページ（https://www.njg.co.jp/contact/）もしくは書面にてお願い致します。落丁・乱丁本は、送料小社負担にて、お取り替え致します。

ISBN 978-4-534-06171-3　Printed in JAPAN

日本実業出版社の本

下記の価格は消費税（10%）を含む金額です。

環境性能認証に対応できる「不動産・建築ESG」実践入門

尾熨斗啓介
定価 2970円（税込）

不動産・建築の新省エネ基準「環境性能認証」を第一人者の実務家が徹底解説！新築の30年ZEB／ZEH（住宅）新基準、既存建物の2050年目標のカーボンニュートラル等を説明します。

地方は宝の山!

リスクを極限まで抑えて儲ける「空き家・古家」不動産投資

大熊重之
定価 1870円（税込）

リスクを極力抑えながらできる、地方の「空き家・古家」を対象にした投資法を紹介。地方で魅力的な空き家・古家を見つけ出すコツ、具体的な再生事例など投資法のノウハウを伝えます。

プロ建築士が絶対しない家の建て方

YouTube不動産
印南和行
定価 1760円（税込）

人気YouTuber一級建築士が、住宅診断を通じて見てきた「後悔」と「注意点・対策」をわかりやすく解説。「人生最大の買い物」で「最高の住みやすさ」を手に入れる「家の建て方」がわかります。

定価変更の場合はご了承ください。